사회교육학 탐구

사회문제의 교육적 해결을 지향하는
새로운 교육학의 탐색

오혁진 저

KB027297

학지사

이 저서는 2020학년도 동의대학교 연구년 지원에 의하여 연구되었음.

서문

'교육을 통한 사회변화' '공동체 형성을 위한 교육' '사회정의를 실현하기 위한 교육' '사회문제를 해결하기 위한 교육' 등은 교육자라면 누구나 중요하다고 생각하는 교육의 모습이다. 그러나 실제로 이러한 교육이 효과적으로 실천되는 경우는 생각보다 많지 않다. 역사상 많은 경우에 교육은 개인을 우선시하였으며, 교육을 통한 사회의 변화는 부차적인 것으로 여겨지는 경우가 많았다. 그 과정에서 교육이 사회에 건전한 영향을 미치는 경우도 있었으나, 반대로 암묵적으로 사회적 강자의 기득권 유지에 기여하거나 건전한 사회변화를 막는 경우도 많았다.

이에 비해, 역사적으로 보다 분명한 목적을 가지고 사회지향성과 사회문제 해결을 추구하는 교육도 존재했다. 이러한 교육이 바로 '사회교육'이다. 세계 각국에서 사회교육은 다양한 사회적 맥락 속에서 'social education' 'social pedagogy' 등의 명칭을 통해 평민중심, 사회공동체중심, 사회문제 해결중심, 생활중심의 교육을 표방하며 발전해 왔다. 각국의 사회교육은 학교교육이 대중화되기 이전부터, 그리고 학교교육이 대중화된 이후에도 학교와 학교 밖에서 다양한 모습으로 존재해 왔다. 교육의 성자라고 불리는 페스탈로치는 유럽에서 사회교육의 선구자로 인식되고 있고, 영국의 로버트 오언, 덴마크의 그룬트비, 미국의 에드워드 린드먼, 브라질의 파울로 프레이리도 바로 이러한 사회교육의 이론가이자 실천가라고 할 수 있다. 사회교육은 인간이 사회를 구성한 이후부터 교육을 통해 더 좋은 사회를 만들기 위한 노력의 과정 속에 존재해 왔던 것이다.

이처럼 사회교육은 인간사회에서 지극히 기본적이고 필수적인 개념이라고 할 수 있다.

한국에서도 사회교육은 구한말에 공식적으로 '사회교육'이라는 용어가 사용되기 이전부터 이미 존재해 왔다고 볼 수 있다. 가깝게 조선시대까지만 거슬러 올라가더라도 사회교육은 향약과 두레, 계 등과 같은 사회공동체 활동 속에 존재했다. '수기치인'으로 대표되는 다산 정약용의 경학사상은 개인과 사회를 교육으로 연결한다는 점에서 사회교육의 이론적 기초를 제공한다고 할 수 있으며, 그의 『목민심서』는 목민관을 위한 사회교육 지침서라고 할 수 있다. 그 후에도 월남 이상재, 도산 안창호, 남강 이승훈 선생 등 민족의 선각자가 국가의 독립과 평민의 정신적 · 경제적 문제를 해결하는 사회교육 활동에 앞장서 왔다. 특히 외솔 최현배, 강치봉, 김정환 등의 교육학자는 페스탈로치의 교육 실천과 교육사상을 소개하는 과정에서 '사회교육'이라는 용어를 공식적으로 사용하였다.

그러나 한국의 사회교육 개념은 학문적으로 정립되지 못하고 침체되는 위기를 맞았다. 그 원인은 사회교육의 본질을 사회지향성에서 찾는 전통을 견지하지 못하고 단지 '학교 밖 교육'을 의미하는 영역에서 찾는 입장으로 전환했기 때문이다. 이에 따라 '평생교육' 개념의 도입 이후 한국의 '사회교육'은 '평생교육'의 한 영역으로 편입되는 결과를 가져오기도 하였다. 급기야는 '사회교육'이 일제강점기 황국신민화의 도구로 사용되었다는 제한적 역사의식으로 인해 법적으로 '평생교육'으로 대체되며 공적 영역에서 사라지는 기형적 결과를 가져오기도 하였다. 한국에서 '사회교육'과 '평생교육'이라는 두 개념 간의 본질적인 차이를 고려하지 않은 채 이루어진 '평생교육' 용어로의 인위적 · 일괄적인 대체는 '평생교육' 용어의 개념과 정체성을 더 혼란스럽게 만드는 계기가 되었음은 물론, 사회교육의 고유한 개념을 정립하기 위한 기회조차 사라지게 하는 불행한 결과를 가져왔다.

이러한 한국의 상황과는 다르게 국제적으로는 사회교육에 대한 논의가 활발하게 이루어지고 있다. 독일의 경우, 교육학자들은 19세기 중반부터 'social pedagogy'를 중심으로 교육의 사회적 역할과 기능을 학문적으로 정립하고 실천과 제도에 반영하기 위한 노력을 지속하고 있다. 이러한 노력은 유럽과 영미권은 물론 국제적으로 더욱 확산되고 있다. 일본 사회교육학계의 경우도 일찍부터 학교 밖 교육을 강조하는 '영역론'이 아닌 교육의 사회적 기능을 강조하는 '기능론'에 입각한 사회교육 개념 인식의 전통을 이어 오고 있으며, 최근에는 이러한 경향이 더욱 강해지고 있는 실정이다. 그 외 여러 국가에서는 '성인교육' '평생교육'의 개념과 별개로 교육의 사회적 기능과 역할을 강조하는 'social education'에 대한 주장이 이어지고 있다.

이러한 사실은 한국에서도 '사회교육'에 대한 재논의가 필요함을 반증한다. 한국에서도 '평생교육'과 구별되는 '사회교육'의 재정립이 학문적 차원과 실천적 차원에서 시급히 요청되고 있는 것이다. 이는 교육학계에서 '평생교육'과 '사회교육' 간의 불필요한 개념상의 혼란을 극복하기 위한 것은 물론이거니와 사회적 가치를 지향하는 교육의 중요한 역할을 회복하고 계승하기 위한 것이기도 하다. 이런 점에서 「평생교육법」을 통해 한국에서 '학교 밖 교육'을 의미하는 영역중심의 사회교육 개념이 사라진 것은, 오히려 사회교육의 본질적 개념을 확립하기 위한 전화위복이 될 수도 있다. 한국에서 사회교육에 관한 새로운 연구는 단순히 평생교육법으로의 전부개정이 이루어진 2000년대 이전, 사회교육을 '학교교육 이외의 교육'으로 인식하던 시점으로 돌아가기 위함이 아니라, 사회교육 자체의 본질적 개념을 회복하고 이 개념에 입각한 학문을 정립하기 위함이다. 한국에서는 2000년대 이전에도 '사회교육학'을 고유한 학문으로 정립시키기 위해 사회교육을 '학교교육 이외의 교육'으로 파악하는 관점에서 벗어나야 한다는 문제제기가 존재했었다. 그러나 불행하게도, 한국 사회교육학계는 이에 관한 충분한 논의를 통해 고유한 학문으로서의 사회교육학의 정립에 이르지 못했다. 사회교육의 개념과 원리에 대한 논의를 중지한 채 '평생교육'에 관한 논의로 넘어가고 말았다. 그러나 이제는 새롭게 사회교육의 고유한 개념과 원리, 실천과제를 학문적으로 다루는 사회교육학의 정립을 위해 힘써야 할 때이다.

사회교육의 정체성을 회복하고 사회교육학이 하나의 학문으로 당당히 서기 위해서는 '사회교육적'인 그 어떤 것을 찾아내야 하고, 또한 그것을 이론적으로 설명할 수 있어야 한다. 그것은 곧 사회교육이 '학교교육 이외의 교육'이라는 영역 중심의 개념이 아니라, 학교교육과 무관하게 사회문제의 해결을 위한 교육이라는 고유하고 독자적인 관점과 기능을 반영할 수 있는 학문적 기초개념으로 거듭나야 함을 의미한다. 이는 국제적으로 보편화되고 확산되고 있는 사회교육학을 한국에서도 보편적 학문으로 정립해야 한다는 시대적 요청이기도 하고, 한국에서 지난 20여 년 동안 단절되었던 사회교육학 정립의 전통을 계승하기 위한 역사적 과제이기도 하다.

이러한 의미의 사회교육학은 교육을 필요로 하는 현대사회의 다양한 영역에서 요구된다. 전통적인 학교교육의 영역은 물론 사회복지, 사회운동, 지역사회개발 등의 영역에서 사회교육의 중요성이 커지고 있다. 사실 사회교육과 사회복지, 사회교육과 사회운동, 사회교육과 지역사회개발 등은 이미 한국 사회교육학의 역사에서도 중요하게 다루어진 주제들이기도 하였다. 따라서 사회교육학의 새로운 정립은 현대사회의 다양한 영역에서 다양한 방식의 교육을 통해 문제를 해결하기 위해서도 시급히 요청되는 과제이다. 그러나 새로운 사회교육학은 단지 이러한 영역에 교육적 기법을 적용하기 위한 연구만으로 성립되지 않는다. 그 이전에 사회교육만의 고유한 개념과 실천원리에 대한 정립이 필요하다. 이러한 개념과 실천원리는 사회교육 실천영역에 대한 참여와 성찰과 더불어 교육 자체의 개념과 원리에 대한 성찰도 필요로 한다. 어떤 면에서 사회교육학의 핵심은 다양한 실천영역 자체라기보다는 그러한 영역을 포괄할 수 있는 사회교육만의 개념과 실천원리라고 할 수 있다.

이 책은 한국 사회교육학의 새로운 정립을 위한 노력의 시작이자 그 자그마한 결과이다. 이 책에서는 사회교육학 정립을 위해 사회교육의 개념과 역사, 사회교육학 연구의 선구자, 사회교육학 성립의 이론적 기초, 사회교육학의 학문적 성격과 구성요소, 연구과제, 사회교육 실천 원리와 방법, 사회교육 실천영역의 현황과 과제 등을 종합적으로 다루었다. 그 구체적인 내용을 간략히 소개하면 다음과 같다.

제1부에서는 사회교육학의 개념적 기초를 다룬다. 구체적으로는 사회교육의 개념, 한국 사회교육 개념의 재고찰, 사회문제와 사회교육의 개념적 관계를 살펴본다.

제2부에서는 사회교육학의 토대와 성격을 다룬다. 구체적으로는 사회교육학의 형성과정과 동향, 사회교육학의 이론적 기초, 사회교육학의 성격과 구성을 살펴본다.

제3부에서는 사회교육학의 원론적 탐구를 다룬다. 구체적으로는 사회적 가치와 교육적 가치의 통합, 사회학습과 교육적 개입의 조화, 의식화와 조직화의 조화를 살펴본다.

제4부에서는 사회교육학의 실천적 탐구를 다룬다. 구체적으로는 사회교육 내용과 내용과 방법의 구성, 사회교육자의 역할과 요건, 사회교육 유형별 현황과 학문적 과제를 살펴본다. 이를 통해 사회교육과 사회복지, 사회운동, 지역사회개발, 청소년교육 등과의 관련성을 보다 구체적으로 파악하고 사회교육적 대안을 모색한다.

필자는 이러한 과정을 통해 사회교육학의 학문적 기초를 다지고 향후 사회교육의 이론 정립과 실천에 도움이 될 수 있는 학문적 과제를 제시하고자 한다. 이 작업이 결코 사회교육학 탐구의 완성이 아님은 새삼 말할 필요가 없을 것이다. 단지 이 책은 진작 이루어졌어야 할 사회교육학의 정립을 위해 뒤늦게나마 시도해 본 작은 노력에 불과하다. 즉각적인 성과와 무관하게 이러한 노력이 언젠가 사회교육학의 정립과 사회교육의 발전을 위한 작지만 의미 있는 초석이 되기를 기대해 본다. 사회교육학의 정립은 그 자체로서도 의미가 있겠지만, 궁극적으로는 사회교육의 존재가치를 증명하고, 사회교육의 실천을 지속가능하게 하는 확고한 기반을 마련한다는 점에서 더 큰 의미가 있다. 이 책을 통해 사회적 약자를 지원하고 사회공동체 형성에 이바지하는 사회교육이 보다 확고하게 자리 잡고 활성화되기를 바란다.

이 책이 완성되기까지 많은 이의 도움을 받았다. 대학원 강의와 스터디모임 등을 통해 사회교육을 함께 연구해 온 동의대학교 대학원생 제자들과 한국사회교육연구회 회원들에게 감사의 말씀을 전한다. 특히 초고를 꼼꼼히 교열해 주신 김미향 박사님께도 감사의 말씀을 드린다. 또한 이 책을 완성하는 동안, 코로나19의 어려움을 같이 겪으며 응원해 준 아내와 두 딸 그리고 항상 자식을 위해 기도하시며 성원해 주시는 부모님께도 감사의 마음을 전하고 싶다. 필자를 사회교육과 평생학습 연구의 길로 이끌어 주신 김신일 은사님께도 다시 한번 감사의 말씀을 올린다. 아울러 쾌히 출판을 허락해 주시고 정성으로 편집해 주신 학지사 관계자들께도 감사의 말씀을 드린다.

오혁진

차례

● 서문 _ 3

제1부 | 사회교육학의 개념적 기초

제1장 사회교육의 개념 ······ 15

1. 사회교육 개념의 성립 배경 / 15
2. 사회교육 개념의 국제적 동향 / 22
3. 사회교육 개념의 구성요소와 유관 개념 / 31
4. 사회교육의 유형 / 42

제2장 한국 사회교육 개념의 재고찰 ······ 55

1. 한국 사회교육의 개념사 / 55
2. 한국 사회교육 실천의 역사와 개념적 성격 / 68
3. 한국에서 사회교육과 평생교육의 관계 / 73
4. 한국의 민중교육과 사회교육의 관계 / 80

제3장 사회문제와 사회교육 ······ 85

1. 사회문제의 개념과 사회교육과의 관계 / 85

2. 사회문제에 대한 접근방식과 사회교육과의 관계 / 89
3. 사회문제의 종류와 내용 / 93
4. 사회문제 해결을 위한 사회교육의 접근방식과 실천과제 / 99

제2부 | 사회교육학의 토대와 성격

제4장 사회교육학의 형성과정과 동향 ········· 107
1. 사회교육학 발전의 배경과 선구자 / 107
2. 성인교육학 분야에서의 사회교육 지향적 연구 / 117
3. 현대적 사회교육학의 전개과정 / 123
4. 현대 사회교육학의 동향과 교육학적 지향점 / 127

제5장 사회교육학의 이론적 기초 ········· 131
1. 교육의 사회적 기능과 책무에 관한 이론적 기초 / 131
2. 교육을 통한 사회변화의 가능성에 관한 이론적 기초 / 136
3. 수기치인의 사회교육적 근거와 의의 / 145
4. 사회학습을 통한 집단의 변화에 관한 이론적 기초 / 154

제6장 사회교육학의 성격과 구성 ········· 165
1. 사회교육학의 개념과 성격 / 165
2. 사회교육학의 정립과 관련된 대립적 접근방식 / 173
3. 사회교육학의 탐구 주제와 학문적 구성체계 / 178
4. 사회교육학 연구의 발전과제 / 184

제3부 사회교육학의 원론적 탐구

제7장 사회적 가치와 교육적 가치의 통합 ········· 193

1. 사회변화와 교육의 관계 / 193
2. 사회교육에서 교육적 가치의 의미와 구현원리 / 200
3. 사회교육과 정치의 관계 / 210
4. 개인성장과 사회변화의 조화 / 215

제8장 사회학습과 교육적 개입의 조화 ········· 227

1. 사회학습의 개념과 의의 / 227
2. 사회학습의 사회교육적 의의와 한계 / 231
3. 사회교육에서 학습자 주도성의 조건과 교육적 개입의 원리 / 237
4. 사회학습의 활성화를 위한 교육적 개입의 원리 / 245

제9장 의식화와 조직화의 조화 ········· 251

1. 사회교육에서 의식화와 조직화의 의의와 쟁점 / 251
2. 사회교육에서 의식화-조직화 관계의 유형과 지향성 / 258
3. 의식화와 조직화를 위한 소집단의 활용 / 266
4. 의식화와 조직화를 위한 네트워크의 구축과 활용 / 272

제4부 | 사회교육학의 실천적 탐구

제10장 사회교육 내용과 방법의 구성 ······ 279

1. 사회교육 교육과정의 구성 / 279
2. 사회교육방법의 개념과 성격 / 289
3. 공감 형성과 사회교육 실천 / 298
4. 비판적 의사소통과 사회교육 실천 / 303

제11장 사회교육자의 역할과 요건 ······ 309

1. 사회교육자의 개념과 역할 / 309
2. 사회교육자의 기본 요건 / 315
3. 한국의 선비사상에 나타난 사회교육자의 역할과 요건 / 324
4. 주요 사회교육 전문직종의 현황과 발전과제 / 329

제12장 사회교육 유형별 현황과 학문적 과제 ······ 339

1. 기초교육의 현황과 학문적 과제 / 339
2. 경제적 자활교육의 현황과 학문적 과제 / 344
3. 시민교육의 현황과 학문적 과제 / 349
4. 사회개발교육의 현황과 학문적 과제 / 355

참고문헌 / 367
찾아보기 / 379

제 1 부

사회교육학의 개념적 기초

제1장 사회교육의 개념

제2장 한국 사회교육 개념의 재고찰

제3장 사회문제와 사회교육

제1장 사회교육의 개념

사회교육이란 무엇인가? 사회를 위한 교육의 활용은 인간사회가 존재한 이래로 가장 중요하게 다루어진 교육적 과제 중의 하나였다. 교육이 수행해야 할 여러 과제 중에서 사회적 역할에 초점을 맞춘 교육을 일반적으로 '사회교육'이라고 지칭할 수 있다. 이러한 사회교육의 명칭이나 특징은 국가와 시대에 따라 다양했지만 사회를 위한 교육이라는 점에서 공통점을 가진다. 이 장에서는 사회교육의 개념을 심층적으로 파악하기 위해 사회교육의 성립 배경, 사회교육 개념의 국제적 동향, 사회교육 개념의 구성요소와 유관 개념, 사회교육의 유형 등을 종합적으로 살펴보고자 한다.

1. 사회교육 개념의 성립 배경

사회교육은 어떠한 의미에서든 '교육'과 '사회'의 관계를 다룬다. 여기서는 '교육'과 '사회'의 관계를 정립하는 다양한 방식 중에서 사회교육과 관련된 관계 정립 방식의 특징을 살펴보고자 한다.

1) 교육과 사회와의 관계

사회교육의 개념 정의는 먼저 교육과 사회의 관계를 종합적으로 살펴보는 데서 시작할 수 있다. '사회교육'은 어떠한 의미에서든 '사회'와 '교육'이 특별하게 결합된 인간의 특수한 행위이다. '사회'와 '교육'이 결합할 때 무엇이 형성되는가를 명확히 알기 위해서는 '사회'가 '교육이 아닌 것'과 결합할 때와 '사회가 아닌 것'이 '교육'과 결합할 때 무엇이 성립되는가도 포괄적으로 검토할 필요가 있다. 그러므로 '사회교육'의 개념을 가장 기초적인 차원에서 이해하기 위해서는 '사회'와 '사회가 아닌 것', 그리고 '교육'과 '교육이 아닌 것'을 구별하는 것이 필요하다.

먼저, '사회'와 '사회가 아닌 것'을 나누는 기준은 인간이 수행하는 여러 가지 행위의 목적이 사회적 가치가 있느냐의 여부이다. 즉 인간이 수행하는 행위가 궁극적으로 '사회'를 위한 것이냐, 아니면 자기 자신으로서의 '개인'을 위한 것이냐를 의미한다. 인간 행위의 목적이 궁극적으로 개인 자신을 지향하는가, 아니면 사회공동체를 지향하는가에 따라 '개인지향'과 '사회지향'으로 나누어 볼 수 있다.

다음으로, '교육'과 '교육이 아닌 것'을 나누는 기준은 인간이 특정한 가치를 지향하기 위해 수행하는 행위가 교육적이냐의 여부이다. 즉, 인간이 수행하는 행위가 전통적으로 가르치고 배움과 직접적으로 관련된 '교육'의 행위인가, 아니면 정치활동, 경제활동, 종교활동 등과 같이 교육과 직접적인 관계가 없는 일반적 인간행위인가를 의미한다. 인간행위의 성격이 궁극적으로 교육적인가, 아니면 정치활동이나 경제활동, 사회운동과 같은 일반적인 사회활동인가에 따라 '교육행위'와 '일반행위'로 나누어 볼 수 있다.

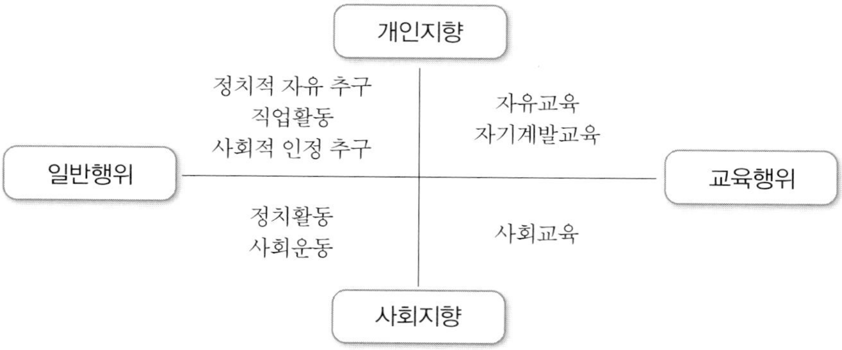

[그림 1-1] 교육과 사회의 관계에 따른 인간행위의 유형

이 두 가지 기준을 적용할 경우 인간의 행위는 다음의 네 가지로 유형화할 수 있다. 첫째, 개인을 지향하는 일반적 인간행위이다. 이는 개인을 위한 정치적 자유의 추구, 삶을 영위하기 위한 직업활동, 사회적 인정을 받기 위한 개인의 노력 등이 해당된다. 둘째, 사회를 지향하는 일반적 인간행위이다. 이는 사회 전체의 발전을 위한 사회적 차원의 정치활동, 경제활동, 사회운동 등이 포함된다. 셋째, 개인을 지향하는 교육행위이다. 이는 우선적으로 개인에게 보장된 보편적 학습권을 행사하여 개인의 성장과 자립을 추구하는 교육행위를 말한다. 넷째, 사회를 지향하는 교육행위이다. 이는 우선적으로 사회문제의 해결, 사회적 배제 완화, 사회공동체 실현을 추구하는 교육행위를 말한다.

이러한 유형들 중에서 사회교육은 일반적으로 마지막 유형에 해당한다. 즉, 사회교육은 사회지향성과 교육행위가 결합된 특수한 형태의 인간행위인 것이다. 교육은 크게 무엇을 궁극적으로 지향하느냐에 따라 개인의 발전을 궁극적인 목적으로 추구하는 교육과 사회문제 해결을 궁극적인 목적으로 추구하는 교육으로 구별될 수 있다. 또한 사회문제 해결이나 사회발전은 교육을 통해서도 이루어질 수도 있지만, 정치적 · 경제적 · 사회적 행위 등을 통해 이루어질 수도 있다. 이 중에서 사회교육은 개인의 발전을 넘어 사회문제의 해결이나 사회발전을 궁극적으로 지향하는 교육임과 동시에 정치적 · 경제적 활동이나 사회운동이 아닌 교육을 매개로 하는 활동을 의미한다.

이와 같이 사회교육은 '교육을 통한 사회변화'에 초점을 맞춘 교육활동이다. 일반적으로 개인의 교육적 성장 자체를 교육의 내재적 목적이라고 하고, 교육을 통한 사회문제 해결이나 사회변화를 교육의 외재적 목적이라고 한다(이돈희, 1983: 129). 교육은 분명 개인의 성장을 목적으로 추구하지만, 다른 한편으로 의도적으로 사회 자체에 영향을 미치고자 하는 경우도 많다. 사회가 교육에 영향을 미치고 교육을 통제하는 경우도 많지만, 교육을 통한 사회변화는 포기할 수 없는 교육의 사회적 책임과 역할이라고 할 수 있다. 이렇게 사회적 책임을 수행하기 위한 교육이나 사회문제 해결에 초점을 맞춘 교육을 '사회교육'이라고 부를 수 있다. 다시 말해, 사회교육이란 사회에 좋은 영향을 미치기 위한 교육을 말한다. 이때 사회교육이 사회를 위해 교육을 활용하는 것이라고 해서 교육의 본질적 가치를 무시하거나 배제하는 것은 아니다. 사회교육은 교육의 한 유형으로서 교육의 일반적 가치를 중시한다. 그와 동시에 교육을 통한 사회적 영향력의 추구를 특별히 강조하는 것이다. 그런 면에서 사회교육은 교육의 가치를 중시하면서도 사회변화를 지향하는 특수한 성격의 교육이라고 할 수 있다.

사회문제가 복잡해지고 다양해짐에 따라 교육을 통해 이를 해결하기 위한 사회교육의 필요성이 더욱 커지고 있다. 또한 이미 우리 사회에서 다양한 형태의 사회교육이 이루어지고 있다. 이에 따라 학문적인 차원에서 사회교육의 개념을 정립하고 사회교육의 실천원리와 방법을 모색하기 위한 사회교육학의 정립이 시급히 요청된다.

2) 고유한 사회교육 개념 존재의 필요성

모든 교육은 일정한 정도 사회와 관계를 가지고 있다. 즉, 모든 교육은 '사회 속'에서 이루어지며, 일정한 정도 교육자와 학습자의 '사회적 관계' 속에서 이루어진다. 또한 개인의 성장을 목적으로 하는 교육의 경우에도 그 결과가 간접적으로 '사회 전체에 영향'을 미치는 경우가 많다. 그러므로 모든 교육은 그 자체로 '사회적 교육'이라고 할 수 있다. 그럼에도 불구하고 '사회교육'의 개념이 별도로 필요한 이유를 몇 가지 측면에서 살펴보고자 한다.

첫째, 교육의 목적 면에서 사회적 책임을 최우선으로 강조하는 교육의 필요성 때문이다. 이는 사적인 이익을 추구하는 교육에 대해 사회의 공적인 이익을 추구하는 교육이 별도로 존재해야 할 필요성을 말한다. 사실, 교육의 공익성은 교육사적인 차원에서 계속해서 강조되어 왔다. 이와 관련하여 일찍이 퇴계 이황은 "학교는 풍속을 교화하는 근원이요, 선의 모범이 되는 자리이며, 선비는 예법과 의리의 바탕이요, 국가의 원동력이 깃든 곳이다."(금장태, 2001: 170)라고 지적하였다. 이는 사회를 위한 교육의 분명한 책임을 강조하는 것이다. 이와 같은 교육의 공익적 책임은 시대와 국가를 초월하여 강조되고 있다. 그러나 모든 교육이 사회적 책임을 지향하는 것도, 실제 사회적 영향을 발휘하는 것도 아니다. 많은 경우 교육은 개인의 성장에 일차적인 목표를 두고 이루어지고 있는 것이 현실이다. 사회공익적 교육은 개인의 발전을 위한 교육에 비해 부차적으로 다루어지는 경우가 많다. 그러나 개인을 위한 직접적인 교육이 필요하듯이 사회공익을 위한 적극적인 교육도 반드시 필요하다. 이는 곧 더 나은 사회를 만들기 위한 교육의 책임을 강조하는 독자적 교육 개념이 필요함을 반증한다.

이와 관련하여 미국의 교육학자인 프렌스키(M. Prensky)는 두 가지 교육모델에 대하여 다음과 같이 주장한다.

> 선택할 수 있는 두 가지 교육모델은 매우 뚜렷한 차이를 보이므로 서로 다른 이름으로 불려야 마땅하다. 첫째는 '이론 중심 모델(Academic Model)'이다. 이는 소수의 한정된 과목에 대한 학생 개인의 성취를 강조하는 교육 모델로, 현행 교육과정이 여기에 해당된다. 둘째는, '더 나은 세상을 만드는 역량 중심 모델(Empowerment to Better the World Model)'이다. 학생들이 세상을 더 나은 곳으로 바꾸기 위한 프로젝트를 완수할 수 있도록 새로 습득한 역량을 강화하고 그 힘을 자유롭게 발휘할 수 있게 돕는 교육이다. 이것이 우리에게 필요한 교육이며 우리가 나아가야 할 방향이다(Prensky, 2018: 13).

이와 같이 프렌스키는 사회변화에 초점을 맞춘 별개의 교육모델이 필요함을 주장하고 있다. 사회를 변화시키고자 하는 분명한 목적을 가지고 접근하는 것과 교육의 결과가 우연히 사회변화에 기여할 수도 있을 것이라는 막연한 기대감을 갖고 접근하는 것 사이에는 많은 차이가 있다. 일반적인 교육을 통해 비의도적 · 우연적으로 긍정적인 사회변화가 이루어질 수도 있음을 부인할 필요는 없지만 사회발전의 관점에서 볼 때 사회문제 해결을 주목적으로 하는 의도적인 교육도 반드시 필요함을 부인할 수 없다. 그런 점에서 이러한 성격을 가진 별개의 교육개념이 요구된다.

둘째, 개인변화를 초월하여 사회문제 해결 자체에 초점을 맞춘 별개의 전문적인 교육의 필요성 때문이다. 많은 경우 개인의 변화가 곧 사회의 변화를 가져온다는 교육적 원리가 수용되고 있다. 따라서 개인의 인성교육만 제대로 이루어지면 사회는 저절로 좋아진다는 신념이 존재하는 것이다. 그러나 개인을 위한 인성교육이 원활하게 이루어진다고 해서 반드시 사회문제가 저절로 해결되는 것은 아니다. 일찍이 미국의 신학자인 니버(Reinhold Niebuhr)는 『도덕적 인간과 비도덕적 사회(Moral Man and Immoral Society)』(1932)를 통해 개인적으로 도덕적인 인간이 된다고 해서 사회가 저절로 도덕적이 되는 것이 아님을 주장하였다.

> 인간의 이성은 항상 어느 정도는 사회적 상황 내에서 이해관계의 노예이기 때문에, 사회불의는 교육가와 사회과학자들이 일반적으로 믿고 있는 바와 같이 도덕적이고 합리적인 권고만으로는 해결될 수 없다. 갈등은 불가피하다. 이러한 갈등 상황에서는 힘에 대해 힘으로 맞서는 수밖에 없다. 이러한 엄연한 사실을 대부분의 교육가들은 간과하고 있으며, 사회과학자들조차도 마지못해 인정할 뿐이다(Niebuhr, 1992: 10).

이는 개인의 도덕성을 강조하는 기존의 교육이 사회정의의 실현에 한계가 있음을 지적한 것이다. 그런데 그가 진정으로 주장하고 싶은 것은 교육이 사회정의를 위해 의미 있는 기능을 할 수 없다는 것이라기보다는 사회구조적 차원에서 사회변화를 추구하기 위한 특별한 교육적 접근이 필요하다는 것이라고 볼 수 있다. 사회학의 관점에서 일반적으로 '사회'는 '개인'의 단순한 총합 이상의 성격을 갖는다는 입장이 비중 있게 다루어지고 있다. 사회학의 개척자 중 하나인 뒤르켐(E. Durkheim)에 따르면, 개인들이 모여 사회를 이룰 때 각 개인에게 없었던 새로운 속성이 나타날 수 있다. 뒤르켐은 이것을 사회적 사실(social facts)이라고 명명하였으며, 사회학은 곧 사회적 사실을 다루는 학문이라고 주장하였다. 그에 따르면, 개인의식이 합쳐져서 형성된 것이 집합의식이지만, 일단 집합의식으로 나타나게 되면 개인의 의식과는 전혀 다른 그 자체의 성격을 가진다(김성은, 2009: 152; 박철현, 2014: 45). 이런 맥락에서 개인의 인격적 성장을 통한 사회문제의 간접적인 해결과는 별개로 사회문제 자체의 성격을 사회과학적으로 이해하고 해결방법에 대한 과학적인 탐구와 공유에 초점을 맞춘, 보다 체계적이고 전문적인 교육이 필요한 것이다.

셋째, 사회문제의 즉각적인 해결을 위한 전문적인 실천교육의 필요성 때문이다. 기존의 사회변화지향적 교육들은 바람직한 사회의 조건을 이론적으로 학습하거나 사회문제의 해결방법을 실습해 보는 이론적이고 미래준비적인 교육의 성격이 강했다. 이른바 '사회과 교육(social studies education)',[1] '민주시민교육' 등이 이에 해당한다. 이러한 교육적 행위들은 단순히 사회문제의 내용이나 성격을 지식적으로 이해하거나, 사회문제 해결의 일반적인 원리를 배우거나, 또는 사회문제 해결을 위한 팀프로젝트 등의 기법을 연습하는 것에 머무른 경우가 많았다. 물론 사회를 위해서는 미래를 위한 연습으로서의 교육도 필요하지만, 현재의 사회문제를 실질적으로 해결하기 위한 실천적 교육도 필요하다. 이런 맥락에서 기존의 '사회와 관련된 교육'이 아니라 사회문제를 실질적이고 즉각적으로 해결하기 위한 별도의 실천적 교육의 개념이 요구된다.

이와 같이 현대사회에서는 교육의 사회적 공익성, 개인을 초월한 사회문제 해결 자체를 지향하는 교육의 필요성, 사회문제 해결의 즉각적 실천을 위한 교육의 필요성을 반영하는 별개의 교육개념이 요구된다. '사회교육'은 바로 이를 반영하는 개념이라고 할 수 있다. 즉, 사회교육은 교육을 통한 사회변화나 사회문제의 해결을 의도적 · 전문적 · 직접적, 실천적으로 추구하는 교육이라고 할 수 있다.

---

1) 한국에서는 '사회과 교육'을 '사회교육'으로 지칭하는 경우도 있다. 그러나 이때의 '사회교육'은 영어로 'social studies education'에 해당한다. 영어에서도 'social education'을 'social studies education'과 혼동해서 쓰는 경우가 있다(정지웅, 김지자, 1986; 윤기영 편, 2018). 이러한 개념적 혼란에도 불구하고 이 책에서는 개념 정립의 일환으로 '사회교육'은 'social education'을 의미하며, 일반적인 '사회과 교육(social studies education)'과는 다른 개념으로 정의한다.

2. 사회교육 개념의 국제적 동향

교육의 사회적 기능과 역할은 인간사회라면 어디에서나 요구되기 마련이다. 따라서 어느 시대, 어느 나라에서나 이른바 사회교육에 관한 개념은 기본적으로 존재해 왔다고 볼 수 있다. 각국에서 이러한 개념을 나타내는 용어는 '사회'와 '교육'의 용어를 포함하는 것이 일반적이다. 여기서는 '사회교육(social education)'이라는 개념과 직접적인 관련성을 가지고 있는 국제적인 사례들을 살펴보고자 한다. 즉, 한국어로 번역할 때 곧바로 '사회교육'이라고 번역할 수 있거나, 'social education'과 관련된 국제적 사례를 살펴봄으로써 사회교육의 보편적 의미를 탐색해 보고자 한다.

1) 유럽(독일)의 'social pedagogy'

'사회교육'으로 번역될 수 있는 가장 체계적이고 구체적인 교육 관련 개념은 유럽을 중심으로 발전하여 전 세계적으로 파급되고 있는 'social pedagogy'라고 할 수 있다. 일찍이 독일에서는 한국의 사회교육과 유사한 개념으로 'Sozialpädagogik', 영어식 표현으로는 'social pedagogy'가 발전해 왔다. Social pedagogy는 19세기 독일의 마거(Karl Mager)와 디스터뵈그(Friedrich Diesterweg)에서 비롯되어 나토르프(Paul Natorp)와 노올(Herman Nohl)에 의해 개념적 기초가 확립되었다(Stephens, 2013: 12).

제1차 세계대전(1914~1918) 이후 바이마르 공화국의 민주주의적 개혁의 과정에서 social pedagogy의 개념은 1920년대 사회적 돌봄과 사회사업, 특히 비형식 청소년교육을 포함하는 아동·청소년복지 안에 통합되었다. 이후 social pedagogy는 나치정권하에서 선전 및 교화의 수단으로 악용되는 암흑기를 거치기도 하였으나, 1960년대에 접어들어서 사회적 해방을 목적으로 하는 교육으로 재정립되었다.

이와 동시에 social pedagogy는 벨기에, 네덜란드, 헝가리, 슬로베니아, 스웨덴, 덴마크 등과 같은 유럽의 다양한 국가로 파급되었으며, 21세기에 즈음하여 영미권에서도 널리 확산되고 있다. 이들 국가에서 social pedagogy는 '비형식교육' '사회사업' '지역사회개발' '사회문화적 애니메이션' '안드라고지' 등의 이름을 가진 다양한 활동들과 연계하여 실천되었다(Schugurensky, 2014). 사회질서가 북구복지모델에 기초해 있는 국가인 스웨덴의 경우, social pedagogy는 주로 전문적인 사회돌봄 체제의 맥락 속에서 발달해 왔다. 이것은 핀란드, 덴마크, 노르웨이의 경우에도 마찬가지이다. 반면, 스페인의 경우 social pedagogy는 역사적으로 프랑코 정권하에서 저항을 위한 지역사회 활동, 자립적 민중교육의 차원에서 발전하였다. 또한 폴란드는 애국운동의 영향을 크게 받은 반면, 독일 학자들의 영향을 강하게 받은 체코슬로바키아는 근대 사회의 사회문제들에 응답하기 위한 교육적 반응의 성격이 더 강했다(Hämäläinen, 2015: 1026).

이러한 다양성에도 불구하고 social pedagogy의 본질은 궁극적으로 사회문제를 해결하기 위한 교육이라고 할 수 있다. 이를 잘 나타내고 있는 social pedagogy의 정의를 살펴보면 다음과 같다.

> Social pedagogy란 사회문제에 대해 교육학적 해결책을 형성하고 적용하는 교과이자 실천이다. 역사적으로 social pedagogy는 교육을 통해 사회적 상황에 결정적으로 영향을 미칠 수 있다는 신념에 근거한다. 학문으로서의 social pedagogy는 '사회적'과 '교육적'인 것 양 측면에 직접적으로 주의를 기울인다. 즉, 사회적 · 교육적 전망을 갖는다(Hämäläinen, 2003: 71).

이러한 정의는 social pedagogy가 단순히 '학교교육 이외의 교육'이거나 '성인을 대상으로 하는 교육'이라는 차원을 넘어 '사회에 영향을 미치는 교육', 더 나아가 '사회문제를 해결하는 교육'임을 분명히 밝히고 있다. 영국의 사회교육학자인 스티븐스(P. Stephens)는 『Social Pedagogy: Heart and Head』(2013)라는 저서에서 페스탈로치(J. Pestalozzi), 로버트 오언(Robert Owen), 그룬트비(N. F. S. Grundtvig), 마일스 호튼(Myles Horton), 파울로 프레이리(Paulo Freire)와 같이 사회개혁적인 입장을 취했던 교육자들을 social pedagogy의 선구자로 제시하고 있다. 이들은 한국의 교육학계에서도 전통적으로 사회교육자들로 인식했던 인물들이기도 하다. 이런 점에서 social pedagogy는 한국에서 사회변화지향적 교육을 의미하는 전통적인 사회교육과 맥을 같이 한다.

또한 social pedagogy는 학문적 차원에서도 활성화되어 전 세계적으로 관련 학과 및 학회, 대학원 과정 등이 설립되고 있다. 또한 국제적인 학문적 교류 가운데에서 독일의 'Sozialpädagogik'의 영어식 표현인 'social pedagogy'와 전통적으로 영어권에서 사용되어 온 'social education'이 비슷한 개념으로 수렴되고 있는 실정이다. 경우에 따라서는 'social pedagogy'는 학문으로서의 '사회교육학'을, 'social education'은 실천으로서의 '사회교육'을 의미하기도 한다(Ucar, 2012: 178). 이는 역사적 · 문화적 배경 차이에도 불구하고 'social pedagogy'와 'social education'이 모두 '사회교육'으로 통일될 수 있음을 반영한다.

이와 같이 유럽의 'social pedagogy'는 사회문제를 해결하기 위한 교육으로서의 사회교육 개념의 현존 사례가 되고 있다는 점에서 의의가 있다. 더욱이 'social pedagogy'가 유럽에서만 통용되는 특수한 개념이 아니라 국제적으로 확산되고 있으며 'social education'과 동일한 개념으로 수렴되고 있다는 점에서 사회교육 개념의 보편화에 기여하고 있다고 볼 수 있다.

2) 일본의 '사회교육(社會敎育)'

일본에서는 메이지 10년인 1870년대를 전후로 사회교육에 해당하는 '사회교육(社會敎育)'이라는 용어가 사용되기 시작하였다. 그러나 일본의 '사회교육'은 시대와 맥락에 따라 그 개념이 조금씩 다르게 이해되기도 하였다. 이런 배경 속에서 일본 사회교육학계에서는 일찍부터 사회교육의 개념 및 본질에 관한 논의가 적극적으로 이루어져 왔다.

사토 산조(佐藤三三, 2009)에 따르면, 일본에서는 메이지 10년대인 1870년대를 전후로 사회교육 개념의 이해와 관련하여 4개의 계보가 존재하였다.

첫째, 사회로부터 배우는 것으로서의 사회교육이다. 이때 사회는 '배움의 장'이라는 의미를 갖는다. 이는 후쿠자와 유키치(福澤諭吉)가 '인간사회'로부터의 배움의 소중함을 강조한 것, 자기교육으로서의 사회교육을 강조한 전통과 관련된다.

둘째, 사회의 교육기능(형성력)으로서의 사회교육이다. 여기서 사회는 '교육(형성) 주체'의 의미를 갖는다. 이는 '사회'가 가지고 있는 인간형성기능, 또는 환경으로서의 '사회'가 가지고 있는 교육기능을 강조한다.

셋째, 사회개선, 사회를 교육하는 것으로서의 사회교육이다. 이때 사회는 '교육대상'의 의미를 갖는다. 이는 사회를 개선함으로써 사회의 교육력(형성력)을 관리한다는 사고방식을 반영한다.

넷째, 삼분법(학교, 가정, 사회)의 하나로서의 사회교육이다. 이때 사회는 '교육영역'의 의미를 갖는다. 이는 현대 일본의 사회교육에 대한 보편적인 인식과 맥을 같이 한다. 이 경우 사회교육의 개념은 '학교교육과 가정교육을 제외한 사회에서 행해지는 교육'의 총칭을 말한다. 한국의 경우에도 과거 이러한 영역중심의 사회교육 개념이 보편화되었다.

사토는 일본의 경우 '배움의 장으로서의 사회' 인식이 가장 빨리 등장하고, 이어서 '교육(형성) 주체로서의 사회' '교육대상으로서의 사회' '교육영역으로서의 사회'가 거의 비슷한 시기에 등장한 후 병존해 왔다고 하였다. 이러한 인식들은 크게 '영역중심 사회교육 개념'과 '기능중심 사회교육 개념'으로 대조를 이루고 있다. 영역중심 사회교육 개념이 학교 이외의 사회에서 행해지는 교육을 총칭하는 개념이라고 한다면, 기능중심 사회교육 개념은 사회적 목적을 달성하기 위한 교육을 의미한다.

마츠다 타케오(松田武雄, 1998: 35-36)에 따르면, 일본은 사회교육 개념의 형성 초기부터 사회교육의 본질을 '학교 이외의 교육'이라는 영역 차원이 아니라 '사회를 위한 교육'이라는 사회적 기능 차원에서 인식하는 전통이 존재해 왔다. 또한 일본의 사회교육은 역사적으로 아래로부터 민중의 요구와 이에 대한 위로부터 지배적 계급의 대응책이 합류·혼재된 것이었다. 특히 일본의 초창기 사회교육은 자본주의 확립과정에서 제기된 사회문제·노동문제에 대한 사회개량적 교육대책의 성격이 강했다. 이와 관련하여 일본 사회교육 창설기 사회교육의 성격에 대한 설명을 살펴보면 다음과 같다.

> 일본에서 최초로 문부성 사회교육과가 탄생한 것은 1919년으로(정식명칭은 제4과), 이곳 문부관료의 키워드가 된 말은 '교육의 사회화와 사회의 교육화'였다. 이 용어는 독일보다 미국의 진보주의 교육으로부터 영향을 받은 것으로 그들에게 있어서 사회교육의 본질은 교육과 사회를 매개하는 곳에 존재한다고 파악되었다. 교육에 있어서의 민주주의의 실현이라는 관점에서 사회교육을 사회개조와 관련된 '학교개조' 또는 '교육개조'와의 연관성상에서 받아들이고자 한 것이 창설기 사회교육 행정담당자의 기본적 사고였다(松田武雄, 2007: 8).

이와 같이 사회교육의 본질은 교육과 사회를 매개함으로써 사회를 개조하고 학교를 개조하는 것으로 파악되었다. 이는 교육과 복지의 만남을 의미하는 것이기도 하였다. 학교개조 가운데 특히 문제가 된 것은 생활상의 어려움을 안고 있는 학생들에 대한 교육적 구제였다. 이와 같이 일본의 초창기 사회교육의 경우 복지차원에서 접근하는 것이 사회교육의 중요한 본질로 인식되었다. 이는 교육의 사회적 기능, 즉 사회문제를 교육적으로 해결하고자 하는 데 주력한 독일의 'social pedagogy'와 유사하다(松田武雄, 2007: 8). 그런 의미에서 일본의 '사회교육'은 영미권의 '성인교육'과 구분되는 것으로 인식되었다.

> 역사적인 의미에서 본다면 사회교육은 성인교육으로 대체될 수 없는 것이며, 사회교육의 영어 번역으로서 adult education을 사용하는 것은 옳지 않다. 성인교육은 사회교

육의 한 구성 부분이며 사회교육의 역사적 의미는 학교교육을 사회적인 것으로 상정하여 사회가 사회 그 자신을 키우는 교육력을 배양함으로써 사회문제를 교육적으로 해결해 가고자 하는 지향 안에서 발견할 수 있는 것이다(松田武雄, 2007: 8).

이러한 논의를 종합해 보면, 일본의 역사 속에는 사회교육을 사회문제 해결을 위한 교육으로 인식하고 사회교육의 범주 안에 성인교육은 물론 학교교육도 포함하는 전통이 존재하였다. 중요한 것은 사회교육의 본질을 '학교 안이냐 바깥이냐'가 아니라 사회문제의 해결과 복지향상 등과 같은 '사회성'을 지향하느냐의 여부로 판단했다는 점이다.

이와 같이 일본에서 사회교육을 사회문제 해결을 위한 기능중심의 개념으로 인식하는 방식은 오래된 역사적 기원을 가지고 있다. 그러나 이후 일본에서는 사회교육이 제도화되는 과정에서 법과 정책 실시의 적용 범위 및 대상을 명확히 할 필요성이 대두됨으로써 영역중심의 사회교육 개념이 보다 보편화되었다. 그에 따라 사회교육의 본질이 훼손되어 간다는 지적 또한 높아지고 있는 실정이다. 최근에는 사회교육 개념을 단지 영역중심의 개념에 머무르지 않고, 교육과 사회 전체의 구조를 변혁할 수 있는 기능중심의 개념으로 재정립하기 위한 노력들이 강화되고 있는 상황이다. 이와 관련하여 일본의 사회교육학자인 나가사와 세이지(長澤成次)의 글을 인용하면 다음과 같다.

일본에서는 「사회교육법」이 벌써 40번의 개정을 거듭해 왔는데, 가정교육지원 · 학교교육지원정책에 대응하는 개정이 중복되어 있어서, 법 개념으로서의 사회교육은 오히려 그 폭이 좁아지고 있는 경향이 있습니다. 사회교육 개념을 단지 영역 개념에 머무르지 않고, 교육과 사회 전체의 구조를 변혁할 수 있는 개념으로서 어떻게 이해하느냐, 그러한 의미에서 이번 주제인 '사회문제 해결과 사회교육 · 평생교육'은 중요한 시점을 제공해 주리라 생각합니다. 사회교육은 무엇보다도 '사회문제교육(오카와 토시오, 小川利夫)'으로서 해석해야 하기 때문입니다(長澤成次, 2019: 21).

이에 따르면, 일본에서도 과거의 영역중심 사회교육 개념에 대한 비판과 함께 사회문제 해결을 위한 교육으로서 기능중심 사회교육 개념을 회복해야 할 필요성이 본격적으로 제기되고 있다. 일본에서 이루어지고 있는 사회교육 개념에 대한 재고찰은 한국에서 사회문제 해결을 위한 사회교육의 전통을 회복하려는 움직임과도 유사한 성격을 가진다는 점에서 의의가 있다.

3) 미국의 'social education'

한국의 사회교육과 관련된 개념으로 미국에는 'social education'이 존재한다. 여기서는 'social education'이라는 용어를 통해 자신의 교육관을 표현한 린드만(Edward Lindeman)과 왈치(Mary Romana Walch)를 중심으로 살펴보고자 한다.

먼저, 미국의 대표적인 성인교육학자 린드만은 『사회교육(Social Education)』(1933)을 발간하였다. 이 책의 부제는 "1922년부터 1933년까지 'Inquiry'에 의해 개발된 원리와 방법에 대한 해석"이었다. 이 책은 당시 일선의 여러 조직과 기관, 사회운동 현장의 실천가들에게 'Inquiry'라는 실험적 사회운동 연구모임의 활동 사례를 제시함으로써 사회교육의 의의와 유용성을 설득하기 위해 저술된 것이었다(Lindeman, 1933: xvii). 린드만은 이 책에서 '사회교육(social education)'에 대해 다음과 같이 기술하였다.

> 사회교육은 과정이자 목적이지, 필연적으로 미리 인식된 목적을 위한 수단이어야 하는 것은 아니다. 그것은 하나의 지속적인 형태의 학습 또는 재조건화를 의미하는데, 이는 사회적 경험으로부터 도출된 도구를 가지고 사회적 적응을 향해 나아가는 것이다(Lindeman, 1933: xv).

여기에서 린드만은 사회교육(social education)이 사회적 가치를 지향하는 교육이기는 하지만, 어떤 특정한 목적을 이루기 위한 수단만은 아니라고 강조한다. 린드만에 따르면, 이러한 사회교육의 발달은 네 가지 핵심어휘들, 즉 관리(control), 유연성(flexibility), 관계(relation), 참여(participation)에 의해 이루어진다. 현대 기술사회의 방대한 메커니즘을 '관리'하는 법을 배워야 하고, 그러기 위해서는 좀 더 '유연성' 있게 대처해야 하며, 새로운 형태의 '관계'가 필요한데 그것은 곧 '참여'이다(Lindeman, 1933: xiv-xv). 이런 맥락에서 그는 "사회교육의 도전은 모든 학자들과 과학자들에게 우선적으로 다가오기에 이들 역시 참여적 인성을 갖지 않거나 스스로 사회학습(social learning)의 도야(discipline)에 몰입하지 않는다면 자신의 지식을 사회적 목적을 위해 활용할 수 없다."(Lindeman, 1933: xv)고 보았다. 이와 같이 린드만은 사회적 목적을 위해 지식을 활용하는 교육으로서 사회교육의 중요성을 주장하였다. 그와 동시에 그는 사회교육의 추진과정에서 사회적 가치와 더불어 교육적 가치의 통합을 강조하는 사회교육의 핵심적인 실천원리를 제시하였다. 이는 미국에서 일찍부터 성인교육과 별개로 사회적 기능을 중시하는 '사회교육(social education)' 개념을 강조한 역사적 사례라는 점에서 의미가 있다.

한편, 왈치는 『페스탈로치와 그의 교육이론(Pestalozzi and the Pestalozzian Theory of Education)』(1952년)을 통해 페스탈로치의 생애와 교육이론을 소개하는 과정에서 '사회교육'의 개념을 활용하였다. 그녀에 따르면, 페스탈로치는 교육의 목적을 개인 안에서 시작되는 개혁을 통해 국민을 사회적 · 정치적으로 재생하는 것에 두었다. 그리고 페스탈로치는 개인의 인격을 구성하는 모든 능력과 성격을 조화롭게 발전시키는 교육을 통해 이러한 개혁을 달성할 수 있다고 보았다는 것이다. 또한 그녀는 페스탈로치가 교육의 의미를 "인류를 연결하여 전체로 만드는 위대한 사슬의 모든 연결고리를 정리하는 것"(Walch, 1952: 49)이라고 정의하였고, "인간은 혼자만을 위해 이 세상에 있는 것이 아니라 이웃의 완성을 통해서만 자신을 완성할 수 있다"(Walch, 1952: 49)고 주장한 점을 강조하였다. 왈치는 이러한 사실들에 근거하여 페스탈로치가 추구한 교육을 '사회교육(social education)'이라 정의하고 페스탈로치를 '사회교육자(social educator)'라고 지칭했던 것이다. 이는 미국에서 페스탈로치의 교육사상을 표현하기 위해 '사회교육(social education)'이라는 용어가 활용된 역사적 사례라고 볼 수 있다. 페스탈로치에 대한 왈치의 연구를 통해 독일을 중심으로 한 유럽의 'social pedagogy'와 미국의 'social education'이 동일한 개념으로 연결되었다고 볼 수 있다.

이와 같이 미국에서도 일찍부터 교육의 사회적 가치와 기능을 강조하는 사회교육 개념에 대한 전통이 있었으며, 이는 주로 'social education'이라는 용어를 통해 표현되어 왔음을 알 수 있다.

4) 인도의 'social education'

인도는 영국의 식민지 지배를 받던 시기에 비형식교육을 지칭하는 용어로 'adult education'을 사용해 왔으나 독립 이후에는 공식적으로 'social education'을 사용해 오고 있다(Jayapalan, 2005; Rao, 2004). 기존의 'adult education'이 주로 문해교육을 비롯하여 개인의 사회적응을 위한 교육을 지칭했던 것에 비해 '사회교육(social education)'은 민주주의의 실현과 공동체의 형성과 같은 사회적인 성격을 강조한다는 점에서 차이가 있다. 이와 관련하여 인도의 '사회교육' 정의를 보다 구체적으로 살펴보면 다음과 같다(Rao, 2005: 26).

1. 사회교육은 민주주의의 성공을 위한 기초를 제공한다.
2. 사회교육은 교육받지 못한 이들을 위한 희망의 빛이다.
3. 사회교육은 성인의 정치적 · 지적 · 사회적 발달을 가져온다.
4. 사회교육은 성인의 심미적 발달을 고무한다.
5. 사회교육은 지역사회 생활의 문화적 측면을 강화한다.
6. 사회교육은 새로운 표현 매체와 여가선용 형태를 선호한다.
7. 사회에서 다른 모든 시설이 활용가능할 때, 비문해의 존재는 오점에 해당된다.

이와 같이 인도의 경우는 '성인교육'이라는 개념이 존재해 왔음에도 불구하고 이와 다른 특수한 교육을 표현하기 위해 국가적인 차원에서 공식적으로 '사회교육'이라는 개념을 사용했다는 점에서 특별한 의미를 갖는다. 인도에서 '사회교육'은 일반적인 성인교육과 다르게 교육의 사회적 기능과 사회적 목적을 공식적으로 표방하는 교육을 말한다. 이런 점에서 인도의 경우는 사회적 기능중심의 사회교육 개념을 국가적인 차원에서 간략하고도 명확하게 규정한 특별한 사례라고 볼 수 있다.

3. 사회교육 개념의 구성요소와 유관 개념

지금까지 살펴보았듯이, 사회교육 용어는 다양한 맥락 속에서 다양한 방식으로 사용되어 왔다. 그럼에도 불구하고 그러한 용어들 사이에는 하나로 수렴될 수 있는 공통점이 있다. 여기서는 이러한 공통점을 중심으로 사회교육의 개념을 구체적으로 정립하고 사회교육의 개념을 유관개념들과 비교해 보고자 한다.

1) 사회교육 개념의 구성요소

유럽의 'social pedagogy'와 일본의 '社會教育', 그리고 미국과 인도의 'social education' 등은 그 역사적 · 맥락적 다양성에도 불구하고 공통점들을 가지고 있다. 이러한 공통점들을 종합하여 사회교육 개념을 구체적으로 정립할 필요가 있다. 이와 관련하여 사회교육의 개념을 구성하는 요소들을 살펴보면 다음과 같다.

첫째, 공간적인 측면에서 사회교육은 사회에서 이루어지는 교육이다. 이는 장소 및 영역의 측면을 말하며, 배움의 장(場)으로서의 일상적인 사회를 의미한다. 사회교육은 사회에서의 일상적인 삶의 맥락과 관련된 교육이다. 따라서 과거 한국의 사회교육 개념과 같이 '학교'를 기준으로 삼아 학교 밖에서 이루어지는 교육이라고 정의할 필요가 없다. 학교 안이든 밖이든 인간의 삶과 관련된 교육이라면 사회교육의 기본 조건을 갖추었다고 볼 수 있다. 유럽에서 social pedagogy의 경우는 학교도 매우 중요한 사회교육 실천의 장이다. 그와 동시에 social pedagogy 개념에 따르면, 사회교육은 배타적으로 형식교육 체계에서만 실행되거나 아동 · 청소년만을 위한 교육이 아니라 학교의 안과 밖에서 모든 연령의 사람을 대상으로 하는 전 생애적(lifelong), 전 공간적(lifewide)인 교육으로 인식된다. 이와 관련하여 젠슨(N. R. Jensen)은 social pedagogy가 실천되는 현장의 공간적 다양성에 대해 다음과 같이 말한다.

> 양육의 과정은 많은 교육기관, 교육자, 협력적 교육자(매체, 인터넷 등)로 구성된 복합적 영역 속에서 진행된다. 아동 · 청소년은 가정, 학교, 동아리, 또래집단 등과 같은 사회적 맥락 속에서만 발견된다. 순전히 교육자-학습자 양자만의 관계는 비현실적으로 과잉 단순화된 것이다(Jensen, 2013: 4).

이는 사회적 맥락을 학교뿐만 아니라 학교 밖까지 포괄적으로 파악함을 반영한다. 시간과 공간적인 차원에서 학교는 물론 일상적인 세계에서 이루어지는 교육이 모두 사회교육이 될 수 있다. 학교도 사회의 일종이므로 학교교육도 넓은 의미에서의 사회교육의 일부라고 볼 수 있다. 전통적 사회에서 아직 학교교육이 보편화되지 못했을 때 교육은 일반적으로 일상적 생활세계에서 이루어졌다. 이른바 '원형적 사회교육'이었던 것이다. 그러나 학교의 등장으로 인해 학교도 사회교육의 중요한 장이 되었다. 학교가 점차 제도적 · 국가 주도적 · 공식적 특징을 강하게 띠게 됨으로써 일상적인 생활세계 중심의 사회교육과 점차 구별된 것이 일반적이다. 그럼에도 불구하고 학교에도 사회적 약자가 존재하며 학교를 통해서도 사회문제 해결을 위한 교육이 이루어질 수 있다는 점에서 학교도 사회교육이 이루어질 수 있는 특수한 영역이라고 할 수 있다. 과거 학교교육이 보편화되는 과정에서 사회교육이 '학교 밖 교육'으로 인식된 것은 '학교 밖 교육'이 사회교육의 본질이라기보다는 '학교 밖 교육'을 중심으로 사회문제를 해결하고 사회변화를 추진할 수밖에 없었던 시대적 배경 때문이었다고 볼 수 있다. 즉, 대부분의 평민들이 학교교육을 받지 못하는 '학교 밖' 존재였기 때문이다. 따라서 학교도 사회문제를 해결하고, 사회변화를 추구하는 평민중심의 교육을 지향할 때 '학교교육'도 '사회교육'의 기능을 하는 것은 당연하다고 볼 수 있다.

둘째, 인간관계적 측면에서 사회교육은 사회적 관계를 통해 이루어지는 교육이다. 이는 과정 및 방법의 측면을 말한다. 그런 면에서 사회교육은 사회와 고립되어 개인적으로 이루어지는 교육이 아니라 사회적 연대 속의 교육, 공동체를 통한 교육의 성격을 갖는다. 이와 관련하여 영국의 사회교육학자인 스티븐스는 'social pedagogy'에서 'social'의 의미를 다음과 같이 분석한다.

> 'social'이 형용사로 쓰였을 때 원래의 라틴어 의미는 '연합된(united)'이다. 사회학에서 'social'은 인간들을 결합하고 서로를 무시하는 것을 불가능하게 만드는 최소한의 연대성을 의미한다. 모든 사회에는 모종의 가치와 규범이 있다. 그 기원에 기초할 때 사회교육학의 과제는 서로의 관계성 속에서 우리가 어려움 없이 헌신과 희생을 할 수 있도록 연대성을 보존하거나 아니면 다시 향상하는 것이다. 'The social'은 참여적인 측면에서 보았을 때 행위자들과 구성된 환경 사이에서 이루어지는 대화적 상호작용의 산물이다(Stephens, 2013: 20-21).

이런 의미에서 사회교육이란 사회적 연대 속에서 구성원들 사이의 상호작용을 통해 이루어지는 교육이라고 할 수 있다.

셋째, 목적의 측면에서 사회교육은 사회문제를 해결하기 위한 교육이다. 즉, 교육의 목적이 개인의 성장에만 집중하는 것이 아니라 직접적으로 사회발전, 사회문제의 해결, 공동체의 구현을 추구하는 교육을 말한다. 특히 유럽의 사회교육은 19세기의 사회문제에 대한 교육적 반응으로서 형성되었으며, 현재도 사회문제의 해결을 사회교육의 본질로 다루고 있다. 이는 넓은 의미에서 사회문제를 예방하는 교육도 포함된다. 이와 관련된 사회교육의 개념 정의를 살펴보면 다음과 같다.

> 사회교육은 사회문제에 대해 교육학적 해결책을 형성하고 적용하는 교과이자 실천이다. 사회교육은 그러한 문제를 예방하는 역할도 수행한다. 사회교육은 문제해결에만 국한되는 것이 아니라 삶의 웰빙과 수준을 유지하는 것과도 관련된다(Stephens, 2013: 18).

이와 같이 유럽에서는 사회교육이 곧 사회문제를 해결하는 교육임을 강조한다. 한국의 경우에도 사회교육을 '사회과 교육'과 구별하여 사회문제 해결을 위한 능력을 향상하는 교육으로 인식하는 경향이 다시 강조되고 있다. 이와 관련된 내용을 살펴보면 다음과 같다.

> 사회교육과 관련된 용어로 사회교육(social education), 사회과 교육(social studies), 그리고 사회적 능력(social competence) 등이 있다. 사회교육은 인간이 인류에 관심을 가지고 미래에 대한 희망을 갖도록 도와주며 사회적인 문제해결능력을 갖추도록 도와주는 교육을 의미한다. 사회과 교육은 인간의 상호관계뿐만 아니라 인간과 환경에 대한 것, 인간의 활동이나 사회에 대한 많은 자료들을 다루는 교육을 말한다. 사회적 능력이란 학교 안팎에서 집단활동에 참여하고 종사하는 능력을 말한다. 이와 같이 사회교육과 사회적 능력의 의미는 사회과 교육이 의미하는 것과 혼동되어서는 안 된다(윤기영 편, 2008: 12-13).

이러한 점을 종합해 보면, 사회교육은 학습자들로 하여금 사회문제를 해결하고 사회를 좀 더 나은 상태로 변화시키기 위한 교육이라고 할 수 있다.

일반적으로 사회문제는 사적 이익을 추구하는 개인이나 기업을 통해 해결하기 어렵다. 따라서 정부의 개입이 필요한 영역이다. 그런 면에서 사회교육을 위한 국가 또는 정부의 역할도 중요하다. 그러나 복잡하고 민주화된 현대 사회에서 정부가 모든 사회문제를 독단적으로 규정하는 것도 바람직하지 않으며, 단독으로 사회문제를 해결하는 것도 쉽지 않은 실정이다. 이에 따라 현대 사회에서는 사회문제를 해결하는 주체로 시민사회가 중요한 의미를 갖는다. 사회문제를 경험하는 시민사회가 스스로 문제해결의 주체가 되어 공공-민간-시민사회가 참여하는 거버넌스가 강조되고 있는 것이다(송위진 외, 2018: 18).

또한 사회문제 해결의 기본 방향이나 사회변화의 지향점은 사회교육 참여자들의 성향과 가치관에 따라 다르지만, 사회교육은 그 자체의 고유한 원리와 성격을 가지고 있다. 다시 말해, 사회교육 그 자체는 특정 이념과 관계없이 사회문제를 교육적으로 가장 바람직하게 해결하는 것을 사회교육의 원리이자 본질로 삼고 있다.

종합하면, 사회교육은 앞서 살펴본 요소들을 모두 갖춘 교육이라고 할 수 있다. 즉, 사회교육은 '사회'와 불가분의 관계를 가지면서, 사회의 구체적인 삶의 맥락 속에서, 사회적 관계를 통해, 사회문제 해결을 위해 실천하는 교육이라고 할 수 있다. 이런 점에서 사회교육은 '개인교육'이나 '일반교육'과 구별된다. 또한 사회교육은 단지 학교교육 이외의 교육도 아니며, 특정한 사회이념을 지향하는 교육도 아니다. 사회교육은 오로지 사회 전 영역에서 사회적 관계를 바탕으로 사회문제의 해결을 수행하는 교육인 것이다.

2) 사회교육과 유관 개념과의 비교

사회교육은 현실적으로 사회적 가치를 추구하는 교육이라는 점에서 사회적 가치를 지향하는 다른 사회적 활동들과 밀접한 관련을 가지고 있다. 복잡한 사회적 맥락 속에서 다양한 사회적 활동들이 동시에 이루어지기도 한다. 사회교육과 밀접한 관련이 있는 사회적 활동들의 개념을 사회교육과 비교해 보면 다음과 같다.

(1) 사회사업

사회사업(social work)은 일반적인 의미에서 사회복지 증진을 위한 전문적인 서비스 수행활동이라고 할 수 있다. 즉, 사람들이 사회문제를 예방하고 사회기능 수행을 회복할 수 있도록 돕는 조직적이고 체계적인 활동을 말한다. 사회사업을 전문적으로 실천하는 전문가를 'social worker'라고 부르며, 우리 사회에서는 사회복지사가 제도적으로 이러한 역할을 수행하고 있다(김상균 외, 2013: 36-37).

사회문제를 해결하기 위한 활동이라는 점에서 사회교육과 사회사업은 일정한 관련성이 있다. 이와 관련하여 스티븐스는 사회사업(social work)과 사회교육의 관계에 대해 다음과 같이 세 가지 유형의 인식이 존재한다고 주장하였다.

첫째, 사회교육과 사회사업은 다른 차원의 사회적 활동으로서 특별한 연관성이 없다는 인식이다. 이에 따르면, 사회사업은 사회문제를 사회정책적인 차원에서 해결하려는 노력이고, 사회교육은 사회문제를 교육적인 차원에서 해결하려는 노력이다.

둘째, 사회교육과 사회사업은 모두 사회문제를 예방하고 인간의 복지를 증진시키기 위한 방법을 연구하고 모색하는 실천활동이라는 점에서 일정한 정도 연계성이 있으나 구체적인 접근방식에서 차이가 있다는 인식이다. 이에 따르면, 사회사업가는 간접적이고 대리적인 치료방식을 더 많이 활용하는 경향이 있는 반면, 사회교육자는 대화를 통한 교육적 해결방안을 더 중시한다.

셋째, 사회교육과 사회사업은 근본적으로 같은 것이라고 보는 인식이다. 이 입장에 따르면, 사회사업가와 사업교육가는 모두 억압받는 집단들을 위한 활동의 과정에서 교육을 중요한 수단으로 활용한다. 또한 사회사업가와 사회교육자 모두 사회문제의 근본 원인을 해결하는 데 관심을 갖는 경우가 많다(Stephens, 2013: 5).

이러한 입장들을 종합해 보면, 사회사업과 사회교육 사이에는 밀접한 관련성과 더불어 본질적인 차이점도 가지고 있다고 볼 수 있다. 사실 사회교육자들 가운데에는 사회사업에 해당하는 활동을 동시에 수행한 경우가 매우 많았다. 이론과 실천 측면에서 사회사업과 사회교육은 중복되는 면도 많다. 페스탈로치의 경우도 고아와 빈민을 위한 사회교육 활동은 그 자체로 사회사업에 해당되기도 하였다. 한국의 경우에도 허병섭의 도시빈민운동과 같이 사회사업 차원에서 사회교육이 수행된 경우가 많았다(오혁진, 2013). 특히 유럽의 사회교육은 초기 복지국가와 사회서비스 확장의 맥락 속에서 사회적으로 취약한 대중을 위한 사회적 돌봄에 초점을 맞추었다. 이런 점에서 사회교육과 사회사업 사이에는 매우 밀접한 역사적 관련성이 있다. 그러나 사회사업은 교육 이외에도 자선활동이나 구호, 취업알선, 의료활동 등을 통해서도 수행되는 경우가 많은 반면, 사회교육은 사회적 약자를 돕기 위한 사회사업 이외의 영역에서도 수행되는 경우가 많다는 점에서 차이가 있다. 사회교육은 일반인을 대상으로 사회의 문제를 해결하고 사회의 변화를 추구하기 위한 시민운동 차원의 교육이나 지역사회개발 차원의 교육도 포함한다. 그러므로 사회사업과 사회교육은 서로 구별되는 개념이라고 할 수 있다. 단, 사회사업을 위해서 사회교육이 유용하게 활용할 수 있으며, 사회교육의 여러 유형 중에서 사회사업 성격이 강한 사회교육이 중요한 의미를 갖는다는 점에서 사회사업과 사회교육은 밀접한 관계를 갖는다.

(2) 성인교육

사회교육은 성인교육(adult education)과도 밀접한 관계가 있다. 일반적으로 성인교육은 전통적인 학교교육이 아닌 비형식적 교육을 의미한다. 각국에서 다양한 맥락에서 실시된 평민중심의 사회지향적인 비형식교육은 국제적으로 'adult education'이라는 용어로 통칭되었다. 역사적으로 성인교육은 학교교육의 혜택을 받지 못한 소외계층이나 평민을 위한 생활중심적인 교육의 전통을 이어 왔다. 따라서 사회적 약자를 돕고, 사회문제를 해결하며, 사회공동체를 형성하기 위한 교육의 성격이 강했다. 예를 들어, 영국의 성인교육은 공장 노동자의 권익향상을 위한 인문교양 중심의 교육이 주를 이루었다. 이는 다른 나라도 예외는 아니었다. 그런 의미에서 초창기 각국의 성인교육은 그 자체가 사회교육의 성격을 강하게 갖고 있었다. 그러나 성인교육은 점차 소외계층을 위한 비형식적 교육의 성격을 벗어나 학교교육 이후의 계속교육(continuing education) 차원에서 개인의 지속적인 성장과 국가적 차원의 인적자원개발을 위한 형식적 · 공식적 평생학습활동으로 전환되고 있다(Jarvis, 2006). 이에 따라 '사회교육'과 '성인교육'은 점차 성격과 지향점이 다른 교육으로 구별되고 있는 양상이다.

그럼에도 불구하고 '사회교육'이 성인을 대상으로 하거나 비형식적 교육을 통해 이루어지는 경우가 많다는 점에서 '성인교육'과 밀접한 관계를 갖는다. 한편, '성인교육'의 경우에도 사회문제를 다루거나 사회적 약자를 위한 교육이 중요한 부분을 차지하고 있다는 점에서 '사회교육'의 성격을 나타내는 경우가 많다. 그런 의미에서 '사회교육'과 '성인교육'은 여전히 매우 밀접한 관계를 갖고 있다.

이런 점을 종합해 볼 때 사회교육과 성인교육은 역사적인 차원에서 밀정한 관련성을 가진다. 본질적인 차원에서 사회교육은 사회문제의 교육적 해결을, 성인교육은 성인의 학습기회 제공을 가장 중요한 가치로 지향한다는 점에서 차이가 있다. 그러나 역사적으로 사회교육과 성인교육은 이러한 두 성격을 동시에 갖고 있는 경우가 매우 많았다. 또한 현재도 이 두 가지가 동시에 추구되는 경우가 적지 않다는 점에서 두 개념은 여전히 밀접한 관련이 있다고 볼 수 있다.

(3) 사회운동

사회운동은 집단적인 노력을 통해 사회환경을 변화시키고자 하는 활동이다. 사회운동의 바탕에는 기존의 사회여건이나 사회구조가 구성원들에게 부정적인 영향을 미치고 있다는 사실에 대한 인식과 아울러, 이러한 사회여건이나 사회구조를 바꾸어 새로운 사회를 만들겠다는 의지가 전제되어 있다(김중섭, 2012: 32-33).

사회교육은 사회문제의 해결을 적극적으로 추진한다는 점에서 사회운동과 유사한 측면이 있다. 그러나 사회교육은 개인의 성장이라는 교육적 가치를 포함한다는 점에서 교육 이외의 방법도 활용하는 사회운동과 차이가 있다. 사회운동의 과정에는 교육은 물론 사회적 압력, 동원 등의 사회적 활동도 포함될 수 있기 때문이다. 또한 사회운동이 궁극적으로 사회제도나 사회구조의 변화를 지향하는 거시적인 목적을 추구하는 것에 비해, 사회교육은 사회적 약자를 교육적으로 지원하는 미시적 접근도 중시한다는 점에서 사회운동과 차이가 있다([그림 1-2] 참조).

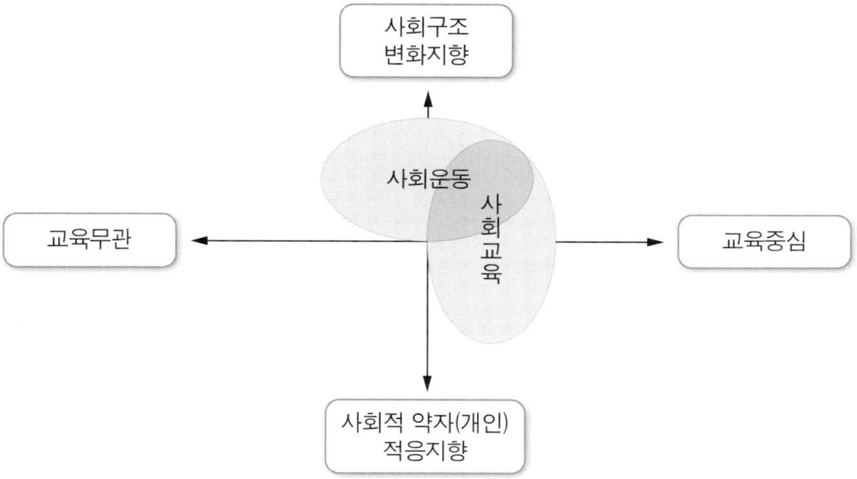

[그림 1-2] 사회교육과 사회운동의 관계

사회운동의 현장에서 교육이 중요한 수단으로 활용될 수 있다. 그런 점에서 사회교육은 사회변화를 위한 사회운동과 목표를 같이 할 수 있다. 특히 사회교육은 사회운동이 학습자들의 비판적인 참여를 통해 보다 건전하게 발전할 수 있도록 기여한다. 그러한 점에서 사회운동과 사회교육은 현실 속에서 중첩될 수 있다. 그러나 사회운동은 사회적 압력이나 동원 등과 같이 교육의 범위를 초월한 방법을 사용할 수도 있다. 이런 경우 사회운동은 사회교육과 무관하게 진행된다. 그런 점에서 사회교육과 사회운동은 현실적으로는 중첩될 수 있으나 개념상으로는 분명한 차이가 있다.

(4) 사회학습

일반적으로 사회학습(social learning)은 개인학습(individual learning)에 대칭되는 개념이다. 개인학습이 개인의 인지와 사유, 개념화를 통해 학습하는 과정인 반면, 사회학습은 사회적 관계 속에서 사회적 행동과 상호작용 등을 통해 이루어지는 학습을 말한다(한숭희, 2019: 133; Bandura, 2003: 23).

공통적으로 '사회'를 중시한다는 점에서 사회교육은 사회학습과 밀접한 관계를 갖는다. 그러나 사회학습이 기본적으로 일상생활 속에서 사회적 관계를 통해 이루어지는 학습의 자발성, 무의도성, 비형식성을 강조하는 반면, 사회교육은 사회문제 해결과 사회변화를 위한 의도적 · 체계적 교육을 배제하지 않는다는 점에서 차이가 있다. 즉, '사회교육'과 '사회학습'은 유사한 점은 있으나 각각 '교육'과 '학습'이라는 개념을 기반으로 한다는 점에서 논의의 차원이 다른 개념이라고 할 수 있다. 그러나 최근에 사회학습을 통한 사회변화의 원리를 논의하는 다양한 학습이론들이 등장함에 따라 사회교육과 사회학습의 관계는 더욱 긴밀해지고 있다. 그것은 사회교육이 일상세계에서 사회학습을 기반으로 이루어질 때 사회문제 해결과 사회변화에 더 효과적일 수 있다는 것을 의미한다. 그런 의미에서 사회교육은 사회학습을 기반으로 하는 교육이라고도 할 수 있다.

지금까지 살펴본 사회교육 유관 개념들의 의미와 사회교육과의 관계성을 정리하면 〈표 1-1〉과 같다.

〈표 1-1〉 사회교육 유관 개념들의 의미와 사회교육과의 관계

구분	사회사업	성인교육	사회운동	사회학습
의미	사회적 약자를 돕기 위한 사회활동	학교교육이 아닌 일상생활 중심의 비형식교육	사회변화를 추구하기 위한 집단적 사회활동	사회적 관계와 상호작용을 통한 학습
사회교육과의 공통점	사회적 약자에 대한 지원	일상생활, 비형식적 교육의 중시	일반 시민 주도의 사회변화 추구	일상 사회에서의 사회적 관계 중시

사회교육과의 차이점	교육 이외의 방법을 통해서도 이루어짐 사회적 약자를 돕는 것에 중점을 둠	학습자가 주로 성인에 국한됨 일반적으로 학교교육은 제외됨 사회문제와 무관한 일반 시민의 사적인 교육요구도 중시함	교육의 수단적 가치를 중시함 교육이외의 활동도 수단으로 활용함 개인 성장의 미시적 접근보다는 사회변화의 거시적 접근방식을 취함	사회적 관계 속에서 학습을 통해 이루어지는 다양한 성과를 모두 포함함 사회변화보다는 사회 이해 및 적응을 위한 개인의 학습에 일차적인 관심을 가짐
사회교육과의 결합전략	사회사업을 위해 사회교육이 주요 접근전략이 될 수 있음	성인교육은 사회교육을 위한 중요한 영역이 될 수 있음	사회운동을 하는 과정에서 사회교육이 중요한 기능을 수행할 수 있음	사회학습의 원리를 반영하여 사회교육을 효과적으로 수행할 수 있음

아울러, 사회문제 해결을 위한 사회활동인 사회사업, 사회운동, 사회교육의 성격과 개념 간의 관계를 도식으로 표현하면 [그림 1-3]과 같다.

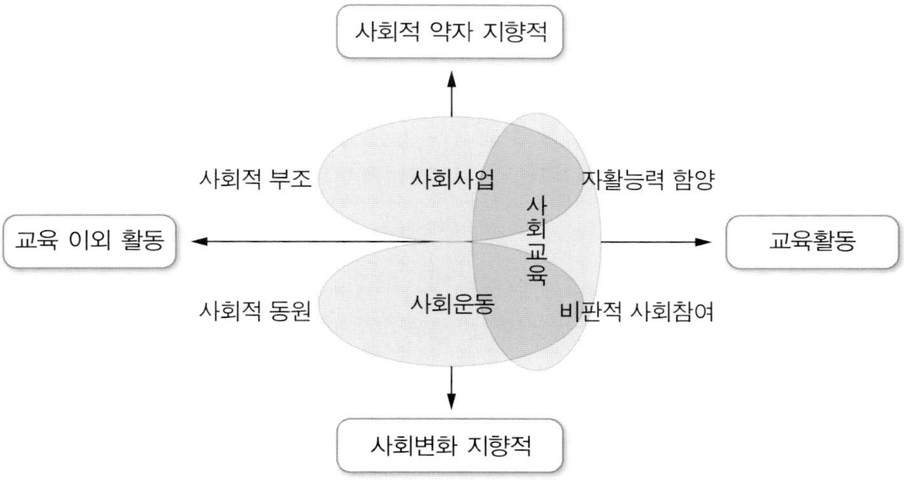

[그림 1-3] 사회활동의 성격 비교

4. 사회교육의 유형

일반적인 의미에서 사회교육은 사회문제를 해결하기 위한 교육이라고 할 수 있다. 좀 더 구체적으로 표현하면, 사회문제로 어려움을 겪고 있는 사회적 약자를 돕고, 사회적 차원에서 사회문제의 원인을 제거하고, 사회문제를 집단적 · 제도적으로 해결할 수 있도록 돕기 위한 교육이라고 할 수 있다. 이러한 개념을 바탕으로 여러 가지 기준에 따라 사회교육을 보다 구체적으로 유형화해 볼 수 있다.

1) 교육의 대상과 내용에 따른 유형화

일반적으로 사회교육은 사회문제를 해결함으로써 건전한 사회를 형성하는 것을 목적으로 한다. 이러한 궁극적인 목적을 추구하는 사회교육은 그 구체적인 대상과 교육내용에 따라 세분화될 수 있다.

먼저, 사회교육의 대상과 관련된 것이다. 사회교육은 대상의 측면에서 사회적 약자를 대상으로 하는 경우와 일반 시민이나 주민을 대상으로 하는 경우로 나눌 수 있다. 첫째, 사회적 약자를 대상으로 하는 경우는 넓은 의미에서 교육을 통한 사회복지를 실현하는 사회교육을 말한다. 사회적 약자의 존재는 그 자체로 사회문제라고 할 수 있다. 사회적 약자의 고통이 해결되지 않고서는 온전한 공동체가 형성되기 어렵기 때문이다. 사회적 약자를 대상으로 하는 사회교육은 사랑, 돌봄, 연대와 결합된 교육을 제공함으로써 그들로 하여금 자존감을 갖고 사회의 주체적인 구성원으로 자립할 수 있도록 돕는 교육복지의 역할을 수행한다. 사회적 약자의 기준은 전통적으로 소득, 학력, 성별, 인종, 장애, 종교 등이 중시되었으나 사회변화에 따라 추가되거나 변동될 수 있다. 사회적 약자를 규정하는 구체적인 기준은 기본적으로 사회구성원의 일반적인 통념과 사회적 합의에 기초한다. 둘째, 일반인 전체를 대상으로 하는 경우는 사회변화를 추구하기 위한 사회운동적 성격의 사회교육이라고 할 수 있다. 이는 넓은 의미에서 사회변화를 구체적으로 추구하는 것이다. 이 경우 사회교육은 일반인이 사적 이익을 초월하여 공익적 차원에서 자신이 속한 공동체의 성숙과 발전을 위해 실천하도록 교육적으로 지원한다. 또한 참여자 자신이 가지고 있는 경험과 지식 및 공동체의 자산을 적극적으로 활용하도록 교육적으로 지원한다. 이를 위해 학습자의 주체적인 참여와 소통 및 연대가 중요한 의미를 갖는다.

다음으로, 사회교육의 내용과 관련된 것이다. 사회교육은 교육내용의 측면에서 기본적이고 일반적인 내용을 다루는 경우와 경제적이고 전문적 내용을 다루는 경우로 분류할 수 있다. 첫째, 기본적 · 일반적 내용을 다루는 사회교육은 사회구성원으로서 살아가기 위해 기본적으로 알아야 할 문해기능과 사회규범, 시민윤리, 사회현실에 대한 인식과 공동체적 가치에 대한 의식의 함양을 추구한다. 둘째, 경제적 · 전문적 내용을 다루는 사회교육은 사회문제로서의 빈곤문제와 양극화의 해소, 전반적인 삶의 질 향상에 기여하기 위한 교육을 말한다. 최근에는 시장경제로 인한 양극화와 생태파괴의 문제점을 해결하고 지속가능한 사회를 만들기 위한 사회적 경제가 강조되고 있다. 사회적 경제는 사회적 약자를 위한 경제적 지원, 지역공동체를 위한 경제적 이익의 공유를 위한 협동조합, 마을기업, 자활기업, 사회적 기업의 활동을 중시하고 있다(김정원 외, 2012; 주성수, 2019). 경제적 · 전문적 내용을 다루는 사회교육은 이러한 경제활동을 수행하는 데 필요한 전문적 역량을 함양하는 교육이라고 할 수 있다.

지금까지 살펴본 두 가지 기준에 따라 사회교육은 [그림 1-4]와 같이 네 가지로 유형화될 수 있다. 이를 보다 구체적으로 살펴보면 다음과 같다.

[그림 1-4] 사회교육의 유형

첫째, 사회적 약자를 대상으로 하는 사회교육이 인간의 기본적 · 일반적 측면의 교육내용을 다룰 때는 돌봄교육, 문해교육, 보건교육, 사회재적응교육 등의 형태로 나타난다. 이를 포괄적으로 기초교육의 유형이라고 할 수 있다. 기초교육을 위해서는 우선 문해교육을 실시하여 사람들이 사회에서 사람답게 살아갈 수 있도록 교육의 기본적인 수준을 보장해야 한다. 또한 아동 · 청소년, 노약자를 위한 돌봄교육과 교육복지, 이주민을 위한 문해교육과 사회적응 교육 등을 실시하여야 한다. 재소자들이 인간과 사회에 대한 건전한 의식을 형성할 수 있도록 돕는 교정교육도 중요한 사례로 들 수 있다.

둘째, 사회적 약자를 대상으로 하는 사회교육이 경제적 · 전문적 측면과 관련된 교육내용을 다룰 때는 경제적 자활교육의 형태로 나타난다. 현대사회에서 사회적 환경의 급격한 변화는 사회적 약자의 경제적 어려움을 가중시키고 있다. 따라서 이들의 직업능력향상을 위한 다양한 교육이 요구된다. 페스탈로치, 로버트 오언, 모제스 코디 등의 사회교육자들은 당시 가난한 민중의 경제적 자립능력 향상을 매우 중요하게 고려하였다(김정환, 1995; Jarvis, 1987). 이처럼 경제적 자활교육은 전통적으로 사회교육의 한 유형으로서 매우 중시되어 왔다.

셋째, 사회교육이 일반인을 대상으로 사회구성원의 기본적 · 일반적 측면과 관련된 내용을 다룰 때는 시민교육의 형태로 나타난다. 현대 시민사회에서 모든 인간의 인권을 보장하고 성숙한 시민사회를 형성하기 위해서는 모든 구성원이 그에 걸맞는 시민성을 함양해야 한다. 또한 지역사회, 국가 및 세계시민으로서 인류보편적인 가치를 실현하는 공동체를 형성하고 당면하고 있는 사회문제 해결에 주체적으로 참여할 수 있는 시민성을 함양해야 한다. 이런 점에서 사회교육의 한 유형으로서 시민교육의 중요성이 더욱 커지고 있다.

넷째, 사회교육이 일반인을 대상으로 경제적 · 전문적 측면과 관련된 교육내용을 다룰 때는 사회개발교육의 형태로 나타난다. 사회개발이 이루어지는 곳은 일정한 공동의 물리적 공간을 배경으로 지속적인 사회적 상호작용을 수행하며, 공동의 목적, 긴밀한 유대감과 정체성을 가지고 있는 공동체를 말한다. 사회개발이 이루어지는 공동체는 사회의 위계와 범위에 따라 조직사회, 지역사회, 국가, 세계 등으로 확장된다. 사회개발은 기본적으로 해당 공동체의 구성원 전체의 경제적 · 사회적 · 문화적 제 조건을 개선하고 생활수준을 향상하기 위한 조직적인 활동이라고 할 수 있다(김경동, 1968; Midgley, 2014). 일반적인 사회사업이나 자활사업과 다르게 사회개발은 사회적 약자만을 돌보는 것이 아니라 사회구성원 전체의 경제적 · 사회적 지위 향상을 추구한다. 사회개발교육은 이러한 사회개발을 효과적으로 추진하기 위한 다양한 형태의 교육적 노력을 말한다. 한국의 경우, 과거의 두레, 계, 품앗이, 향약 등은 사회개발교육의 역사적 사례라고 볼 수 있다. 사회개발교육의 가장 대표적인 예는 지역사회차원에서 이루어지는 지역사회개발교육이라고 할 수 있다.

이와 같이 사회교육은 본질적으로 사회문제를 해결하기 위한 교육으로서 대상에 따라 사회적 약자의 사회적응을 돕는 교육과 일반인의 사회변화 참여를 촉진하는 교육으로 구성된다. 사회적 약자를 돕기 위한 교육이 돌봄과 공감을 기반으로 하는 복지적 성격의 교육이라면, 사회변화를 추구하는 교육은 소통과 연대를 기반으로 하는 사회운동적 성격의 교육이라고 할 수 있다. 지금까지 살펴본 내용을 정리하면 〈표 1-2〉와 같다.

〈표 1-2〉 대상과 내용에 따른 사회교육의 유형화

유형 / 기준	사회적 약자를 위한 사회사업적 성격		사회변화를 위한 사회운동적 성격	
	기초교육	경제적 자활교육	시민교육	사회개발교육
목적	사회적 약자의 자립을 위한 의식과 기본소양의 함양	사회적 약자의 경제적 자활능력 향상	시민사회 성숙	사회의 공동체적 성장과 발전
사회적 해결 과제	교육불평등 사회적 배제 사회부적응	경제적 양극화 빈곤문제 실업문제	시민성 함양 사회문제에 대한 공적 인식	공동체의 경제적 빈곤과 불평등 지역사회의 경제적 낙후와 불평등
사회교육 사례	문해교육 특수교육 이주민교육 교정교육(일반) 보건교육	자활적 직업훈련 교정교육(직업훈련) 사회적 기업	시민교육 주민자치교육	이상촌 운동 협동조합운동 마을만들기 교육

2) 사회교육의 다차원적 성격

사회교육의 기본 유형인 기초교육, 경제적 자활교육, 시민교육, 사회개발교육은 사회의 범위나 위상에 따라 조직사회, 지역사회, 국가사회 그리고 국제사회의 순서로 확장되어 간다고 할 수 있다. 조직사회 차원에서 이루어지는 사회교육은 조직사회교육, 지역사회 차원에서 이루어지는 사회교육은 지역사회교육, 국가사회 차원에서 이루어지는 사회교육은 국가사회교육, 그리고 국제사회 차원에서 이루어지는 사회교육은 국제사회교육이라고 할 수 있다. 각 차원의 사회교육은 각 차원에 해당되는 기초교육, 경제적 자활교육, 시민교육, 사회개발교육으로 구성된다(〈표 1-3〉 참조).

〈표 1-3〉 사회교육의 기본 유형 및 사회범위별 유형에 따른 세부 내용

사회교육의 기본 유형 / 사회범위별 유형	기초교육	경제적 자활교육	시민교육	사회개발교육
조직사회교육	조직기초교육	조직자활교육	조직시민교육	조직사회개발교육
지역사회교육	지역기초교육	지역자활교육	지역시민교육	지역사회개발교육
국가사회교육	국민기초교육	국민자활교육	국가시민교육	국가사회개발교육
국제사회교육	국제기초교육	국제자활교육	국제시민교육	국제사회개발교육

조직사회교육은 각종 기관, 단체 등을 기반으로 구성원 중의 사회적 약자를 돕고, 구성원들이 협력하여 조직의 공통적인 사회문제를 해결하고, 조직의 통합과 경제적 · 사회적 발전에 기여하고자 하는 교육을 말한다. 조직사회교육은 사회교육의 대상 및 내용의 유형에 따라 조직기초교육, 조직자활교육, 조직시민교육, 조직사회개발교육을 수행한다. 특히 사회적 기업이나 협동조합의 형태를 통해 이루어지는 교육은 조직차원의 대표적인 사회개발교육이라고 할 수 있다.

지역사회를 기반으로 하는 사회교육인 지역사회교육은 다양한 차원에서 이루어지는 사회교육 중에서 가장 대표적인 유형이라고 할 수 있다. 전통적으로 사회교육은 대부분 지역사회를 기반으로 이루어졌기 때문이다. 일반적으로 지역사회교육이란 공동체를 형성할 수 있는 일정한 지역의 주민을 대상으로 지역사회의 모든 교육적 자원과 역량을 동원하여 성장할 수 있는 기회를 제공하며, 지역사회의 문제를 공동의 노력으로 찾아내고 그 문제를 지역사회의 통합적 노력으로 해결하고 충족시키는 과정으로 정의할 수 있다(김종서, 주성민, 1990). 따라서 지역사회교육은 곧 지역공동체의 형성과 발전을 저해하는 사회문제, 즉 지역사회문제를 해결하기 위한 지역차원의 사회교육이라고 할 수 있다. 소외 없이 모든 주민이 성장할 수 있는 교육, 지역주민이 공동체적인 협력관계 속에서 이루어지는 교육, 지역사회의 현실과 문제를 인식하고 해결하고자 하는 교육, 지역의 경제적 · 사회적 발전을 추구하기 위한 교육이 곧 지역사회교육의 핵심이

다(오혁진, 2006). 그런 의미에서 '지역사회교육(community education)'은 곧 '지역기반 사회교육(locality based social education)'이라고도 할 수 있다.[2)]

지역화 · 지방자치 · 지방분권의 중요성으로 인해 지역사회의 자립과 공존을 위한 지역사회교육의 중요성이 커지고 있다. 이에 따라 사회적으로 취약한 지역주민을 돕기 위한 지역기초교육과 지역자활교육이 활성화되고 있으며, 주민자치와 지역문제 해결을 위한 지역시민교육도 강조되고 있다. 또한 지역사회 차원의 사회개발교육인 지역사회개발교육도 강조되고 있다. 지역사회교육의 구체적인 형태와 방법은 역사적 · 사회적 상황에 따라 다양한 양상으로 변천되어 왔다. 현대사회에서 지역사회교육은 지역공동체 형성, 지역주민의 시민의식과 자치능력, 지속가능한 발전에 기여할 것을 요구받고 있다. 따라서 지역사회교육은 지역사회 취약계층의 보호와 경제적 자활, 지역의 사회적 통합, 의식 있는 지역 지도자의 양성, 지역 경제의 성장과 자립, 지역생태환경의 보호 등과 같은 지역의 실질적인 발전에 보다 초점을 맞추어야 한다.

국가사회교육은 국가 전체를 기반으로 이루어지는 사회교육을 말한다. 사회적으로 취약한 국민을 돕고, 국민이 협력하여 국가차원의 사회문제를 해결하고, 국가의 통합과 경제적 · 사회적 발전에 기여하고자 하는 교육을 말한다. 국가사회교육은 사회교육의 대상 및 내용의 유형에 따라 국민기초교육, 국민자활교육, 국

2) 과거 필자는 이러한 가치들을 실현하기 위한 교육을 평생교육의 차원에서 '지역공동체평생교육'이라고 지칭하였다(오혁진, 2006). 그러나 '사회교육' 개념의 재정립을 시도하는 새로운 흐름에 비추어 볼 때 이러한 개념을 반영하는 용어로 '지역사회교육'을 활용하는 것이 더 타당하다고 할 수 있다. 전통적으로 한국에서 '지역사회교육'은 지역공동체 형성, 지역문제 해결, 지역발전을 위한 교육을 의미하는 대표적인 용어였기 때문이다. 그런 면에서 '지역사회교육'은 최근 한국에서 일상적으로 사용되고 있는 '지역평생교육'과는 차이가 있다. '지역평생교육'은 '지역(local)＋평생교육(lifelong education)'으로서 지역에서 이루어지는 포괄적인 평생교육을 의미하는 반면, '지역사회교육'은 '지역사회(community)＋교육(education)'으로서 '지역공동체'를 핵심적인 전제로 한다. 그런 의미에서 '지역사회교육'은 지역을 기반으로 공동체지향적 사회교육을 추구한다는 점에서 '지역기반 사회교육(locality based social education)'과 사실상 동일한 의미를 가진다고 볼 수 있다.

가시민교육, 국가사회개발교육을 수행한다. 특히 국가문해교육사업이나 교육복지투자우선사업은 국가적인 차원에서 이루어지는 국민기초교육사업이라고 할 수 있다. 또한 과거 국가차원에서 활성화되었던 새마을교육이나 현재 추진되고 있는 지역재생을 위한 마을활동가 교육사업은 국가사회개발교육의 대표적인 사례이다.

국제사회교육은 전 세계를 하나의 사회로 인식하고 국제협력의 차원에서 이루어지는 사회교육을 말한다. 지구촌 시대를 맞아 전 세계가 협력하여 가난한 국가와 인류를 지원하고 지구 공통의 사회문제를 해결하고 삶의 질을 향상하기 위한 교육적 노력이 곧 국제사회교육이다. 국제사회교육은 사회교육의 대상 및 내용의 유형에 따라 국제기초교육, 국제자활교육, 국제시민교육, 국제사회개발교육을 수행한다. 국제기초교육의 대표적인 예는 유네스코와 같은 국제기구를 통한 국제문해교육을 들 수 있다. 또한 빈국의 국민을 위한 직업기술교육은 국제사회 차원의 경제적 자활교육이라고 할 수 있다. 또한 전 세계의 의식 있는 시민들이 인류보편적 가치를 바탕으로 협력하여 인간의 보편적 인권을 존중하고 인류 공동의 사회문제 해결을 위한 의식을 형성하기 위한 세계시민교육은 국제사회차원의 시민교육이라고 할 수 있다. 또한 최근 유네스코를 통해 추진되고 있는 전 세계적인 지속가능발전교육사업이나 여러 국제기구를 통해 시행되고 있는 국제개발지원교육사업 등은 국제사회 차원의 사회개발교육이라고 할 수 있다.

3) 다양한 기준에 따른 사회교육의 종류

사회교육은 교육활동이 이루어지는 교육의 형식성, 사회교육 학습자의 연령, 사회교육기관의 종류에 따라서도 분류될 수 있다. 이를 정리하면 〈표 1-4〉와 같다.

교육의 형식성 측면에서 사회교육은 학교에서도 이루어질 수 있고, 학교 밖에서도 이루어질 수 있다. 사회교육은 '학교'라는 법적 · 제도적 형식성이 매우 높은 정규교육을 통해서도 이루어질 수 있고, 기존의 '성인교육' '평생교육'과 같은 비형식교육, 무형식교육을 통해서도 이루어질 수 있다.

〈표 1-4〉 다양한 기준에 따른 사회교육의 종류

기준	사회교육의 종류
교육의 형식성	형식적 사회교육, 비형식적 사회교육, 무형식적 사회교육
학습자의 연령	아동사회교육, 청소년사회교육, 성인사회교육, 노인사회교육
교육기관의 종류	학교사회교육, 공공기관 사회교육, 시민사회단체 사회교육, 사회복지기관 사회교육, 종교기관 사회교육, 매스미디어 활용 사회교육

먼저, 형식적 사회교육의 대표적인 사례는 학교정규교육을 통해 이루어지는 사회교육이라고 할 수 있다. 형식적 사회교육은 학습자에게 사회문제에 대한 관심과 해결의 원리, 방법을 체계적 · 의도적 · 전문적으로 습득하게 함을 목적으로 한다. 형식적 사회교육은 현실적으로 청소년을 대상으로 하는 경우가 많다. 그러나 고등교육과 형식성이 높은 평생교육이 확산됨에 따라 성인을 대상으로 하는 형식적 사회교육도 늘어 가는 추세이다. 특히 사회복지사, 청소년지도사, 노인요양전문가, 시민운동가, 마을활동가 등 각종 사회문제 해결을 다루는 전문가를 양성하기 위한 전문자격취득을 위한 교육과정의 증가가 그 예라고 할 수 있다.

다음으로, 비형식적 사회교육은 교육의 과정이나 인적 · 시설적 조건, 학습결과의 인증 등에 관한 법적 · 제도적 제약 없이 일반 교육기관이나 사회단체에서 이루어지는 사회교육을 말한다. 이 경우 교육의 과정이 상대적으로 유연성 있게 운영되며, 교육의 결과도 공적 인증과 무관하다. 비형식적 사회교육은 내용의 직접적인 전달보다는 사회문제를 해결하기 위한 연구나 실천의 과정을 통해 학습되는 경우가 많다.

이에 비해, 무형식적 사회교육은 다양한 형태의 학습모임이나 자기주도적인 학습활동을 통해 사회의식을 함양하고 사회문제 해결을 위한 방안을 모색하고 실천하는 것이다. 무형식적 사회교육은 학습자의 자발성과 자기주도성, 실천성의 측면에서 사회교육적인 의의가 크다고 할 수 있다.

또한 사회교육은 학습자의 연령에 따라 분류될 수 있다. 최근 사회교육에서도 평생교육에 대한 관심이 커짐에 따라 생애주기에 따른 사회교육의 확장이 강조되고 있다(Kornbeck & Jensen, 2012). 이런 맥락에서 사회교육은 생애주기에 따라 아동사회교육, 청소년사회교육, 성인사회교육, 노인사회교육 등으로 세분화할 수 있다. 생애주기에 따라 구체적으로 접하게 되는 사회문제와 사회적 역할이 다르기 때문에 이에 따른 사회교육의 양상도 다를 수밖에 없다. 이와 관련하여 학습자의 생애주기에 따른 사회교육의 사례를 사회교육의 유형과 조합하여 정리하면 〈표 1-5〉와 같다.

한편, 사회교육이 주로 이루어지는 교육기관의 종류에 따라서는 학교사회교육, 공공기관 사회교육, 시민사회단체 사회교육, 사회복지기관 사회교육, 종교기관 사회교육, 매스미디어 활용 사회교육 등을 들 수 있다. 전통적으로 한국에서는 시민사회단체나 사회복지기관, 종교기관 등이 사회교육 활동을 활발하게

〈표 1-5〉 학습자의 생애주기와 사회교육유형별 주요 교육 사례

유형 생애주기	기초교육	경제적 자활교육	시민교육	사회개발교육
아동기	교육복지우선사업 (학습능력 증진, 문화 · 체험활동 지원) 아동돌봄교육 (지역아동센터)	경제적 가치관 정립 교육	학교 민주시민교육 지역사회 민주시민교육(마을교육공동체)	사회적 경제교육 지역학교육
청소년기	교육복지우선사업 청소년돌봄활동 장애청소년교육 취약청소년 상담 청소년교정교육	경제적 가치관 정립 교육 취약청소년 진로 및 직업 상담 청소년직업훈련	학교 민주시민교육 청소년단체의 민주시민교육 지역사회 민주시민교육(마을교육공동체)	사회적 경제교육 학교협동조합 운영교육 청소년 마을교육공동체활동

성인기	이주민 기초교육 장애인복지교육 노숙자교육 문화바우처사업 교정교육	청년취창업교육 성인재취업교육 자활사례관리활동 (지역자활센터)	각종 시민교육 주민자치교육	생산자협동조합 생활협동조합 도시재생대학 마을교육공동체
노년기	노인문해 · 정보화 교육 노인문화복지교육	노인일자리교육	노인자원봉사리더 교육	거주기반 마을공 동체 참여교육

수행해 왔으나, 다른 한편으로는 국가와 지자체를 비롯한 각종 공공기관을 통한 사회교육 활동도 꾸준히 이루어져 오고 있다.

이렇게 다양한 유형의 사회교육 중에서 특히 새롭게 정립되는 사회교육학의 차원에서 학교사회교육에 대해 새롭게 주목할 필요가 있다. 일반적인 학교교육은 개인의 직업준비를 위한 미래지향적인 교육을 중시함에 따라 '사회교육'과 점차 거리가 멀어져 온 것이 사실이다. 이러한 점이 한국에서 '학교교육'과 '사회교육'의 이원론적 인식을 심화시키는 배경이 되었다고 볼 수 있다. 즉, 학교교육은 개인의 미래를 준비하는 교육이고, 사회교육은 현실지향적 교육이라고 인식된 것이다. 특히 한국에서 과거 사회교육을 '학교 이외의 교육'이라고 인식했던 전통은 학교차원에서 이루어지는 사회교육의 중요성을 인식하는 데 큰 장애가 되었다.

그러나 전 세계적으로 학교교육의 일각에서는 청소년을 위한 사회적 돌봄중심의 사회교육의 전통이 지속적으로 존재해 왔다. 유럽의 경우, 전통적으로 사회교육은 사회적으로 소외된 학교청소년을 위한 교육적 지원사업의 형태를 띠기도 하였다(Hämäläinen, 2015). 현재 한국에서 학교를 중심으로 이루어지는 교육복지사업도 청소년의 빈곤문제 등을 교육적으로 지원한다는 점에서 학교사회교육의 하나라고 볼 수 있다.

더 나아가, 학교의 일반 학생을 대상으로 사회문제에 관심을 갖고 실천하도록 하기 위한 사회교육의 전통도 이어져 오고 있다. 한국의 경우에도 일제강점기의 신흥무관학교, 대성학교, 오산학교는 물론 해방 이후의 풀무학교, 거창고등학교 등과 같이 당시의 사회문제를 교육을 통해 해결하고자 하는 학교들이 존재해 왔다. 이러한 학교들은 형식성이 높은 학교형태의 사회교육기관이었다고 볼 수 있다.

오늘날에도 일반 정규학교의 교육과정 자체를 사회교육 차원에서 개혁하고자 하는 움직임도 강화되고 있다. 일반 학교에서 마을교육공동체 차원에서 이루어지는 사회개혁적 교육과정, 사회적 경제의 가치와 실천방법에 관한 교육과정의 개발 등이 그 예라고 할 수 있다(심성보 외, 2019; 한보라, 2018). 특히 지역사회문제 해결과 봉사를 위한 팀활동중심의 교육과정이 청소년을 대상으로 한 학교교육과 청소년교육기관에서 강조되기도 한다(주형선, 2017; 황여정, 전현정, 2017). 미국의 프렌스키(M. Prensky)는 정규 학교교육과정에서 청소년들이 직접 사회문제를 해결하기 위한 팀프로젝트 수업을 진행함으로써 사고력, 행동력, 대인관계능력, 국제적 · 지역적 인식능력을 향상시킬 수 있는 교육개혁을 제안한다. 이와 같은 새로운 교육은 주로 자신에게만 이로운 개인적 성취(achievement)가 아닌 다른 사람이나 사회에게 이로운 사회적 실현(accomplishment)을 추구한다(Prensky, 2018: 103). 그는 이런 교육의 이름을 '더 나은 세상만들기 교육'이나 '사회참여 실현 기반 교육' 등으로 표현한다. 사회교육의 차원에서 볼 때 그가 추구하는 교육은 곧 사회교육이라고 간주할 수 있다. 특히 그가 기존의 정규학교 중심의 사회교육을 지향했다는 점에서 '학교사회교육'이라고 지칭할 수 있다.

이런 점에서 학교는 사회교육이 이루어질 수 있는 중요한 장이라고 할 수 있다. 학교를 기반으로 이루어지는 학교사회교육의 경우도 학생들을 위한 기초교육, 경제적 자활교육, 시민교육, 사회개발교육이 적극적으로 다루어질 수 있다. 그러므로 사회교육학의 차원에서 학교사회교육에 대한 관심도 기울일 필요가 있다. 또한 새롭게 정립되는 사회교육학은 기존의 학교 밖 교육, 비형식교육, 성인교육 중심의 접근방식을 벗어나 정규학교교육을 포함한 모든 형식의 교육, 학교를 포함한 삶의 모든 공간에서 이루어지는 교육, 청소년을 포함한 모든 연령대의 교육을 아우르는 사회교육을 포괄해야 한다. 아울러 사회교육의 다양한 유형에 따른 사회교육의 특성, 실천의 원리 및 방법 등에 대한 구체적이고 실제적인 연구를 시행해야 할 것이다.

제2장 한국 사회교육 개념의 재고찰

사회교육학을 정립하는 과정에서 반드시 짚고 넘어가야 할 것은 바로 한국에서 사회교육의 개념이 어떻게 사용되어 왔는가이다. 한국에서도 사회문제를 해결하기 위한 교육적 전통이 있었으며, 이러한 성격의 교육을 '사회교육'으로 지칭한 역사가 존재한다. 하지만 제도화가 진행됨에 따라 영역 중심의 개념 정의에 갇힘으로써 그 본래적 전통을 상실한 시기도 존재한다. 이 장에서는 한국에서 '사회교육'이 어떻게 개념적으로 변천되어 왔는가를 살펴보고, 국제적으로 보편화되고 있는 사회교육 개념과 어떤 관계가 있는가를 살펴보고자 한다. 아울러 한국적 상황에서 밀접한 관련이 있는 '평생교육'과 '민중교육'의 개념을 사회교육과 비교함으로써 사회교육 개념을 종합적으로 파악하고자 한다.

1. 한국 사회교육의 개념사

한국에서 '사회교육'은 구한말 국권의 회복을 위해 개화파 지식인들에 의해 도입된 후 130여 년 동안 이 땅에서 사용되어 온 용어이다(이정연, 2010). 그런데 한국에서 '사회교육'은 이후에 도입된 '성인교육'이나 '평생교육' 등과 더불어 개념적 혼란과 변천을 겪어 왔다. 그 과정에서 '사회교육'의 개념적 혼란이 사회교육학의 정립에 걸림돌이 된다는 인식도 존재해 왔다. 여기서는 먼저 한국의 '사회교육' 용어가 어떻게 개념적으로 변천되어 왔는가를 구체적으로 살펴보고, 사회교육학 정립의 차원에서 사회문제 해결을 위한 교육으로서의 사회교육 개념 인식의 전통을 고찰해 보고자 한다.

1) 한국에서 '사회교육' 용어의 개념적 변천과정

개념사적인 차원에서 모든 개념은 역사적 변화과정 속에서 기존 의미가 변형되거나 새로운 의미가 첨가되기도 하고, 같은 뜻을 표현하는 다른 용어가 나타나기도 한다(나인호, 2011). 사회교육의 경우도 한국의 역사 속에서 많은 변화를 겪어 왔다. 제1장에서 살펴보았듯이, 현재 사회교육의 개념은 국제적으로 '사회교육(social education)'이라는 용어와 '교육을 통한 사회문제의 해결'이라는 뜻으로 구성되어 있다. 그런데 역사적으로 살펴보면 한국에서 '사회교육' 용어는 현재와 다른 의미를 표현하는 경우도 있었다. 또한 '사회문제를 해결하는 교육'의 의미를 '사회교육'이 아닌 다른 용어로 표현한 경우도 있었다. 따라서 한국적 상황에서 사회교육의 개념을 정립하기 위해서는 역사 속에서 이러한 변천과정을 정확히 분석할 필요가 있다. 여기서는 한국 역사 속에서 '사회교육'과 관련된 용어와 의미의 변화를 종합적으로 살펴봄으로써 한국에서 사회교육학의 정립을 추구하기 위한 개념적 기초를 정립하는 데 도움을 얻고자 한다.

(1) '비형식교육'으로서의 사회교육

한국에서 사회교육은 '학교교육 이외의 교육', 즉 비형식교육(nonformal education)의 의미로 많이 사용되었다. 1982년 12월에 제정되었던 「사회교육법」은 사회교육의 정의에 관하여 "사회교육이라 함은 다른 법률에 의한 학교교육을 제외하고 국민의 평생교육을 위한 모든 형태의 조직적인 교육활동을 말한다."라고 규정하였다. 그 결과 한국에서 사회교육은 학교교육의 개념과 연관시키지 않고서는 독자적으로 정의될 수 없는 개념이 되었다. 이와 무관하지 않게 한국에서 사회교육은 점차 학교교육을 보충하거나 보완하는 역할을 요청받음으로써 학력의 인정이 가장 중요한 기능인 것처럼 인식되는 결과를 가져왔다. 이러한 경향은 '평생교육'이 일반화된 이후에도 일정 부분 이어지고 있다.

(2) '성인교육'으로서의 사회교육

국제적인 교류가 증가함에 따라 한국에서 사회교육은 국제적으로 통용되는 'adult education'의 한국적 용어로 인식되기도 하였다. 과거 우리나라를 대표했던 민간사회교육단체였던 '한국사회교육협회'의 영문 표현이 'Korean Association of Adult Education(KAAE)'이었던 것이 이를 반영한다. 특히 학교교육이 보편화된 이후에는 사회교육은 대상적인 측면에서도 '성인교육(adult education)'과 같은 의미를 갖는 것으로 이해되기도 하였다. 그 과정에서 일부에서는 '사회교육'이 '성인교육'으로 대체되어야 한다는 주장들도 제기되었다. 과거 영미계열의 성인교육(adult education)이 청소년을 포함하여 학교교육의 혜택을 받지 못한 소외계층의 인문교육교양중심에서 점차 학교교육을 마친 일반 성인의 인적자원개발중심으로 옮겨 간 것처럼, 사회교육도 어느덧 주로 일반 성인을 대상으로 하는 교육으로 인식이 전환된 것이다. 이러한 현상은 오늘날 한국에서 '사회교육'을 대체한 '평생교육'이 대부분 성인중심으로 이루어지고 있는 것과 맥을 같이한다.

(3) '좁은 의미의 평생교육'으로서의 사회교육

1999년 한국에서 「사회교육법」이 폐지되고 「평생교육법」이 제정되는 과정에서 법과 제도적 차원에서 '평생교육'이 전반적으로 기존의 '사회교육'을 대체하게 되었다. 즉, 「평생교육법」에서 '평생교육'이 이전의 「사회교육법」에서 '사회교육'과 마찬가지로 "학교교육을 제외한 조직적인 교육활동"으로 정의된 것이다. 그 결과, '사회교육'은 한국에서 법과 제도, 정책 등 공식적인 영역에서 급속히 사라지게 되고, '평생교육'이 이를 대체하게 되었다. 이에 따라 '사회교육'은 그 본질을 드러내 볼 기회도 충분히 가져보지 못한 채 쇠퇴하게 되고, 한국 사회교육의 전통적 가치라 할 수 있는 사회문제지향성, 소외계층지향성, 사회변혁지향성도 점차 약화되는 결과를 가져오기도 하였다. 반면, 기존의 사회교육 개념을 대체한 '좁은 의미의 평생교육'은 이전부터 일반화되어 있던 개념인 '나면서부터 죽을 때까지의 교육', 즉 '넓은 의미의 평생교육'과 혼동되는 현상이 나타나게 되었다. 사회교육에 대한 오해가 평생교육에 대한 혼란으로 연결된 것이다.

(4) 일제강점기 '사회교육' 개념에 대한 부정적 인식

한국의 사회교육 개념과 관련하여 제기되는 비판 중의 하나는 한국의 사회교육이 일제강점기 총독부에 의해 황국신민화(皇國臣民化)의 도구로 사용된 일제 식민통치의 잔재라는 것이다. 일제강점기 조선총독부에 의해 실시된 사회교육이 황국신민화의 주된 수단이었다는 것은 부인할 수 없는 사실이다. 그러나 그렇다고 해서 사회교육을 부정적인 역사적 잔재라고 파악하는 것에는 좀 더 신중한 접근이 필요하다.

먼저, 한국에서 사회교육이 애당초 식민지 통치의 수단으로 도입되었는가에 대해서는 반론의 여지가 크다. 이정연(2010)에 따르면, 한국에서 '사회교육' 개념 도입의 기원은 일제강점기 총독부가 아닌 구한말 개화파 지식인이다. 당시 교육을 통한 실력 양성을 국권 회복의 지름길로 파악하고 있었던 개화파 지식인들은 '학회(學會)'라는 계몽단체를 조직하여 활동하였다. 대표적인 학회로 대한자강회, 서우학회, 호남학회, 기호학회, 서북학회, 교남교육회, 태극학회, 대한학회, 대한흥학회 등을 들 수 있다. 이러한 학회들은 지식의 보급과 국민계몽을 위해 발간한 기관지에 '사회교육' 용어를 활용하며 그 중요성을 강조하였다. 역사적 기록에 따르면, 1906년의 대한자강회 월보에 소개된 것이 한국에서 사회교육을 언급한 최초의 기록이라고 할 수 있다(이정연, 2010). 따라서 일상생활에서 '사회교육'이라는 용어가 활용된 것은 그 이전부터라고 할 수 있다. 이렇게 한국의 '사회교육'은 일본의 침략 의도가 부각되었던 대한제국 말기에 국권옹호라는 절박한 과제를 위해 '민중'을 '국민' 또는 '민족'이라는 개념으로 연결시키고 그들을 계몽해 자신들의 힘으로 근대 민족국가의 형성을 달성하려는 과정에서 도입된 개념이라고 할 수 있다(이정연, 2010: 178).

다음으로, 일제강점기에 이루어진 사회교육이 모두 황국신민화를 위한 교육으로 활용되었는가에 대해서도 반론의 여지가 크다. 일제강점기 총독부가 사회교육을 식민지 정책으로 활용한 것과 별도로 민족진영에서 '사회교육'을 여전히 민족계몽과 독립을 위한 중요한 수단으로 인식하고 있었다는 사실이 밝혀지고 있다. 『개벽』(1920. 7.)에 실린 조선여성의 해방에 관한 글과, 조선민중사가 펴낸 기관지 『농민』(1932)에 수록된 「농촌여성과 사회교육」이라는 논문, 『중명(衆明)』(1933)이라는 잡지에 게재된 「조선사회교육에 대하야 일언함」 등이 그 예이다(이정연, 2010). 이러한 사실들은 일제강점기하에서 총독부에 의해 황국신민화를 위한 활동에 '사회교육' 개념이 활용된 것과 별개로 조선민족세력을 중심으로 독립과 계몽을 위한 교육활동에도 '사회교육' 개념이 폭넓게 활용되었다는 것을 보여준다.

이런 점에서 볼 때 한국의 사회교육은 대한제국 시기에 주체적으로 도입된 이후 시대와 주체 및 이념의 차이에도 불구하고 전반적으로 소외계층을 대상으로 사회의 문제를 해결하기 위한 비형식적 교육으로 인식되어 왔다고 볼 수 있다. 특히 대한제국 시기와 일제강점기에 민족진영에서 실시한 사회교육은 교육기반이 갖춰지지 않은 상황에서 국가와 민족의 위기를 극복하기 위한 사회운동의 차원에서 활용되었다.

2) 한국의 사회교육 개념 인식방식에 대한 학계의 성찰

앞에서 살펴보았듯이, 사회교육은 비형식교육, 성인교육, 좁은 의미의 평생교육으로 인식되는 오해 아닌 오해의 역사를 겪었다. 또한 역사적인 연구의 부족으로 일제강점기의 사회교육은 주로 황국신민화를 위한 교육이었다는 잘못된 인식이 일반화되었다. 이러한 인식은 오늘날 '사회교육'의 개념이 현실에서 사라지고 '평생교육'으로 대체되는 결과를 가져오는 데 큰 영향을 미쳤다. 그 결과, 사회교육학과 평생교육학 모두 학문적으로 정립되는 데 어려움을 겪고 있다. 이는 역사적 오해에서 비롯된 것도 있지만, 사회교육 본질에 대한 탐구의 부족과 사회교육학의 국제 동향에 대한 인식의 부족 때문이기도 하였다. 따라서 이제는 사회교육학은 물론 평생교육학의 발전을 위해 새로운 차원에서 사회교육 개념의 정립이 필요한 시점이다.

사회교육학이 하나의 고유한 학문으로 정립되기 위해서는 '사회교육'이 단지 '학교교육 이외의 교육', 즉 '학교교육'의 부차적 · 종속적 개념에 머무는 것이 아니라 그 자체의 고유하고 독자적인 관점과 기능을 반영하는 개념으로 거듭나야 할 필요성이 있다. 이와 관련하여 과거 사회교육학계에서도 '사회교육' 개념의 위상을 재정립해야 할 필요성이 지속적으로 제기되었다. 그와 관련된 한 가지 예를 들면 다음과 같다.

> 그러나 사회교육은 아직도 그 위치에 있어서나 그 역할에 있어서 이론이 많고, 또 그 위상의 정립에 있어서도 미확립 상태에 있다. 따라서 사회교육은 무엇보다도 먼저 그 위상이 새로이 정립되어야 하겠다. 다시 말하면, 사회교육은 학교교육의 연장이거나 또는 학교교육이 내용에서 다루지 못한 남은 '찌꺼기'를 가르치는 교육이 아니라는 것을 먼저 분명히 규명하여 둘 필요가 있다. 그러기 위해서는 사회교육을 이론적으로 뒷받침해 줄 틀이 먼저 구축되어야 할 것이다(정우현, 1991: 137).

이와 같이 정우현은 사회교육학의 정립을 위해서는 '사회교육' 개념을 학교교육과 무관하게 정립해야 한다고 강하게 주장하고 있다.

현재의 시점에서 그 궁극적인 대안은 사회교육의 개념을 사회문제를 해결하기 위한 교육으로 인식하는 것이라고 볼 수 있다. 제1장에서 살펴보았듯이, 사회공동체, 사회정의, 사회문제 해결 등의 가치를 다루는 사회교육 개념은 유럽을 필두로 전 세계적으로 발전해 왔다. 이러한 사회교육의 전통 속에는 다른 어떤 유형의 교육들보다도 교육을 통한 이상적인 사회의 구현, 구체적으로는 사회문제 해결을 위한 교육의 적극적인 기여라는 사회적 역할과 기능을 전제하고 있는 것이다. 이러한 기능은 한국의 사회교육 전통에서도 매우 중시되는 것이었다. 그러므로 과거 한국에서 고유하고 독자적인 사회교육 개념의 정립을 위한 노력이 계속되었다면 그 대안은 사회적 기능중심의 사회교육 개념일 가능성을 배제할 수 없다.

3) 한국에서 사회적 기능중심 사회교육 개념 모색의 역사적 선례

한국에서 새롭게 사회교육학을 정립하기 위해서는 먼저 사회문제 해결을 위한 사회적 기능중심의 사회교육 개념과 관련된 역사적 유산을 살펴볼 필요가 있다. 이러한 역사적 유산들은 사회교육 개념의 정립을 위한 이론적 기반이자 실천의 지침이 될 수 있기 때문이다. 이와 관련하여 한국에서 '학교교육 이외의 교육'이라는 영역적 차원이 아닌 사회적 기능중심으로 사회교육의 개념을 인식한 역사를 살펴보면 다음과 같다.

(1) 사회교육학계의 사회지향적 사회교육 개념 모색

한국의 전통적인 사회교육학계에서 '사회교육'을 '학교교육'과 무관하게 정립하려고 시도했던 경우를 살펴보면 다음과 같다. 이는 한국에서 '사회교육'이 '평생교육'으로 대체되기 이전 '사회교육학'의 이름으로 학문을 추구하던 경우를 말한다. 이때 이들이 사회교육의 본질로 제기한 것은 넓은 의미의 '사회지향성'이라고 할 수 있다.

먼저, 사회교육은 학교교육이 생기기 '이전'부터 존재해 온 교육의 원형이라는 입장이다. 이러한 입장을 견지하는 대표적 학자로 김도수를 들 수 있다. 김도수는 1973년에 발간한 『새마을교육: 한국 사회교육의 기저』(2010년에 복간)라는 글에서 사회교육의 본질을 다음과 같이 표현하고 있다.

> 교육이란 사회의 근원적인 기능이라고 할 수 있다. 이와 같은 의미의 교육을 '사회교육'이라고 한다면 사회교육이야말로 학교교육보다 훨씬 앞서 인류의 역사와 함께 시작된 것이다. 그러므로 교육의 원형이나 본질은 학교교육에서보다 '사회교육'에서 찾을 수 있다. 실로 학교교육이란 사회교육이 학교라고 하는 형태를 취해서 제도화되었을 때 처음으로 성립된 것에 불과하다. 그런 의미에서 학교교육은 사회교육의 일부라고 해도 과언이 아니다(김도수, 2010: 5).

이러한 관점에 따르면, 사회교육이란 사회적 기능을 수행하는 교육이며, 교육의 원형이자 본질이기 때문에 이를 굳이 학교교육 이외의 교육이라고 정의할 필요가 없다는 것이다. 오히려 학교교육은 사회교육에서 파생된 특수한 교육형태로서 사회교육의 한 부분일 뿐이다. 이 점에서 김도수의 주장은 사회교육의 개념에 대한 재발견이라고 할 수 있다. 이 개념 속에서 사회교육은 '사회에서 이루어지는 교육'임과 동시에 '사회적 기능을 수행하는 교육'이라고 할 수 있다. 또한 개념상 학교교육과 사회교육은 별개의 영역이 아니며 사회교육의 특수한 형태 중의 하나가 학교교육이다. 이처럼 김도수는 사회교육을 '사회적 기능'을 본질로 하는 교육으로 정의하고 있으며, 학교교육과 무관하게 개념을 정의하고 있다는 점에서 의의가 있다.

다음으로, 한숭희는 「성인교육의 비판적 담론과 한국사회교육 연구」(1998)에서 사회교육의 특성을 다음과 같이 규정하고 있다.

> 이 점에서 연구자는 사회교육은 '사회에서 일어나는 교육'이라기보다는 '사회를 변혁하는 교육'이라고 규정함으로써 그 실천과 연구를 전개해야 한다고 본다. 다시 말해서, 한국의 사회교육은 학교교육의 보수성과 제도 중심성을 극복하기 위한 민중지향적인 '사회변혁을 위한 교육'의 축약어로 이해되어야 한다는 것이다. 사회교육이란 성인교육의 장에서 이루어지는 '사회적 실천'이다(한숭희, 1998: 31).

이와 같이 한숭희는 사회교육 개념의 본질을 '사회변화를 위한 실천'에서 찾는다. 따라서 '사회교육'의 대립어는 '학교교육'이 아니라 사회적 실천과 무관한 '개인적 교육'이나 '사회유지적인 교육'이라고 할 수 있다. 이처럼 사회교육의 특성을 교육의 사회성이라는 행위적 본질에서 찾은 것은 사회적 기능중심의 사회교육의 개념 정립을 위한 의미 있는 선례라고 할 수 있다.

(2) 페스탈로치 교육사상 연구과정에서의 사회교육 개념 소개

한국에서 사회교육은 사회교육학계와 무관하게 교육철학 및 교육사의 맥락에서 다루어지기도 하였다. 이는 '사회교육' 개념이 한국에서 '사회교육학'이나 '평생교육학'이 공식적으로 언급되기 이전부터 존재했거나, '사회교육학계'와 직접적인 관계없이 논의되기도 했다는 것을 의미한다. 이러한 경우에 해당하는 사회교육 개념은 사회적 기능중심 사회교육 개념의 원류라고 할 수 있는 페스탈로치의 교육사상 연구와 관련되는 경우가 많다. 즉, 페스탈로치의 교육사상을 다루는 과정에서 그의 교육이론을 '사회교육'이라고 칭하며 소개한 것이다. 이는 유럽에서 페스탈로치의 교육이론을 'social pedagogy'로 정립한 것과 무관하지 않다고 볼 수 있다.

한국에 페스탈로치의 사회교육사상이 본격적으로 소개된 것은 일제강점기 이후이다. 일제강점기에 한글학자이자 교육학자였던 외솔 최현배(1894~1970)는 한국에서 최초로 페스탈로치에 관한 학위 논문을 작성한 인물이기도 하였다. 최현배는 1925년 1월에 일본 유학 시절 교토 제국대학 졸업 논문으로 「베스달로찌이의 교육사상」을 발표하였다. 이 논문은 한국의 독립 이후 한글로 번역되어 『나라건지는 교육』(1963)에 실리게 된다. 최현배가 이 논문을 작성하던 시기는 일본에서 페스탈로치에 대한 나토르프(P. Natorp)의 사회교육적 해석이 널리 알려지면서 점차 페스탈로치 원작에 기초한 연구가 진행되고 있던 시절이다. 최현배의 논문은 페스탈로치 교육학의 기초, 교육의 뜻과 목적, 교육의 가능과 한계, 교육의 필요, 교육의 마당, 교육의 원리 편으로 구성되어 있다. 최현배는 페스탈로치가 교육을 통한 사회개조에 심혈을 기울였으며, 특히 교육만이 진정한 의미의 사회개선 도구라고 인식했음을 강조하였다. 이는 사회적 기능중심 사회교육의 개념적 요소에 해당한다.

> 그가 개인의 교육에 심력을 기울이게 된 것은, 이로 말미암아 그 사회를 개조하려는 동기에서 나온 것이니, 그는 '인류 개선의 가능성에 대한 확신으로써' 교육개조에 힘쓴 것이다. 그의 일생은 고심낙담의 연속이었다. 그렇지마는, 그는 조금도 꺾기는 일이 없고 후회하는 일이 없이, 일심으로 나아가고 또 만족하였다. 이는 더도 말할 것 없이, 그가 교육의 가능과 사회개조의 가능을 깊이 또 굳게 믿었음에 터잡은 것이다(최현배, 1963: 181).

또한 최현배의 페스탈로치 교육사상 연구에서 주목할 것은 그가 페스탈로치의 교육학을 '사회적 교육학'이라고 표현했다는 점이다. 여기서 '사회적 교육학'은 곧 'social pedagogy'를 의미하며, 맥락에 따라 '사회교육' 또는 '사회교육학'으로 지칭할 수 있는 용어이다. 이를 살펴보면 다음과 같다.

> 사회가 교육에 관여하며 교육이 사회에 관여하되, 그 온 범위에서 또 근본스런 기초놓기로써 주의되기를 요구하는 것이 '사회적 교육학'이라는 표어가 본래 나타내고자 하는 바이다. 이 의미에서 베스달로찌이의 교육학은 사회적 교육학이냐 하는 문제는 무조건으로 긍정된다(최현배, 1963: 212-213).

그런 면에서 이 인용문은 페스탈로치의 교육사상과 나토르프의 이론화에 기반하여 현대로 이어지는 'social pedagogy'에 대한 인식이 한국에도 그 시기에 이미 들어와 있었음을 보여 준다는 점에서 의의가 크다.

또한 일제강점기에 페스탈로치의 교육사상을 사회적 기능중심의 사회교육 차원에서 소개한 인물로 강치봉을 들 수 있다. 강치봉은 1932년에 당시 연희전문학교 문과 재학생으로서 『연희』에 페스탈로치에 대한 체계적인 논문인 「페스타론지 小考(소고)」를 발표하였다. 강치봉은 이 글에서 사회개혁가로서의 페스탈로치를 강조하면서 교육적인 차원에서 그를 직접적으로 '사회교육가'로 소개하고 있다.

> 그는 진정한 사회교육가엿다. '교육은 사회개량의 최주요한 수단'이라는 것이 그의 신념이엇다. 그가 교육사업을 위하여서 일생을 희생한 것도 대개 교육에 이러한 성능(性能)이 잇기 때문이엇다. 그리하여 그는 18세기까지 초등교육을 지배하여 내려온 종교적 목적을 위한 교육을 배척하여 버리고 교육은 그 목적이 어디까지든지 민중적이요 사회적이어야 한다고 주장하엿다. 이리하여 루터가 종교에 대하여 개혁한 것만콤 페스타론지는 교육적 개혁을 한 것이엇다(강치봉, 1932: 66).

이와 같이 강치봉 역시 페스탈로치가 인간교육을 통한 사회개량을 추구했다는 사실을 강조한다. 다만 페스탈로치의 교육사상을 소개하는 과정에서 '사회적 교육학'이라는 용어를 사용한 최현배와 비교해서 강치봉은 보다 직접적으로 '사회교육'이라는 용어를 사용하였다. 강치봉이 페스탈로치를 '사회교육가'라고 인식하는 까닭은 페스탈로치가 교육을 사회개량의 가장 중요한 수단으로 인식했기 때문이다. 그런 점에서 강치봉에게 있어 사회교육은 영역으로서의 사회교육이 아니라 사회적 기능으로서의 사회교육을 의미한다. 또한 당시 '사회적 교육학'과 '사회교육'이 혼용되고 있었음을 알 수 있다.

지금까지 살펴보았듯이, 한국에서는 구한말과 일제강점기에 이미 오늘날 현대 사회교육학에서 중시하는 사회적 기능중심의 사회교육 개념이 페스탈로치의 교육사상을 통해 인식되고 있었다. 또한 이를 통해 당시 교육학계에서 '사회교육' 개념 자체를 사회변화 및 사회문제 해결을 위한 사회적 기능중심으로 인식하는 것이 일반적이었음을 추론할 수 있다.

한발 더 나아가, 교육철학자 김정환은 페스탈로치가 사회적 기능중심의 사회교육학의 기초를 놓은 교육학자였음을 보다 자세하게 보여 주고 있다. 그는 「페스탈로치의 사회교육론 연구」(1977)라는 논문을 통해 페스탈로치의 사회교육사상과 그 의의에 대해 본격적으로 다루었다. 그는 페스탈로치가 사회개혁에 깊은 관심을 갖고 여러 가지 사회문제를 교육적 감각으로 인식했다고 주장하였다(김정환, 1977: 72). 그에 따르면, 페스탈로치가 이처럼 사회문제를 교육적 감각으로 인식하며 교육을 통해 사회문제를 해결하고 사회를 개혁하려고 하는 것이야말로 곧 사회교육적 접근이다. 이러한 맥락에서 김정환은 사회교육을 다음과 같이 정의한다.

> 사회교육은 온 사회성원을 대상으로 하여 사회성원의 일체감을 좋은 방향으로 일깨워 사회인으로서의 자질을 계발하고 바람직한 자세를 정립케 하는 교육인데, 사전적 정의로는 집단적 생활에 적응할 수 있는 개인의 능력을 증진시키고 사회에 효율적으로 참여할 수 있는 인간교육이다. 그러기에 환경을 자연적 환경, 문화적 환경, 사회적 환경으로 삼대분할 때, 사회교육은 특히 후자의 사회적 환경을 교육적으로 조성하는 일이 된다(김정환, 1995: 73).

이와 같이 김정환은 사회교육의 본질을 당시 사회교육학계의 통념인 '학교교육 이외의 교육'이라기보다는 교육을 통해 사회를 개선하고 사회적 환경을 조성하는 일이라고 파악하였다. 이에 관하여 사회교육의 개념에 대한 김정환의 주장을 좀 더 살펴보면 다음과 같다.

> 진정한 의미의 사회교육학은 무엇인가. 이른바 교육의 세 마당이라 하여 구분하는 가정교육, 학교교육에 대비되는 그 사회교육의 체계가 아니다. 링컨의 말투를 빌린다면, 온 사회에 의한, 온 사회성원의, 온 사회성원을 위한 교육, 나토르프의 말로는 사회 안에 이상을 실현하는 교육이요, 내가 여기에 좀 말을 보탠다면 정신적 공동체 교육, 생활공동체 교육, 그리고 온 성원 대상의 나면서부터 죽음에 이르기까지 이루어지는 학습공동체, 즉 평생교육체제를 이름이다(김정환, 2007: 241-242).

이는 곧 사회적 기능중심의 사회교육 개념을 의미한다. 그는 당시의 한국 사회교육학계가 정책과업적 · 방법적 차원으로 치우치는 것을 비판하였다. 즉, 당시의 한국 사회교육학계가 사회교육을 학교 밖 교육으로 인식하고 기존의 학교교육 발전을 위한 실무적인 연구의 연장 차원에서 사회교육에 대해 연구하는 경향을 비판했다. 그는 이에 대한 대안으로 사회교육학을 교육학 체계 안에서 구축하고 사회교육의 여러 가지 문제를 교육철학적 · 교육사적 전망에서 다루어야 할 필요성을 제기하였다(김정환, 1977: 65). 이는 단지 사회교육을 학교 밖 교육으로 인식할 것이 아니라 사회교육의 본질이 무엇인가에 대한 근본적인 질문을 던져야 한다는 것을 의미한다. 이런 점에서 그의 주장은 1970년대에 이미 한국에서 '사회교육학'이 '사회를 위한 교육'이라는 개념에 기초하여 독자적인 학문으로 나아갈 필요가 있음을 지적하였다는 점에서 의의가 있다.

이와 같이 페스탈로치의 교육사상을 사회교육과 연관시킨 선구자들은 모두 페스탈로치의 교육실천이 사회개조, 사회개혁, 민중교육과 밀접한 관련이 있으며, 이를 실천하는 교육이 곧 사회교육이라고 인식하였다. 이러한 전통은 한국에서 사회교육학을 사회문제의 해결을 위한 교육학으로 새롭게 정립하기 위한 역사적 기반이 될 것이다.

지금까지 살펴보았듯이, 한국에는 이미 오래전부터 '사회를 위한 교육' '사회문제를 해결하기 위한 교육'으로서의 사회교육 개념이 논의되고 있었다. 또한 이를 바탕으로 사회교육학계에서는 고유한 사회교육 개념에 기초한 사회교육학을 정립하기 위한 논의가 있었다. 그런 면에서 한국에서도 사회적 기능중심의 사회교육학을 정립할 역사적 토양은 충분하다고 할 수 있다. 이러한 토양을 바탕으로 국제적 흐름에 발맞춰 보편적 사회교육학을 정립하는 것이 관련 학계의 당면 과제라고 할 것이다.

2. 한국 사회교육 실천의 역사와 개념적 성격

한국에서 사회교육의 개념을 보다 깊이 있게 인식하기 위한 방법 중의 하나는 실제로 한국의 사회교육 실천 역사를 살펴보는 것이다. 한국에서는 사회교육의 개념상의 혼란에도 불구하고, 소외계층, 평민, 공동체, 사회정의, 사회문제 해결을 지향하는 사회교육의 전통이 이어져 왔다. 이러한 사실은 한국의 사회교육이 단지 과거의 유산에 그치는 것이 아니라 '평생교육'과 무관하게 고유한 의미를 가진 개념으로 회복되기 위한 역사적 근거가 된다. 여기서는 한국에서 사회문제를 해결하기 위한 교육으로서 사회교육 실천이 이루어진 역사를 살펴보고, 그 특징과 의의를 검토해 보고자 한다.

1) 한국에서 사회문제 해결중심 사회교육의 역사

한국의 사회교육은 '사회교육'이라는 용어가 사용되기 이전부터 일상생활 속에서 실천되어 왔다고 볼 수 있다. 교육을 통해 사회공동체를 형성하고 사회문제를 해결하고자 하는 노력은 언제나 인간의 역사와 함께해 왔기 때문이다. 구한말 개화파 지식인을 통해 일본으로부터 '사회교육'이라는 용어가 처음 도입되었을 때 그 본질은 바로 그 당시 최고의 사회문제였던 국가 존망의 위기를 교육을 통해 해결하는 것이었다. 이후 한국의 역사 속에서 사회교육은 '학교교육 이외의 조직적인 교육활동'이라는 법적 정의를 초월하여 그 시대의 사회적 약자를 돕고, 사회문제를 해결하기 위한 교육으로 인식되었다. 시대마다 구체적인 상황과 해결해야 할 사회문제는 달랐지만, 사회적 약자의 사회적 적응과 경제적 자활, 그리고 건전한 사회를 만들기 위한 의식의 형성과 지역사회를 공동체적으로 잘 살도록 하기 위한 사회교육의 노력을 기울였던 것이다. 이와 관련하여 일반사적인 시대 구분에 따라 사회교육의 시대적 과제와 실천의 역사적 사례들을 구체적으로 살펴보면 다음과 같다.

〈표 2-1〉 한국 사회교육의 시대별 성격과 사례

시대 구분	시대적 배경	사회교육의 주요 과제	주요 사회교육 활동 및 기관
고대사회~ 조선 후기	신분중심 왕조국가 농경사회	지역공동체 형성 사회질서 유지를 위한 의식 함양	두레, 계, 향약
구한말	외세 침략 개화 추구	민중의 삶 계몽 국권 상실의 방지	사립학교, 학회, 사회 단체, 대중강연회, 야학
일제강점기	황국신민화 정책 민족 자주독립	독립을 위한 민족의식 형성 이상촌 형성 소외계층의 생활개선	이상촌 운동, 야학, 강습회, YMCA, 조선농민사
국가재건기 (1945~1960)	미군정 이승만 정권 4·19 및 장면 내각	국가재건 비문해의 해결 민주주의에 대한 의식 함양	국문강습소, 야학 전국문맹퇴치 5개년 계획
경제발전 및 민주화운동기 (1961~1987)	군사정권 비약적 경제발전기 민주화운동 추진기	농촌 지역사회 개발 산업화, 도시화에 따른 빈민문제 해결 민주주의 회복	새마을 교육 산업체부설학교 및 학급 종합사회복지관 민주화운동단체 노동조합 및 노동야학
시민사회 형성기 (1988~1997)	민주주의 확립 시민사회 활성화	민주주의의 생활화 지방자치제도의 활성화	시민단체 시민교육 주민자치센터 대안학교
복지 및 세계화 병행기 (1998~현재)	외환위기 기초복지 강화 지방분권 지향 다문화사회의 심화 남북문제 격변 사회복지 강화	실직자를 위한 재취업교육 경제적 자활교육 주민자치 및 지방분권 지역재생사업의 활성화 민주시민교육 강화	지역자활센터 지역아동센터 시민단체 평생학습관 지역재생사업 마을교육공동체

고대사회부터 한국에서는 사회문제를 해결하고 공동체를 형성하기 위한 사회교육이 일상생활을 중심으로 이루어졌다. 특히 두레, 계, 향약 등은 지역사회를 기반으로 하는 대표적인 사회교육활동이라고 할 수 있다. 근대 이후 구한말과

일제강점기에는 사회교육이 주로 국권 회복을 위한 과제를 수행했다면 국가재건기에는 국민의식의 형성 및 새롭게 도입되는 민주주의에 대한 인식 제고, 한글을 익히기 위한 문해교육이 주를 이루었다. 경제발전 및 민주화운동기에는 기초소득의 향상을 위한 새마을교육과 민주화를 이루기 위한 시민교육, 노동자의 권리 획득을 위한 노동교육이, 시민사회 형성기에는 민주화운동의 성과를 바탕으로 시민사회의 성숙과 성공적인 지방자치를 위한 시민교육이 주를 이루었다. 그리고 IMF 경제위기를 겪은 복지 및 세계화 병행기에는 실직을 비롯한 경제적 위기를 겪은 서민들을 위한 경제적 자활교육과 주민자치 및 지역화를 강화하기 위한 지역사회개발교육, 이주민의 증가에 따른 다문화교육의 강화, 통일에 대비하기 위한 교육, 지역재생사업의 성공적 추진을 위한 교육 등이 대표적으로 이루어졌다. 이와 같이 한국의 사회교육은 각 시대가 요구하는 교육적 과제를 수행하면서 국가 및 지역사회 발전에 이바지해 왔다.

한편, 구한말 이후 한국 사회교육의 역사를 사회교육의 유형별로 구체적으로 살펴보면 〈표 2-2〉와 같다.

〈표 2-2〉 한국 사회교육의 유형별 변천

시대구분	기초교육	경제적 자활교육	시민교육	사회개발교육
구한말	• 1890년대 후반 야학의 성장을 통한 문해운동	• 구한말 YMCA 등에 의한 청년기술 교육 • 육영공원에서의 서구식 농업과목	• 구한말 독립협회, 만민공동회운동 • 대한자강회, 신민회 등의 애국계몽 운동	• 독립협회, 학회 등의 생활개선계몽운동 • 개신교의 농촌계몽운동
일제강점기	• 일제강점기 민간단체, 종교단체에서의 문해교육	• 일제강점기 YMCA 등에 의한 청년기술교육	• 일제강점기 각종 사회단체, 종교단체를 통한 민족의식 함양	• 일제강점기 YMCA, YWCA 등의 종교기관 중심의 협동조합운동과 이상촌운동

국가재건기 (1945~1960)	• 미군정기 국문강습소 • 공민학교 설립, 성인기초교육 활성화(1946) • 전국문맹퇴치 5개년 계획(1954)	• 미군정의 노동자 교육 • 기술학교, 고등기술학교 운영	• 미군정기 민주시민교육 • 제1공화국 시기 우익단체에 의한 반공시민교육	• 제1공화국의 농촌교도사업(신생활교육원) • 지역사회개발위원회 조직(1958) • 1960년대 재건국민운동, 향토학교 운동, 온마을교육 • 4H중심의 농촌청소년 활동
경제발전 및 민주화 운동기 (1961~1987)	• 재건국민운동본부의 문해교육(1961) • 1980년대 민간 자원단체, 종교시설, 야학중심의 성인기초교육	• 1960년대 이후 직업훈련소, 직업기술계 사설학원의 설립, 산업체 부설학교 신설, 기업체 산업교육 • 1980년대 후반부터 공공직업훈련기관, 인정직업훈련기관	• 1960년대 이후 독재정권의 국민교육과 민간자원단체에서의 의식 함양교육 공존 • 1970~1980년대 노동자 교육 • 1980년대 신군부에 의한 사회정화교육(삼청교육대)	• 가나안농군학교(1962), 삼애농업기술학원(1967) • 한국지역사회학교후원회(1969) • 1970년대 새마을교육, 도시빈민운동
시민사회 형성기 (1988~1997)	• 전국 규모 비문해 실태조사 • 민간차원 문해교육기관 증가	• 1990년대 허병섭 등에 의한 경제적 자활조직(건축일꾼 두레)	• 1987년 이후 시민단체 활성화 및 시민교육 확산	• 1987년 이후 지역중심의 생활협동조합 운동 • 읍면동 단위 주민자치센터 운영
복지 및 세계화 병행기 (1998~현재)	• IMF 이후 노숙자를 위한 인문학 프로그램 • 2000년대 전후 국가 주도의 성인문해교육사업 제도화	• IMF 이후 실업자 재취업교육 • 2000년대 자활후견기관, 지역자활센터 등에 의한 자립의지 함양 및 경제적 실무교육	• 지자체 중심의 민주시민교육센터 설치 추진	• 2000년대 이후 지역재생, 마을만들기 사업 차원의 지역사회개발 • 2003년 이후 교육복지투자우선사업 실시

2) 한국 사회교육 실천의 개념적 성격과 의의

한국 사회교육 역사의 분석을 통해 나타난 한국의 사회교육 실천사에 반영된 사회교육의 개념적 성격과 의의를 정리하면 다음과 같다.

첫째, 한국의 사회교육은 '사회교육' 용어 사용과 무관하게 실천되었다. 즉, 한국에서 사회교육 실천은 '사회교육' 용어가 구체적으로 도입되기 전에도 존재하였다. 또한 '사회교육'이 학문적으로 다루어지거나 법적 지위를 갖게 된 이후에도 학문적인 탐구대상이나 「사회교육법」의 적용 범위에 얽매이지 않은 채 사회교육이 실천되었다. 더 나아가, 「평생교육법」에 의해 '사회교육'이 '평생교육'으로 대체된 이후에도 사회교육 실천은 여러 분야에서 지속되고 있다. 그것은 사회교육이 단순히 '학교 밖 교육'이 아니라 '사회문제를 해결하기 위한 교육'으로 인식되었음을 반증한다. 이러한 의미의 사회교육은 법적 지위나 개념 정의와 관계없이 한국의 역사 속에서 지속적으로 수행되어 온 것이다.

둘째, 한국의 사회교육은 각 시대의 사회적 요구에 민감하게 반응하며 실천되었다. 국권 회복, 문해 증진, 빈곤문제 해결, 민주화, 다문화, 주민자치, 지역재생 등은 각 시대별로 사회교육이 적극적으로 반응했던 사회적 요구라고 할 수 있다. 이를 통해 한국에서 사회문제 해결을 위한 교육으로서의 사회교육 개념은 학문적인 정립과 무관하게 각 분야에서 시대별로 계승되어 왔음을 알 수 있다. 사회교육은 유럽이나 일부 국가에서만 이루어졌던 특수한 교육이 아니라 한국에서도 지속되어 왔던 교육인 것이다. 과거의 사회교육 개념이 주로 문해와 경제적 자립, 정치적 민주화와 관련되었다면, 최근에는 점차 환경, 문화, 지역사회 개발, 지역자치, 시민사회의 성숙, 인권, 세계평화 등과 관련되는 양상이다. 따라서 향후에도 새롭게 부각되는 사회문제를 사회교육 차원에서 다루기 위한 학문적 노력이 이어져야 한다.

셋째, 한국에서 사회교육의 실천은 민간 비영리 부문의 선도적인 실천과 공공부문의 법적·정책적 지원을 통해 활성화될 수 있었다. 문해교육, 농민교육, 도시빈민교육, 시민교육, 다문화교육, 주민자치교육 등 다양한 사회교육 실천은 지역주민이나 시민들의 요구에 보다 민감한 민간 비영리 부문의 사회교육실천가를 통해 시작된 경우가 많다. 그런데 이러한 활동은 국가의 법적 · 정책적 지원을 통해 보다 보편화될 수 있었다. 따라서 사회교육의 개념은 민간 부문과 공공 부문 모두에서 사회문제를 해결하기 위해 실시되는 모든 종류의 교육이라고 할 수 있다.

넷째, 한국에서 사회교육은 많은 경우 사회에 긍정적인 영향을 미쳤지만 때로는 부정적인 영향을 미치기도 하였다. 특히 일제강점기와 민주화 이전의 권위주의적 정권하에서는 사회교육이 체제의 유지, 특정 이데올로기의 주입, 정권의 연장 차원에서 비민주적 · 비교육적 방식으로 이루어진 경우도 많았다. 사회교육의 흑역사 시기였다고 볼 수 있다. 따라서 한국 사회교육 역사를 통해 사회교육의 개념적 본질과 상황별 특성에 대한 이론적 분석과 실천적 성찰이 요구된다.

3. 한국에서 사회교육과 평생교육의 관계

한국에서 '사회교육' 개념을 정립하는 과정에서 반드시 그 관계를 짚고 넘어가야 할 개념으로 '평생교육'을 들 수 있다. 한국의 사회교육 역사상 '사회교육'이 '평생교육'의 한 부분으로 인식되던 시기를 거쳐 현재는 '사회교육'이 '평생교육'으로 대체된 것으로 인식되는 경향이 강하기 때문이다. 더욱이 한국에서는 '평생교육' 개념 자체도 시대의 흐름에 따라 다양하게 해석되는 경향을 띠고 있다. 이러한 특성을 고려할 때 사회교육의 개념 정립을 위해서는 과거부터 현재까지 한국에서 '사회교육'과 '평생교육'이 어떻게 변천되어 왔는가를 살펴볼 필요가 있다. 또한 '사회교육'을 사회문제 해결을 위한 교육으로 정립할 때 '사회교육'과 '평생교육'의 관계가 어떻게 정립되어야 하는지도 살펴볼 필요가 있다. 여기서는 한국에서 '사회교육'과 '평생교육' 개념의 변화에 따라 두 개념 사이의 관계가 변천되어 온 과정을 살펴보고 사회교육학의 정립 차원에서 두 개념 간의 관계를 어떻게 설정해야 할 것인가에 대해 논의해 보고자 한다.

1) 한국에서 사회교육과 평생교육의 개념 변화 양상

한국에서 '평생교육(lifelong education)'이라는 용어가 처음 사용된 것은 1970년대 유네스코가 정한 국제교육의 해에 랭그랑(P. Lengrand)의 '평생교육개론'이 전 세계에 보급된 이후라고 볼 수 있다. 그후 한국에서 '평생교육' 용어는 이전부터 사용되어 왔던 '사회교육' 용어와 일정한 관계를 갖게 되었다. 그러나 그 관계를 맺는 방식은 '사회교육'과 '평생교육' 개념 자체를 이해하는 방식의 변화에 따라 같이 변화해 왔다. 여기서는 먼저 '사회교육'과 '평생교육'의 개념이 각각 어떻게 변천되어 왔는가를 살펴보고자 한다.

한국에서 '사회교육'과 '평생교육'의 개념 변화는 모두 각 개념의 핵심을 '영역'을 중심으로 볼 것인가, 또는 '관점'을 중심으로 볼 것인가라는 접근방식의 차이와 관련된다. 두 개념을 '영역'을 중심으로 보는 것은 '사회교육'과 '평생교육'의 본질을 이전의 교육과는 구별되는 시간 및 공간이나 대상에서 찾는 것을 말한다. 한편, 두 개념을 '관점'을 중심으로 본다는 것은 '사회교육'과 '평생교육'의 본질을 이전의 교육행위와는 구분되는 고유한 성격에서 찾는 것을 의미한다. 일반적으로 한국에서 '사회교육'과 '평생교육'의 개념에 대한 이해는 '영역'을 중심으로 파악하는 방식에서 점차 '관점'을 중심으로 파악하는 방식으로 변화하고 있다고 볼 수 있다.

과거 한국에서 사회교육을 '영역'으로 인식했을 때 그 의미는 정규 학교교육의 영역이 아닌 일반사회의 영역에서 실시되는 의도적이고 조직적인 교육활동이었다. 그러나 사회교육에 관한 국제적 · 보편적 흐름은 사회교육을 특정한 시간적 · 공간적 영역과 관계없이 사회변화를 의도적 · 체계적으로 추구하는 특정한 기능을 가진 교육으로 인식하는 것이다. 이러한 접근방식은 사회교육을 고유한 성격을 가진 특수한 교육으로 보는 관점의 반영인 것이다.

한편, '평생교육'의 개념에 대해서도 크게 영역적 접근방식과 관점적 접근방식이 혼재해 있다. 먼저, '영역'의 차원에서 접근할 경우 평생교육은 일반적으로 시간과 공간의 두 영역에서 '나면서부터 죽을 때까지, 모든 삶의 공간에서' 이루어지는 교육을 의미한다. 그러나 한국에서는 평생교육이 '학교교육'을 제외한 시공간의 영역으로 한정되기도 한다. 그 대표적인 경우가 「평생교육법」에 정의된 개념으로서 본래의 평생교육 개념과 비교하여 '좁은 의미의 평생교육'이라고 할 수 있다. 좁은 의미의 평생교육 개념은 과거 사회교육을 영역으로 인식했던 개념과 매우 유사하다. 이러한 배경으로 인해 한국에서 평생교육의 영역은 매우 한정적이면서도 복합적인 성격을 띤다. 현실적인 면에서 한국에서 평생교육의 실질적인 영역은 「평생교육법」이 적용되는 영역이라고 할 수 있다. 즉, 교육부가 「평생교육법」에 기반해 관할하고 있는 '학교교육 이외의 교육'인 것이다. 이보다 좀 더 넓게는 「평생교육법」의 적용 범위를 벗어나 범 정부적인 차원에서 다루어지는 학교 밖 교육이라고 할 수 있다. 교정교육, 문화예술교육, 청소년 교육 등이 그 예이다. 그와 동시에 상식적인 차원에서 전 생애, 전 공간에 걸친 교육을 의미하는 넓은 의미의 평생교육 개념도 여전히 존재한다. 그런 의미에서 한국에서 영역으로서의 평생교육 개념은 다중적인 성격을 가진다. 즉, 유네스코에 의해 전통적으로 인식되어 온 가장 넓은 영역의 평생교육, 다음으로 범정부적 차원에서 '학교교육 이외의 교육'으로 인식되어 온 중간영역의 평생교육, 그리고 「평생교육법」을 기반으로 '교육부 영역의 평생교육'으로 인식되고 있는 가장 좁은 영역의 평생교육으로 구성되어 있는 것이다. 이러한 영역중심의 평생교육 개념인식에 따르면, 그 범위와 무관하게 어떻게 평생교육을 효과적으로 실시할 것인가에 대한 실천적 · 응용적 관심이 주를 이루고 있다.

반면, 최근에는 이와 다른 차원에서 평생교육에 관한 논의를 평생학습의 '관점'으로 접근하려는 움직임이 강화되고 있다. 즉, 인간을 특정 시기나 공간적 영역과 관계없이 자발적이고 주체적으로 학습에 참여하는 존재로 이해하고 그 고유한 특성을 파악하려는 순수학문적 접근이 이루어지고 있다(정민승, 2002; 한숭희, 2001a). 이러한 접근방식에 따르면, 평생교육의 개념적 본질은 단순히 교육현장이나 교육시기의 영역적 확대보다는 인간의 자발적 · 주체적 · 보편적 학습행위를 이해하고 돕는 것이라고 할 수 있다.

지금까지 살펴본 내용을 바탕으로 한국에서의 '사회교육'과 '평생교육'의 개념에 관한 접근방식의 유형을 정리하면 〈표 2-3〉과 같다.

〈표 2-3〉 한국에서 개념 접근방식에 따른 사회교육과 평생교육 개념의 비교

접근방식	사회교육	평생교육
영역중심	학교교육 이외의 교육	• 나면서부터 죽을 때까지, 모든 삶의 공간에서 이루어지는 교육 • 학교교육 이외의 교육(「평생교육법」상)
관점중심	사회문제 해결을 위한 교육 (사회적 기능중심으로 교육을 보는 관점)	인간이 평생에 걸쳐 자기성장을 위해 수행하는 주체적 · 본성적 · 보편적 학습행위를 돕는 행위(평생학습의 관점에 기초)

2) 한국에서 사회교육과 평생교육의 개념적 관계의 유형과 변천

한국에서 '사회교육'과 '평생교육'은 교육학 차원에서 매우 밀접한 관계를 가져왔다. 그리고 현대사회에서 두 개념이 차지하는 위상에 비추어 볼 때 향후에도 두 개념 사이의 관계 정립은 중요한 의미를 가진다. 한국에서 사회교육과 평생교육의 관계는 앞에서 살펴본 두 개념에 대한 인식방식에 따라 달라진다. 실제로 한국에서 '사회교육'과 '평생교육'의 관계는 각 개념을 영역적으로 인식하느냐 관점적으로 인식하느냐에 따라 복잡한 양상을 띠어 왔다. 이를 도식화하면 [그림 2-1]과 같다.

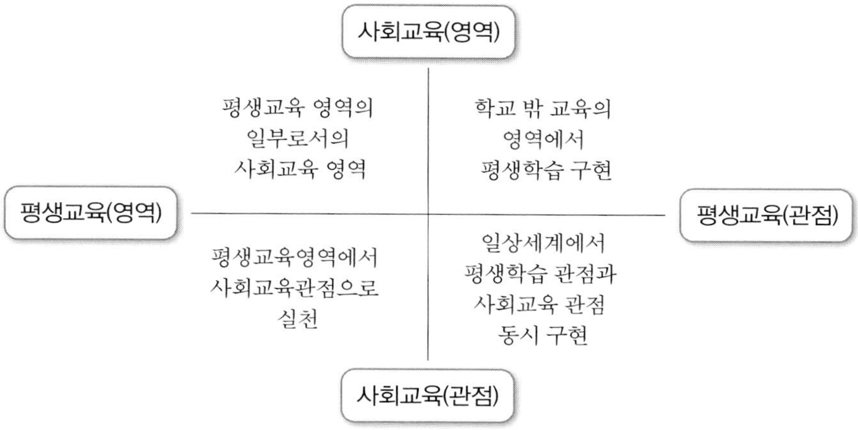

[그림 2-1] 한국에서 사회교육과 평생교육의 개념적 관계 유형

[그림 2-1]에서 나타난 한국에서 사회교육과 평생교육의 관계는 전반적으로 역사적인 흐름과 맥을 같이한다. 이를 살펴보면 다음과 같다.

첫째, 가장 전통적인 유형으로 평생교육과 사회교육을 모두 '영역'으로 인식하는 방식이다. 이는 '평생교육'을 시공간적인 면에서 인간의 전 생애와 사회의 전 공간을 포괄하는 교육으로 이해하고, '사회교육'은 그중에서 학교 정규교육과정을 제외한 나머지 영역의 교육으로 인식하는 것이다. 즉, '평생교육=학교교육+사회교육'으로 인식하는 것이다. 이러한 접근방식은 '학교교육'이 이미 체계화된 상황에서 '사회교육'의 활성화가 곧 '평생교육' 활성화의 관건이라는 인식을 전제하고 있다. 그러나 이런 접근방식은 2000년 이후 '평생교육'이 기존의 '넓은 의미의 평생교육'과 「평생교육법」상의 '좁은 의미의 평생교육'으로 나뉘는 현상이 나타남에 따라 개념상의 혼란을 겪고 있다.

둘째, 사회교육은 영역으로 인식하나 평생교육은 평생학습의 관점에서 인식하는 입장이다. 이는 사회교육은 정규학교교육 이외의 영역에서 시행되는 것이지만 사회교육을 실천하는 과정에서 반드시 학습자의 학습원리와 학습권을 중시하는 평생학습의 원리를 추구해야 한다는 생각을 반영한다. 이러한 입장은 현재 한국의 '평생교육학계'에서 가장 일반적으로 수용되고 있다고 할 수 있다. 현재 한국의 평생교육학계 연구자나 실천가들은 실제로는 여전히 학교교육을 제외한 학교 밖 교육, 즉 영역으로서의 사회교육을 주로 다루면서 평생학습의 관점을 부분적으로 적용하는 것이 일반적이다.

셋째, 평생교육의 영역에서 사회교육의 관점으로 교육을 인식하는 입장이다. 이는 한국에서 '평생교육' 사업이나 제도가 운영되고 있는 영역에서 사회문제 해결에 이바지하고자 하는 접근방식이라고도 할 수 있다. 소외계층지향적이거나 공동체지향적인 평생교육, 평생교육 분야 교육복지의 강화도 이런 접근방식과 관련된다. 사실 이러한 입장은 역사적으로 대부분의 국가가 '성인교육'으로 통칭되는 초기의 비형식적 교육을 통해 일반적으로 견지했던 바라고 할 수 있다 (Jarvis, 1987). 더 나아가, 평생교육의 영역에 학교교육까지 포함된다면, 인간의 전 생애(lifelong)와 사회의 전 공간(lifewide)을 포함하는 진정한 평생교육의 영역에서 사회교육의 관점이 적용되는 경우라고 볼 수 있다. 현재 유럽의 'social pedagogy'가 청소년중심에서 성인 및 노인 대상으로 확장되는 것도 이러한 입장과 관련이 깊다고 할 수 있다.

넷째, 평생교육과 사회교육을 모두 고유한 관점으로 인식하는 경우이다. 이는 사회교육과 평생교육 모두 고유한 관점을 바탕으로 서로 협력해야 하는 존재로 인식하는 유형이다. 이를 통해 삶의 모든 영역에서 인간의 주체적 평생학습활동 지원과 교육을 통한 사회변화가 조화롭게 이루어질 수 있다. 다시 말해, 평생교육의 본질적 가치라고 할 수 있는 평생학습을 통한 개인의 성장과 사회교육의 본질이라고 할 수 있는 교육을 통한 사회의 변화가 조화롭게 이루어지는 데 기여할 수 있다. 최근 평생교육학계에서 논의되고 있는 확장학습이론은 사회변화를 위해 평생학습과 사회교육의 관점이 조화를 이루는 시도 중의 하나라고 볼 수 있다(한숭희, 2019). 이는 인간의 선천적인 학습능력을 존중하고 주체적인 학습참여를 보장하면서 동시에 사회문제의 해결을 위한 교육활동이 조화롭게 이루어지는 것을 의미한다.

과거 한국에서 사회교육을 영역중심으로 인식한 것과 달리 현재 국제적 · 보편적으로 사회교육을 이해하는 방식은 관점중심으로 인식하는 것이라고 할 수 있다. 따라서 미래지향적인 사회교육학의 관점에서 볼 때 사회교육과 평생교육의 바람직한 관계는 셋째와 넷째의 경우라고 볼 수 있다. 본질적으로 한국에서 사회교육은 '평생교육' 영역에서만 이루어지는 것은 아니다. 실제로 사회교육은 평생교육의 영역이 아닌 곳에서도 활발하게 이루어지고 있다. 사회교육은 본질적으로 평생교육과 다른 차원의 교육개념이기에 현실적인 면에서 서로 만날 수도 있고 그렇지 않을 수도 있다. 그러나 최근 지식기반사회의 도래와 평생학습의 중요성 등의 이유로 평생교육의 영역이 급격하게 확장되고 있다. 그러므로 사회교육 차원에서 바람직한 것은 확장되는 평생교육의 영역에서 사회교육의 원리를 구현하는 것이다. 또한 사회교육은 평생학습의 관점과 부합하여 실행될 수도 있고 평생학습의 관점과 부합하지 않게 실행될 수도 있다. 그러나 평생학습의 관점이 현대사회에서 매우 중시되고 있음을 고려할 때 사회교육의 실천과정에도 평생학습의 관점을 반영하기 위한 적극적인 검토가 필요하다.

이러한 점을 종합하면, 현대사회에서 '사회교육'과 '평생교육'은 별개의 개념이면서도 서로 밀접하게 연계되어야 할 개념이라고 할 수 있다. 사회문제 해결을 지향하는 사회교육의 관점은 평생교육 사업과 제도가 실시되는 현장에서도 적용되어야 할 필요가 있다. 이를 통해 평생교육에 의한 불평등의 심화를 방지하고 학습공동체의 구현에 더 기여할 수 있다. 또한 사회교육은 '평생교육'의 영역적 개념을 수용하여 학습자의 전 생애적이고 전 공간적으로 실천영역과 대상을 확장할 필요가 있다. 아울러 사회교육은 참여자를 평생학습자로 존중하면서 주체적인 학습을 할 수 있도록 돕기 위한 '평생학습'의 관점을 수용할 필요가 있다. 시민으로서의 평생학습자를 존중하는 입장은 자칫 사회교육이 국가주도, 교수자주도의 방향으로 치우치지 않도록 할 수 있는 유용한 지침이 될 수 있다.

4. 한국의 민중교육과 사회교육의 관계

한국에서 '사회교육'과 유사한 개념으로 '민중교육'을 들 수 있다. '민중교육'은 1970년대를 전후하여 한국에서 평민을 위한 가장 대표적인 사회변화지향적 교육개념이었다. '민중교육'은 사회를 변화시키기 위한 실천지향적 교육이라는 점에서 '사회교육'과 공통점을 갖는다. 따라서 사회교육학을 정립하는 과정에서 '민중교육'의 개념을 고찰하고 이를 사회교육과 비교할 필요가 있다. 여기서는 민중교육과 사회교육의 공통점과 차이점, 민중교육론이 사회교육학에 주는 시사점을 살펴보고자 한다.

1) 민중교육의 개념

한국에서 민중교육은 사용하는 맥락과 학자의 관점에 따라 다양한 방식으로 정의되었다(이미숙, 1985). 일반적으로 민중교육은 민중의 의식을 고양하고 그들의 왜곡된 정치적 · 경제적 · 문화적 관계를 개혁하며, 나아가서 총체적인 사회구조의 변혁을 지향하는 실천지향적 교육운동의 총칭이다(한숭희, 2001b: 81). 또한 민중교육은 기존의 일반적인 학교교육처럼 지식의 확대와 축적을 위한 교육이 아니라, 이론과 실천의 부단한 프락시스(praxis) 속에서 이루어지는 삶의 한 과정임과 동시에 현실의 문제에 도전하며 극복해 내고자 하는 사회변혁의 실천교육이라고 할 수 있다(이미화, 1988). 그런 의미에서 민중교육은 사회적 약자로서의 평민을 지향하고 사회변화와 사회문제 해결을 추구하는 '사회교육'과 매우 밀접한 관계를 갖는다.

그런데 한국에서 민중교육의 개념은 일정한 정도 이념지향성을 내포한다. '민중'이라는 말은 구한말 이후 일반적인 사람을 뜻하면서 동시에 저항세력을 통칭하는 개념으로 사용되어 왔다. 1970년대에 이르러서 '민중'은 분단체제에서 '인민'이라는 말이 가지고 있는 이데올로기적 공격을 피하면서도, 대중사회론에서의 원자화된 개인으로서의 '대중'과는 다르게 사회체제의 변화를 추구하는 저항 운동 세력을 의미하는 말로 사용되어 왔다(홍은광, 2010: 76-77). 그런 점에서 '민중'은 특정계급을 위한 이념지향적 개념으로 인식될 수 있다. 이에 따라 '민중교육'도 저항적 가치를 지향하는 특정 이념지향적 교육으로 인식되는 것이 일반적이었다. 이와 관련된 '민중교육'의 정의를 제시하면 다음과 같다.

> 민중교육은 그 내용적인 면에서 볼 때, 억압된 사회구조를 삶으로 부딪치는 노동자, 농민, 도시빈민 등 기층민중과, 사회의 모순을 구조적으로 인식하고 이를 극복하려는 진보적 지식인 모두가 그 존재적 상황 속에서 상호침투하여 행동하는 과정 속에서 생성된 실천의 교육이며, 사회의 변혁을 위한 교육이다(이미숙, 1985: 15-16).

이와 같이 한국의 1970~1980년대의 민중교육은 총체적인 사회구조의 변혁을 지향하는 실천지향적 교육이었다. 그리고 그 자체가 진보적인 이념을 지향하는 것이었다고 볼 수 있다. 이러한 이념성과 목적성이 강조됨에 따라 1980년대 후반 민중교육은 '선전'과 '선동'의 성격이 강화되었다는 비판이 제기된다(한숭희, 2001b). 그러나 이후 1990년대 들어 그람시(A. Gramsci)의 이론에 기초한 시민사회론의 영향과 함께 '시민'과 '시민운동'의 개념이 등장함에 따라 '민중교육'이란 용어는 쇠퇴한다. '민중'에 비해 '시민'은 일반적으로 특정 계급이나 특정 이념에 대한 지향성을 초월한 개념으로 인식되었기 때문이다.

2) 민중교육의 사회교육학적 의의와 한계

앞에서 살펴보았듯이, '민중교육'은 사회변화를 추구한다는 점에서 사회교육과 밀접한 관계를 갖는다. 그와 동시에 '민중교육'은 일정한 사회계급에 기초한 이념지향성을 내포한다. 여기서는 이러한 성격에 기초하여 '민중교육'의 사회교육학적 의의와 한계를 논의하고자 한다.

먼저, 민중교육이 갖는 사회교육학적 의의를 살펴보면 다음과 같다.

첫째, 민중교육은 사회교육의 유형 중 기초교육과 경제적 자활교육의 주요한 근거가 된다. 1970~1980년대 한국에서는 소득 차이에 따른 교육불평등이 심화되고 급격한 산업화가 이루어졌다. 민중교육은 소외계층을 중심으로 교육소외를 극복하고 생계를 유지하고자 문해교육과 노동교육에 집중하였다. 당시 한국의 민중교육은 온전한 공동체를 형성하고 소외계층을 포용하며 사회변화를 지향하는 사회교육 유형 중의 하나였던 것이다.

둘째, 민중교육은 의식 함양을 추구하는 사회교육의 근거가 된다. 한국의 민중교육은 특별히 사회변화를 지향하기 위한 의식 함양을 강조하였다. 이른바 '의식화'의 개념을 강조한 것이다. 이와 같이 민중교육에 나타난 의식 함양은 "인간의 의식 성장을 통해 사회를 변화시킬 수 있다."라는 사회교육의 궁극적 목표와 맥을 같이한다. 또한 민중교육은 '의식화'를 위해 야학과 소모임의 형태로 '조직화'를 활용하였다. 이는 사회교육의 기본적인 실천원리라고 할 수 있다.

셋째, 민중교육은 교육방법의 차원에서 참여와 협력을 통해 사회문제 해결을 추구하는 사회교육방법의 역사적 선례가 된다. 한국의 민중교육은 학습자를 사회변화의 주력자로 존중하고 주체성을 인정하는 전통을 강조하였다(한완상, 허병섭, 1985). 이는 사회교육의 경우에도 기본적인 실천원리로 수용해야 할 전통이다.

넷째, 민중교육에서 중시된 지식인의 모습은 곧 사회교육자의 모델이기도 하다. 한국의 민중교육론에 따르면, 지식인은 학습자가 스스로 사회문제를 해결할 수 있도록 돕는 조력자의 역할을 해야 한다. 민중교육론에서 지식인은 민중이 스스로 사회문제를 제기하고 민중과 민중 사이의 원활한 대화를 할 수 있도록 돕는 존재인 것이다(허병섭, 1987). 아울러 지식인에게는 사회변화와 사회문제에 민감하게 대처하며 먼저 실천하고 행동하는 리더십이 요청된다. 이러한 점은 사회교육학의 경우에도 사회교육자가 갖추어야 할 기본 요건으로 받아들여진다.

그럼에도 불구하고 한국의 민중교육 개념은 사회교육학의 기본 개념으로 자리잡는 데 한계를 갖는다. 그 이유는 한국의 민중교육 개념은 그 자체가 특정한 이념성과 계급성을 내포하는 경우가 많기 때문이다. 한국에서 '민중'은 지배계층과 피지배계층으로 나누어 계급적인 의미를 나타낸다. 과거 한국에서 추구한 민중교육은 단순한 사회교육이 아니라 불평등한 사회전반에 대한 체제 변혁을 위한 사회정치적 이념을 내포한 개념이었다(이미화, 1989: 33). 그런 의미에서 한국에서 논의되었던 민중교육의 개념은 특정한 이념을 구현하기 위한 정치적 활동의 의미로 인식될 수 있다. 교육에 참여하는 대중, 즉 '민중'은 일반적으로 노동자나 농민과 같은 특정 계급에 해당되는 것으로 인식되었기 때문이다. 따라서 민중의 계급적 · 정치적 '해방'을 위한 것만이 민중교육으로 인식될 가능성이 크다. 다음은 이러한 입장을 대표적으로 반영하고 있다.

> 즉, 민중이란 누구이고, 민중교육이 왜 필요한가, 민중교육에서 가장 중요시되는 것은 무엇인가라는 문제의식을 갖고 민중교육을 볼 때, 정부주도형 민중교육이란 개념 자체가 타당하지 않은 것이다. 민중교육에서 가장 중요한 것은 지배 이데올로기의 허구를 꿰뚫을 수 있는 '사상성'이기 때문이다(이미숙, 1985: 20).

이러한 접근은 민중교육의 개념이 규범적 · 강령적으로 정의될 소지가 크기 때문에 '민중교육'의 개념을 기반으로 한 고유하고 객관적인 학문의 성립은 어려워진다.

이에 비해 사회교육은 일반 대중을 교육의 대상으로 삼을 수 있지만 반드시 특정한 이념이나 특정 사회계급을 전제하지는 않는다. 사회교육은 사회문제를 해결하기 위한 교육이라고 할 수 있으나 개념적인 면에서는 그 자체로 특정한 이념을 지지하는 것은 아니기 때문이다. 사회교육이 지향하는 사회적 약자도 사회문제로 어려움을 겪는 존재로 인정될 수 있는 일반 대중을 의미하는 것이지 특정이념에 의해 규정된 존재는 아니다. 또한 사회교육이 사회운동 차원에서 해결하고자 하는 사회문제도 원론적으로 특정 계급의 입장에서 문제시되는 것이 아니라 사회적 합의 차원에서 객관화될 수 있는 사회문제인 것이다. 이런 면에서 민중교육론과 달리 사회교육론은 특정한 이념이나 특정한 사회계급을 초월하여 사회를 지향하는 교육의 일반적인 성격과 실천원리 자체를 다룬다는 점에서 보편적인 학문적 입장을 취한다고 볼 수 있다.

지금까지 살펴본 민중교육과 사회교육의 특성을 비교하여 정리하면 〈표 2-4〉와 같다.

〈표 2-4〉 민중교육과 사회교육의 비교

구분		민중교육	사회교육
공통점		• 다수 대상 • 사회문제 해결을 위한 교육의 활용	
차이점	학습자	민중	사회적 약자와 일반 대중
	교육의 목적	민중을 위한 사회변혁 추구	사회적 약자를 위한 사회변혁은 물론 기득권 집단을 위한 사회유지 모두 포함
	교육접근방식	비판적 · 저항적	비판과 교화 모두 포함
	교육론의 성격	피지배계급 지향(교육론 자체가 이데올로기적)	특정 계급 지향 무관(교육론 자체는 객관적)
	학문적 의의	사회교육학 성립의 기초 개념으로 부적합 사회교육의 특수한 형태를 의미하는 개념으로 의의를 가짐	사회교육학 성립의 기초 개념으로 가능

이와 같이 사회교육학은 사회변화를 지향하는 민중교육의 사회교육적 의의를 수용하면서도 특정 계급과 특정 이념을 초월한 교육의 성격과 실천원리를 다룬다는 점에서 객관적인 학문으로서의 성립 가능성을 갖는다. 그런 면에서 1970~1980년대 한국 민중교육론에서 다루어진 민중교육은 현재의 사회교육학 관점에서 볼 때 이념적 · 비판적 · 실천적 성격이 강한 사회교육 실천의 특수한 형태이자 역사적 사례라고 할 수 있다.

제3장 사회문제와 사회교육

사회교육의 가장 기본적인 개념은 사회문제의 해결을 위한 교육이다. 그러므로 사회교육의 개념을 심도 있게 이해하기 위해서는 사회문제와 교육과의 관계성에 대해 구체적으로 살펴볼 필요가 있다. 그런데 '사회문제'는 그 자체로 복합적인 성격을 갖고 있으며, 사회문제의 해결을 위한 교육의 접근방식도 복잡하고 다양한 실정이다. 이 장에서는 사회문제의 개념과 성격을 종합적으로 살펴봄으로써 사회문제 해결을 위한 교육으로서의 사회교육의 개념을 보다 심도 있게 이해하고자 한다. 이를 위해 사회문제의 개념과 사회교육과의 관계, 사회문제에 대한 접근방식과 사회교육과의 관계, 사회문제의 종류와 내용, 사회문제 해결을 위한 사회교육의 접근방식과 실천과제 등을 살펴보고자 한다.

1. 사회문제의 개념과 사회교육과의 관계

사회문제는 사회과학의 여러 분야에서 매우 중요하게 다루어지고 있는 개념이다. 또한 사회문제의 해결은 사회교육과 논리적인 관계를 갖는다. 여기서는 사회과학 분야에서 사용되고 있는 사회문제의 개념과 성격을 살펴보고, 사회문제의 성립 조건과 사회교육 개념과의 논리적 관계를 분석해 보고자 한다.

1) 사회문제의 개념과 성격

일반적으로 사회에는 사회구성원 다수 또는 일련의 영향력 있는 사람들의 가치가 상충하여 불편함을 느끼는 상황이 존재하는데, 사회문제란 이들이 집단행동이나 다른 어떤 조치를 통해 해결 가능하며, 해결될 필요가 있다고 동의하는 상황을 말한다(박철현, 2018: 26).

이런 점에서 사회문제는 세 가지의 개념적 구성요건을 충족해야 한다고 볼 수 있다. 첫째, 사회적 기원이다. 이에 따르면, 사회문제는 많은 사람에게 영향을 주는 것이어야 한다. 둘째, 사회적 정의이다. 이에 따르면, 사회문제는 바람직하지 못한 상태로 사회적으로 정의된다. 셋째, 사회적 치료이다. 이에 따르면, 사회문제는 집단적 사회행동에 의하여 해결될 수 있다. 이러한 개념적 구성 요건에 비추어 볼 때 사회문제는 다수의 사람에게 영향을 미치고 있고 다수 또는 영향력 있는 집단의 동의를 통해 규정되며 집단행동을 통해서 해결될 수 있는 사회적 위협이나 해악을 말한다.

이러한 개념적 속성과 별개로 사회문제는 현실적으로 다음과 같은 특별한 성격을 지닌다.

첫째, 사회문제는 시대적으로 지속되고 반복되는 경우가 많다. 즉, 사회문제가 한번 나타났다가 사라지는 것이 아니라 상당 기간 지속되고 시대적으로 반복될 여지가 많다는 것이다. 빈곤문제, 성매매 등은 시대적으로 지속되고 반복되는 사회문제라고 할 수 있다. 그런 면에서 사회문제의 발생은 불가피하거나 때로는 그 자체가 인간사회의 기본적인 속성이라고도 할 수 있다.

둘째, 사회문제에 대한 인식은 상대적일 수 있다. 개념상 사회문제는 사회적으로 심각한 것이기에 사회적 동의를 받는 것이지만 현실적으로 사회문제가 사회구성원 모두에게 동의를 받는 것은 어렵다. 또한 사회문제를 진단하는 관점도 일치하지 않기 때문에 그 해결책도 동일하지 않은 경우가 많다. 따라서 하나의 사회문제에 대해서 동시에 다양한 해결책이 제시될 수 있고, 때로는 서로 모순되거나 갈등을 일으킬 수 있는 해결책들이 제시될 수도 있다. 그 이유는 문화적 다양성, 집단 간 가치관의 차이 때문이다.

이와 같이 사회문제는 개념상으로는 명확하나 현실적으로는 복잡한 성격을 가진다. 따라서 사회교육을 통해 사회문제를 해결하기 위해서는 사회문제의 구체적인 성격과 사회구성원들의 인식에 대해 면밀한 판단이 필요하다.

2) 사회문제의 성립 조건과 사회교육 개념과의 연관성

이러한 사회문제를 해결하기 위해 우선적으로 활용될 수 있는 유용한 매개가 바로 교육이라고 할 수 있다. 사회문제의 해결을 주된 목적으로 수행하는 교육이 곧 사회교육인 것이다.

그런데 사회교육을 통해 사회문제를 해결하기 위해서는 사회문제의 속성이 사회교육의 속성과 잘 부합되어야 한다. 즉, 사회교육의 성격이 사회문제의 특징과 원리를 잘 반영할 수 있는 본질적 특징을 가지고 있어야 하는 것이다. 이러한 맥락에서 사회문제의 속성과 관련된 사회교육의 성격을 살펴보면 다음과 같다.

첫째, 사회문제는 개인의 노력으로 해결할 수 없는 사회적 영향력에 의해 발생한다. 따라서 사회문제의 해결은 개인의 변화만이 아니라 사회의 변화를 추구해야 한다. 사회문제를 교육적으로 해결하는 것에는 그 문제를 가진 개인의 사회적 적응을 돕는 것은 물론 그 문제 자체를 해결하기 위한 사회적 변화의 추구도 포함되는 것이다. 그런 면에서 사회교육은 사회 각 분야에서 사회문제로 어려움을 겪는 취약한 개인들을 돕는 사회사업적 성격은 물론 더 나아가 이 문제를 구조적으로 해결하기 위한 사회운동적 성격을 가진다.

둘째, 사회문제는 구성원들에게 '동의'를 얻어야 한다. 다시 말해, 특정한 문제를 이미 사회문제로 인식하는 구성원들이 많거나, 아직 심각한 사회문제로 인식하지 못하고 있는 구성원들의 인식 변화가 있어야 한다. 이런 면에서 교육을 통해 사회문제를 해결하기 위해서는 우선 사회구성원들이 사회문제에 대한 인식을 공유하고 확장할 수 있도록 돕는 교육적 지원이 필요하다. 또한 사회문제의 객관적인 존재에도 불구하고 아직 그 사실을 인식하지 못하는 학습자들에게는 스스로 사회문제를 깨닫도록 하는 교육이 필요하다. 이런 면에서 사회교육은 필연적으로 사회문제 인식을 위한 소통과 의식화를 포함한다.

셋째, 사회문제는 개선의 필요성과 가능성이 전제되어야 한다. 아무리 노력해도 개선할 수 없는 것은 논리상 사회문제가 아니기 때문이다. 따라서 사회교육은 교육을 통해 사회문제 해결을 보다 촉진할 수 있음을 전제로 한다. 교육을 통해 해결할 수 없는 사회문제는 사회교육의 대상이 아니다. 교육을 통해 문제해결에 전혀 도움이 되지 않는 경우에도 교육적 노력을 기울이는 것은 사회교육의 차원에서는 무의미하다. 물론 교육만으로 사회문제를 해결할 수 없는 경우가 많다. 그러나 사회교육은 교육이 사회문제 해결을 촉진하는 데 상당한 기여를 할 수 있음을 전제로 한다. 어떤 측면에서는 교육을 배제하고 완전히 해결할 수 있는 사회문제는 없다. 사회문제를 인식하고 해결방법을 모색하는 데 있어 교육은 필수적인 요소이다. 이런 면에서 사회교육은 교육을 통한 사회문제의 해결이 가능하다는 전제하에 시행되는 교육이라고 할 수 있다.

넷째, 사회문제는 집단적 노력을 필요로 한다. 사회문제는 개인이 아니라 집단적 차원의 지혜와 능력이 통합되어야 해결될 수 있다. 그러므로 사회문제를 해결하기 위한 사회교육은 필연적으로 집단의 조직화와 관련된다. 즉, 사회교육은 집단의 구성원들, 더 나아가 다양한 집단 간의 네트워크를 통해 사회문제 해결을 위한 지혜와 힘을 모으는 방법을 활용한다.

이와 같이 사회문제의 성립 조건은 사회교육의 개념과 원리를 규정하는 토대가 된다. 사회문제가 개인의 차원을 초월해 존재한다는 것은 곧 개인을 위한 교육과 별개로 사회교육이 필요함을 의미한다. 사회문제의 해결 가능성에 관한 전제는 교육을 통한 사회변화의 가능성을 전제하는 사회교육의 존재 근거와 일맥상통한다. 또한 사회문제 해결에 관한 공통된 인식과 비판, 사회문제 해결을 위한 참여, 협력, 조직화, 네트워크 등의 원리는 곧 사회교육의 실천원리이기도 하다. 그런 면에서 사회교육은 개념적으로 사회문제를 해결하기 위한 교육이라고 할 수 있다.

〈표 3-1〉 사회문제의 성격과 사회교육 원리와의 관계

사회문제의 성격	사회교육의 원리
개인의 노력으로 해결할 수 없는 사회적 영향력에 의해 발생	개인의 변화만이 아니라 사회의 변화를 추구하는 교육
구성원들에게 '동의'를 얻어야 함	사회구성원들이 사회문제에 대한 인식을 공유하고 확장할 수 있도록 돕는 교육 사회문제에 대한 공감과 소통을 교육방법의 원리로 설정하는 교육
개선의 필요성과 가능성이 전제되어야 함	사회문제 해결을 위한 교육의 가치와 가능성을 전제하며 그 가능성을 제고하기 위한 교육
개인이 아니라 집단적 차원의 지혜와 능력이 통합되어야 해결될 수 있음	집단의 구성원, 집단 간의 네트워크를 통해 사회문제 해결을 위한 지혜와 힘을 모으는 방법을 활용하는 교육

2. 사회문제에 대한 접근방식과 사회교육과의 관계

역사적으로 사회문제를 다루는 접근방식은 많은 변화를 거쳐 왔다. 사회문제를 다루는 접근방식의 차이는 곧 사회교육의 실천원리와도 관련된다. 여기서는 역사적으로 사회문제를 다루어 왔던 접근방식의 변천을 살펴보고, 사회문제 접근방식에 따른 사회교육 실천방식의 차이를 검토하고자 한다.

1) 사회문제 접근방식의 유형

사회문제를 다루는 접근방식은 여러 기준으로 유형화할 수 있다. 그중에서 대표적인 것은 원인론적 접근과 구성론적 접근이라고 할 수 있다.

먼저, 원인론적 접근은 사회현상이 이미 사회문제로서 규정되었을 때, 과연 그 구체적인 사회문제가 일어나게 된 원인이 무엇인가를 다루는 접근방식이다. 이

접근방식은 법이나 규범의 존재를 이미 받아들이는 것을 전제로 한다. 이러한 접근방식은 사회문제의 원인을 어디서 찾느냐에 따라 크게 개인적 시각과 구조적 시각으로 분류할 수 있다. 첫째, 개인적(individual) 시각이란 사회문제의 원인을 개인의 특성에서 찾는 시각을 말한다. 이러한 입장은 스펜서(H. Spencer)의 사회적 다위니즘(Social Darwinism)의 입장을 취하는 경우가 많으며, 개인을 비난하는 입장을 취한다. 예를 들어, 학생의 학업 실패를 학생과 부모의 결함 때문이라고 생각하는 경우이다. 둘째, 구조적(structural) 시각이란 사회문제의 원인을 사회구조에서 찾으며 체제를 비판하는 입장을 말한다. 즉, 사회문제를 개인의 무능력이나 과실과는 무관한 사회체제의 결함으로 설명하는 것이다. 예를 들어, 학생의 학업실패의 원인을 교육환경의 실패에서 찾는 경우이다. 이러한 원인론적 접근은 시대에 따라 구체적으로 사회병리학적 관점(1900~1910년대 도덕주의적 관점), 사회해체론적 관점(1910~1950년대 가치중립적 관점), 가치갈등론적 관점(1930년대), 탈선행위론적 관점(1950~1960년대 낙관주의적 관점) 등으로 교차적으로 나타났다.

다음으로, 구성론적 접근은 사회현상이 어떻게 사회문제로 부각되고 이해되고 규정되는가를 규명하는 데 관심을 갖는다. 즉, 여러 사회현상 중 왜 어떤 현상은 사회문제로 부각되고, 어떤 문제는 부각되지 않는가를 다룬다. 그 과정에서 사회문제와 사회구조와의 밀접한 관련을 분석하는 경우가 많다. 이러한 접근방식을 따르는 관점에는 낙인이론적 관점(1960~1970년대), 비판적 관점(1970~1980년대), 사회구성주의적 관점(1985년 이후) 등이 있다.

또한 사회문제를 보는 접근방식은 사회학의 주요 이론적 관점에 따라 구별할 수 있다. 이러한 관점에 따라 사회문제를 이해하는 세 가지 방식을 살펴보면 다음과 같다.

첫째, 기능주의적 관점이다. 이 관점에 따르면, 사회는 상대적으로 통합된 구조이며 상대적 안정 또는 동적 균형을 추구한다. 사회구성원 사이에서 가치체계, 목표, 협동에 대한 합의가 이루어진다. 사회문제의 원인은 특정한 조건이 체제의 자연스러운 기능을 파괴하거나 사회적 존재와 효과적 기능을 위협할 때 생긴다고 본다. 따라서 사회문제는 일종의 사회해체와 탈선으로 이해된다. 이 관점에 따르면, 사회문제의 해결은 현존 사회구조의 혼란 없이 집단적 · 점진적 · 부분적 접근에 의하여 가능하다.

둘째, 갈등주의적 관점이다. 이 관점의 전제는 모든 사회에서 항상 갈등과 불일치가 존재한다는 것이다. 사회는 언제 어디서나 변화하며 사회요소는 변화에 기여한다. 그리고 사회의 강력한 구성원은 자기들이 원하는 것을 수행하도록 다른 사람을 강제 또는 억압한다. 갈등주의적 관점에 따르면, 사회문제는 권력을 가진 특정 집단이 자신들의 가치와 이익이 확보하지 못하거나 희소자원의 배분을 획득하지 못할 때 존재한다. 그리고 그것을 해결하는 방안은 집단적 행동에 의한 구조와 제도의 변혁이라고 파악한다.

셋째, 상호작용주의적 관점이다. 이 관점에 따르면, 개인과 사회는 상호작용한다. 그리고 사회구조의 기능과 성격을 파악하기보다는 오히려 일상생활에 있어서 개인과 집단의 사회적 상호작용과정에 관심을 둔다. 이 관점에 따르면, 사회문제는 사회구조에 의해 객관적으로 규정되기보다는 사회의 주요한 집단이 특정한 조건을 사회문제로 규정할 때, 그리고 그러한 집단이 마치 그러한 조건이 문제인 것처럼 행동할 때 존재한다.

이를 바탕으로 사회학의 주요 이론별로 사회문제를 인식하는 관점들의 종류와 성격을 정리하면 〈표 3-2〉와 같다.

〈표 3-2〉 사회학의 주요 이론과 사회문제 접근방식의 관계

구분	사회문제에 관한 관점	사회문제의 정의	사회문제의 원인
기능주의 이론	사회병리적 관점	도덕적 기대로부터의 이탈	개인의 결함(저능, 열등한 유전자, 의존적, 우범적)에 의해 규범이 전승되지 않음
	사회해체적 관점	사회규범의 와해	사회의 급속한 변화에 의한 사회부분들 간의 부조화
	일탈행동적 관점	규범적 기대로부터의 이탈	부적절한 사회화

갈등주의 이론	가치갈등적 관점	특정의 힘있는 집단의 가치에 배치되는 사회적 상황	사회적 불평등, 경제적 착취, 집단 간 경제적 이익을 위한 갈등
	비판적 관점	노동계급의 착취과정에서 나타난 부당한 상황	자본주의 체제유지를 위해 사회가 만들어 내는 상황
상호작용주의 이론	낙인적 관점	사회적 청중에 의해 규칙이나 기대가 위배되었다고 생각되는 상황	낙인을 부여할 힘이 있는 사람이나 기관들과의 상황 정의의 차이로 인해 이들로부터 받게 되는 관심
	사회구성주의적 관점	문제시되며, 널리 퍼져 있으며 개선할 수 있으며, 개선이 필요한 것으로 문화적으로 정의된 상황	사람들이 해결되어야 한다고 정의하는 상황의 존재

2) 사회문제에 대한 관점에 따른 사회교육의 성격

사회문제를 파악하는 방식에 따라 사회문제를 해결하는 방식에도 차이가 난다. 일반적으로 기능주의적 관점이 주로 개인의 교화를 통한 사회적응을 위주로 한다면, 갈등주의적 관점은 사회구조 및 제도의 변화를 중시하며, 상호작용주의적 관점은 사회적인 타협과 합의를 통한 점진적인 사회변화를 중시한다.

이러한 일반적인 대처방식은 교육을 통한 대안의 마련과도 연결된다. 기본적인 대처방식에 따라 교육의 목적과 내용과 방법이 달라질 수밖에 없기 때문이다. 이와 관련하여 각 관점이 지향하는 기본적인 대책의 특징을 살펴보고, 이러한 기본적 대책과 관련된 사회교육의 성격을 정리하면 〈표 3-3〉과 같다.

〈표 3-3〉 사회문제 접근방식에 따른 사회교육의 성격

사회문제 접근방식	사회문제 해결 대책	사회교육의 성격
사회병리적 관점	초기에는 우생학적 접근 강조, 후기에는 사회구성원들에 대한 도덕의 내면화 강조	개인의 교화를 위한 종교 · 윤리적 교육

사회해체적 관점	불균형 상태에 있는 것을 다시 균형 상태로 만드는 것	급격한 사회변화에 적응하기 위한 교육
일탈행동적 관점	재사회화를 통한 도덕규범의 내면화	사회적 일탈자의 사회적응을 위한 재사회화 교육
가치갈등적 관점	집단 간의 타협 또는 권력을 통한 강제	합의와 타협을 위한 시민교육 사회현실의 인식과 개선을 위한 의식화교육
비판적 관점	정치적 투쟁을 통한 계급 없는 사회 만들기	체제변혁적 사회운동을 위한 비판적 교육
낙인적 관점	낙인의 개념을 부여하거나 심화시킬 수 있는 사람들과의 의미 공유, 또는 의미의 공유를 방해하는 편견 · 선입견 · 이데올로기 등의 작용 차단	사회적 배제자의 자존감 회복을 위한 교육 타인에 대한 이해와 공감증진을 위한 시민교육
사회구성주의적 관점	사회문제 규정에 관한 언론매체나 학계, 시민단체 등과의 토론과 대화, 대중매체의 선정성 지양, 사회문제 규정을 통해 얻는 이익의 박탈	집단중심의 시민교육 지역문제 해결을 위한 주민주도적 지역사회개발교육

3. 사회문제의 종류와 내용

사회문제는 구체적인 공간과 시간에 따라 다양한 양상으로 나타난다. 그중에는 시대와 공간을 초월하여 거의 보편적으로 발생하는 것도 있고, 사회에 따라 특수하게 발생하는 것도 있다. 여기서는 사회문제의 유형화 방식과 사례, 그리고 한국에서 중요하게 다루어지고 있는 사회문제의 내용을 살펴보고자 한다.

1) 사회문제의 유형화

사회문제는 매우 복잡하고 성격이 다양하기 때문에 이를 적절한 기준으로 유형화할 필요가 있다. 이러한 유형화에 따라 대처방안도 달라질 수 있다. 사회문제 유형화의 기준에 관한 논의의 변화를 살펴보면 다음과 같다.

사회문제에 대한 논의의 초기에는 사회문제의 유형화가 주로 일탈행위와 사회해체의 두 가치 관점에 기초하여 이루어졌다. 머튼과 니스벳(Merton & Nisbet, 1976)은 『현대사회문제론(Contemporary Social Problems)』에서 사회문제를 일탈행위와 관련된 것과 사회해체에 관한 것으로 분류하였다. 이들에 따르면, 일탈행위에 관한 사회문제에는 범죄, 비행, 정신질환, 약물중독, 알코올 중독, 성매매, 동성애 등이 포함되고, 사회해체에 관한 사회문제에는 인구문제, 불평등, 고령화, 성역할, 인종문제, 가족해체, 지역사회 해체와 도시문제, 노동문제, 빈곤과 프롤레타리아트, 집단폭력 등이 포함되었다. 그런데 불평등, 빈곤, 노동문제 등은 사회해체와 관련된 사회문제로 간주될 수도 있지만, 동시에 사회의 구조적 문제(structural problems)에도 해당된다고 볼 수 있다. 사회의 구조적 문제는 개인의 인성이나 개인 주변의 협소한 인간관계의 결함을 초월한 경제적·정치적·사회적 요인들에 의해 발생하는 문제이다. 예를 들어, 소득의 불평등, 기회의 불평등, 빈곤 등은 자본주의 체제와 관련된 구조적 문제에 해당한다. 또한 사회의 구조적 문제는 그 자체가 사회문제인 동시에 다른 사회문제들의 발생 배경이 되기도 한다. 이에 따라 범죄, 정신질환, 중퇴, 빈곤 등의 사회문제의 원인을 개인의 일탈행위에서 찾는 전통적 입장에서 탈피하여 사회적 조건(social condition)을 보다 중시하는 입장이 강조되었다.

그 결과, 1990년대 이후 사회문제 전문가들은 사회문제를 일탈행위와 사회해체라는 두 가지 유형으로 구분하는 데서 벗어나는 입장을 취하게 되었다. 즉, 사회문제에서 일탈행위의 비중을 축소하고, 사회해체를 사회문제의 유형에서 완전히 배제하는 대신에 기존의 사회해체에 포함시켰던 사회문제들을 다양한 유형으로 분류하기 시작하였다. 구체적으로 보면, 사회제도적 문제를 하나의 독립된 유형으로 간주하기 시작하였으며, 불평등도 하나의 독립된 사회문제 유형으로 구분하여 경제적 불평등(빈곤 등), 성역할의 불평등(성차별), 인종적인 불평등(인종차별)을 포함하기 시작하였다. 이와 더불어 인구문제, 도시문제, 환경문제도 '삶의 질에 대한 위협'이라는 별개의 유형으로 중시하였다. 따라서 사회문제는 개인의 복지를 위협하는 문제, 사회적 평등을 위협하는 문제, 사회제도를 위협하는 문제, 그리고 삶의 질을 위협하는 문제로 유형화되고 있는 것이 일반적인 추세이다. 이러한 변화 양상과 유형별 사회문제의 구체적 사례를 정리하면 〈표 3-4〉와 같다.

〈표 3-4〉 사회문제 유형화 방식의 변천과정과 사회문제의 구체적 사례

학자	유형	세부 사회문제
Merton Nisbet (1976)	일탈행위	범죄, 비행, 정신질환, 약물중독, 알코올 중독, 성매매, 동성애
	사회해체	인구, 불평등, 고령화, 성역할, 인종, 가족해체, 지역사회해체와 도시문제, 노동, 빈곤과 프롤레타리아트, 집단폭력
Schneider et al. (1981)	비극으로서의 사회문제	정신질환, 자살, 알코올 중독
	부정으로서의 사회문제	인종차별, 빈곤, 성차별
	위협으로서의 사회문제	범죄, 인구폭발
	추행으로서의 사회문제	집단살인, 집단자살
	고압적, 간섭으로서의 사회문제	낙태, 안락사
김영모 (1982)	예측된 결함으로서의 사회문제	관료주의
	구조적 문제	빈곤, 소득분배, 노동, 교육불평등
	해체적 문제	가족해체, 빈민지역, 인구
	일탈적 문제	범죄, 소년비행, 매춘, 알코올 중독, 정신질환
고영복 (1993)	사회구조적 문제	도시, 노사, 빈곤, 범죄
	가족과 세대 문제	가족, 여성, 청소년, 노인
	삶의 질 문제	환경, 인구, 보건의료, 과로
	한국적 특수 문제	부정부패, 지역감정 등
최일섭 외 (1995)	사회변동 또는 사회해체 문제	가족, 환경, 노인
	사회적 불평등 문제	빈곤, 성차별, 노사관계
	사회적 일탈문제	청소년비행, 범죄, 성폭력, 약물중독, 정신건강

권태환 외 (1996)	산업화와 사회적 불평등 문제	노동, 도시, 농촌
	일상생활에서의 건강과 갈등	가족, 노인, 성차별
	제도적 긴장과 사회운동	종교, 환경, 사회운동, 세대갈등
이철우 (2017)	사회변동 또는 사회해체에 관련된 문제	가족, 노인
	사회적 불평등에 관련된 문제	빈곤, 성차별 , 노사관계
	사회의 규범과 가치의 일탈에 관한 문제	청소년비행, 범죄 , 성폭력, 약물중독문, 정신건강
남일재 외 (2017)	개인의 복지를 위협하는 문제	청소년비행 및 범죄 , 정신건강
	사회적 평등을 위협하는 문제	빈곤, 성차별 , 사회적 소수자
	사회제도를 위협하는 문제	가족, 노동
	삶의 질을 위협하는 문제	고령화, 장애인
박철현 (2018)	개인적 행위와 사회문제	범죄, 약물남용 , 성관련
	불평등과 사회문제	빈곤 및 실업 , 여성, 소수집단 문제(인종 · 민족 · 국적), 노인
	사회제도, 삶의 질과 사회문제	가족, 교육, 건강, 인구, 환경
원석조 (2018)	개인의 복지를 위협하는 문제	범죄, 청소년비행, 성매매, 약물남용, 정신질환, 가정폭력, 성폭력
	사회적 평등을 위협하는 문제	소득의 불평등, 빈곤, 성차별, 노인차별
	사회제도를 위협하는 문제	가족, 교육, 노동, 보건의료
	삶의 질을 위협하는 문제	인구, 도시, 환경

출처: 남일재 외(2017), 박철현(2018), 원석조(2018) 등을 참조하여 정리함.

2) 사회문제의 유형별 내용

사회문제는 일정한 기준으로 유형화할 수 있지만, 각 유형에 해당하는 사회문제의 구체적인 종류와 상황은 시대와 사회에 따라 달라질 수밖에 없다. 최근 한국에서 중요하게 다루어지고 있는 주요 사회문제의 종류와 내용을 사회문제의 유형에 따라 정리하면 〈표 3-5〉와 같다.

〈표 3-5〉 사회문제의 유형별 내용

유형	종류	사회문제의 내용
개인의 복지를 위협하는 문제	범죄	• 절도, 사기, 살인과 폭행, 성범죄, 조직범죄(불법 도박, 마약 거래, 장물 거래, 성매매, 뇌물 강요 등) • 부도덕한 행위: 특별한 피해자 없이 행위자 자신에게만 해로운 행위. 성매매, 약물남용, 알코올 중독, 도박, 포르노그래피 • 풍속범죄: 교통법규 위반, 실업수당 사취, 사업 또는 상거래상의 법규 위반 • 화이트칼라 범죄: 공금 유용, 공무원 뇌물수수, 탈세, 재산 허위신고, 주식거래의 부정, 허위 광고 등 • 스토킹, 사이버 스토킹
	청소년비행	• 사회적 규범이나 규칙을 위반한 청소년의 일탈행위 • 신분범(청소년이기 때문에 문제가 되는 일탈) / 소년범(성인이 범하면 범죄가 되는 불법행위)
	성매매	• 불특정인을 상대로 금품이나 그 밖의 재산상의 이익을 수수하거나 수수하기로 약속하고 이루어지는 성행위
	약물남용	• 약물 사용에 대한 사회적 기준을 위반하여 향정신성약물을 지속적으로 사용하는 것 • 약물 사용자에게 신체적 · 심리적 · 사회적 악영향을 주어 입원, 체포, 이혼 등을 야기
	정신장애	• 불안장애, 조현병, 성격장애, 기분장애, 약물관련장애, 신체형장애 등
	가정폭력	• 부부 사이의 폭력, 부모의 자녀 폭력, 자녀의 부모 폭력, 성인자녀의 노인 부모 폭력 등 가족원 간의 신체적 · 성적 · 심리적 학대 등
	성폭력	• 성적 행동으로서 원하지 않는 성적 코멘트 또는 접근, 강제력을 사용해 피해자의 성적 관심에 반하는 관계를 맺는 것
사회적 평등을 위협하는 문제	빈곤	• 절대빈곤: 최소한의 신체적 효율성을 유지하는 데 필요한 의 · 식 · 주 · 열을 가지지 못한 수준 • 상대빈곤: 사회의 관례적인 생활조건과 편의시설을 갖기에 필요한 자원을 결여하고 있는 상황
	성차별	• 성차별: 성에 따라 사람을 구별, 배제, 편애함으로써 고용이나 직업에서의 기회와 처우의 평등을 파기 · 손상시키는 것

		• 성희롱: 언어적 또는 신체적으로 희롱하는 성적인 희롱과 원하지 않는 성적 접근 등을 포함
	노인	• 교육, 고용, 요양 부문에서 노인차별 및 노인빈곤 • 노인의 소외와 자살 • 미디어 속의 노인 이미지가 노인에 대한 부정적인 고정관념 형성, 노인차별 확산
사회제도를 위협하는 문제	가족	• 가족해체와 이혼, 아동학대, 노인학대
	교육	• 교육기회의 차별화, 교육불평등 • 학업성취도의 격차, 학교폭력 및 집단따돌림, 학교부적응 및 중퇴 증가 · 불충분한 교육시설과 인력, 교사의 자질 부족 등
	노동	• 노동 및 노동조직으로부터 생기는 사회문제 • 실업, 비정규직 근로자, 산업재해, 직무불만, 소외, 노동조합 탄압 등의 문제
	보건의료	• 작업환경의 열악함이나 보건의료제도의 미흡으로 국민의 건강이 보장받지 못하는 문제 • 전염병, 바이러스의 급박한 확산으로 인한 사회적 혼란과 보건체계의 붕괴 • 의료인력 부족, 민간 부문에의 지나친 의존, 공공병상 부족, 보건의료자원의 도시 편중 등
삶의 질을 위협하는 문제	인구	• 인구증가로 인한 식량부족, 식수부족, 경제문제(1인당 국민소득 감소), 인구과밀, 이민폭증 등의 문제 • 고령화, 저출산으로 인한 독거노인 증가, 노동시장의 고령화, 저축 감소, 연금재정지출 증가, 보건의료 재정적 부담 증가, 장기요양 수요 증대
	도시	• 농촌인구의 도시집중으로 도시빈민(노숙자), 주택문제(주택부족과 질적 저하), 학교문제(학교시설 부족과 질적 저하), 약물중독과 범죄, 교통문제, 환경 훼손 등의 문제 발생
	환경	• 자연환경오염, 폐기물오염, 대기오염, 수질오염 • 인구증가, 풍요, 기술발전, 경제성장, 인간우월적 개인주의 가치 • 급격한 산업화와 에너지 다소비 산업구조로 인한 이산화탄소 배출량 급증과 지구온난화

4. 사회문제 해결을 위한 사회교육의 접근방식과 실천과제

사회문제 해결을 위한 적극적인 교육실천이 곧 사회교육이라고 할 수 있다. 사회문제의 효과적인 해결을 위해서는 모든 유형의 사회교육이 종합적으로 활용될 필요가 있다. 또한 사회문제에 대한 접근방식의 차이에 따라 사회교육의 활용방식도 달라진다. 여기서는 먼저 사회문제 접근방식에 따른 사회교육의 유형을 살펴보고, 동일한 사회문제에 대한 사회교육의 유형별 접근방식과 실천과제도 비교하고자 한다.

1) 사회문제 접근방식에 따른 사회교육의 유형

현실적으로 사회문제 해결을 위한 사회교육은 다양한 모습으로 나타난다. 이러한 다양한 모습을 분류하는 기준 중에 중요한 것으로 사회교육의 주체와 사회교육의 대상을 들 수 있다.

먼저, 사회교육의 주체는 누구의 입장에서 사회문제를 정의하고 교육을 실시하는가를 의미한다. 이는 크게 권력집단 주체와 시민사회 주체로 구분할 수 있다. 권력집단은 정치, 경제, 사회, 종교 등의 분야에서 자신들의 관점에서 사회문제를 규정할 수 있는 영향력을 가진 집단을 말하며, 시민사회는 기존의 정치사회와 경제사회와 별도로 일반적으로 자신의 사적인 이해관계를 초월하여 공익적인 차원에서 사회문제에 관심을 갖는 민주적이고 주체적인 시민들의 활동영역을 말한다(유팔무, 김호기 편, 1995; 주성수, 1999).

다음으로, 사회교육의 대상은 사회문제를 해결하기 위한 교육의 일차적인 대상이 누구인가를 의미한다. 이는 크게 개인지향과 사회지향으로 구분할 수 있다. 개인지향적 접근방식은 사회문제로 어려움을 겪고 있는 개인을 대상으로 하는 교육을 말하며, 사회지향적 접근방식은 사회집단이나 대중을 대상으로 사회문제 해결을 위한 교육적 영향력을 추구하는 것을 말한다.

이러한 두 가지의 기준을 조합할 때 사회문제를 해결하기 위해 현실적으로 이루어지고 있는 사회교육의 유형은 다음의 네 가지로 나눌 수 있다([그림 3-1] 참조).

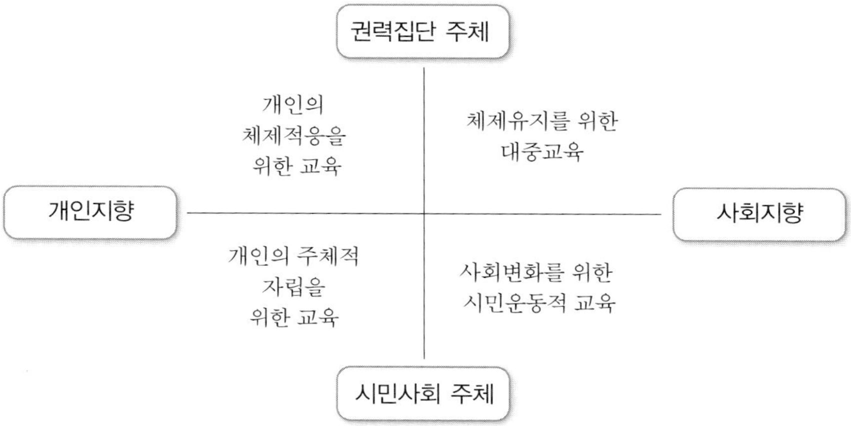

[그림 3-1] 사회문제 접근방식에 따른 사회교육의 유형

첫째, 개인의 체제적응을 위한 교육이다. 이는 사회의 기득권 집단의 입장에서 사회문제와 관련된 개인을 교화하여 기존 사회질서 안에서 재적응하도록 실시하는 교육을 의미한다. 권력화된 공교육기관이나 종교기관, 사회단체, 기업 등이 자신의 입장에서 사회 부적응자, 사회적 탈선자로 인식하는 사람들을 대상으로 이루어지는 개별화된 사회재적응 교육이 여기에 해당한다.

둘째, 체제유지를 위한 대중교육이다. 이는 국가나 기득권 집단의 입장에서 사회문제를 해결하기 위해 국민이나 집단구성원 전체를 대상으로 실시하는 캠페인 성격의 체제지향적 교육을 의미한다. 권력화된 공교육기관이나 종교기관, 사회단체, 기업 등에서 자신들이 인식하는 사회문제 해결을 위해 일반 국민이나 집단의 구성원을 대상으로 특정한 이데올로기나 집단적 의식을 형성하도록 하는 방식으로 체계적, 지속적으로 이루어지는 교육이 여기에 해당한다.

셋째, 개인의 주체적 자립을 위한 교육이다. 이는 시민사회의 일반 시민이 주체가 되어 빈곤계층, 장애인, 이주민 등의 사회적 약자들이 주도적으로 의식을 함양하고 사회적 · 경제적 자활을 할 수 있도록 돕기 위한 문해교육, 직업기술교육 등을 의미한다. 사회적 약자를 돕기 위한 시민사회단체의 교육이나 주민자치적 지역사회 복지기관의 교육 등이 여기에 해당한다.

넷째, 사회변화를 위한 시민운동적 교육이다. 이는 사회문제의 해결과 사회제도의 개혁을 위해 일반 대중의 시민의식 함양과 사회참여를 촉진하는 교육을 의미한다. 사회문제 해결을 위한 시민사회단체의 교육이나 주민자치적 지역공동체 교육사업 등이 여기에 해당한다.

2) 사회교육 유형별 사회문제 접근방식과 교육실천과제

동일한 사회문제에 대해서도 사회교육의 유형별로 접근방식과 교육실천과제가 다를 수 있다. 사회교육의 유형별로 교육의 주요 대상자, 목적, 내용 등이 다르기 때문이다. 이를 구체적으로 살펴보면 다음과 같다.

첫째, 기초교육은 특정한 사회문제의 당사자인 사회적 약자가 사회문제를 비판적으로 인식하고 자신의 자존감을 확립하며 사회문제에서 벗어날 수 있는 역량을 강화하기 위한 교육에 해당한다. 따라서 기초교육은 학습자들로 하여금 그들이 당면하고 있는 사회문제의 현실과 문제점을 비판적으로 인식하고 동료들과의 공감 형성과 협력을 통해 주체적으로 해결해 가도록 하기 위한 자기효능감 증진과 상담중심의 교육방법이 중요한 의미를 갖는다.

둘째, 경제적 자활교육은 경제적 사회문제로 어려움을 겪고 있는 사회적 약자의 경제적 자립을 위한 교육에 해당한다. 따라서 경제적 자활교육은 빈곤의 원인에 대한 비판적 인식, 경제적 자립을 위한 인식, 노동의 사회적 책임 및 직업윤리, 취업 및 창업을 위한 전문적 지식과 기술 등이 주요 내용으로 다루어져야 한다. 이를 위해 이론과 실습의 결합, 현장실습과 반복적 훈련, 경험학습적 기법

등이 주요 교육방법으로 활용될 수 있다.

셋째, 시민교육은 사회문제를 시민운동 차원에서 능동적 · 집단적으로 해결하기 위한 시민성의 함양을 목적으로 한다. 따라서 시민교육은 사회문제를 공적인 차원에서 인식하고 주체적 참여와 연대를 통해 해결하기 위한 교육내용을 다룬다. 이를 위해 민주적인 대화와 토론, 팀프로젝트 활동 등의 교육기법이 활용될 수 있다.

넷째, 사회개발교육은 지역사회를 비롯한 다양한 사회집단의 삶의 영위와 관련된 사회문제를 공동체적으로 해결하기 위한 교육에 해당한다. 사회개발교육의 가장 대표적인 예라고 할 수 있는 지역사회개발교육은 지역사회 차원에서 지역문제를 인식하고 협력적 네트워크를 통해 실질적으로 삶의 질을 개선하기 위한 기법을 익히고 실천하는 것이 중시된다. 이를 위한 교육방법으로는 주로 실습, 현장체험, 견학, 팀프로젝트 활동 등이 활용된다.

지금까지 살펴본 내용을 정리하면 〈표 3-6〉과 같다.

〈표 3-6〉 사회교육 유형별 사회문제 접근방식과 교육실천과제

사회교육 유형	사회문제에 대한 접근방식	교육실천과제
기초교육	• 사회문제로 훼손된 자아정체성의 확립과 자존감의 회복	• 당면하고 있는 사회문제의 실태 파악 • 자기성찰과 상담중심의 교육방법 활용
경제적 자활교육	• 자신의 빈곤문제를 스스로 해결하기 위한 실천능력 함양	• 노동의 사회적 책임 및 직업윤리, 취업과 창업을 위한 전문 지식의 학습 • 이론과 실습의 결합, 현장실습과 반복적 훈련, 경험학습의 기법 활용
시민교육	• 사회문제 해결을 위한 시민성의 함양	• 사회문제의 실태에 대한 비판적 인식의 형성 • 시민의 참여 증진과 연대를 위한 전략과 기법의 습득 • 대화와 토론, 팀프로젝트의 활용

사회개발교육	• 공동체의 사회문제를 실질적으로 해결하기 위한 실천능력의 함양	• 공동체의 사회개발을 위한 실무 이론의 습득 • 실습, 현장체험, 견학, 팀프로젝트의 활용

이처럼 사회문제는 사회교육과 밀접한 관계를 가진다. 사회교육을 통해 사회문제를 효과적으로 해결하기 위해서는 해당 사회문제와 관련된 사회교육의 유형별 특징을 파악하고, 상황에 따라 각 유형의 사회교육을 적절히 활용하는 것이 필요하다. 일반적으로 하나의 사회문제를 해결하기 위해서는 각 유형의 사회교육을 연계하여 종합적으로 활용하는 것이 효과적이라고 할 수 있다.

제2부

사회교육학의 토대와 성격

제4장 사회교육학의 형성과정과 동향

제5장 사회교육학의 이론적 기초

제6장 사회교육학의 성격과 구성

제4장 사회교육학의 형성과정과 동향

교육을 통해 사회적 약자를 지원하고 사회공동체 형성에 기여하고자 했던 사회교육은 세계 각국에서 다양한 양상으로 발전해 왔다. 또한 많은 사회교육 이론가가 학문적 접근을 시도함으로써 사회교육 발전에 이바지하였다. 역사상 위대한 교육철학자들이 현재의 사회교육 개념과 맥을 같이하는 교육사상을 제시하였으며, 성인교육 분야의 많은 이론가도 사회교육 개념에 입각한 교육원리를 제시하였다. 특히 페스탈로치 이후 독일을 비롯한 유럽을 중심으로 본격적으로 정립된 사회교육학이 국제적으로 확산되고 있다. 이 장에서는 이러한 내용을 중심으로 현대적인 의미의 사회교육학이 형성되어 온 과정과 최근의 학문적 동향을 구체적으로 살펴보고자 한다.

1. 사회교육학 발전의 배경과 선구자

사회교육학의 성립은 장구한 사회교육 실천의 역사 속에서 이루어졌다. 역사상 많은 교육자가 사회의 문제를 해결하기 위해 교육활동을 전개하였다. 여기서는 사회교육학 성립의 기초가 된 사회교육 실천의 형성 배경과 발전과정, 위대한 사회교육자의 교육실천 사례와 교육사상에 대해 살펴보고자 한다.

1) 사회교육학 발전의 시대적 배경

사회문제해결을 위한 교육으로서의 사회교육은 모든 시대, 모든 나라에서 시행되어 왔다. 그중에서 사회교육을 개념화하고 이를 학문적인 차원에서 가장 먼저 체계화한 곳은 독일을 중심으로 한 유럽이라고 할 수 있다.

유럽의 경우, 교육을 통해 사회문제를 적극적으로 해결하고자 했던 사회교육적 사고는 중세에서 16세기 신시대(the New Age)로의 변화와 밀접한 관계가 있다. 그 이전 서양의 위대한 고대 철학자들은 빈곤을 비롯한 사회적 문제들을 교육을 통해 해결하는 것에 비교적 큰 관심을 기울이지 않았다. 따라서 위대한 그리스 철학자들의 교육론이 현대적 의미에서 사회교육학의 기원이라고 보기는 어렵다. 그러나 근대로 접어들면서 사회문제에 대한 교육적 관심이 부각되기 시작하였다. 그 이유는 르네상스의 시대적 조류 속에서 유럽에서 역사에 대한 숙명론적인 이해가 점차 '능동적 인간' 개념에 기초한 주체적 · 실천적 이해로 대체되었기 때문이다. 이 시기를 전후로 유럽인들은 사회적 악들이 저절로 치유될 수 없으며 자신들의 노력을 통해 스스로 치유할 책임이 있다는 것을 이해하기 시작하였다. 그들은 이러한 책임을 수행하기 위해 '정치'와 '교육'의 두 가지 전략을 발전시켰다(Hämäläinen, 2015: 1023). 이런 맥락에서 정치와 더불어, 또한 정치와 다르게 교육의 고유한 기능과 특성을 통해 사회문제를 적극적으로 해결하고자 하는 인간의 자각과 노력이 구체화되었다. 스페인의 인문주의 교육학자인 후안 루이스 비베스(Juan Luis Vives), 체코의 교육학자인 코메니우스(Johann Amos Comenius), 스위스의 교육사상가인 페스탈로치(J. H. Pestalozzi) 등은 교육을 사회적 불행을 예방하기 위한 중요한 수단으로 간주하고, 이러한 기초 위에서 교육의 이론을 개발한 인물들이다. 그런 의미에서 이들은 '사회교육'이라는 구체적인 개념이 성립되기 이전에 이미 사회교육을 연구하고 실천한 사회교육학의 개척자들이라고 할 수 있다(Hämäläinen, 2015: 1024).

보다 본격적인 의미의 사회교육 실천은 근대화가 본격적으로 진행되는 시기에 사회적 분열로 인한 사회문제를 해결하기 위한 사회적 응답에서 비롯되었다(Jensen, 2013). 근대화 · 산업화 · 도시화로 인해 고전적인 계급사회구조가 와해되고 대중적 빈곤을 비롯된 각종 사회문제들이 발생하였다. 근대화로 인해 사회는 더 복잡해지고 파편화되었으며, 사회적 배제도 일반화되었다. 그러나 기존의 교육방식으로는 새로 발생하는 사회문제를 해결하기 어려웠다. 이러한 사회문제를 교육을 통해 보다 적극적으로 해결해야 할 필요성이 커진 것이 바로 사회교육 발전의 시대적 배경이었던 것이다(Hämäläinen, 2015). 사회적 불행의 문제를 교육을 통해 해결하기 위한 방법을 모색하는 것이 근대화 이후 많은 철학자나 사상가의 중요 관심사가 되었다. 그런 면에서 사회교육학의 기저에는 루소(J. Rousseau), 볼테르(Voltaire), 칸트(I. Kant), 피이테(J. Fichter), 오언(R. Owen) 등과 같은 18세기 계몽철학 사상가들의 이상이 존재한다고 볼 수 있다(Schugurensky, 2013). 이러한 배경 속에서 사회교육은 근대적 사회체계의 하나로서 자리 잡게 되었다. 또한 사회적 질병을 예방하고 완화하기 위한 교육적 수단들을 연구하는 과정에서 사회교육학이 성립되고 발전하게 되었다.

2) 사회교육학 성립에 기여한 사회교육 실천가들

역사적으로 교육자들 가운데에는 교육을 통한 사회문제 해결에 특별한 관심을 갖고 노력하여 의미 있는 성과를 거둔 인물들이 많았다. 그들은 비록 '사회교육'이라는 용어를 사용하지 않았음에도 불구하고 현대적인 의미에서 사회교육의 실천가들이라고 할 수 있다. 이들은 단순히 사회교육을 실천한 것만이 아니라 교육학적인 차원에서 의미가 큰 사회교육 사상이나 이론을 제시하기도 하였다. 세계 각국의 사회교육자 중에서 현대 사회교육학의 성립에 기여한 선구자들을 살펴보면 다음과 같다.

(1) 코메니우스

코메니우스(Johann Amos Comenius, 1592~1670)는 17세기 유럽의 대표적인 교육학자이자 근대 교육학의 선구자로 인정받고 있다. 그는 보헤미아의 개신교 공동체인 보헤미안 형제단의 성직자로 활동했으나 종교전쟁의 시대적 혼란 속에 오랜 기간 망명생활의 어려움을 겪었다. 그는 유럽의 여러 나라를 돌아다니며 조국의 독립을 위해 노력하였다. 그와 동시에 그는 30년간의 종교전쟁으로 황폐해진 인간의 심성을 순화하고 타락한 도덕성을 회복하기 위해 보편적 교육을 강조하였다. 그는 보편적인 언어로 보편적인 사상을 가르치는 일이 마음의 평화는 물론이고 세계의 평화를 실현하는 길이라고 믿고, 보편적 지식체계를 수립하려고 노력하였다. 그의 대표 저서인 『대교수학(Didactica magna)』은 모든 사람에게, 모든 것을, 모든 방법으로 철저하게 교육하기 위한 교육학적 노력의 결과였다. 그런 면에서 그는 공동체성의 회복과 조국의 국권회복 및 세계평화를 위한 교육의 원리를 체계적으로 연구한 사회교육학의 대표적인 선구자라고 할 수 있다(Hroncová, 2015).

(2) 페스탈로치

'교육의 성자'라고 일컬어지는 페스탈로치(Johann Heinrich Pestalzzi, 1746~1827)는 스위스의 교육자로서 고아와 빈민을 위한 보편적 대중교육에 앞장섰으며, 기초도야 이론의 정립과 근대적인 의미의 집단교수법을 개발한 교육이론가이기도 하였다. 페스탈로치의 교육활동과 교육사상은 독일에서 사회교육학이 성립되는 데 핵심적인 기초를 제공하였다. 그는 빈민학교를 설립하는 것으로 자신의 교육생애를 시작하였으며, 특히 슈탄트(Stand)에서는 고아들을 위한 교육을 실시하였다(Pestalozzi, 1980: 112). 그는 무엇보다도 가난한 평민, 특히 고아에게 교육의 기회를 제공하려고 노력했던 점에서 사회교육적이었다. 그는 유럽의 사회교육학 분야에서 가난한 이들을 교육하기 위해 돌봄과 교육을 연계한 첫 번째 인물로 인식된다(Jensen, 2013). 돌봄, 지원, 동원과 교육을 통합하는 사회교육의 전통이 페스탈로치에게서 본격화되었다는 것이다.

페스탈로치는 사회교육 실천가였을 뿐만 아니라 학문적인 차원에서 사회교육학의 성립을 위한 이론적인 기초도 제시하였다. 그가 정립한 기초도야 이론은 일반인에게 요구되는 가장 기본적인 교육을 가장 효과적으로 실시하기 위한 교육학 이론이었다. 아울러 그는 머리, 가슴, 손 사이의 균형을 지향하는 전인교육을 지향하였다. 이것은 이후 지적 · 도덕적 · 실천적 교육을 통합하는 사회교육 실천원리의 원형이 되었다. 그는 교육의 궁극적인 목적이 이상적인 사회의 실현이라고 생각하였다. 교육의 과정에서 개인을 중시했지만 사회적인 차원에서 이상적인 공동체의 구현을 항상 염두에 두었던 것이다. 또한 사회의 변화를 추구했으나 그 궁극적인 방법으로 개인의 진정한 변화를 중시하였다. 그가 저술한 교육적 소설인『린하르트와 게르트루트(Lienhard und Gertrud)』(1781~1787)는 사회문제의 해결을 위해서는 교육과 정치의 조화가 필요하며, 모든 사람이 기초도야 이론에 입각한 성찰을 해야 한다는 교육사상이 반영되어 있다. 이것은 한편으로 학습자의 자율성, 자유, 자아실현을 존중하면서, 다른 한편으로 공동선과 참여지향적인 시민을 양성하는 것을 의미한다(Schugurensky, 2013: 3). 그런 면에서 페스탈로치는 사회문제 해결을 위한 사회교육실천가이자 개인과 사회의 조화를 강조한 사회교육학 이론가의 원형이라고 할 수 있다.

(3) 로버트 오언

영국의 기업가, 사회운동가이자 정치가였던 오언(Robert Owen, 1771~1858)은 사회적 약자를 지원하고 사회공동체의 형성을 위한 교육에 매진했던 사회교육자이기도 하였다. 오언의 교육철학은 부분적으로 페스탈로치의 영향을 받았다(Schugurensky, 2013). 오언은 1816년에 발표된 에세이『사회에 관한 새로운 의견(A New View of Society)』에서 사회변화를 위한 교육의 핵심적인 역할을 논의했다. 그는 스코틀랜드 뉴라나크(New Lanark)에서 방직공장의 경영자가 되어 노동자의 노동시간을 축소하고 공장의 아동들을 위한 '성격형성학원(New

Institution of the Formation of Character)'과 '유아학교(Infant School)'를 설립하였다. 또한 그는 미국 인디애나주에서 '뉴하모니(New Harmony)'라는 공동체를 만들어 자유로운 교육과 합리적인 사고, 공동체적인 협동을 바탕으로 하는 이상사회를 추구하였다.

그는 이러한 실험적 시도들을 통해 사회사업과 협동, 아동교육과 성인학습활동이 통합된 교육을 추구하였으며, 전인교육의 추구, 경쟁과 상벌제도의 폐지 등과 같이 사회교육의 모델이 될 만한 다양한 교육원리를 제시하였다. 그의 사회교육 실천과 사상은 사회적 약자를 위한 기초교육과 경제적 자활교육의 전형을 보여 준다. 또한 유아교육과 성인을 아우르는 사회교육을 추구했다는 점에서 생애주기적 차원의 사회교육의 원형을 제시했다고 볼 수 있다.

(4) 그룬트비

그룬트비(N. F. S. Grundtvig, 1783~1872)는 덴마크의 부흥에 큰 영향을 미친 신학자, 역사가, 사상가이자 정치가였다(강선보, 2005). 그러나 무엇보다도 그는 덴마크의 국민교육 발전에 앞장선 교육사상가이기도 하였다. 그는 평민을 위한 교육, 살아 있는 말, 삶을 위한 학교, 공동체적 교육관계에 초점을 맞추었다. 그는 개인의 계몽과 협력사업을 강조했으며, 기숙형 지역사회교육기관이라고 할 수 있는 '평민대학(Volkshochschule)'의 설립에 기여하였다. 평민대학의 교육과정은 직업훈련을 초월하는 광범위한 주제들을 통해 개인발달을 증진하였고, 교사들과 학생들에게 높은 수준의 교육적 자유를 제공하였으며, 최종평가시험을 치르지 않았다. 평민대학에서 교사와 학생은 함께 살고 함께 일했으며, 서로에게 배우고 함께 모임을 운영해 나갔다.

그의 교육사상은 20세기 초기에 대서양을 건너 북미의 성인교육운동에도 큰 영향을 미쳤다. 특히 하트(J. Hart), 린드만(E. Lindeman), 피트킨(R. Pitkin), 호튼(M. Horton) 등과 같은 진보적인 교육자들이 그의 영향을 크게 받았다(Schugurensky, 2013). 또한 그의 교육사상은 교육을 통한 의식 함양과 사회개혁,

지역공동체의 형성과 발전을 추구하는 교육모델을 제시했다는 점에서 사회교육학 차원에서 의미가 있다. 그리고 그가 교육의 원리로 제시한 공동체적 인간관계, 시와 노래를 통한 공감 형성의 교육방법 등은 사회교육방법의 역사적 모델이라고 할 수 있다. 이러한 그의 교육사상은 도산 안창호, 남강 이승훈, 배민수, 김용기, 이찬갑 등과 같이 한국의 사회교육실천가들에게도 큰 영향을 미쳤다(오혁진, 2008; 오혁진, 2016).[1)]

(5) 안톤 마카렌코

20세기 초 러시아의 교육자인 마카렌코(Anton Makarenko, 1888~1939)는 민주주의와 협동에 초점을 맞춘 교육철학을 발전시켰다. 그는 정규학교와 지역사회 간의 관계 형성과 학교의 벽을 뛰어넘는 교수-학습활동을 수행하였다. 또한 가정, 학교, 클럽, 노동자협동조합, 공적 조직, 지역사회조직 등과 같은 다양한 교육조직 간의 연계와 네트워크 형성을 위해 노력하였으며(Schugurensky, 2013), 집 없는 아동과 고아와 사회적 취약 청소년을 위한 자족적인 콜로니(colony, 협동농장)를 조직했다. 그는 전인적인 교육을 위한 시도의 하나로 콜로니에서의 생산노동과 학교교육과정을 결합하였다. 그 당시 교육의 일반적인 경향과는 다르게 그는 신체적인 처벌을 거부하였으며 콜로니 안에 자치체제를 구축하였다. 이러한 작업들을 통해 그는 소외된 수많은 아동 · 청소년을 사회에 통합하는 커다란 성과를 거두었다.

이와 같이 청소년 활동의 집단역학에 관한 그의 성찰과 성과는 특히 학교와 청소년을 대상으로 하는 사회교육학 분야에 중요한 공헌을 하였다고 볼 수 있다. 학교와 지역사회의 연계를 통한 교육실천은 현대의 마을교육공동체의 모델이라고도 볼 수 있다.

---

1) 이와 관련하여 특히 그룬트비가 한국의 사회교육에 미친 영향과 그 계보에 관한 역사적 사실과 의의에 관한 자세한 사항은 "오혁진(2008). 그룬트비히 교육사상에 기초한 한국 사회교육의 전개과정과 의의. **평생교육학연구** 14(4). 한국평생교육학회. 1-28." 참조.

(6) 제인 아담스

아담스(Jane Adams, 1860~1935)는 미국에서 사회복지시설의 운영을 비롯하여 사회적 약자의 인권신장과 자립능력 향상을 위해 활동한 사회교육자였다. 그녀는 유럽 여행 중 사회복지기관인 토인비 홀(Toynbee Hall)을 알게 되고 이에 영향을 받아 1889년 미국 시카코에 '헐하우스(Hull house)'를 설립하였다. 이후 20년 동안 미국 전역에 400여 개의 사회복지관을 설립하는 데 기여하였다. 그녀는 사회의 변화를 단순한 자선사업만으로 이룰 수 없다고 판단하여 교육과 전국적인 개혁 연대를 병행하였다. 특히 여성의 참정권 향상과 발전, 「아동노동법」의 제정 등 사회적 약자들을 위한 각종 교육활동과 복지사업 및 사회운동에 매진하였다. 그녀는 이러한 공헌을 인정받아 1931년 노벨평화상을 수상하였다(김진아, 2020).

아담스는 교육대상의 구체적인 상황에 따라 접근방법이 달라야 한다는 생각으로 성별, 연령별, 주제의식별로 학습자 집단을 구성하였다. 사회교육의 유형별로 볼 때, 기초교육 차원에서는 아동 · 청소년을 위한 방과 후 활동과 더불어 외부 활동이 없는 노인을 위한 모임과 교육이 이루어졌다. 경제적 자활교육 측면에서는 남편에게 버림받은 여성, 대공황 이후 직장을 잃은 노숙여성을 위한 교육과 일자리 지원이 이루어졌다. 시민교육 차원에서는 빈민 스스로 자신의 문제를 인식하고 해결해 나가기 위한 활동이 시행되었으며, 사회개발교육 차원에서는 지역의 범죄예방과 위생개선을 위한 도시환경 정비와 지역공동체 형성을 위한 마을만들기 사업에 힘썼다. 이와 같이 아담스의 사상과 실천은 사회사업을 기반으로 하는 사회교육 실천의 모델이 되고 있다. 기초교육의 형태에서 시작한 그녀의 사회교육활동은 점차 경제적 자활교육, 시민교육, 사회개발교육의 다양한 유형으로 발전하였다는 점에서 다양한 영역에서의 사회교육의 발전 원리를 이해하고 사회교육 유형 간의 관계를 파악하는 데 많은 시사점을 준다.

(7) 마하트마 간디

간디(Mahatma Gandhi, 1869~1948)는 인도 민족 운동의 지도자이자 인류의 평화 실현을 위해 노력한 사상가이자 실천가였다. 간디는 종교인, 정치인, 사회활동가, 지역활동가로서의 다양한 활동을 하는 과정에서 교육을 통해 대중을 이끌고 사회변화를 추구했던 사회교육자의 역할을 수행하였다.

간디가 활동하기 이전에 인도는 중세시대 약 천 년에 걸쳐 이슬람의 지배를 받았으며, 근대에 들어서도 약 이백 년간 영국의 지배를 받아 왔다. 그 과정에서 인도인은 가난과 무지와 심각한 사회적 혼란을 겪었다. 이런 상황에서 간디는 대중의 정신적인 혼란이 날로 심화되고 있는 것에 충격을 받고 다양한 형태의 사회교육을 실시하였다. 그가 남아프리카의 인도인들을 위해 설립한 피닉스 농원과 톨스토이 농원은 인도에서 '아슈람(Ashram)' 공동체 운동으로 지속되었다. 이러한 공동체 안에서는 개인의 전인적 성장과 공동체의 정신적 · 경제적 발전, 종족 간의 평화와 협력을 위한 문해교육, 시민교육, 지역사회개발교육 등이 활발하게 이루어졌다. 이러한 공동체 운동과 사회교육활동은 인도독립의 기반이 되었다. 특히 그가 주장한 지역공동체 형성과 지역자립, 민주주의와 생태보호, 생산노동을 통한 교육기관의 자립 등은 국제적으로 지역화와 지속기능발전 차원에서 사회교육 실천원리의 모델이 되었다.

(8) 모제스 코디

캐나다의 가톨릭 사제였던 코디(Moses Coady, 1882~1959)는 빈민지역이었던 안티고니시(Antigonish)를 중심으로 문해교육과 신용협동조합운동, 소모임 활동 등이 결합된 사회교육활동을 전개하였다(Jarvis, 1987; Schugurensky, 2013: 8). 그의 사회교육 활동은 주민의 자발적인 학습참여와 협동조합을 통해 지역사회의 발전을 추구했던 지역사회개발교육의 전형적인 사례라고 할 수 있다. 그는 지역사회개발과 교육의 중요성이 어느 한쪽에 치우치지 않고 서로 조화를 이루며 통합적으로 운영되는 교육활동의 원리를 보여 주었다. 또한 그는 교과 대신에 스터디 클럽, 토론 서클과 같은 기법을 통해 학습자의 창조성, 독창성, 경험의 가치를 중시하는 새로운 교육과정을 주장하였다. 그가 중요시했던 소집단의 활용은 개인의 성장은 물론 지역문제 해결을 위한 학습동아리의 역사적 사례가 되었다. 특히 그의 실천과 교육사상은 현대사회에서 지역사회개발과 학습공동체 형성이라는 두 가지 목적을 통합적으로 추구해야 하는 지역사회교육의 이론과 실천에 시사하는 점이 크다.

(9) 마일스 호튼

호튼(Myles Horton, 1905~1990)은 미국의 시민권 운동과 지역사회학교운동을 이끌었던 교육활동가이다. 그는 린드만의 교육이론과 그룬트비의 교육사상의 영향을 받아 덴마크의 평민대학에 대해 많은 관심을 갖게 되었다. 1931년에는 덴마크를 직접 방문하여 교육과정의 유연성, 따뜻하고 우호적인 교사-학생 관계, 학습을 위한 전달매체로서 문화의 중요성에 대해 큰 감명을 받았다. 그는 1932년에 미국으로 돌아와 테네시주 산지에 하이랜드 민중학교(Highlander Folk School)를 세웠다. 이후 이 학교는 북미 노동자교육과 시민교육의 전형적인 사례가 되었으며, 지금도 풀뿌리 조직화와 사회운동 형성을 위한 촉매로서의 역할을 수행하고 있다(Jarvis 1987; Schugurensky, 2013: 7). 또한 이 학교는 시민불복종, 시민인권, 인종차별반대 등의 부당한 지배에 도전하는 가장 지속적이고 중심적인 교육기관으로 인정받고 있다(Apple, 2015: 138). 특히 그가 사회교육 실천과정에서 학습자의 주체성과 자발적 참여를 매우 중시한 점은 사회교육학 차원에서 교육적 가치의 중요성을 인식하게 해 주었다는 점에서 의의가 크다.

(10) 파울로 프레이리

사회교육학의 정립을 위해 가장 크게 기여한 이론가 중의 한 명으로 브라질의 프레이리(Paulo Freire, 1920~1997)를 들 수 있다. 그는 몸소 사회교육에 참여한 실천가이자 이와 관련된 이론적 문제를 성찰한 이론가이기도 하였다. 그의 교육이론과 농민문해교육 경험을 반영한 『페다고지(Pedagogy of the oppressed)』(1970)가 발간된 이후, 그의 비판주의적 교육사상은 북미와 유럽으로 퍼져 나갔다.

프레이리는 그의 저서들을 통해 인간화, 인간해방, 프락시스(praxis), 자력화(empowerment), 의식화, 지역적 지식의 활용, 문제제기식 교육, 대화와 토론, 참여연구 등과 같은 교육의 원리를 심층적이면서도 폭넓게 제시하였다. 이는 개인의 변화와 사회의 변화를 추구하는 실제적인 사회교육의 원리와 기법을 제시했다는 점에서 사회교육학 차원에서 매우 큰 의미를 갖는다(Schugurensky, 2013: 8). 그런 의미에서 그의 교육이론은 페스탈로치의 교육사상과 더불어 사회교육학의 정립을 위한 가장 중요한 토대 중의 하나라고 할 수 있다.

2. 성인교육학 분야에서의 사회교육 지향적 연구

사회문제의 해결을 지향하는 사회교육은 일정한 기간 각국에서 '성인교육(adult education)'과 밀접한 관계를 가져왔다. 여기서는 '사회교육'과 '성인교육'의 역사적 관련성과 함께 사회교육 지향적 교육이론과 사상을 제시한 성인교육학자들을 살펴보고자 한다.

1) 성인교육의 사회교육적 기원

20세기를 전후한 '성인교육(adult education)'의 학문영역에서 이루어진 사회교육의 전통을 살펴보면 다음과 같다. 일반적으로 성인교육은 학교교육의 혜택을 받지 못한 소외계층을 위한 교육이라는 역사적 기원을 가지고 있다. 국가마다 이러한 교육을 지칭하는 구체적인 용어는 조금씩 다르지만, '성인교육(adult education)'은 이를 포괄하는 국제적인 용어라고 할 수 있다. 과거 한국에서는 '사회교육'을 'adult education'에 해당하는 한국식 용어로 사용하기도 하였다. 이때 '사회교육'과 'adult education'은 소외계층을 위한 비형식교육(nonformal education)이라는 공통의 의미를 갖는다.

사회와의 연관성 차원에서 성인교육은 광범위한 이념의 스펙트럼을 가지고 있다. 적응, 통제 및 사회질서의 재생산을 강조하는 것에서부터 해방과 사회변혁을 강조하는 것까지, 그리고 개인의 발달을 강조하는 것에서부터 사회발달을 강조하는 것까지 다양하다. 그러나 이러한 다양성에도 불구하고 성인교육은 주로 학교교육의 혜택을 받지 못한 평민을 대상으로 삶에 필요한 교육을 시행한 공통의 전통을 가지고 있다. 전통적인 학교교육과 다르게 성인교육은 단지 성인을 대상으로 하는 교육이 아닌 소외계층지향적 · 사회공동체지향적 성격이 강하였다. 그런 의미에서 역사적으로 살펴볼 때 자신이 직접 '성인교육'이라는 개념을 공식적으로 활용한 경우는 물론이고, 성인교육학자들에 의해 '성인교육자'로 인식되는 실천가들 가운데는 오늘날 보편적인 의미의 사회교육자에 해당되는 경우가 많다. 자비스(P. Jarvis)의 저서인『20세기 성인교육사상가(Twentieth Century Thinkers in Adult Education)』(1987)에 포함된 맨스브리지(A. Mansbridge), 토디(H. Tawdy), 린드만, 호튼, 코디, 프레이리 등이 그러한 예이다. 이들은 성인교육자이자 사회교육자라고 할 수 있으며, 이러한 개척자들에 의해 발전된 성인교육의 일반적인 전제들과 가치, 실천들은 사회교육의 원리를 정립하기 위한 이론적 기초가 되고 있다. 성인교육의 역사적 기저에는 인도주의, 민주주의와 관련된 사회교육의 원리가 포함되어 있기 때문이다. 또한 성인교육이 참여자들의 삶의 질 향상과 사회변화를 위한 능력의 향상에 기여할 수 있다는 생각, 성인교육에서 일반적으로 중시하는 대화와 협동이 사회변화에 크게 기여할 수 있다는 생각, 그리고 성인교육과 사회운동과의 실제적 관련성 등이 성인교육으로 하여금 사회교육과 역사적으로 밀접한 관계를 갖게 했다고 볼 수 있다(Schugurensky, 2014: 383).

2) 성인교육학 분야에서의 사회교육 지향적 접근의 사례

역사상 성인교육학 분야의 이론가 중에는 오늘날 사회교육학과 관계가 깊은 이가 많다. 이들의 이론은 사회교육학 성립을 위한 직접적인 기초가 되는 경우도 있다. 사회교육학과 밀접한 관련이 있는 대표적인 성인교육학 이론가들의 학문적 업적을 살펴보면 다음과 같다.

(1) 린드만의 사회실천적 성인교육사상

일반적인 성인교육학 분야에서 성인교육과 사회교육의 관계를 가장 체계적으로 제시한 인물로 에드워드 린드만(Edward Lindeman)을 들 수 있다. 각종 성인교육학 저서들은 그를 미국의 가장 대표적인 성인교육 이론가이자 실천가로 다루고 있다.

그가 사회교육과 성인교육의 통합적 성격을 추구하게 된 것은 유럽중심의 사회교육적 전통을 접한 것에서 비롯된다. 그는 20세기 전반부 덴마크를 방문하여 평민대학으로부터 큰 감명과 영향을 받았다. 그는 영국의 노동자교육운동과 덴마크의 평민대학 운동에서 단지 개인의 성장뿐만 아니라 공동체의 복지와 사회정의를 증진시키는 데 큰 잠재력을 가진 사회교육의 진정한 모습을 보았던 것이다. 이런 배경을 바탕으로 그는 『성인교육의 의미(The Meaning of Adult Education)』(1926)에서 다음과 같이 말하고 있다.

> 전통적인 교육이 삶을 위한 준비라면, 성인교육은 삶을 변화시키기 위해 사람들을 뒤흔드는 수단이다. …… 우리 시대의 가장 힘찬 성인교육이 덴마크의 농민조합이나 영국의 노동조합 같은 기능적 조직에서 나타나는 것은 결코 우연이 아니다. 만일 자기 향상이라는 단기 목적이 사회질서의 변화라는 장기적이고 실험적이지만 단호한 정책과 양립 가능해질 때, 성인교육은 진보의 주도자가 될 것이다(Lindeman, 2013: 96-97).

린드만에게 있어 성인교육은 기존의 학교교육과 다르게 삶을 준비하기 위한 교육이라기보다는 삶을 변화시키기 위한 교육이었다. 그에게 있어 성인교육은 개인의 자기향상과 사회질서의 개선이 양립할 때 의미가 있다. 또한 그에 따르면 사회의 변화를 위해서는 거대한 국가나 산업계 전체를 바꾸려고 시도하기보다 가정, 이웃, 지역사회, 노동조합, 협동조합, 산업별 조합 등과 같은 작은 조직에서 시작하는 것이 더 효과적이다. 성인교육의 목적은 바로 개인이 그러한 작은 조직에 보람 있게 참여해 중요한 경험을 만들어 내도록 훈련시키는 것이다(Lindeman, 2013: 35). 이와 같이 린드만은 성인교육을 사회변화를 위한 교육실천의 관점에서 인식하였다.

더 나아가, 린드만은 「성인교육을 위한 새로운 요구(New Needs for Adult Education)」(1944)라는 논문에서 성인교육의 사회적 책임을 논하면서, '성인교육'과 '사회교육(social education)'의 관계에 대해 다음과 같이 주장하였다.

> 만약 문화적 지체, 즉 기술적 진보와 문화적 가치 사이의 거리를 단축하기 위한 방법을 발견할 수 없다면 우리가 어떻게 진보적인 사회를 유지하고 혁명의 재앙을 피할 수 있는 희망을 가질 수 있을지 회의적이다. 나는 그것이 교육의 중요한 책무 중의 하나라고 믿는다. 그러나 동시에 성숙한 성인들에게 지속적으로 그들의 지적인 성장과 사회에 대한 이해를 위한 기회들이 제공되지 않는다면, 우리의 전통적인 교육체제가 이러한 과제를 성공적으로 수행할 수 있으리라고 기대하기 어렵다. …… 따라서 어떤 점에서 볼 때 이 에세이에서 내가 성인교육으로 논의해 왔던 것들은 아마도 사회교육(social education)이라고 지칭되는 것이 더 적절할 것이다(Lindeman, 1987: 111-112).

이와 같이 린드만은 자신이 추구하는 사회개혁적 성인교육을 '사회교육(social education)'으로 지칭하는 것이 더 적절하다고 주장하였다. 더 나아가, 그는 1945년에 발표한 「성인교육의 사회학(The Sociology of Adult Education)」이라는 논문에서 "성인교육은 사회변화의 목적을 위한 사회교육이다."(Lindeman, 1987: 116)라고 주장하였다. 또한 모든 사회적 행동 집단은 동시에 성인교육집단이어야 하며, 마찬가지로 모든 성공적인 성인교육집단은 조만간 사회활동집단이 될 것으로 믿는다고 하였다(Lindeman, 1987: 119).

이와 같이 린드만은 성인교육을 사회구조의 모순을 해결하기 위한 사회행동적

도구로 간주하였다. 더 나아가, 그는 일반적인 '성인교육'과 '사회교육'을 구분하고 있다. 즉, 린드만의 입장에 따르면, 일반적인 '성인교육'이 성인을 위한 교육이라고 한다면, '사회교육'은 교육의 사회적 기능, 즉 교육을 통해 사회를 변화·유지해 나가는 사회적 실천이자 특수한 성인교육이라고 할 수 있다.

(2) 브룩필드의 비판이론적 접근

브룩필드(S. Brookfield)는 일반적으로 진보주의적 성인교육학자로 평가된다. 그는 『비판이론과 성인학습론(The Power of Critical Theory for Adult Learning and Teaching』(2005)에서 알튀세르(L. Althusser)의 이데올로기론, 그람시(A. Gramsci)의 헤게모니론, 푸코(M. Foucault)의 규율적 권력론, 하버마스(J. Habermas)의 비판적 의사소통 이론 등을 소개하면서 이것이 성인교육에 주는 시사점이 무엇인가를 학문적으로 고찰하였다.

비판이론에 의하면 기존의 사회체제는 도구적 이성, 이데올로기, 헤게모니, 권력과 감시 등을 통해 기존질서를 재생산하려 하지만 비판적 이성과 소통, 반헤게모니(anti-hegemony)의 형성을 통해 이를 극복할 수 있다. 그는 이러한 비판이론을 성인교육론에 적용하였다. 그에 따르면, 성인교육은 현실적으로 사회체제 유지를 위해 기능하는 경우가 많지만, 비판적 성인교육을 통해서는 사회변화가 가능하다. 그런 의미에서 그의 성인교육론은 현대적 의미의 사회교육학과 맥을 같이한다.

3) 사회교육학 정립을 위한 성인교육의 현대적 의의

최근의 성인교육은 소외계층 대상의 교육보다는 성인을 주 대상으로 하는 일반적인 교육을 의미한다. 성인교육은 문해교육, 기초교육, 기능향상 및 직업훈련, 직업전문성 발달, 조합교육, 협동조합교육, 건강교육, 환경교육, 미디어 문해, 예술교육, 스포츠교육, 운전자교육, 정치교육, 부모교육, 재소자교육, 평화교육, 인권교육, 종교교육, 마약교육, 시민교육, 제2언어교육, 민중교육 등의 다양한 하위영역을 포함한다. 성인교육의 다양한 영역에도 불구하고 그 핵심은 성인들이 지식, 능력, 태도와 행동들을 습득하는 과정이라고 할 수 있다(Schugurensky, 2014: 381). 따라서 최근에는 과거와 달리 성인교육자가 곧 사회교육자라고 말하기 어려운 상황이다. 사회교육의 관점에서 볼 때, 성인교육의 최근 동향에 대해서는 비판적인 입장을 취할 수도 있다. 즉, 최근 성인교육이 그 진보적 담론의 전통에도 불구하고 대부분의 실천, 특히 제도화된 성인교육과정에서 오히려 '은행저금식' 교수방법들을 사용하고 있으며, 사회구조적 변혁과 개혁을 위한 교육보다는 직업훈련과 학습에 관한 개인적 접근을 추구하고 있다는 것이다(Schugurensky, 2014: 384). 이는 '성인교육'이 점차 '사회교육'의 성격과 거리가 멀어지고 있다는 것과 동시에 사회문제 해결에 초점을 맞추는 '사회교육' 개념이 별도로 필요함을 반증한다.

그럼에도 불구하고 성인교육의 원리는 현대에도 사회교육학 발전에 기여하는 점이 크다. 이를 살펴보면 다음과 같다.

첫째, 성인교육이 전제하고 있는 교육의 전 생애적, 전 영역적 관점은 사회교육도 적극적으로 고려할 원리라고 할 수 있다. 이는 성인교육뿐만 아니라 과거 학교교육 중심으로 교육을 이해했던 교육학이 보편적으로 추구해야 할 시대적인 흐름이라고 할 수 있다. 그런 의미에서 사회교육학도 성인교육이 전제하고 있는 전 생애적이고, 전 공간적인 관점을 수용할 필요가 있는 것이다.

둘째, 성인교육이 강조하는 학습자중심의 원리는 사회교육학도 중요하게 고려해야 할 원리라고 할 수 있다. 사회문제를 해결하기 위한 사회교육의 경우에도 학습자 주도적인 참여는 매우 중요한 시대적 흐름이자 교육적 가치라고 할 수 있기 때문이다. 사회문제 해결이라는 사회적 가치를 지향하는 사회교육은 교육의 과정에서 자칫 교육적 가치를 소홀히 여길 우려가 있다. 그러나 학습자 존중과 학습자의 주체적 참여와 성장을 강조하는 성인교육의 원리는 사회교육의 과정에서 교육적 가치를 강화하는 데 기여할 수 있다. 그런 의미에서 사회교육학은 성인학습의 원리, 학습권 존중 등에 관한 성인교육의 논의에 지속적인 관심을 가질 필요가 있다.

셋째, 성인교육이 학습자의 다양한 요구를 반영하여 전문화되고 있는 것은 사회교육학 차원에서도 검토할 필요가 있다. 성인교육은 전통적인 문해교육이나 직업기술훈련의 요구를 넘어 현대 성인들의 다양한 교육적 요구를 충족하기 위한 교육으로 세분화되고 있다. 즉, 시대의 변화에 맞추어 성인의 새로운 교육 요구에 부응해서 다양한 교육으로 분화되고 있는 것이다. 이러한 경향을 참고하여 사회교육도 다양하게 변화하는 현대사회의 교육 요구에 부응할 필요가 있다. 현대의 사회적 약자들도 다양한 교육 요구를 가지고 있으며, 사회적으로 해결해야 할 문제들도 이전과는 다르게 더 구체적이고 다양해지고 있다. 즉, 이전에는 해결해야 할 사회문제가 주로 정치적 억압이나 경제적 빈곤 등과 같이 생존이나 생계와 같은 것이었다면, 최근에는 문화, 교통, 주택, 환경, 에너지 건강 등과 같이 일상적인 생활과 관련된 것들이 부각되고 있다. 이런 의미에서 사회교육은 일반적인 성인교육의 흐름을 중시하면서 그 과정에서 소외되고 있는 사회적 약자의 학습을 지원하는 것과 아울러, 시민의 교육적 요구를 사회공익과 연결시키기 위한 노력을 기울여야 할 것이다.

3. 현대적 사회교육학의 전개과정

위대한 교육사상가들의 교육이론과 초창기 성인교육에 관한 논의에서 사회교육의 원형을 찾아볼 수 있지만, 사회교육학이 전 세계적으로 본격적이고 체계적으로 형성되고 확산되기 시작한 것은 그리 오래되지 않았다. 여기서는 현대적 의미의 사회교육학의 전개과정에 대해 살펴보고자 한다.

1) 독일에서의 사회교육학 성립과정

가장 체계적으로 사회교육학을 정립한 최초의 인물로 독일의 교육철학자인 나토르프(P. Natorp)를 들 수 있다. 그는 학문적인 차원에서 최초의 사회교육학 관련 저서라고 할 수 있는 『사회교육학(Sozialpädagogik)』(1899)을 저술하였다. 그는 공동체적 가치에 기초한 문화의 활성화를 위한 수단으로 사회교육학을 다루었다. 그는 연대성을 추구하기 위한 대안으로 사회적 삶의 교육화(pedagogisation)를 구상하였다. 이 과정에서 사회교육학은 사회적 · 공동체적인 삶에서 이루어지는 교육적 효과를 강조하기 위해 사용되었다. 그는 당시 심리학과 교육학계에 팽배했던 개인중심적 접근방식에 대해 반대의 입장을 취하는 대신, 철학자 칸트(I. Kant)와 사회학자 퇴니스(F. Tönnies)의 영향을 받아 진정한 인간성의 형성, 민주주의의 수호, 노동운동의 동원, 진보적 · 해방적인 교육을 강조하였다(Schugurensky, 2013: 4-5). 그에 따르면, 노동은 인간의 정체성을 형성하기 위한 기초이며, 자본주의에 의해 발생하는 인간소외로부터 인간해방을 추구하는 매개이다. 이런 맥락에서 교육의 과제는 인간해방적 투쟁을 방해하지 않고 적극적으로 지원하는 것이었다(Jensen, 2013: 5). 그런 의미에서 나토르프가 추구한 사회교육학은 '교육적인 것에서 사회적인 것을 탐구하고, 사회적인 것에서 교육적인 것을 탐구하는 학문'이라고 할 수 있다. 이러한 나토르프의 생각은 다소 추상적이고 모호할 수도 있으나 사회교육학의 학문적 정립을 위해 보다 발전시켜야 할 기본적인 아이디어라고 할 수 있다(Stephens, 2013: 57). 나토르프의 사회교육학 개념은 단순히 '사회문제를 해결하기 위한 교육학'이라는 개념에 비해 교육적인 함의가 더욱 풍부하기 때문이다. 즉, 그의 사회교육학 개념은 사회교육이 사회문제 해결을 위한 수단으로만 의미가 있는 것이 아니라, 사회교육의 과정에서 교육적 가치가 구현되어야 한다는 것을 폭넓게 내포하고 있기 때문이다.

나토르프의 뒤를 이어 놀(Herman Nohl)은 1920년대 사회교육학이 자율적인 학문이자 실천지향적 학문으로 성립하기 위한 기반을 닦는 데 핵심적인 영향을 미쳤다. 그는 교육학을 학교교육학으로부터 해방시키고자 하여 청년지원, 양호교육, 유치원, 교정교육, 민중교육을 사회교육학의 주요 대상으로 삼았다(大

串隆吉, 2008: 5). 놀의 관점에 따르면, 하나의 학문으로서의 사회교육학은 심리학보다 사회사업이나 사회학과 좀 더 밀접한 관계를 갖는다. 그가 생각하는 사회교육의 주요 과제는 빈곤한 청소년이나 고아와 같이 불우하고 상처받기 쉬운 청소년들을 보호하는 것이었다. 그에 따르면, 사회교육학은 사랑, 관심, 인간의 존엄성에 기초하여 사회적 돌봄과 교육을 통합하는 원리를 연구하는 것이다(Schugurensky, 2013: 5). 그는 이러한 활동을 수행할 사회교육전문가 양성과정의 개발과 운영에 학문적으로 크게 기여하였다.

이후 독일의 사회교육학은 흑역사의 시기를 거치기도 하였다. 인도주의적이고 민주적인 가치를 추구하는 사회교육학의 전통에도 불구하고 1930년대와 1940년대 사회교육학은 나치정권에 의해 왜곡되었다. 나치정권은 사회교육이 가지고 있는 공동체형성과 봉사의 요소들을 히틀러를 따르는 청소년을 교화하는 데 악용하였다. 사회교육학이 역사상 어둡고 고통스러운 역사에서 벗어나는 데는 수십 년이 걸렸다(Schugurensky, 2013: 5).

제2차 세계대전 후 진보적인 사회교육학자들은 놀의 사상을 계승하였다. 이 시기 사회교육학의 이론적 기초는 철학과 인류학에서 벗어나 비판적 사회학으로 옮겨 갔다(Schugurensky, 2013; Hämäläinen, 2015). 이를 주도한 대표적인 학자인 티에르쉬(Hans Thiersch)와 몰렌하우어(Klaus Mollenhauer)는 사회교육학을 사회적 해방을 목적으로 하는 자율적인 비판적 학문으로 발전시켰다. 그들은 프랑크푸르트학파의 영향을 받았으며 비판적 해석학과 비판이론을 도입함과 동시에, 사회비판과 사회해방을 강조하는 보다 유연하고 실험적인 비형식교육 프로그램을 진행하였다. 특히 티에르쉬는 사회교육학을 각 생애단계의 사회적 소외자들을 지원하기 위한 해방의 학문으로 간주하였다. 그는 사회정의를 지지하고, 사회적 억압에 반대했으며, 사회문제에 대한 인식이 탈정치화되는 반면 사회적 돌봄이 사회적 통제로 변질되는 것에 반대하였다(Stephens, 2013: 14). 이와 같이 사회문제 해결을 위한 비판적 사회교육론의 입장은 이후 사회교육학의 발전과정에서도 지속적인 영향을 미치고 있다.

2) 현대적 사회교육학의 국제적 확장

독일에서 시작된 현대적 사회교육학은 20세기 전반기에 벨기에, 네덜란드, 헝가리, 슬로베니아, 스웨덴, 덴마크 등과 같은 유럽의 다양한 국가로 파급되었다. 사회교육의 구체적인 개념은 국가별 복지체계에 따라 특화되었다(Hämäläinen, 2015: 1025). 덴마크와 같은 일부 국가에서는 사회교육이 법적으로 인정받는 전문영역이 되었다. 또한 많은 나라에서 사회교육학은 비형식교육, 사회사업, 지역사회개발, 사회문화적 애니메이션, 안드라고지 등과 같은 다양한 활동들을 다루고 있다(Schugurensky, 2013: 6).

일본에서는 최근 사회교육의 본질을 재고찰하는 학문적 성찰의 차원에서 'social pedagogy'에 대한 관심이 높아지고 있다. 그 과정에서 일본의 전통적인 '社會教育(사회교육)'과 유럽 중심의 'social pedagogy'와의 관계성에 대한 논의도 진행되었다. 이러한 논의에 따르면, 일본의 사회교육은 이미 19세기 중엽부터 독일의 social pedagogy와 학문적으로 밀접한 관계를 가졌다(大串隆吉, 2008; 松田武雄, 2007). 또한 19세기 말에서 20세기 초에 거쳐 독일의 'social pedagogy'와 관련된 저서들이 대거 일본에 소개되기도 하였다. 일본의 사회교육 개념의 성립에 독일의 'social pedagogy'가 얼마나 직접적인 영향을 끼쳤는가에 대해서는 학자들 사이에 견해의 차이가 있다. 그럼에도 불구하고 독일의 'social pedagogy'가 적어도 사회문제와 청소년에 대한 관심, 사회복지와의 연관성, 민주주의와 공동체에 대한 관심 등의 측면에서 일본의 사회교육에 중대한 영향을 미친 것에 대해서는 전반적으로 인식을 같이하고 있다(松田武雄, 2007).

21세기에 들어 사회교육학은 더욱 활성화되어 영국, 스페인, 포르투갈, 북미와 남미의 국가들로 확산되고 있다. 20세기 비해 최근에는 영어로 기록된 사회교육학 연구물들이 급격히 증가함에 따라 사회교육학이 국제적으로 더욱 확산되고 있다. 영국과 미국에서는 전통적으로 아동 · 청소년을 대상으로 하는 사회교육적 접근이 활성화되지 못했으나 최근에는 이들에 대한 사회교육 연구와 논의가 활성화되고 있다(Hatton, 2013; Stephens, 2013). 또한 전 세계적으로 사회교육학을 전공하는 대학 학부와 대학원 프로그램들이 개설되고 있다. 영국의 런던대학, 미국의 애리조나 주립대학, 스페인의 바르셀로나 대학(UAB) 등이 그 예이다. 이러한 대학들은 사회문제 해결을 위한 교육전문가 양성을 목표로 아동·청소년 교육, 성인교육, 사회 및 지역공동체 교육 등을 다룬다. 구체적으로는, 아동·청소년·성인 및 노인 부문의 교육, 사회정의·사회복지·문화복지를 위한 교육, 사회 및 문화활동 조직구성, 소외 및 사회적 위험, 중독피해자에 대한 심리치료, 사회조직 및 지역사회 네트워크, 공공 행정영역에서의 교육전문가 활동 등의 내용을 다루고 있다. 또한 학자들과 실천가들을 아우르는 전국적·국제적 사회교육학 연합회 등이 존재한다. 중남미사회교육연합회(SIPS), 북유럽교육연구연합회(NERA) 등이 그것이다(Schugurensky, 2013: 9).

4. 현대 사회교육학의 동향과 교육학적 지향점

앞에서 살펴보았듯이, 사회교육학에 대한 관심은 전 세계적으로 확장되고 있다. 이런 상황에서 사회교육학의 발전을 위한 교육학 차원의 관심과 성찰도 요구된다. 여기서는 현대 사회교육학의 동향과 교육학적 지향점을 살펴보고자 한다.

1) 현대 사회교육학의 동향

현대 사회교육학은 양적·질적인 면에서 크게 성장하고 있다. 현대사회교육학의 연구동향과 그에 따른 연구과제들을 제시하면 다음과 같다.

(1) 사회교육학 연구의 대상 및 분야의 확대

초기 유럽의 사회교육은 아동의 일상적 활동을 개선하고 재가돌봄 아동의 발달상의 위험에 대처하기 위한 아동·청소년 중심의 사회복지적 성격이 강했다. 따라서 사회교육학의 연구 범위도 아동 · 청소년 중심이었다. 그러나 오늘날의 사회교육학은 생애주기적 관점을 취함에 따라 모든 연령집단을 포괄한다. 『전 생애를 위한 사회교육학(Social Pedagogy for the Entire Human Lifespan)』(Kornbeck & Jensen, edit., 2012)과 같은 저서들이 그 예라고 할 수 있다. 또한 내용 면에서도 전통적인 사회복지적 활동뿐만 아니라 시민교육, 지역사회개발 등의 영역이 강화되고 있다(Schugurensky, 2014).

또한 사회교육학은 시대적 변화에 따라 새로운 사회문제에 교육학적으로 대응해 왔다. 사회문제를 바라보는 시각도 전통적인 이념적 · 사회구조적 · 계급적 관점에서 벗어나 시민생활과 직결되는 방향으로 바뀌고 있다. 최근에는 환경, 교육, 문화, 에너지, 다문화, 장애인, 성소수자 등과 같이 이전에 충분히 다루어지지 않았던 주제들에 대한 관심이 늘어나고 있다. 앞으로도 새로운 사회문제의 등장과 더불어 새로운 주제에 대한 사회교육학의 연구가 요구된다.

(2) 사회교육학 접근방식의 다양화와 통합화

사회교육학 연구는 경제적 · 사회적 · 정치적 · 문화적 배경에 의해 영향을 받는다. 사회교육의 이론가들과 실천가들은 페스탈로치와 그룬트비로부터 프랑크푸르트학파와 프레이리에 이르기까지 다양한 철학적 · 이념적 · 사회학적 · 교육학적 전통에 의해 영향을 받아왔다.

젠슨(Jensen, 2013: 5)에 따르면, 사회교육학 연구는 역사상 크게 다음의 세 가지 전통을 따라 이루어졌다.

첫째, 초기의 대륙적인 전통으로서 이상사회를 구현하기 위한 거시적 접근방식이다. 이는 나토르프의 이상에 기초하여 교육을 통해 사회공동체를 구성하기 위한 원리와 방안을 모색하는 것이었다. 이러한 접근방식은 사회구조의 변화를 추구하는 사회운동적 접근방식이라고 할 수 있다.

둘째, 박애주의에 기원을 둔 미국의 전통이다. 이는 사회적 약자의 사회적 적응을 돕기 위한 개인지향적 · 치료지향적 방법을 모색하는 것이었다. 이러한 접근방식은 주로 사회사업적 · 사회복지적 차원의 접근방식이라고 할 수 있다.

셋째, 듀이와 프레이리의 사상에 영향을 받은 교육지향적 전통이다. 이는 사회문제를 해결하는 과정에서 교육적 가치가 존중되는 방법을 모색하는 것이었다. 이러한 접근방식은 학습자의 주체적 참여와 개인의 성장도 중시한다는 점에서 평생학습과 학습권을 존중하는 현대교육학의 경향을 반영한다고 볼 수 있다.

이러한 전통들은 사회교육의 주요 관련 요인 중에서 각각 '사회' '개인' '교육'을 강조한다는 특징이 있다. 이러한 접근방식들은 모두 나름대로의 의미가 있었으며, 앞으로도 존중되어야 할 것이다. 그러나 사회교육학의 발전을 위해 이 중의 어느 하나만 특별히 강조되는 것은 바람직하지 않다. 그러므로 이러한 요소들을 어떻게 조화롭게 통합할 것인가가 향후 사회교육학의 주요 연구과제라고 할 수 있다.

(3) 사회교육학 구성 기초 학문의 확장

사회교육의 관심과 영역이 다양해짐에 따라 사회교육학을 구성하는 핵심적인 학문들도 확장되고 있다. 초기에는 사회교육의 개념이나 필요성, 기본 원리가 사회교육학의 주된 연구과제가 됨에 따라 주로 인간과 사회를 이해하기 위한 인문학과 사회학이 기초학문이 되었다. 그 후 점차 사회교육의 구체적인 대상과 역할이 확대됨에 따라 다양한 학습자를 이해하기 위한 여러 가지 기초학문과 교육방법론, 상담학, 사회복지학, 지역사회개발, 법학, 행정학, 정책학, 경영학 등의 응용학문이 사회교육학의 중요한 학문적 기초가 되고 있다. 향후 사회가 복잡해지고 새로운 사회문제가 발생함에 따라 사회교육학을 위해 활용해야 할 새로운 학문적 지식과 기술이 더욱 크게 증가할 것으로 예상된다. 따라서 새로운 학문적 지식과 기술들을 어떻게 사회교육학의 체계 속에 통합할 것인가가 사회교육학의 새로운 연구과제라고 할 수 있다.

2) 사회교육학의 정립을 위한 교육학적 지향점

지금까지 국제적인 차원에서 사회교육학의 최근 동향을 살펴보았다. 구체적인 맥락에 따라 차이가 있음에도 불구하고 사회교육학은 기본적으로 사회문제를 해결하기 위한 교육학의 한 분야로 정립되고 있다. 그동안 유럽을 중심으로 시작된 사회교육학은 사회교육의 개념을 사회문제를 해결하기 위한 교육으로 정립하고, 사회교육의 영역을 사회사업은 물론 시민운동, 지역사회개발 등으로 확장하는 데 선도적인 역할을 해 왔다. 또한 사회교육 실천을 위한 제도의 구축과 사회교육실천 전문가를 양성하기 위한 교육과정의 개발 등에서도 많은 학문적인 업적을 이루었다.

그러나 아직 사회교육학은 보다 체계적인 학문적 정립이 필요한 신생학문적인 성격을 띠고 있으며, 해결해야 할 많은 발전과제를 안고 있다. 지금까지 유럽중심의 사회교육학은 해결해야 할 사회문제와 적용해야 할 사회현장에 대한 관심에 비해 교육 자체의 개념과 원리, 교육의 본질에 대한 관심이 다소 부족했다는 한계를 가지고 있다. '사회교육' 중에서 '사회를 위한 교육의 활용'에 비해 '교육' 자체의 개념과 원리에 대한 성찰이 다소 부족했던 것이다. 사회교육에서 교육은 단순히 사회문제를 해결하기 위한 수단으로서만 의미가 있는 것이 아니라 인간의 성장을 위한 고유한 가치추구 활동으로서의 의미도 가진다. 따라서 교육의 고유한 가치와 원리를 반영한 사회교육이 이루어져야 할 것이다. 최근 교육학 분야에서는 평생학습의 원리, 학습주의, 학습권, 학습사회, 경험학습, 사회학습, 자기주도학습, 학습공동체, 교육의 내재적 가치 등의 개념들이 강조되고 있다(김신일, 2020; 장상호, 1997; 한숭희, 2001a). 이러한 학습자 지향적 개념들은 사회문제 해결과는 직접적인 관계가 없다고 하더라도 교육 본연의 가치와 원리를 강조하고 있다는 점에서 교육학적으로 중요한 의미를 갖는다. 사회교육학도 교육학의 한 영역으로서 학습자 지향적 교육의 원리에 대해 적극적으로 검토하고 수용할 필요가 있다. 그 외에도 교육학 분야에는 사회교육의 실천을 위해 적용할 만한 다양한 교육원리와 방법이 개발되고 있다. 사회교육학이 보다 확고한 교육학적 기초를 확립하기 위해서는 이러한 교육학적 개념들과 교육원리 또는 방법들을 종합적으로 검토하고 비판적으로 수용하기 위해 노력해야 할 것이다.

제5장 사회교육학의 이론적 기초

사회교육학은 교육을 통한 사회문제의 해결을 종합적으로 다루는 학문이다. 궁극적으로 교육을 통한 사회의 변화를 학문적으로 다룬다. 따라서 사회교육학은 사회와 교육의 관계를 다루는 다양한 이론에 기초해서 성립한다. 구체적으로는 교육의 사회적 기능과 책무, 교육을 통한 사회변화의 가능성, 사회학습의 원리와 사회적 영향, 교육을 통한 개인의 성장과 사회변화의 관계 등이 사회교육학의 성립을 위한 중요한 이론적 기초가 된다. 이 장에서는 사회교육학 성립의 기초가 되는 이론들에 대해 구체적으로 살펴보고자 한다.

1. 교육의 사회적 기능과 책무에 관한 이론적 기초

사회교육학이 성립되기 위한 전제 중의 하나는 교육이 사회와 밀접한 관련이 있으며, 사회적 가치를 실현하는 데 교육이 매우 중요한 기능을 수행한다는 학문적인 근거이다. 즉, 교육이 사회적 기능을 수행하며, 사회정의를 위한 사회적 책무에 충실할 때 가치가 있다는 것을 논증하는 것이다. 여기서는 교육의 사회적 기능과 사회적 책무를 강조하는 교육이론들을 살펴보고, 이러한 이론들이 사회교육학 차원에서 어떤 의의가 있는가를 검토해 보고자 한다.

1) 진보주의 교육철학

사회교육학의 근거가 되는 교육철학을 제시한 이로 먼저 20세기 미국의 대표적 교육학자인 듀이(John Dewey)를 들 수 있다. 듀이는 특별히 'social education'이나 'social pedagogy' 같은 용어는 사용하지 않았지만 그의 교육철학을 통해 이미 사회교육의 원칙들을 제시했다고 볼 수 있다. 그는 『학교와 사회(The school and society)』(1899), 『민주주의와 교육(Democracy and Education)』(1916), 『경험과 교육(Experience and Education)』(1938)과 같은 저서들을 통해, 생활이 곧 교육이며, 교육은 학교에서만 실시되는 것이 아니고 출생에서 사망에 이르기까지 모든 경험을 통해 이루어지는 지속적인 성장임을 강조했다. 또한 학교에서 이루어지는 교육의 내용도 사회를 이해하고 사회를 반영하는 교육이어야 함을 주장하였다. 또한 교육은 사회적 관계 속에서 협력적으로 이루어질 때 의미 있는 경험의 성장으로 이어진다고 하였으며, 교육의 목적은 개인의 최대 성장과 민주사회의 실현을 통합하는 것이라고 주장하였다. 그에게 있어 민주주의란 교육의 원리임과 동시에 교육을 통해 사회 속에 실현해야 할 가치였던 것이다.

이와 같이 교육과 사회의 밀접한 관련성을 전제하며 교육적 가치와 사회적 가치의 통합을 추구하였다는 점에서 듀이의 진보주의적 교육철학은 사회교육학의 주요한 이론적 기초가 된다.

2) 재건주의 교육철학

진보주의 교육철학에 비해 사회변화를 위한 교육의 기능과 책무를 보다 적극적으로 강조한 교육사조로 재건주의를 들 수 있다. 재건주의는 기본적으로 진보주의를 계승하면서, 항존주의 및 본질주의의 장점을 수용하는 이념이다. 재건주의는 사상의 혼란이나 가치관의 갈등, 확실성의 상실, 사회적 부정의, 불평등, 기타 무수한 사회문화적 위기상황을 극복하고 급변하는 사회변화에 적극적으로 대처해야 할 필요성에 대한 자각을 통해 형성되었다.

재건주의의 대표적인 교육철학자인 브라멜드(Theodore Brameld)는 현대사회의 문화위기 상황에서 교육만이 이상적인 민주국가를 건설하고 건전한 사회문화를 형성할 수 있는 힘을 가지고 있다고 하였다(조용진, 1981). 그에 따르면, 이상적인 사회와 문화 그리고 민주주의의 형성은 구성원 다수가 참여하는 사회적 자아실현을 통해 가능하다. 그리고 그는 이러한 사회적 자아실현을 위해서는 인간교육이 최상의 목표가 되어야 한다고 주장하였다. 이와 같이 인간교육을 통해 이상적 사회를 건설하고자 지향했던 점에서 재건주의적 교육철학은 교육적 가치와 사회적 가치의 통합을 지향하는 사회교육학의 이론적 기초를 제공한다.

3) 사회지향적 기독교 교육이론

교육을 통한 사회정의의 실현은 신학 또는 기독교 교육학 분야에서도 중요하게 다루어지고 있는 주제이다. 기독교 신학자인 월드런 스콧(Waldron Scott)은 『사회정의와 세계선교를 향한 제자도(Bring Forth Justice: A Contemporary Perspective on Mission)』(1980)에서 기독교 교육과 선교에 있어서 전통적인 개인의 구원과 사회정의 실현의 통합적 구현을 강조하였다. 그는 기독교가 추구하는 선교의 궁극적인 목적은 교정(reflection), 즉 정의의 확립이라고 주장한다. 그리고 예수가 인간에게 마지막으로 중요하게 명령했던 '대위임령(Great Commission)'의 핵심은 제자를 양성하는 것인데, 그것의 궁극적인 목적도 결국 사회정의를 실현하기 위한 선교라는 것이다.

> 『마태복음』 28장 16-20절의 말씀 속에서, 제자 삼는 것이 대위임령의 핵심적인 초점이라는 것이 명백하다. 앞선 연구에서 우리는 'Missio Dei', 즉 '하나님의 선교'의 궁극적인 목적은 정의의 확립(하나님과 인간, 인간과 자연, 인간과 인간 사이에)이라는 결론을 내렸었다. 그러므로 제자를 삼는 것은 하나님의 온전한 선교의 맥락에서 하나님의 백성들

에게 주어진 특별한 명령이며, 수직적 · 수평적 차원에서 질못을 바로잡으시는 하나님의 선교를 수행하는 일차적 수단이 되는 것이 마땅하다(Scott, 1989: 191).

이와 같이 스콧은 선교의 궁극적인 목적은 정의의 확립이라고 말하고 있다. 다시 말해, 기독교에서 가장 중시하는 대위임령의 핵심은 곧 교육을 통한 제자의 양성과 선교, 그리고 궁극적으로 정의의 실현이라는 것이다. 여기서 정의란 곧 '교정'으로서 하나님과 인간, 인간과 자연, 인간과 인간 사이의 불의를 바로잡는 것이다.

그런 면에서 그가 추구하는 선교는 개인 구원과 사회 구원을 동시에 이루는 것이다. 그는 과거의 기독교적 전통이 개인 구원을 강조하는 반면, 사회 구원은 그 결과로 저절로 이루어질 것이라는 관점을 취했던 것에 대해 비판한다. 즉, 각 개인이 종교적 회심을 하기만 한다면, 사회적인 향상이 자연스럽게 이루어진다고 하는 것은 커다란 오류라는 것이다(Scott, 1989: 235). 이러한 입장은 기독교 교육의 차원에서 개인의 회심이나 성장을 위한 교육과 더불어 사회정의를 추구하는 교육적 관심과 노력이 별개로 필요함을 의미한다. 스콧에 따르면, 신앙교육의 초기에서부터 신앙의 사회적인 측면이 강조될 때 개인적 회심과 사회적 개혁과의 긍정적인 상관관계가 이루어질 수 있다.

이러한 사회지향적 기독교 교육이론은 개인의 성장과 사회의 발전을 이분법적으로 보지 않고 궁극적으로 사회의 변화를 추구하고자 하는 사회교육의 필요성과 전략에 대한 신학적 기초를 제공한다.

4) 사회교육학적 의의

앞서 살펴본 이론들은 교육과 사회의 유기적인 관계를 이해하는 데 도움을 준다. 듀이와 브라멜드는 일찍이 교육철학적인 측면에서 교육의 사회적 책임과 영향력을 강조했다는 점에서도 사회교육학의 선구자라고 할 수 있다. 이들의 접근방식은 학교중심, 개인중심의 교육관이 지배하는 시대적 제약 속에서도 교육의 사회적 역할을 강하게 제시했다는 점에서 사회교육학적 차원에서 커다란 의의를 갖는다. 특히 이들의 교육철학은 교육의 과정에서 사회적 관계와 협력, 민주주의의 원리를 강조했다는 점에서 의의가 크다. 즉, 교육의 목적뿐만 아니라 과정에서도 '사회성'의 중요성을 강조한 것은 사회교육의 기본 요소를 파악하는 차원에서 주목할 필요가 있다. 교육의 목적만 사회변화와 관련되고 교육의 과정은 비사회적일 때 그것이 과연 진정한 의미의 '사회교육'이 될 수 있는가에 대해 의문의 여지가 있기 때문이다. 그러므로 이들의 교육철학은 교육의 목적이 사회적임은 물론이고 교육의 과정도 사회적일 때 보다 의미 있는 사회교육이 될 수 있다는 이론적 근거를 제공한다.

이러한 이론들에서 강조되고 있는 교육의 사회적 기능과 책무는 사회교육학 차원에서 수용해야 할 핵심적인 요소라고 할 수 있다. 그렇지만 사회교육학을 정립하는 과정에서 이러한 이론들이 지향하는 구체적인 사회의 모습이나 가치를 그대로 수용할 필요는 없다. 그들이 지향하는 사회적 가치는 하나의 규범적 이념일 수 있기 때문이다. 실제로 듀이나 브라멜드, 스콧이 생각하는 이상적인 사회는 서로 다를 수 있다. 또한 사회교육이 사회변화나 공동체 형성에 항상 바람직한 상태로 기여하고 있는가에 대해서도 논의의 여지가 있다. 시대에 따라 지향하는 사회나 공동체의 성격도 다를 뿐 아니라, 사회교육이 사회체제의 유지나 공동체 해체의 방향으로 영향을 미칠 수도 있기 때문이다. 다시 말해서, 사회교육이 사회문제를 해결하는 교육이라는 개념은 사회교육학의 학문적 정체성을 정립하기 위한 기초이지만, 실제로 사회교육이 어떤 사회를 어떻게 지향하는가는 학문적인 차원에서 객관적으로 분석해야 할 과제이다. 사회교육은 구체적인 실천의 맥락에서 특정한 사회적 가치나 이념을 필연적으로 지향할 수밖에 없으나 사회교육학 자체가 어떤 특정한 가치를 지향하는 학문이라고 할 수는 없다. '사회교육자'가 지향하는 것과 '사회교육학'이 지향하는 것은 다른 차원이기 때문이다. 그런 점에서 사회교육학은 교육의 사회적 기능과 책무를 전제로 하는 학문이지만, 사회교육이 구체적으로 어떤 사회적 가치를 지향해야 하는가에 대해서는 객관적이고 심층적인 이론적 접근이 필요하다.

2. 교육을 통한 사회변화의 가능성에 관한 이론적 기초

사회교육은 사회를 변화시키는 데 많은 관심을 기울여 왔다. 역사적으로 사회교육자들은 건전한 사회를 만들기 위한 주도적 역할을 담당하려고 노력하였다. 그런데 이것이 현실적으로 의미를 갖기 위해서는 교육을 통한 사회변화의 가능성이 전제되어야 한다. 또한 학문적인 차원에서 사회교육학이 성립되기 위해서는 교육을 통한 사회변화의 가능성에 대한 이론적 근거가 있어야 한다. 여기서는 교육을 통한 사회변화의 가능성을 제시한 이론적 기초들과 사회교육학적 의의를 살펴보고자 한다.

1) 비판이론적 교육론

사회교육학 차원에서 교육을 통한 사회변화 가능성을 제시한 이론적 근거 중의 하나로 비판이론(critical theory)을 들 수 있다. 비판이론은 1930년대 독일의 프랑크푸르트학파에서 비롯된 사회분석 및 실천에 관한 담론을 말한다. 호르크하이머(M. Horkheimer), 아도르노(T. Adorno), 마르쿠제(H. Marcuse), 프롬(E. Fromm), 하버마스(J. Habermas) 등의 비판이론가들은 사회과학, 인문학, 정신과학 등의 지식을 적용하여 현대사회 인간의 특성과 사회현상을 분석하고 사회를 개혁하기 위한 대안적 원리를 연구하였다. 이들의 학문적 업적은 이후 많은 인문학 및 사회과학자와 실천가들에게 큰 영향을 미쳤다. 이들이 제시한 비판이론의 특징을 몇 가지로 정리하면 다음과 같다(한상진, 1996: 20; Brookfield, 2009).

첫째, 비판이론은 전통적 이론에서 발견되는 주체와 객체 간의 분리, 연구자와 연구대상 간의 분리를 지향하는 실증주의적 입장을 타파하고자 한다.

둘째, 비판이론은 사회를 지배하는 규범적인 가치에 대한 비판을 중시한다. 비판이론에 따르면, 탐구의 목적은 사회질서가 어떤 규범적인 전제들 아래에서, 어떤 사회집단을 위해서, 어떤 정치적 전략을 가지고 지식을 생산하는지 알아내는 것이다. 이를 통해 현재의 상황을 비판적으로 파악하고 그 대안을 모색한다.

셋째, 비판이론에 따르면, 학문의 목적은 단순히 세계를 해석하는 것이 아니라 세계를 변혁시킬 수 있는 지식을 만들어 내는 것이다. 비판이론은 사회적 개입과 정치적 행동에 거리를 두지 않고 오히려 이론가들의 비판적이고 적극적인 개입을 지향한다.

이와 같이 비판이론가들은 현대인의 의식을 지배하는 이데올로기의 실체를 분석하고 극복하기 위한 실천적 대안을 제시하고자 노력하였다. 하버마스는 이러한 비판이론의 관점에서 실증주의에 입각한 사회과학의 지배를 비판하였다. 그에 따르면, 비판적 학문은 과학적 엄밀성과 적합성을 가져야 하지만 주체와 객체의 분리를 통해 객관적인 입장을 취하고자 하는 실증주의적 자기이해에 빠져서는 안 된다. 하버마스는 특히 비판이론에 내재된 '해방적 관심'의 근거와 효과 및 정당성을 논증하는 데 심혈을 기울였다. 그는 어떠한 철학이든지 그 사회에 대해서 비판적인 반성을 하지 않을 때, 그 철학은 현존하는 사회체제를 옹호하고 그의 하수인 역할을 한다고 주장하였다(Harbermas, 2006).

이러한 비판이론은 교육이론에도 큰 영향을 미쳤다. 비판이론에 입각한 교육론은 크게 두 가지 문제에 대해 관심을 갖게 된다. 하나는 이데올로기가 어떻게 교육을 통해 학습자들에게 영향을 미쳐 기존 사회체제의 유지에 이바지하는가이며, 다른 하나는 교육이 어떻게 기존체제에 대해 대안적인 관점을 형성하여 사회변화에 이바지할 수 있는가이다.

이런 맥락에서 브룩필드는 비판이론에 입각하여 성인교육론을 논하였다. 그는 비판이론과 성인학습의 연관성에 관해 다음과 같은 점들을 중시해야 한다고 하였다. 첫째, 지배 이데올로기가 사회를 조직하는 특정 방법이 자신에게 좋다고 믿도록 하기 위해 어떻게 교육하고 있는가를 알아보는 것, 둘째, 자본주의와 기술관료적 합리성의 정신이 어떻게 일상생활에 침투하여 관계를 왜곡시키는가, 즉 '체제에 의한 일상생활의 식민화'를 밝히는 것, 셋째, 억압적인 이념적 권력과 사회현상을 밝혀 그에 맞서는 방법을 배우고 이해하는 것 등이다(Brookfield, 2009: 55). 이와 관련하여 브룩필드는 성인교육의 차원에서 사회에서 학습자들이 실제로 이데올로기나 헤게모니의 작동을 인식하고 이를 극복하고 대처하는 원리와 방법을 중요하게 다루었다. 사회교육학의 차원에서 볼 때 비판이론적 관점에서 그가 제시한 이러한 주제를 다루는 것 자체가 사회교육학의 과제라고 할 수 있다.

2) 그람시의 반헤게모니 교육론

비판이론의 선구자라고 할 수 있는 그람시(Antonio Gramsci, 1891~1937)의 헤게모니 이론은 교육을 통한 사회변화의 원리에 관한 보다 구체적인 이론적 근거를 제시한다. 그람시는 '헤게모니'의 개념을 통해 사회변화의 양상을 설명하였다. 그에 따르면, 헤게모니란 특정한 집단의 이익에 기여하는 이데올로기적 신념과 관행 체제를 자발적으로 수용하도록 하는 일련의 과정을 의미한다. 헤게모니는 사람들 사이의 합의에 의해 작용한다. 사람들은 헤게모니가 작용하는 과정에서 자신들이 지배 이데올로기에 의해 강요받고 있는 것이 아니라 스스로 이데올로기를 수용하는 것이라고 믿게 된다. 또한 헤게모니의 작용과정 중에 사람들은 지배 이데올로기가 자신들의 이해관계를 가장 잘 대변한다고 믿도록 학습된다. 이는 국가나 지배계급이 질서를 유지하기 위해 폭력이나 강압에 호소할 필요가 없음을 의미한다.

이와 같이 그람시는 헤게모니 개념을 통해 자본주의 사회의 구조적 모순이 순탄하게 지속되는 원리를 설명하였다. 그러나 그는 이러한 구조적 모순의 원리를 비판적으로 설명하는 것보다 이러한 모순을 극복하기 위한 대안을 제시하는 데 더 큰 관심을 기울였다. 그람시는 역사가 경제구조에 의해 숙명적으로 규정되는 역사관을 배제하고 인간의 의지를 역사 발전의 최대 요인으로 인식했다. 즉, 그의 연구과제는 인간의 의지를 통해 소수가 아닌 다수를 위하여 새로운 헤게모니를 창출하는 것이었다. 그가 생각한 새로운 헤게모니의 창출은 기존 사회체제의 세계관을 변화시키고 새로운 세계관을 확립하는 것이었다(Gramsci, 2005).

그람시는 노동자 계급에서 자생한 유기적 지식인이 이러한 역할을 담당할 수 있다고 주장하였다. 그에 따르면, 유기적 지식인은 노동자 계급에게 적합한 이데올로기를 전파하여 공유하도록 함으로써 사회의 주도적 이데올로기로 자리 잡게 할 수 있는 존재이다. 유기적 지식인은 특권 계층이 아니라 사회관계 속에서 지식인의 기능을 담당하는 계층이며, 궁극적으로 대중도 교육과 훈련을 통해 유기적 지식인이 될 수 있다. 그런 면에서 그가 제시하는 지식인은 사회현실과 계급에 밀접히 연계된 철학적이며 정치적인 지식인이다(주진호, 2005: 46). 그들은 역사적 인식과 역사적 분석, 그리고 역사적 환경을 이해하고 실천을 통해 자신의 환경을 바꾸어 나갈 수 있는 존재이다. 또한 자신들이 체득한 세계관을 체계화하고 대중에게 확산시켜 그들의 세력을 조직하고 지도할 수 있는 지식인이다(오욱환, 2005: 68-69). 그는 교육의 확대와 민주주의의 확대를 통해 궁극적으로는 대중의 지식인화가 이루어져야 한다고 주장하였다. 이를 위해 학교와 정당을 모두 교육제도로 간주하고, 피지배계급의 개별화된 개인들이 총체를 이루어 사회에서 지도적 역할을 수행할 수 있도록 고무하는 새로운 모습의 학교를 구상하였다(오욱환, 2005: 70). 이것은 현실 속에서 교육을 통해 헤게모니가 작동하는 원리를 설명함과 동시에, 교육을 통한 반헤게모니의 형성으로 사회를 변화시킬 수 있는 가능성을 제시한 것이다. 유기적 지식인의 존재양식은 더 이상 학습자의 삶의 외부에서 지식만 전달하는 것이 아니라 건설자, 조직가, 상담자로서 실제 생활에 능동적으로 참여하는 것이다. 이런 맥락에서 유기적 지식인의 역할은 곧 사회교육이라고 할 수 있다.

그람시의 이론은 기존 교육이 일반적으로 수행하고 있는 사회체제유지 기능에 대한 비판적 인식과 더불어 사회교육을 통한 사회변화 가능성에 대한 이론적 근거를 제시한다. 그는 교육이 부르주아 헤게모니를 형성할 뿐만 아니라 대항 헤게모니도 만들 수 있음을 주장하였던 것이다. 그는 기존의 국가주도의 공교육은 계급구조적이며 이데올로기적 장치의 하나로서 부르주아 헤게모니에 공헌하고 있다고 보았다. 그 대안은 곧 새로운 문화적 풍토를 조성하기 위해 노동자에게 넓은 의미에서의 새로운 교육을 제공하는 것이다. 비판적 의식을 가진 지식인을 양성하여 궁극적으로 사회변화를 실현하는 것이 새로운 교육의 목적이라고 할 수 있다. 이는 곧 사회교육을 의미한다.

이와 같이 그람시는 교육의 기능을 헤게모니의 형성이라는 차원에서 분석하고 기존의 지배적 헤게모니 형성에 대해 새로운 교육을 통한 대항적 헤게모니의 형성 가능성을 이론적으로 제시하였다. 이러한 주장은 교육이 상반되는 목적을 위해 활용될 수 있다는 사실을 인식시켜 줌과 동시에 사회변화를 위한 사회교육의 기능과 가능성에 대해 시사하는 점이 크다.

이러한 입장은 한국의 사회사상가이자 사회교육자라고 할 수 있는 함석헌의 사상에도 반영되어 있다. 그는 현실 속에서 교육이 민중에 대한 사회적응의 유도와 정치적 지배에 활용되고 있음을 간파하면서 그 과정에서 나타날 수 있는 교육의 저항적 가능성에 대해서도 인식하였다.

> 사실 지배자가 피지배자에게 교육을 줄 때는 언제나 자기네를 위한 종을 기르잔 목적이다. 그러나 생명에는 모체 반항의 신비로운 법칙이 있어서 모든 지배자는 제 길러낸 종의 칼에 죽었다. 그러니 아무리 자본주의-물질주의의 잔재를 얻어먹고 컸다 하더라도 거기 대해 반항도 할 줄 모르고 도리어 저를 스스로 천시한다면 그것은 짐승만도 못한 것이다(함석헌, 2009b: 232).

함석헌은 일제강점기에 이루어진 일본의 교육을 예로 들며 지배자를 심판할 지혜와 그것을 극복할 능력을 다른 사람이 아닌 지배자 자신이 가르쳐 준다고 파악하였다(함석헌, 2009c: 50). 이는 비판적 사고와 대안적 의식화를 통한 사회변화의 가능성을 제시했다는 점에서 사회교육의 교육사상적 근거가 될 수 있다.

이와 같이 그람시의 비판이론에 근거한 교육이론에 따르면, 교육은 사회유지의 수단이 될 수도 있지만, 반대로 사회변화의 동력이 될 수도 있다. 그 가능성의 정도는 학습자들이 이데올로기와 헤게모니의 작용을 비판적으로 인식하고 주체적으로 대응할 수 있도록 어떻게 교육적으로 지원하느냐에 달려 있다.

3) 사회변화 지향적 교육사회학 이론

교육을 통한 사회변화의 가능성에 관한 학문적 기초 중의 하나로 사회변화 지향적 교육사회학을 들 수 있다. 교육사회학은 교육학의 하위영역 중의 하나로서 교육과 사회와의 관계를 사회학의 관점에서 다루어 교육실천에 기여하고자 하는 학문이다. 교육사회학은 기본적으로 사회가 교육에 미치는 영향과 교육이 사회에 미치는 영향 모두에 관심을 갖는다(이종각, 2004: 34).

교육사회학에서 교육과 사회의 관계에 대한 진단은 전통적으로 크게 기능주의적 관점과 갈등주의적 관점론에 입각해서 제시되었다. 먼저, 기능주의적 교육사회학에 따르면 교육은 통상적으로 사회가 요구하는 인간을 효율적으로 양성하고 사회체제를 원만히 유지하는 기능을 수행한다. 이러한 입장에 따르면, 교육은 기존의 사회질서를 변화시키기보다는 현재의 질서를 보다 효율적이고 조화롭게 유지할 수 있도록 도와주는 역할을 지속적으로 수행해야 한다. 다음으로, 갈등주의적 교육사회학에 따르면, 교육은 지배집단에게 유리한 교육내용과 교육방법을 통해 수행됨으로써 현존 사회체제와 계급의 재생산에 기여한다(오욱환, 2005: 42). 이러한 입장을 취하는 교육사회학자들은 탈학교론이나 인본적 인간해방론이 교육을 통한 사회개혁의 가능성을 전제하고 있다는 점에서 낭만적이라고 비판한다.

이와 같이 기존의 교육사회학은 한편으로 교육을 통한 사회변화의 '필요성'을 인정하지 않거나, 다른 한편으로 교육을 통한 사회변화의 '가능성'을 인정하지 않는 입장이 주류를 이어 왔다. 그러나 이러한 경향에 대하여 교육을 통한 사회변화의 필요성과 가능성을 모두 인정하는 대안적 입장의 이론적 근거를 찾기 위한 논의가 계속되고 있다. 이와 관련하여 저항이론이 대안의 하나로 제시된다.

> 저항이론에서는 하부구조에 대한 상부구조, 그리고 구조에 대한 부분구조의 상대적 자율성을 기반으로 하여, 피지배계급도 고유의 이데올로기를 갖는다고 주장한다. 저항이론의 기대대로 된다면 피지배계급도 지배계급과 마찬가지로 자신들의 이데올로기를 그 사회의 대표 이데올로기로 공시함으로써, 달리 표현하면 헤게모니를 장악함으로써 갈망해 온 사회를 만들 수 있다(오욱환, 2005: 56).

저항이론을 지지하고 적용 범위를 확대하는 교육사회학자들은 이러한 저항의 양상에서 문화운동, 사회운동, 더 나아가 사회변동의 가능성을 모색하였다. 저항이론을 제안하는 교육사회학자들은 교육의 상대적 자율성, 주의주의(volunteerism), 헤게모니 등의 개념들을 추가하였다. 그들은 학생들의 저항 속에서 피지배계급의 의지와 대항문화를 엿보았고, 계급 간 이데올로기 대립, 즉 헤게모니 투쟁의 가능성을 읽었다. 또한 교육의 상대적 자율성에 입각해 교육을 통한 사회변화의 비판적 낙관론이 제기되었다.

교육을 통한 사회변화에 대한 비판적 낙관론은 사회를 설명했던 전통적인 방식인 기능주의적 관점과 갈등주의적 관점을 극복하는 제3의 대안으로 제시되었다. 기능주의적 이론과 갈등주의적 이론에 비해 사회변화지향적 교육사회학은 인간의 행위와 사회의 구조 사이의 상호작용을 중시한다. 이와 관련된 내용을 살펴보면 다음과 같다.

> 상징적 상호작용론자, 현상학자. 이들의 주장에 따르면, 사회가 유지되는 이유는 관련된 사람들이 타협과 협상을 통해 합의에 이르렀기 때문이다. 이들의 설명에 따르면, 한 조직의 질서는 구성원들—지도자와 추종자들—의 합의에 의한 결과이며, 한 사회의 현

실(reality)은 사회적 구성물(social construct)이다. 상징적 상호작용론이나 현상학에 입각하면, 질서와 현실은 교섭의 산물일 뿐이다. 교섭의 양상에 따라 결과가 도출되므로, 교섭의 단위인 개인, 집단, 조직, 계급 등의 의지에 따라 사회변동의 형태가 달라진다(오욱환, 2005: 57).

이러한 관점에 따르면, 사회구조는 사회구성원들 사이의 상호작용과 합의에 의해 형성되며 변화될 수 있다. 그러나 사회구조의 변화를 위한 합의가 항상 순조롭게 이루어질 수 있는 것은 아니다. 사회구조의 변화를 위한 합의의 가능성은 대안적 교육에 의해 좀 더 증가될 수 있다. 이는 앞에서 다루었던 비판이론의 수용과 연결된다. 이 점에서 사회변화지향적 교육사회학자들은 비판이론을 수용함으로써 교육을 통해 사회변화를 지향하는 사회교육의 이론적 근거를 제공했다고 볼 수 있다.

이와 관련하여 미국의 대표적인 비판적 교육사회학자인 애플(M. Apple)은 『교육은 사회를 변화시킬 수 있는가?(Can Education Change Society)』(2012)에서 교육을 통한 사회변화의 가능성을 논의하였다. 그는 파울로 프레이리, 카운츠(G. Counts) 등과 같은 진보적 교육학자들의 사상을 분석하면서 다음과 같은 조건들이 갖추어질 때 교육이 사회를 변화시킬 수 있다고 보았다(Apple, 2015: 197-198).

1. 문화적 작업의 중요성, 그리고 지식과 기억을 둘러싼 투쟁의 중요성에 대한 깊은 인식
2. 교사, 문해교육자, 공동체 활동가와 그들의 기술, 지식, 가치, 신념의 중요성에 대한 분명한 이해
3. 우리가 사는 사회를 구성하는 차별적 권력의 실체에 대한 현실적 평가
4. 공동체의 결성, 학교 및 여타 교육현장과 공동체 간 연결의 중요성
5. '살아 있는 민주주의(thick democracy)', 참여가 보장되는 민주주의, 그리고 모든 제도에 뿌리를 내리고 있는 민주주의의 비전에 대한 신념

6. 윌리엄스(R. Williams)가 말한 '기나긴 혁명(the long revolution)'의 장기간이라는 속성, 앞서 언급한 민주주의를 건설하고 이러한 비전을 실현할 수 있도록 학교를 가시적으로 영향력 있는 장소로 만들기 위한 시도들

이러한 애플의 주장은 제한적이긴 하지만 이전의 교육사회학자들에 비해 교육을 통한 사회변화의 가능성에 대해 매우 긍정적이고 적극적인 입장을 반영한다. 특히 학교교육을 배제하고 학교 밖 교육을 통한 우회노선을 주장한 것이 아니라 학교교육을 포함한 연합적 접근방식을 활용했다는 점에서 사회교육학의 차원에서 더 포괄적이고 직접적인 이론적 근거를 제시했다고 볼 수 있다.

4) 사회교육학적 의의

사회변화를 지향하는 비판이론이나 실천지향적 교육사회학에 입각한 교육이론들은 사회교육이 접근하는 방식에 따라 '사회에 적합한 인간 양성 vs. 인간에게 적합한 사회의 건설' '사회변동에의 적응 vs. 사회변동의 주도'로 대립될 수 있음을 이론적으로 뒷받침한다. 특히 이러한 교육이론들은 교육의 보수적인 사회적 기능에 대하여 변혁적인 기능의 가능성을 이론적으로 제시했다는 점에서 의의가 있다. 사회교육 자체가 규범적으로 특정한 이념에 근거한 사회변혁을 지향하는 것은 아니지만 교육을 통한 사회변화의 가능성 자체는 사회교육학의 주된 관심이자 학문적 전제가 아닐 수 없다. 그 점에서 앞에서 살펴본 이론들은 교육을 통한 사회변화의 가능성을 학문적으로 논증했다는 점에서 사회교육학의 독자적인 존립 근거를 제시했다고 볼 수 있다. 기존의 교육학은 대부분 교육을 통한 사회변화에 대해 특별한 관심을 갖지 않거나, 사회변화에 따른 교육의 수동적 대처를 전제로 하고 있다. 이에 비해, 사회교육학은 교육을 통한 사회변화의 가능성을 뒷받침하는 이론들을 바탕으로 사회문제의 해결과 사회변화를 추구하는 독자적인 학문의 기초를 마련했다고 볼 수 있다.

3. 수기치인의 사회교육적 근거와 의의

사회교육은 필연적으로 '개인'과 '사회'의 관계를 다룬다. 사회교육은 그 특성상 사회를 지향하지만 교육의 과정에서 개인을 배제할 수 없기 때문이다. 따라서 교육의 실제에서 개인과 사회의 관계를 어떻게 정립할 것인가가 사회교육학의 중요한 문제가 된다. 개인과 사회의 관계와 관련된 동양의 가장 고전적인 원리가 바로 '수기치인(修己治人)'이라고 할 수 있다. 또한 수기치인은 이상사회를 추구했던 동양의 유교사상에서 교육과 관련하여 강조되었던 가장 핵심적인 원리 중의 하나였다. 수기치인은 논리적으로 개인과 사회의 관계를 상정하고 있으며, 역사적으로 이상사회의 구현을 위한 교육의 핵심적인 원리로 중시되었다는 점에서 사회교육과 밀접한 관련이 있다. 이러한 점을 바탕으로 여기서는 전통적으로 유학에서 다루어 왔던 수기치인의 기본 원리와 다양한 접근방식을 살펴보고 이것이 사회교육학의 정립에 기여할 수 있는 점이 무엇인가를 구체적으로 살펴보고자 한다.

1) 수기치인에 대한 전통적 인식

수기치인이 유학의 이념으로 정립된 것은 주자(朱子)가 『대학장구서(大學章句序)』에서 『대학(大學)』의 가르침을 '수기치인의 도'라고 파악한 것에서 비롯된다. 『대학』에 제시된 '수신제가치국평천하(修身齊家治國平天下)'는 수기치인을 의미하는 가장 대표적인 구절이라고 할 수 있다.

그러나 수기치인 사상의 원형은 이미 공자와 맹자 등 유교의 기초를 놓은 사상가들에서 비롯된다. 공자는 『논어(論語)』에서 '수기이안인(修己以安人) 수기이안백성(修己以安百姓)'이라는 표현을 사용하였다. 여기에서 '안인'이나 '안백성'은 곧 '치인'을 말한다. 또한 공자는 "법령만을 내세우면서 형벌로 억누르면 백성들은 슬슬 빠질 궁리만 한다. 곧은 마음으로 지도하면서 예법을 가르치면 백성들은 진심으로 따르게 된다"(「위정(爲政)」 편)고 하였다. 이는 곧 공자가 수기치인을 그의 사상의 핵심으로 하고 있음을 의미한다(이을호, 2015a: 307). 이른바 '살신성인(殺身成仁)'도 공자의 수기치인 사상을 반영한다. 한편, 맹자는 "군자가 스스로 지키는 도는 자신을 수양하면서(수기) 천하를 태평하게(치인) 함에 있다."(『맹자(孟子)』, 「진심(盡心)」 하편)라고 하였다. 또한 맹자는 인의(仁義)의 덕을 수양한 현인(賢人)이 나라를 다스려야 한다고 주장하였으며, 그렇지 못한 폭압적인 왕은 백성들이 교체하는 것이 가능하다고 주장하였다. 이와 같이 유교의 창시자라고 할 수 있는 공자와 맹자는 수기치인을 유교의 핵심원리로 강조하였다.

그런데 수기치인에 대한 구체적인 접근방법은 유학자들에 따라 다소 차이가 있다. 많은 경우, 유가(儒家)에서는 수기가 기본 목표이며, 수기를 통하여 완전한 인격체인 군자(君子)가 되고 난 다음에 치인의 자격을 갖추게 되는 것으로 파악한다. 특히 조선의 경우 성리학적 전통이 강해짐에 따라 수기치인은 전반적으로 구체적인 사회문제의 해결보다는 수양을 통해 도덕적인 삶을 살아가는 것을 의미하는 경향이 강해졌다. 그러나 구체적인 사회문제와 직면하게 되는 현실정치의 세계에서는 실질적이고 독자적인 치인의 중요성이 더욱 커지게 된다. 이에 따라 조선의 유학자들도 수기와 치인의 관계에 대해 다양한 관점을 가지게 되었다. 이를 정리하면 〈표 5-1〉과 같다.

〈표 5-1〉 조선 주요 유학자들의 수기치인론

학자	수기치인에 대한 입장(국가경영과의 관계성)
퇴계 이황	치인은 인격이 완성된 새로운 인간에 의해 가능함 제왕학의 독자적인 영역을 인정할 수 없음
남명 조식	경과 의를 통해 수기의 맥락과 치인의 맥락을 통합함 치국의 일상성 속에서 진정한 수기가 이루어짐
율곡	치인은 수기와는 다른 영역의 문제이며 경세의 문제를 독립적으로 다루어야 함 수기가 근본이기는 하지만 임금의 수기가 이루어져야만 치국이 가능한 것은 아니며, 신하의 도움을 받아 치국을 도모할 수 있음

출처: 금장태(2001)에서 발췌하여 요약함.

먼저, 퇴계 이황(退溪 李滉, 1501~1570)은 구체적인 정치적 실천의 맥락 속에서도 가장 수기중심적인 입장을 취하였다. 그는 임금도 수기를 충분히 해야만 치인을 할 수 있다는 입장을 취한다. 퇴계는 성리설의 쟁점을 치밀하게 분석하고 심화시켜 독자적 이론체계를 구축하였지만, 그의 학문적 중심과제는 '경(敬)'을 실천하여 심성의 근본을 배양하는 수양론이라고 할 수 있다. 그리하여 그는 선비가 벼슬에 나가 포부를 펴고자 한다면 먼저 그 근본의 심성이 닦여야 삶을 감화시킬 수 있다는 입장을 가졌다(금장태, 2001: 166). 이러한 입장은 수기가 충분히 이루어지지 않으면 치인을 할 수가 없음을 의미한다.

한편, 남명 조식(南冥 曺植, 1501~1572)은 "안으로 마음을 밝히는 것은 '경(敬)'이요 밖으로 행동을 결단하는 것은 '의(義)'이다."라고 하였다. 그는 '경'으로 마음속을 곧게 하는 '수양(修養)'과 '의'로 바깥에 드러내는 행위를 바르게 하는 '의리(義理)'가 자신의 학문체계에서 두 중심축을 이루고 있음을 밝혔던 것이다(조식, 2001). 그는 '경'과 '의'를 함께 지켜야 할 것으로 제시함으로써 '수양'과 '의리'를 병행시켜야 함을 강조하였다. 즉, '수기'는 '치인'을 위한 이타적 · 사회윤리적 요소를 강하게 포함하고 있었다고 볼 수 있다. 따라서 남명은 수기적 맥락과 치인적 맥락의 어느 한쪽에 치우치는 것을 배격하고, 두 가지 맥락을 재해석된 '경의(敬義)'라는 실천성의 맥락 속으로 통합하면서 수기와 치인의 역사적 갈등을 변증법적으로 해소하는 전망을 제시하고자 하였다(박병련, 1998: 182).

반면, 율곡 이이(栗谷 李珥, 1536~1584)는 "선비가 아울러 선하게 하고자 하는 것은 진실로 그의 뜻이니, 물러나 자신을 지키고자 하는 것이 어찌 본심이겠는가. 때를 만남과 만나지 못함이 있을 따름이다."라고 하여, '겸선(兼善)'과 '독선(獨善)'을 대비시키면서, 세상을 경륜하고 백성을 구제하며 세상에 나가 '겸선천하(兼善天下)'하는 것이 선비의 기본 임무요 목표임을 밝혔다. 이 점에서 율곡의 입장은 '독선'의 학문과 수양이 '겸선'의 행도를 위한 기초가 된다고 보는 퇴계의 입장과 상당한 차이가 있다. 곧 퇴계가 '독선'이 근본이 됨을 강조하여 '독선'과 '겸선'은 본말(本末) 관계의 구조로 인식한다면, 율곡은 '겸선'이 목적임을 강조하면서 ‘독선’은 기회에 따라 선택하게 된다고 이해하였다(금장태, 2001: 183). 이와 같이 율곡은 수기가 근본이기는 하지만 그렇다고 하여 수기가 이루어져야 비로소 치국이 가능한 것은 아니라고 보았다. 또한 임금 자신은 덕이 부족할지라도 어진 신하의 도움을 받으면 치국이 가능하다고 보았다(이이, 2015). 따라서 율곡은 한편으로는 임금에게 수덕을 요구하면서 다른 한편으로는 국가개혁을 위한 실질적 방안들을 탐구하였다(김영우, 2014: 77; 박병련, 1998: 177).

이와 같이 퇴계는 상대적으로 수기를 보다 강조했고, 남명은 수기에 치인을 위한 덕목을 보다 강하게 포함한 반면, 율곡은 수기가 치인의 기초임을 인정하면서도 치인을 위한 별도의 지식이나 노력이 필요함을 주장했다는 점에서 치인에 대해 가장 많이 강조했다고 볼 수 있다.

2) 다산학에 나타난 수기치인의 의미와 성격

앞서 살펴보았듯이, 유교적 전통에서는 다양한 유형의 수기치인론이 존재하였다. 이러한 수기치인론을 실천이론의 차원에서 가장 체계적으로 재정립한 이로 다산 정약용(茶山 丁若鏞, 1762~1836)을 들 수 있다. 일반적으로 다산은 실용적인 학문을 추구한 실학자이기도 했지만, 그의 실학사상은 성리학 이전의 실천지향적 유교사상에 기초해 있다. 다산은 유교사상의 원류를 수기치인으로 인식하고 이를 재정립하기 위해 전통적인 경학연구에도 매진하였다. 그의 실학적 업적은 수기치인을 핵심적인 원리로 강조하는 이러한 경학사상에 근거한 것이었다. 그의 수기치인론은 공자와 맹자의 사상은 물론 퇴계, 남명, 율곡 등과 같은 조선의 주요 유학자의 수기치인론을 비판적으로 해석하여 독자적으로 재구성한 것으로 인정받고 있다(이을호, 2015a).

다산의 수기치인론은 이전의 전통보다 상대적으로 ‘치인’의 중요성을 강조하고, 수기와 치인의 실천원리를 보다 구체적으로 제시했다는 점에서 사회교육학 차원에서 커다란 의의를 가진다. 이를 보다 자세히 살펴보면 다음과 같다.

(1) 수기와 치인의 대등한 강조

다산은 '수기'에 집중하는 성리학의 한계를 지적하면서 다시 수기와 치인을 대등하게 강조하였다. 다산은 "군자의 학문은 수신(修身)이 그 반이요, 나머지 반은 목민(牧民)이다."(『목민심서』 서장)라고 말하고 있다. 여기서 '수신'과 '목민'은 곧 '수기'와 '치인'을 의미한다. 다산은 군자의 학문이 수기에서 출발해야 한다는 유학의 전통적 입장을 계승하면서도 수기를 논리적 혹은 이념적 차원에서만 치인과 연결하는 성리학적 전통을 극복하고 수기를 실질적인 치인의 기초로 연계하는 길을 제시하고자 하였다. 특히 다산은 적극적인 치인을 강조한 맹자의 사상을 중시하였다. 이와 관련하여 다산이 맹자의 사상을 해석한 『맹자요의(孟子要義)』의 한 구절을 살펴보면 다음과 같다.

> 군자의 도는 두 가지를 벗어나지 않는다. 첫 번째는 수기이고, 두 번째는 치인이다. 수기란 나를 선하게 하는 것이고 치인이란 남을 사랑하는 것이다. 나를 선하게 하는 것은 '의'가 되고 남을 사랑하는 것은 '인'이 되니, '인'과 '의'는 서로 필요한 것으로 어느 한쪽도 폐할 수 없다(『맹자요의』, 「진심(盡心), 상(上)」, 404).

이와 같이 다산은 유교의 기본 원리로 수기와 치인의 중요성을 다시 강조하였다. 그에 의해서 수기와 치인이 밀접한 관련을 가지면서도 치인의 독자적인 중요성이 다시 강조되었다고 볼 수 있다.

(2) 다산이 제시한 수기의 수행원리

다산은 수기와 치인의 서로 밀접하면서도 차별적인 수행원리를 구체적으로 제시하고 있다. 이와 관련하여 그가 생각한 수기의 의미가 무엇이며, 성리학적 해석과 어떠한 차이가 있는가를 구체적으로 살펴보면 다음과 같다.

다산은 수기의 기본을 효(孝), 제(悌), 자(慈)를 갖추는 것으로 인식하였다. 그는 『대학』을 해석한 『대학공의(大學公議)』를 통해, 당시 성리학이 『대학』의 '도

(道)'가 '마음을 밝힘(명심: 明心)'에 있다고 해석하는 것을 비판하며 『대학』의 도는 '인륜(人倫)을 밝힘(명륜: 明倫)'에 있다고 주장하였다. 여기서 '인륜'이란 곧 '효제자(孝悌慈)'를 의미한다.

> 오늘날 삼척동자도 모두 태학에 '명륜당'이 있음을 알고 있는데 태학의 도가 인륜을 밝히는 데 있음을 알지 못하고 오히려 '태학의 도가 마음을 밝히는[明心] 데 있다.'고 하니 또한 미혹된 것이 아니겠는가! 마음을 밝힘도 본디 우리들의 중요한 일이긴 하지만, 다만 이 『대학』에서 말하는 '밝은 덕을 밝힘(明明德)'은 마음을 밝히는 것이 분명 아니다(『대학공의(大學公議)』, 77).

다산에 따르면, 수기는 단지 수동적으로 뜻과 마음을 다듬는 것이 아니라 구체적인 인간 대상을 위한 인륜의 실천과 연결되어야 한다. 인륜은 사람과 사람이 서로 만남으로써 이루어지는 것이지 묵묵히 앉아 있는 것(묵좌: 默坐)과 반성적으로 관찰하는 것(반관: 反觀)과 같이 혼자 뜻이나 마음만을 갖고 이루어지는 것이 아니라는 것이다(『대학공의』, 95). 또한 다산은 수기의 차원에서 '서(恕)'를 매우 강조한다. '서'란 곧 자기마음을 남의 마음과 일치시키는 것을 의미한다(금장태, 2005: 365). 그는 그중에서도 '추서(推恕)'를 강조한다. 추서에 관한 다산의 설명을 살펴보면 다음과 같다.

> 서(恕)에는 두 가지가 있다. 하나는 미루어 생각한다는 의미의 추서(推恕)이며, 또 하나는 용서한다는 의미의 용서(容恕)이다. …… 『중용』에서 "자기에게 베풀기를 원하지 않는 것을 남에게 베풀지 말라."라고 하였는데, 이것은 추서이다. '추서'는 스스로를 닦는 방법이다. …… 추서(推恕)와 용서(容恕)는 비록 서로 가까운 것 같지만, 그 차이가 천리나 된다. 추서는 스스로를 닦는 것을 주로 하여 자기의 선을 행하는 것이고, 용서는 다른 사람을 다스리는 것을 주로 하여 다른 사람의 악을 너그럽게 보아주는 것이다. 이 어찌 같은 것이겠는가?(『대학공의』, 225).

여기에서 다산은 '추서'는 수기와 가깝고, '용서'는 치인에 가깝다고 말한다. 즉, 추서는 다른 사람의 입장을 고려하여 도와주기 위해 자신을 수련하는 수기에 해당하는 것이다. 성리학의 수기가 개인의 도덕적 수양에 중점이 있다면, 다산의 수기는 '서(恕)'를 간직하고 '인(仁)'을 목표로 한 것이라는 점에서 성리학보다 더 강한 사회지향적인 성격을 가진다(김영우, 1998: 80). 이는 이웃과 사회를 위한 마음을 갖추는 것이 곧 자기 수양의 주된 내용임을 의미한다. 이를 통해 자신의 수양이 사회개조를 위한 치인으로 연결되는 것이다.

(3) 다산이 제시한 치인의 수행원리

다산은 '치인'과 관련해서도 독자적인 해석을 내놓는다. 다산의 관점에 따르면, '치인'은 '수기'와 연결된다. 그러나 이때의 치인은 수기에 의해서 저절로 이루어지는 것이 아니라 그 나름대로 많은 조건들을 요구하는 종합적인 실천이다. 즉, 치인은 수기를 바탕으로 하지만 수기와는 별도로 치인을 위한 지식과 실천이 필요하다는 것이다. 또한 다산은 일반적으로 '치인'에서 '다스린다(治)'를 "백성을 다스린다(治民)"의 뜻으로 보는 데 반대하여, "남에게서 구하는 것으로써 남을 섬긴다"는 뜻으로 해석하였다. 즉, 유학자들이 일반적으로 '다스림'을 관리가 백성을 지배하는 일로 파악하는 것에 비해, 다산은 '다스림'을 사람들을 섬기는 일이라고 파악한다. 따라서 그는 부모를 섬기고(事親), 임금을 섬기는(事君) 일도 모두 '사람을 다스리는(治人)' 일로 보았다(금장태, 2001: 240-241). 즉, '다스림'을 아랫사람에게만 해당하고 윗사람에게는 해당하지 않는 상하계급적 관계로 인식한 것이 아니라 근본적으로 인간이 인간을 섬긴다는 수평적 관계로 인식한 것이다.

그러므로 다산의 입장에서 목민관에게 가장 중요한 치인의 내용은 백성을 전문적으로 잘 섬기는 것이다. 다산에게 치인은 곧 목민(牧民)이자, 공자가 말한 전통적인 의미의 '예악형정(禮樂刑政)'을 말한다. '예악형정'이란 모든 형태의 국가적 제도를 의미한다. '예(禮)'가 조여매는 단속이라고 한다면, '악(樂)'은 백성의 긴장을 풀어 주며 즐거움을 북돋는 것을 의미한다. 치인을 위해서는 먼저 예악형정을 추진할 수 있는 윤리덕목을 수기해야 한다. 그것은 곧 '목민지도(牧民之道)'라고 할 수 있다. 이는 치인과 직결된 백성에 대한 사랑을 의미한다.

> 왕도(王道)를 휼민지도(恤民之道)라 한다면, 목민지도는 곧 애민지도(愛民之道)라 할 수 있다. 왕자의 휼민이건 목자의 애민이건 다른 바 없는 인도의 다른 표현에 지나지 않지만 왕자를 그저 목자라고 일컫는 까닭을 따져 본다면 거기서는 왕도에서 한 걸음 앞선 새로운 민본주의적 색채를 엿볼 수 있다. 그러므로 목민의 사상이 이미 맹자에게서 싹텄다 하더라도 다산은 맹자처럼 이를 왕도라 하지 않고 이를 목민지도라 부른 데에 새로운 시대적 의의가 있다(이을호, 2015a: 286).

다산은 유교사상에서 목민관이 백성을 사랑하는 '목민자(牧民慈)'의 덕을 부모에 대한 효도와 형제간 우애의 덕과 병립시킬 정도로 강조하였다(이을호, 2015a: 286-287). 목민관은 치인을 위해 '목민지도'를 갖추도록 수기해야 한다. 이러한 사상에 기초하여 그는 『목민심서(牧民心書)』와 『흠흠신서(欽欽新書)』, 『경세유표(經世遺表)』와 같이 치인을 위한 실용적인 경세학(經世學)을 저술하였다. 이는 예악형정을 위한 구체적인 처방에 해당한다. 이와 같이 다산은 수기와 함께 목민을 위한 구체적인 치인의 능력까지도 군자의 학문으로 포괄하였다.

이러한 내용을 종합하면, 다산의 수기치인론은 개인의 인격형성과 사회문제 해결 능력을 똑같이 중시하는 것이었다. 다산의 경세학에 나타난 실학적 실천은 '효(孝), 제(弟), 자(慈), 인(仁), 서(恕)'로 대표되는 원시유교적 수기에 기초한 것이다. 이러한 수기는 매우 구체적이고 실천적인 치인을 위한 토대가 되었다. 그가 주장한 수기와 치인은 모두 인륜을 지향한다는 점에서 공통점을 가진다. 수기가 그것의 시작이라면 치인은 그것의 완성이었던 것이다. 그렇지만 다산의 입장에서 볼 때 치인은 수기가 이루어진다고 해서 저절로 수행될 수 있는 것이 아니라 그 자체를 위한 별개의 지식과 실천을 요구한다. 다산이 경학과 더불어 경세학을 중요시한 것은 치인을 위한 전문적인 지식과 실천이 별도로 필요하다고 인식했기 때문이다. 그런 면에서 다산이 주장한 수기치인 사상의 핵심은 곧 치인은 반드시 수기를 기반으로 하지만, 수기와 별개로 치인을 위한 전문적인 지식과 실천이 필요하다는 것이다.

이와 관련하여 다산의 수기치인 사상에 나타난 수기와 치인의 개념과 성격을 비교하면 〈표 5-2〉와 같다.

〈표 5-2〉 다산 사상에서 수기와 치인의 비교

구분	수기	치인
관련 학문	경학(經學)	경세학(經世學)
핵심 개념	효제자(孝悌慈), 인(仁), 추서(推恕), 신독(愼獨)	예악형정(禮樂刑政) 목민(牧民) 교정(敎政)
관련 서적	육경사서	일표이서

3) 사회교육학적 의의

앞에서 살펴본 조선의 수기치인 사상은 사회교육학의 성립을 위한 의미 있는 기초를 제공한다. 이를 구체적으로 살펴보면 다음과 같다.

먼저, 유학의 수기치인 사상은 교육을 통해 개인과 사회가 연결될 수 있음을 이론적으로 보여 준다. 수기와 치인이 분리되지 않고 연결된다는 사상은 사회교육의 본질인 개인성장과 사회발전의 연계성을 논리적으로 뒷받침해 주고 있는 것이다. 사회교육은 수기만을 강조하는 일반교육과도 다르고 치인의 성과만을 강조하는 사회운동과도 다르다. 사회교육은 개인의 성장을 전제한다는 점에서 수기와 관련되고, 개인의 성장만을 지향하는 것이 아니라 반드시 사회의 변화를 적극적으로 지향한다는 점에서 치인과 관련된다. 모든 교육이 부분적으로 개인의 성장과 사회의 변화와 관련되나 사회교육은 양자를 통합적으로 추구한다는 점에서 차이가 있다. 그러나 양자를 통합한다는 것은 이론적인 면에서나 실천적인 면에서 쉬운 일이 아니다. 조선의 수기치인론은 이론적인 면에서 두 가지 요소가 논리적으로 필연적인 관련이 있음을 제시하고 있으며, 실천적인 면에서 이 양자를 통합적으로 추구하기 위한 여러 가지 방안을 제시하고 있다는 점에서 사회교육학 차원에서 의미가 크다. 특히 다산의 사상은 조선의 성리학이 다소 개인수양에 치우친 경향을 바로 잡고 수기치인의 의미를 바로 잡았다는 점에서 사회교육학적 의의가 크다고 할 수 있다.

다음으로, 수기치인론은 개인의 성장을 위한 교육과 별도로 치인을 위한 교육도 필요함을 보여 준다. 특히 다산의 수기치인론에 따르면, 수기는 치인을 위한 핵심적인 기반이 되나 치인을 위한 별도의 노력도 필요하다. 이러한 주장은 일반적인 교육이 수기에 초점을 맞추는 것에 대응하여 치인을 위한 특별한 성격의 교육이 별도로 필요하다는 이론적 기반이 될 수 있다. 즉, 사회교육을 위해서는 수기와 관련된 일반적인 요건의 교육은 물론, 치인의 차원에서 학습자의 구체적인 문제를 돕고 사회변화를 지향하기 위한 별도의 교육적 접근이 필요함을 알려준다.

이와 같이 수기치인론은 사회교육학의 이론적 기초로서 큰 의미를 갖는다. 그러므로 사회교육학의 차원에서 수기치인의 원리를 깊이 연구하고 적용하기 위한 노력이 필요하다. 수기를 위한 교육과 치인을 위한 교육의 내용과 방법, 그리고 학습자가 수기와 치인을 효과적으로 연결하도록 돕기 위한 구체적인 방법의 모색 등은 사회교육학의 정립을 위해 중요하게 다루어야 할 과제라고 할 수 있다.

4. 사회학습을 통한 집단의 변화에 관한 이론적 기초

'사회학습'의 개념은 전통적으로 교육학계에서 중요하게 다루어져 왔다. 사회학습이란 사회적 관계 속에서 사회적 상호작용을 통해 학습하는 것을 의미한다.

'사회교육'과 '사회학습'이 모두 '사회'를 핵심 개념으로 포함하고 있고, '교육'과 '학습'이 개념적으로 밀접한 관계가 있다는 점에서 사회학습은 그 자체로 사회교육의 중요한 이론적 기초가 될 수 있다. 일반적으로 사회학습이론들에 따르면, 인간과 환경은 서로 영향을 주고받는 존재이다. 이러한 점은 일반적으로 집단과 공동체를 중시하는 사회교육의 성격과 일맥상통한다. 따라서 일상생활에서의 학습과 사회적 관계를 중시하는 사회학습이 집단과 공동체의 문제해결을 중시하는 사회교육과 어떠한 관계가 있는가에 대해 구체적으로 살펴볼 필요가 있다. 여기서는 '사회적 관계'를 중시하는 사회학습이론이 어떤 측면에서 '사회문제해결'을 중시하는 사회교육학의 정립에 기여할 수 있는지를 살펴보고자 한다.

1) 비고츠키의 근접발달영역 이론

사회학습이론의 개척자이며 러시아의 교육학자인 비고츠키(L. Vygotsky, 1896~1934)를 들 수 있다. 그에 따르면, 인간은 사회적 상호작용을 통해 학습을 촉진하고 효과적으로 성장할 수 있다. 또한 아동은 타인과의 관계에서 영향을 받으며 성장하는 역사사회적 존재이다. 아동은 보다 유용한 협력자와의 관계를 통해 자기문화의 가치와 지식을 습득한다. 그가 제시한 근접발달영역(zone of proximal development: ZPD)이란 아동이 혼자서 문제를 해결할 수 있는 실제적 발달수준과 성인의 지도 혹은 유능한 또래와의 협동을 통해 도달할 수 있는 잠재적 발달수준 간의 거리를 말한다(Vygotsky, 2009). 따라서 가장 효과적인 수업이란 근접발달영역의 상한선의 목표를 높은 수준에 두는 것이다. 이와 같이 비고츠키의 근접발달영역 이론은 발달과정에 있어서 조력자라고 할 수 있는 학교와 교사의 중요성을 명백하게 제시하고 있다.

근접발달영역 이론은 아동·청소년뿐만 아니라 성인에게도 적용되는 것으로 받아들여지고 있다(비고츠키교육학실천연구모임, 2015: 117-118). 근접발달영역은 교수-학습의 체계성에서 비롯되는 것이기에 연령, 발달 및 시기보다는 상황과 관계에 달린 문제로 볼 수 있기 때문이다. 그러므로 성인의 경우에도 타인의 도움을 받거나 동료들 간의 협력을 통해 체계적 학습을 경험하면 근접발달영역이 창출될 수 있다고 본다. 교사나 여타의 성인들도 끊임없이 발달해 가는 '발달적 존재'인 것이다. 이는 성인의 경우에도 교육자의 도움을 받거나 동료들과 함께 학습하는 것이 자신들의 발달을 위해 매우 의미가 있다는 것을 의미한다.

이러한 근접발달영역에서의 교육은 일반적으로 다음의 4단계를 통해 이루어진다(한순미, 1999).

- 1단계: 더 유능한 타인의 도움을 받아 과제를 수행하는 단계이다. 이 단계에서 학습자는 독립적으로 과제를 수행할 수 없기 때문에 유능한 타인인 교사나 동료 등의 도움을 필요로 하는 '모방'의 단계이다.
- 2단계: 학습자 스스로 과제를 수행하는 단계이다. 학습자는 다른 중재자의 도움을 받지 않거나 작은 도움만으로 과제를 수행할 수 있게 된다. 하지만 아직 학습자 내에서 완전한 발달이 이루어지지 않은 과도기적 단계이다.
- 3단계: 학습자가 근접발달영역을 벗어나서 과제를 수행하는 데 더 이상 타인의 지속적인 도움이 없이 거의 무의식적으로 과제를 완전하게 수행해 낼 수 있는 단계이다. 과제 수행이 완전히 발달되어 내면화 · 자동화가 이루어진다.
- 4단계: 인간의 일생에 걸친 학습은 새로운 능력의 발달을 위해 반복해서 근접발달영역이 순환되는 탈자동화의 단계이다.

학습자의 발달을 인도할 때는 실제적 발달수준과 잠재적 발달수준 모두를 고려해야 한다. 학습자가 근접발달영역의 더 높은 수준에서 활동할 수 있도록 돕는 것을 비계설정(scaffolding)이라고 한다. 비계설정은 교육자가 도움을 줄 때

학습자의 요구에 맞추어 조절함으로써 학습자의 노력을 지원하는 하나의 체계를 의미한다. 학습자는 이와 같은 교사와의 상호작용을 통해 잠재적 발달수준을 실제적 발달수준으로 변형시킨다. 따라서 비고츠키가 말하는 학습과 발달은 주로 타인과의 상호작용을 통해서 이루어진다고 할 수 있다.

이와 같이 비고츠키는 학습에 있어 사회적 협력의 필요성을 강조한다(비고츠키교육학실천연구모임, 2015: 18-19). 비고츠키 교육학에서는 사회적 협력이 단지 도덕적 차원에서만 좋은 것이 아니라 인간발달에 필수적이고 가장 효과적인 과정임을 밝히고 있다. 무엇인가 새로운 것을 배우고 익힐 때 혼자 하는 것보다는 누군가의 도움을 받는 것이 효과적인 것은 당연하다. 또한 발달과정에서 배우고 익혀야 할 모든 지식과 개념, 기능들이 사회적 협력 속에서 태어나고 성장한 것이기에 협력적 상황에서야 제대로 느끼고 이해할 수 있다. 그러므로 학습과정상의 협력은 성장을 촉진하고 사회의 중요성과 사회에 대한 이해를 돕는다. 이런 점에서 비고츠키의 이론은 사회교육에 있어서의 사회적 관계의 중요성, 교육자와 학습자의 협력적 관계의 중요성에 관한 이론적 근거를 제공한다.

2) 밴듀라의 집단적 효능감 이론

밴듀라(A. Bandura)의 심리학 이론도 사회교육학의 이론적 기초가 될 수 있다. 그는 개인이 어떻게 사회학습을 통해 자기효능감(self efficacy)을 형성함으로써 자신의 삶을 증진시키는가에 대해 관심을 가졌다(Bandura, 2004). 자기효능감은 자신이 의도한 것을 수행하는 데 필요한 능력에 대한 자기 자신의 판단으로 정의된다(Bandura, 2003). 자기효능감의 형성에서 중요한 것은 객관적인 능력이 아니라 주관적으로 인지된 능력이다. 즉, 스스로가 자신의 능력이 점차 향상되고 있다고 느끼면 자기효능감도 역시 향상된다. 따라서 각 개인의 능력 수준이 유사할지라도 개인 간 자기효능감의 수준은 차이가 날 수 있고, 이에 따라 성과에서도 차이가 난다는 것이 자기효능감 이론의 중요한 전제이다.

자기효능감 이론은 인간의 학습이 사회적 환경 안에서 발생한다는 사회인지이론(social cognitive theory)에 바탕을 두고 있다. 사회인지이론은 개인특성, 행동, 환경 간의 상호 관련성을 강조한다. 따라서 자기효능감은 개인의 행동, 환경과 상호 인과관계를 가진다. 밴듀라는 이러한 자기효능감이 성공경험(enactive mastery experiences), 대리적 경험(vicarious experiences), 언어적 설득(verbal persuasion), 생리적 및 정서적 상태(physiological and affective states)와 같은 네 가지 요소에 의해 영향을 받아 형성된다고 보았다(Bandura, 2003). 이러한 네 가지 근원 중에 성공경험이 효능감의 형성에 가장 큰 영향을 미친다. 성공경험은 효능감을 형성하고, 실패경험은 효능감을 훼손한다. 아울러 자기와 유사한 타인이 성공적으로 수행하는 것을 관찰하는 대리적 경험도 효능감을 증진시킬 수 있다. 이러한 모델링은 자신감을 향상시키고, 정보를 제공하며, 상황에 대한 예측성과 통제가능성을 시사한다. 성공 경험과 대리적 경험 외에도, 중요한 과제에 대해서나 역경을 극복해야 할 때 주위 사람들의 언어적 설득이나 격려는 효능감을 증진시킨다. 긍정적인 피드백이 제공될 때 효능감과 수행이 증진되고, 부정적인 피드백이 제공될 때는 효능감과 수행이 감소한다. 언어적 설득에서는 그러한 설득을 하는 상대방에 대한 신뢰가 중요하다. 이와 같이 밴듀라의 자기효능감 이론에 따르면, 전반적으로 집단구성원 간의 건전하고 밀접한 사회적 관계가 자기효능감 형성에 매우 큰 영향을 미친다.

밴듀라를 포함한 많은 학자는 효능감 개념이 집단에도 적용될 수 있다고 하였다(Bandura, 2004). 이는 '집단효능감(collective efficacy)'이라는 개념으로 표현되었다. 자기효능감이 자신의 능력 및 성공 가능성에 대한 판단과 믿음이라면, 집단효능감은 자신이 속한 집단의 능력 및 성공 가능성에 대한 판단과 믿음으로 설명할 수 있다. 즉, 일정한 수준의 목표를 달성하는 데 필요한 행동과정들을 구조화하고 실행하는 공동의 능력에 대한 집단의 공유된 신념이라 할 수 있다. 밴듀라에 따르면, 협동의 에너지가 개인들의 의지들을 연합된 사회적 의지로 확산시킬 수 있다. 마틴 루터 킹 목사의 연설로 촉발된 시민적 의지가 그 대표적인 예라고 할 수 있다. 사람들은 보다 나은 삶을 위해 집단적 행동을 할 수밖에 없으며, 사람들이 사회적 의지를 가지고 집단적인 행동을 실행하도록 영향을 미치는 것이 집단효능감인 것이다. 그러므로 집단을 통해 사회적 영향력을 미치기 위해서는 구성원들의 집단효능감을 강화하고 이를 부정적인 환경 속에서도 유지하도록 하는 것이 필요하다.

이런 면에서 집단적 자기효능감 이론은 사회교육에 시사하는 점이 크다. 사회교육의 핵심목표 중의 하나는 사회적으로 배제된 사람들이 스스로 그들 삶에 대해 더 많이 통제할 수 있도록 하는 것이다. 따라서 집단효능감의 증진은 사회변화를 추진하기 위한 사회교육의 핵심과제라고 할 수 있다.

3) 활동이론과 확장학습이론

최근 성인교육 분야에서 중요하게 다루고 있는 활동이론, 확장학습 등의 개념은 넓은 의미의 사회학습이라고 할 수 있다. 이러한 이론들은 학습을 사회적 맥락과 사회적 활동 속에서 이루어지는 변화과정으로 간주한다.

활동이론(activity theory)은 1970년대부터 엥게스트롬(Y. Engeström)을 비롯한 일군의 학자들이 비고츠키 이론을 토대로 발달시킨 이론이다. 그들은 사회문화적 · 집단적 맥락 속에서 전개되는 인간학습의 역동적 과정을 파악하기 위해 새로운 분석틀로 '활동체계(activity system)' 개념을 제시하였다(박형민, 2019: 86). 활동이론에 따르면 인간의 학습은 미시적으로는 한 개인의 행동적 특성을 변화시키는 행위 혹은 활동으로 보일 수 있지만, 사회문화적 맥락에서 본다면 오히려 집단적 활동체계 자체를 변화시키는 과정이 된다. 학습은 개인의 활동방식을 바꾸기도 하지만 거꾸로 집단의 활동체계의 규칙을 바꾸는 데까지 나가기도 한다는 것이다(한숭희, 2019: 141).

이러한 활동이론의 연장 차원에서 확장학습(expansion learning)은 학습활동이 개인의 단위를 넘어 집단의 변화를 가져오는 현상을 설명하는 개념이다. 확장학습 개념에 따르면, 개인학습은 결코 조직적 맥락 전체와 분리되어 개별적으로 일어나지 않으며 오히려 전체를 포괄하는 집단의 변화와 연동한다. '사회화'나 '상황학습'이 기존 집단질서 안으로 편입하는 개인의 위상을 설명하기 위한 학습 모형이라면, '확장학습'은 집단 안에 내재한 갈등과 모순을 풀어 나가는 과정에서 나타나는 개인과 집단의 동시적이고 상호작용적인 변화를 설명하는 이론이라고 할 수 있다(한숭희, 2019: 144-145).

이와 같이 개인의 학습이 필연적으로 집단의 학습과 연결될 수 있음을 설명하는 활동이론과 확장학습이론은 사회교육을 통한 사회변화의 가능성에 대한 이론적 기초가 됨은 물론, 더 나아가 사회교육방법의 원리를 개발하는 기초가 된다. 확장학습이 원활하게 이루어지기 위해서는 집단을 통한 학습이 이루어져야 한다. 개인의 학습이 타인에게 영향을 미치기 위해서는 집단 속에서 상호작용을 하는 것이 효과적이기 때문이다. 이는 사회교육학의 차원에서 사회교육방법과 사회교육의 실천이 집단과 밀접한 관련이 있음을 뒷받침한다.

4) 사회물리학

사회물리학(social physics)은 물리학의 방법으로 사회를 연구하는 학문으로서, 사회의 다양하고 방대한 정보의 분석을 통해 사람들의 행동에 관한 신뢰할 만한 설명을 제시하는 정량적 사회과학을 말한다. 일반 물리학에서 원자가 물질을 만드는 방식을 이해하는 것처럼 사회물리학은 개인과 집단의 변화를 디지털 정보 등의 빅데이터를 활용하여 정량적으로 설명하고 예측한다.

사회물리학의 대표적인 이론가인 펜틀랜드(Alex Pentland)는 『창조적인 사람들은 어떻게 행동하는가: 빅데이터와 사회물리학(Social Physics: How Good Ideas Spread-The Lessons from a New Science)』(2014)에서 사회물리학의 원동력은 바로 빅데이터라고 강조한다. 그에 따르면, 현대인은 날마다 디지털 공간에서 남들과 상호작용하면서 자신이 생각하는 것보다 훨씬 더 많은 삶의 흔적, 즉 데이터를 남긴다. 그는 이러한 데이터의 총합인 빅데이터를 잘 활용하여 인간의 일반적인 행동상의 특징을 정량적으로 정확히 분석함으로써 사회문제를 해결하는데 큰 보탬이 될 수 있다고 주장한다. 개인이 누구와 의견을 교환하고, 돈을 얼마나 지출하고, 어떤 물건을 구매하는지 낱낱이 알 수 있는 디지털 정보들의 덩어리인 빅데이터를 분석하면 그동안 이해하기 어려웠던 금융위기, 정치격변, 빈부격차 등과 같은 사회현상을 설명하기 쉬워진다는 것이다(Pentland, 2015: 11).

이 과정에서 사회물리학은 인간의 행동에 영향을 미치는 메커니즘으로서 개인의 생각과 감정에 주목하기보다 습관과 규범이 형성되는 사회학습에 초점을 맞춘다. 사회물리학을 떠받치는 기본 전제는 다른 사람들의 행동사례에 의한 사회학습이야말로 우리 인간에게 대단히 중요하고 행동변화를 촉발하는 지배적인 메커니즘이라는 것이다. 이에 따라 사회물리학은 현대인이 다양한 사회학습을 통해 행동의 변화가 이루어지는 과정을 중요하게 분석한다(Pentland, 2015: 39-40). 더 나아가, 사회물리학은 사람들 사이의 협력과 아이디어의 흐름이 개인과 사회의 발전에 크게 영향을 미칠 수 있음에 주목한다. 이와 관련하여 펜틀랜드는 다음과 같이 말한다.

> 우리가 발견한 가장 놀라운 결과는 아이디어 흐름의 패턴이 생산성 증대와 창의적 활동에 직접적으로 발견된다는 것이다. 서로 연결되고 외부와도 접촉하는 개인 · 조직 · 도시일수록 더 높은 생산성, 더 많은 창조적 성과, 더 건강한 생활을 향유한다(Pentland, 2015: 12).

그에 따르면, 빅데이터 기법을 통한 분석 결과, 사회학습이 인간의 행동에 큰 영향을 미치며, 구성원 간의 긴밀한 아이디어의 소통이 모든 사회의 건강에 핵심적 요소임이 확인되었다. 이에 따라 사람들 사이에서 활발하게 이루어지고 있는 아이디어 흐름의 세부적인 패턴들을 분석하고 효과적인 상호작용 체계를 창조함으로써 집단, 지역사회, 사회 각 분야의 발전에 기여할 수 있다고 주장한다.

이는 곧 새로운 아이디어에 관한 빅데이터를 형성하여 사회학습을 할 수 있도록 함으로써 사회문제의 해결을 촉진하는 것이기도 하다.

그런 의미에서 사회물리학은 사회구성원들이 사회학습을 통해 표출하는 사회문제적 행동의 특징과 원인을 빅데이터를 통해 확인함과 동시에, 사회구성원들로 하여금 사회문제 해결에 관한 아이디어들을 디지털 네트워크를 통해 사회학습을 할 수 있도록 돕기 위한 학문이다. 이런 면에서 사회물리학은 사회교육의 차원에서 사회문제와 관련된 사회구성원의 집단적 사고와 관습을 정확히 파악하고 사회적 상호작용과 디지털 네트워크를 통해 해결방안을 학습하도록 돕기 위한 이론적 기초가 될 수 있다.

5) 사회교육학적 의의

사회학습과 관련된 이론들에 따르면, 사회적 활동을 통한 학습은 개인뿐만 아니라 집단 자체의 특성을 바꾸기도 한다. 밴듀라의 자기효능감 개념은 사회적 관계 속에서 이루어지는 학습이 학습자의 자기효능감 형성에 긍정적인 영향을 미칠 수 있음을 보여 준다. 특히 집단효능감의 형성은 사회구성원들이 서로 긍정적인 인식을 갖고 협력함으로써 집단적·사회적인 영향을 미칠 수 있음을 보여 준다. 이는 사회적 관계를 통한 학습이 사회적 실천으로 연결되어 사회문제를 해결하고 궁극적으로 사회변화에도 이바지할 수 있다는 이론적 근거를 제공한다. 또한 이 이론들은 사회문제 해결을 위한 사회교육이 집단활동을 통해 이루어질 때 보다 효과적이라는 사실을 알려 준다. 활동이론과 확장학습이론은 사회학습의 이러한 측면을 보다 구체적이고 명확하게 제시한 이론이라고 할 수 있다. 또한 사회물리학은 현대 디지털 정보화시대에 빅데이터의 분석과 활용을 통해 현대인의 사회학습 내용을 파악하고 대안적 사회학습의 방안을 제시하는 데 기여할 수 있는 새로운 버전의 사회학습이론이라고 할 수 있다.

한편, 비고츠키나 밴듀라의 사회학습이론은 사회교육의 실천과정에서 교육자의 중요성에 대한 이론적 근거를 제시한다. 그들의 이론에서 교육자는 사회환경 또는 사회적 관계의 핵심 역할을 수행하며, 사회적 관계 속에서 근접발달영역의 폭을 최대화하며, 학습자를 위한 모방대상자, 언어적 설득자, 격려자로서의 역할을 담당한다. 이러한 이론들에 근거할 때 사회교육자의 역할은 학습자를 촉진하고 유도하며 학습공동체를 조직하도록 돕는 것이라고 볼 수 있다. 즉, 사회교육자는 비계설정과 유도적 숙련(guided mastery)을 통해 학습자의 자기효능감 및 집단효능감을 향상시키는 전문가의 역할을 수행해야 한다. 이를 통해 사회적 약자의 개인적 성장은 물론 집단과 지역사회, 사회의 발전에 교육적으로 기여할 수 있는 것이다.

이와 같이 사회학습에 관한 이론들은 사회교육학의 차원에서 학습의 촉진과 사회성의 증진, 사회문제 해결을 위한 실천능력 향상, 사회교육을 위한 교육자의 역할과 중요성에 대한 매우 의미 있는 이론적 기초를 제공한다. 따라서 사회교육학의 발전을 위해 사회학습의 의의와 성격, 활용방안에 대한 깊이 있는 연구가 필요하다.

제6장 사회교육학의 성격과 구성

사회교육학은 교육을 통한 사회문제 해결의 원리와 방법을 연구하는 학문이다. '사회교육' 자체의 역사에 비해 이를 학문적으로 다루는 '사회교육학'의 역사는 그리 길지 않다. 사회교육학의 정립을 위해 시급히 수행해야 할 과제는 사회교육의 개념 정립, 사회교육학의 기초이론 검토, 사회교육학의 학문적 구성과 연구과제 등을 확립하는 것이다. 이 장에서는 새롭게 정립해야 할 사회교육학의 기본 성격과 구성요소, 사회교육학 연구를 위한 접근방식, 그리고 사회교육학에서 다루어야 할 구체적인 연구과제들에 대해 살펴보고자 한다.

1. 사회교육학의 개념과 성격

교육은 인간의 가장 중요한 관심사 중의 하나이며, 사회 안에서 이루어지는 중요한 인간 행위 중의 하나이다. 따라서 교육과 사회의 관계는 여러 학문의 영역에서 중요한 관심사였다. 여기서는 교육과 사회의 관계를 다루는 학문 중에서 사회교육학의 개념과 고유한 성격 및 유형에 대해 살펴보고자 한다.

1) 사회교육학의 개념

사회교육학은 교육학의 관점에서 볼 때 교육과 사회의 관계를 다루는 학문 중 하나이다. 사실 교육과 사회를 다루는 학문은 다양하지만 '교육'과 '사회' 중에서 무엇을 '본위'로 하느냐에 따라 다음과 같이 구분해 볼 수 있다.

첫째, 교육을 위해 사회적 학문을 활용하는 경우이다. 이는 교육을 본위로 하고 사회와 관련된 학문을 수단으로 하는 경우를 의미한다. 여기서 사회와 관련된 학문에는 사회학을 비롯한 각종 사회과학이 포함된다. 교육이 사회 속에서, 사회의 영향을 받으며 실시되는 것을 고려할 때 사회를 다루는 다양한 사회과학들은 교육의 발전을 위해 유용하게 활용될 수 있다. 일반적으로 교육사회학, 교육경제학, 교육심리학, 교육인류학 등은 사회 속에서 이루어지는 교육의 성격을 이해하기 위해 다양한 사회과학을 교육에 적용한 학문들이다. 또한 교육행정학, 교육경영학 등은 교육현장에서 효과적인 교육을 실천하기에 유용한 응용학문을 교육에 접목한 학문이라고 할 수 있다. 최근 평생학습의 관점이 부각됨에 따라 사회 속에서 학습하는 인간의 특성을 다루는 '활동이론'이나 '사회물리학' 등의 학습이론들도 궁극적으로 교육의 발전을 위해 사회적 학문을 활용한 경우라고 할 수 있다.

둘째, 사회를 위해 교육학을 활용하는 경우이다. 이는 사회적 가치를 본위로 하고 교육학을 수단으로 하는 경우를 의미한다. 사회적 가치를 지향하기 위해 다양한 학문적 접근이 필요하지만, 교육학도 그중의 하나로서 유용한 역할을 수행할 수 있다. 여기서 사회를 위해 활용되는 교육학의 범주에는 앞에서 다룬 교육사회학, 교육행정학 등과 같이 교육을 이해하거나 발전시키기 위해 사회과학을 활용한 교육학의 하위분야들도 포함된다. 이와 같이 사회를 위해 교육학을 활용하는 학문이 가장 일반적인 의미의 사회교육학이라고 할 수 있다.

〈표 6-1〉 교육 본위와 사회 본위에 따른 교육학의 유형

유형	교육 본위	사회 본위
성격	교육을 위해 사회과학을 활용함	사회문제 해결을 위해 교육학을 활용함
사례	교육사회학, 교육심리학, 교육인류학, 교육행정학, 교육경영학 등	사회교육학

학문적인 차원에서 사회교육학은 교육이 사회문제해결에 어떻게 기여할 수 있는가를 집중적으로 연구하는 학문이라고 할 수 있다. 그동안 교육과 사회와의 관계를 학문적으로 다룰 때 주로 사회가 교육에 어떤 영향을 미치는가가 중요하게 다루어졌다. 한편, 교육이 사회를 위해 수행하는 역할에 대한 연구는 주로 거시적인 차원에서 교육이 사회평등에 실질적인 도움이 되고 있는지, 또는 교육이 현존하는 사회체제 유지에 기여하는지 사회체제 변화에 기여하는지를 분석하는 차원에서 이루어졌다. 반면, 교육이 사회공동체의 형성과 발전, 사회문제의 해결과 사회구조의 변화에 구체적으로 어떤 영향을 미칠 수 있는지, 또는 교육이 사회에 영향을 미치기 위한 구체적인 원리와 방법이 무엇인가에 대해서는 학문적인 차원에서 체계적으로 다루어지지 못했다. 이러한 주제들을 고유한 탐구 영역으로 삼고 종합적으로 연구하는 학문이 사회교육학이라고 할 수 있다.

2) 사회교육학과 교육사회학의 비교

교육과 사회와의 관계를 다룬다는 점에서 사회교육학은 기존의 교육사회학과 밀접한 관계를 갖는다. 그러나 전체적인 면에서 교육사회학과 사회교육학은 별개의 학문이라고 할 수 있다. 일반적으로 교육사회학이 사회학의 차원에서 교육과 사회의 관계를 다룬다면, 사회교육학은 교육학의 차원에서 교육과 사회의 관계를 다룬다고 볼 수 있다. 이와 관련하여 교육사회학의 기본적인 정의를 살펴보면 다음과 같다.

> 교육사회학은 교육질서에 대한 학문적 관심이다. 교육질서는 넓은 의미의 사회질서의 한 측면이다. 교육질서는 인간의 공동체적인 삶에 있어서 성원들의 교육과 관련된 행동이 유형화된 모습을 뜻한다. 교육질서란 교육에 관련이 깊은 다양한 요소가 관계를 맺는 방식을 말한다(이종각, 2004: 359).

이와 같이 교육사회학은 기본적으로 사회학적 관점에서 사회질서의 일부분인 교육질서를 파악하는 학문이라고 할 수 있다. 교육사회학에 따르면, 교육은 기본적으로 사회적 현상의 하나이다. 이러한 전제하에 교육사회학은 사회적 맥락 속의 개인의 교육행위에 관한 탐구, 교육과 관련된 사회 · 문화 · 제도 · 조직 · 집단에 관한 탐구, 그리고 교육과 개인 · 집단 · 조직 · 문화 · 사회 간의 상호관련성에 대한 탐구를 수행한다(이종각, 2004: 363).

그런데 사회적 관습이 개인의 행동에 미치는 영향은 그 반대인 개인의 행동이 사회적 관습에 미치는 영향에 비해 압도적으로 크다고 볼 수 있다. 이런 배경에서 그동안 교육과 사회의 관계를 다루는 학문은 주로 사회가 교육을 통해 개인에 미치는 영향을 객관적으로 분석하는 방향으로 발전하였다. 그동안 교육사회학은 사회가 교육을 통해 개인에게 어떠한 영향을 미치는가를 객관적 · 실증적으로 분석하는 것을 주된 과제로 삼아 왔다. 보다 구체적으로 교육사회학은 사회적 배경이 개인의 교육기회 획득과 교육을 통한 사회적 성취에 어떤 영향을 미치는지를 가장 중요하게 다루어 왔다. 교육사회학에서 제시되는 기능론이나 갈등론은 이것을 해석하는 관점의 차이일 뿐 사회가 교육을 통해 개인에 미치는 영향에 초점을 맞추어 이를 실증적으로 분석하는 것을 학문의 주된 목적으로 삼아 왔다.

반면, 사회교육학은 교육을 통한 사회의 변화, 교육의 사회적 기능 제고와 실천에 초점을 맞춘 종합적인 응용학문의 성격을 갖는다. 사회교육학은 교육사회학의 도움을 부분적으로 받기도 하지만, 여기에서 더 나아가 교육을 통해 사회에 실질적인 영향을 미치기 위한 실천원리 및 실천방법의 개발을 주목적으로 하는 학문이다. 이것은 기본적으로 교육학의 접근방식이다. 사회교육학은 단지 분석하고 설명하기 위한 학문이 아니라 궁극적으로 실천하기 위한 학문이다. 따라서 사회교육학은 교육사회학을 비롯하여 인간과 사회를 다루는 다양한 학문의 도움을 받아 교육을 통해 효과적으로 사회에 영향을 미치기 위한 실천원리, 실천방법, 제도 등을 다룬다.

3) 사회교육학의 학문적 성격

모든 학문은 연구목적이나 연구대상, 학문적 접근방식에 따라 상이한 성격을 가진다. 고유한 분과학문은 다른 학문이 볼 수 없는 독특하고 고유한 관점을 가지고 특정한 현상을 다루느냐, 아니면 특정한 대상이나 영역을 이해하기 위해 다양한 학문적 관점을 활용하느냐에 따라 단독학문과 융복합학문으로 구별된다. 또한 어떠한 영역이나 대상의 현상을 관찰하고 설명하는 것이 주목적이냐, 아니면 특정한 대상이나 영역의 문제를 해결하거나 발전시키는 것을 주목적으로 하느냐에 따라 이론중심의 순수학문과 실천중심의 응용학문으로 구분되기도 한다. 대체로 단독학문들이 이론중심의 성격을 갖는다면, 융복합학문들은 응용학문의 성격을 갖는다. 그러나 대부분의 학문이 이렇게 이분법적으로 명확하게 구분되기보다는 두 가지 성격을 동시에 가지고 있는 것이 일반적이다.

이러한 학문적 성격을 바탕으로 하나의 독립된 학문으로서 사회교육학이 갖는 기본적인 특징들을 살펴보면 다음과 같다.

첫째, 사회교육학은 기본적으로 사회에 관한 경험적 사실들에 기초해 있다는 점에서 '사회과학'이라고 할 수 있다. 다시 말해, 사회교육학은 개인, 사회 및 교육과 관련된 현상을 체계적으로 다루는 사회과학의 하나이다. 특히 사회교육학은 교육과 사회 사이의 역동적 관계를 다룬다는 점에서 융복합적 사회과학의 성격을 가진다. 그런 점에서 사회교육학은 교육학자와 일반 사회과학자들에 의해 동시에 연구될 수 있는 사회과학이라고 할 수 있다.

둘째, 사회교육학은 사회의 변화를 지향하고 사회문제 해결을 다룬다는 점에서 '실천학문'의 성격도 갖는다. 사회교육학은 이론과 실천을 함께 다룬다. 사회교육학은 교육과 사회의 성격과 원리만이 아니라 사회에서 교육을 통해 사회문제를 해결하는 데 필요한 모든 내용을 포함한다. 이는 사회문제를 안고 있는 사회적 약자가 사회에 잘 적응하도록 돕는 것과 아울러, 사회문제를 교육을 통해 함께 해결해 가기 위한 실천 모두를 포함한다. 역사적으로도 사회교육학은 이론과 실천, 또는 사고와 행위가 서로 긴밀히 연계되어 있다는 점에서 학문과 실천의 융합으로 간주되어 왔다(Jensen, 2013: 3-4). 그런 의미에서 사회교육학의 주된 과제는 교육이 어떠한 사회문제 해결에, 어떤 방법으로 실천을 통해 기여할 수 있는가를 끊임없이 실험하고 검증하는 것이다.

셋째, 사회교육학은 교육을 통해 사회문제를 해결하기 위해 다양한 분야의 학문적 성과를 활용하는 '융복합학문'이라고 할 수 있다. 사회문제의 내용과 성격을 이해하고 해결방법을 교육실천에 활용하기 위해 철학, 역사학, 사회학, 심리학, 인류학, 경제학 등의 기초학문은 물론 공학, 상담학, 경영학, 정책학, 행정학 등의 다양한 응용학문 등이 활용될 수 있다. 따라서 사회교육학의 발전을 위해서는 이러한 다양한 학문들을 활용하되 사회교육 본연의 가치를 잃지 않도록 통합하는 능력이 필요하다.

넷째, 사회교육학은 사회문제 해결을 위한 교육전문가의 양성과 연결된다는 점에서 일종의 '교직학'의 성격도 가진다. 한국에서 과거 영역중심 사회교육학이 학교교육 이외의 교육현장에서의 교육전문가 양성과 관련된다는 점에서 교직학의 성격을 띠고 있었다면, 새로운 의미의 '사회적 기능 중심' 사회교육학은 사회문제 해결에 앞장서는 교육전문가를 양성한다는 점에서 또 다른 차원의 교직학이 될 수 있다. 실제로 사회교육학은 유럽을 중심으로 여러 국가에서 사회교육전문가를 양성하기 위한 교육과정의 기초로 활용되고 있다. 이때 사회교육전문가에게 중요한 것은 교육이 이루어지는 특정 공간이나 특정 대상의 연령이 아니라 사회문제의 해결과 사회변화를 지향하는 교육실천역량이다. 그러므로 사회교육학은 사회교육자가 활용할 수 있는 사회교육의 원리와 방법에 대해 구체적으로 다루어야 한다.

이런 점을 종합해 볼 때, 사회교육학은 기본적으로 교육과 사회와의 관계라는 특정한 현상을 다루는 사회과학이고, 교육을 통한 사회문제 해결을 실제적으로 다루는 실천과학이며, 이를 위해 다양한 학문으로 구성된 융복합학문임과 동시에, 교육전문가를 양성하는 교직학의 성격을 갖는다.

4) '사회'와 '교육'에 대한 인식방식에 따른 사회교육학의 유형

사회교육학은 기본적으로 '사회'와 '교육'을 다룬다. 그러므로 '사회'와 '교육'의 성격을 어떻게 파악하느냐에 따라 '사회교육학'에 대한 이해와 접근방식도 달라지게 된다. 여기서 각각 '사회'와 '교육'의 성격을 구분하는 데 가장 기본이 되는 것은 '다양성'과 '보편성'이다. 왜냐하면 '사회'와 '교육'을 다루는 학문 분야에서 모두 '사회'와 '교육'이 보편적인 성격을 갖고 있는가에 대해 입장의 차이가 있기 때문이다. 즉, '사회'를 다루는 사회학의 경우에도 사회마다 환경이 다르고 역사가 다르므로 사회는 다양한 성격을 갖는다는 입장이 있는 반면, 모든 사회는 공통적인 성격과 원리를 갖고 있다는 입장이 존재한다(김성은, 2009). '교육'의 경우에도 교육의 목적과 원리가 상황에 따라 다양하게 변화할 수 있다는 경험주의적 입장이 있는 반면, 상황을 초월하여 변하지 않는다는 항존주의적 입장이 존재한다(이돈희, 1983: 339). 그러므로 사회교육학의 성격을 종합적으로 파악하기 위해서는 '사회'와 '교육'의 성격에 대해 '다양성'과 '보편성'을 검토할 필요가 있다.

먼저, 사회교육학은 사회문제를 다루므로 사회문제를 인식하는 방식의 영향을 받지 않을 수 없다. 이때 사회문제가 사회마다 다르다고 인식하는가, 아니면 사회를 초월하여 공통점을 가지고 있다고 인식하는가에 따라 학문적인 접근방식이 달라진다. 다음으로, 사회교육학은 교육의 활용을 다루기에 교육원리를 인식하는 방식의 영향을 받지 않을 수 없다. 이때 교육의 원리가 시대와 공간을 초월하여 보편적으로 적용된다고 인식하는가, 아니면 시대와 장소, 대상 등에 따라 다르게 적용된다고 인식하는가에 따라 학문적인 접근방식이 달라진다. 이런 맥락에서 사회교육학을 '사회문제'와 '교육원리'의 다양성 · 보편성 기준에 따라 유형화하면 다음과 같다([그림 6-1] 참조).

첫째, 보편적 사회교육학은 시간과 공간을 초월한 사회교육의 보편적인 성격과 원리를 탐구하는 사회교육학이라고 할 수 있다. 즉, 모든 사회에서 공통적인 사회문제의 성격과 교육의 가장 기본적인 원리를 중심으로 사회교육학을 탐구

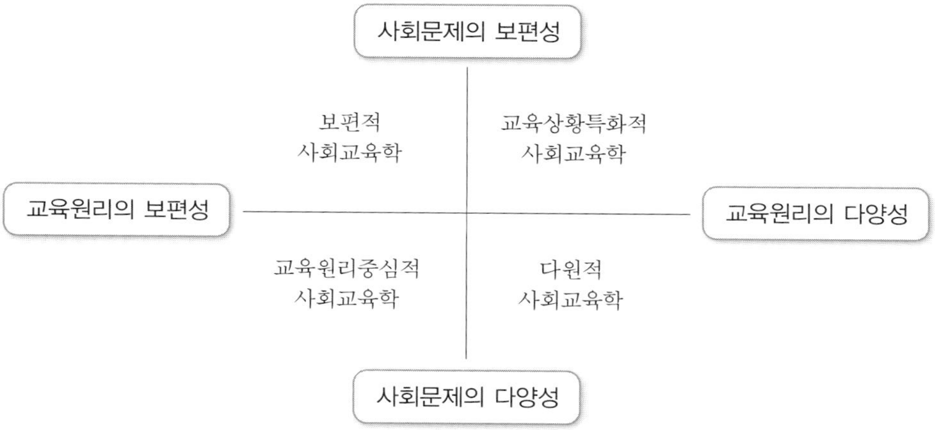

[그림 6-1] '사회'와 '교육'에 대한 인식방식에 따른 사회교육학의 유형

한다. 그런 면에서 사회교육학의 가장 원론적인 내용을 구성한다고 볼 수 있다.

둘째, 교육원리중심적 사회교육학은 사회마다 사회문제가 다름에도 불구하고 공통적으로 적용되는 사회교육의 기본 원리가 있음을 전제하고 이를 규명하여 다양한 사회문제의 해결에 폭넓게 활용하려는 사회교육학이라고 할 수 있다. 예를 들어, 린드만과 같이 '참여연구'를 사회문제의 해결을 위한 성인교육의 일반 원리로 인식한 경우가 이에 해당한다(홍유희, 2013). 린드만에게 있어 참여연구는 모든 사회적 상황에 적용할 수 있는 사회교육의 기본 원리였던 것이다. 참여연구뿐만 아니라 대화와 토론, 학습동아리의 활용 등은 사회문제의 유형과 관계없이 적용가능한 사회교육의 기본 원리라고 할 수 있다.

셋째, 교육상황특화적 사회교육학은 사회가 보편적인 성격과 동일한 사회문제를 가지고 있음에도 불구하고 교육의 구체적인 상황에 따라 다양한 사회교육적 접근을 모색하는 사회교육학을 말한다. 구체적으로 동일한 사회문제를 인식하는 교육주체의 이념이나 교육철학, 교육대상의 특성과 구체적인 교육적 환경에 따라 다른 방식의 사회교육학 논의가 존재할 수 있다.

넷째, 다원적 사회교육학은 사회적 성격과 교육적 실천의 특수성과 다양성을 전제로 하는 사회교육학을 의미한다. 이는 특정한 사회적 맥락에 관한 최적의 교육방안을 모색하기 위한 매우 실질적이고 구체적인 사회교육학이라고 할 수 있다.

각 유형의 사회교육학은 상황에 따라 나름의 의의와 효용성을 가진다. 특히 다원적 사회교육학이 각 사회문제와 교육상황에 최적화된 사회교육방법을 찾기 위한 실천적 성격이 강하다면, 보편적 사회교육학은 사회적 상황과 교육적 맥락의 다양함 속에서 보편적인 사회교육의 원리가 있음을 규명하기 위한 이론적 성격이 강하다고 볼 수 있다. 각 유형의 사회교육학은 모두 사회교육의 성격을 종합적으로 이해하고 사회교육을 효과적으로 실천하는 데 기여한다고 볼 수 있다.

2. 사회교육학의 정립과 관련된 대립적 접근방식

사회교육학은 현재도 새롭게 형성되어 가고 있는 학문이다. 특히 한국에서 현재 추진되고 있는 사회교육학은 과거와 달리 사실상 새로운 관점에서 이루어지는 신생학문이라고 할 수 있다. 따라서 사회교육학의 정립을 모색하는 과정에서 여러 가지 접근방식이 시도될 수 있다. 이러한 접근방식들 중에는 서로 대립되는 것들도 존재할 수 있다. 그러므로 사회교육학을 체계적으로 연구하기 위해서는 대조적인 접근방식들에 대한 종합적인 검토와 적용이 필요하다. 여기서는 사회교육학의 정립과정에서 대조적인 접근방식들이 활용될 수 있는 경우를 교육지향적 접근과 사회지향적 접근, 과학적 접근과 규범적 접근, 그리고 이론지향과 실천지향의 차원에서 살펴보고 이를 어떻게 종합할 것인가를 검토해 보고자 한다.

1) 교육지향적 접근과 사회지향적 접근

사회교육은 교육을 통하여 사회를 개선해야 한다는 기본적인 목적을 가지고 있지만, 학문적인 차원에서 '교육적 가치'와 '사회적 가치' 중에 무엇을 더 본위로 하느냐라는 점은 중요한 논쟁거리가 될 수 있다. 교육적 가치를 우선시하는 교육지향적 접근방식이 개인의 자율적 참여와 발달에 더 초점을 맞추는 반면, 사회적 가치를 우선시하는 사회지향적 접근방식은 사회적 요구 실현 자체에 더 초점을 맞춘다. 예를 들어, 지역사회문제를 해결하기 위한 사회교육의 경우, 한편으로 '교육적 관계'의 중요성이 강조될 수 있는 반면, 다른 한편으로 '지역사회 안에서, 지역사회를 통한, 지역사회를 위한 교육'이 강조될 수 있다. 북유럽 국가들의 경우, 한편으로 '사회문화적 지역활성화운동(socio-cultural animation)'이나 '집합적 발달을 위한 동원' 등과 같이 사회지향적인 교육활동을 중시하는 경향이 있는 반면, 다른 한편으로 '좋은 만남(good rendezvous)'과 같이 좀 더 개인지향적인 교육활동을 강조하는 경향이 있기도 한다(Hämäläinen, 2015: 1032-1033). 또한 복지지향적 사회교육의 경우, 한편으로 교육이 사회복지증진을 위한 수단으로 강조되는 반면, 다른 한편으로 교육적 인간발달을 위한 교육복지증진에 초점이 맞춰질 수 있다.

이와 같이 사회교육은 '교육적 가치'와 '사회적 가치' 중에 무엇을 중심에 두느냐에 따라 접근방식이 달라진다. 사회교육학은 이 두 가지 접근방식을 동시에 아울러야 하며 그러한 원리를 실현하는 방법을 모색해야 한다. 즉, 두 가지 접근방식의 구체적인 성격과 특징을 분석하고, 어떠한 상황에서 어떠한 접근방식을 선택하는 것이 바람직한가를 다루는 것이 사회교육학의 과제라고 할 수 있다.

2) 과학적 접근과 규범적 접근

사회교육학은 과학적 요소와 규범적 요소를 모두 포함한다. 이는 교육학 자체의 성격과도 관계된다. 실천과학의 하나인 교육학은 합리적인 실천을 위해 과학적으로 뒷받침해야 할 부분과 지향해야 할 가치를 제시하기 위한 규범적인 부분이 모두 포함된다. 교육학의 하위 분야라고도 할 수 있는 사회교육학도 과학적 실행 가능성을 추구하는 부분과 옳고 그름을 따지는 규범적 부분이 혼재할 수 있다. 따라서 이 두 가지 부분을 통합하는 것이 곧 사회교육학의 과제라고 할 수 있다. 이와 관련하여 스티븐스(Stephens)는 사회교육학이 기본적으로 이 두 가지 요소를 조화롭게 다룰 수 있다는 입장을 취한다. 이와 관련된 내용을 살펴보면 다음과 같다.

> 실천에 있어서 가치판단과 과학적 진실성은 양립 가능한 요소이다. 가치의 측면은 개인들이 자신의 주체성과 삶의 질, 그리고 사회적 발달을 동시에 향상시킬 수 있는 사회를 추구하는 이데올로기적 희구와 관련된다. 과학적인 측면은 실행가능성을 반영한다. 이는 곧 이 사업은 실행가능하고 가치판단체계는 객관적으로 구성되어 있는가라는 질문과 관련된다(Stephens, 2013: 61-62).

이러한 관점에 입각하여 사회교육은 사회과학을 비롯한 과학의 도움을 받지만 최종 순간에는 교육철학적인 판단을 요구한다. 객관성은 효과적이고 윤리적인 사회교육 실천을 하기 전에 갖추어져 있어야 할 선결 조건이다. 객관성은 사회교육자들로 하여금 사회교육 실천상의 문제들을 정확히 파악하고 효과적이고 합리적인 근거에 기초한 결정을 할 수 있도록 돕는다. 그러나 사회교육 실천과 관련된 최종적인 결정은 결국 사회교육자의 윤리적인 판단에 따른다. 즉, 사회과학적 안목으로 현실을 분석하고 비판하되 최종적으로는 철학적 · 윤리학적 결정을 하게 되는 것이다. 이런 점에서 사회교육 실천에서 객관적인 사회과학과 규범적인 학문이 잘 통합되도록 돕는 것이 사회교육학의 과제라고 할 수 있다.

3) 이론지향과 실천지향

사회교육학을 연구하는 과정에서 쟁점이 될 수 있는 것 중의 하나는 사회교육학의 주목적이 이론을 정립하는 것이냐, 아니면 실천을 위한 방법을 연구하는 것이냐의 문제이다. 이는 모든 분과학문이 고유한 학문으로 발달하는 과정에서 부딪치게 되는 기본적인 이슈라고도 할 수 있다.

기본적으로 사회교육학은 사회교육에 관한 이론을 정립한다. 사회교육의 현상을 정확하게 분석하고 객관적이고 보편적인 사회교육의 원리를 정립하는 것이 사회교육학의 과제라고 할 수 있다. 또한 다른 한편으로 사회교육학은 실천을 위한 방안을 연구한다. 사회문제를 해결하기 위해 사회문제의 성격과 원인에 관한 지식을 습득하고, 다른 학문과 일반 교육학의 지식을 활용하여 사회문제를 효과적으로 해결하는 교육적 방안을 제시하는 것이 사회교육학의 과제라고 할 수 있다. 따라서 사회교육학에서 사회교육의 이론과 실천을 어떻게 다룰 것인가는 사회교육학의 성격과 관련된 중요한 이슈가 된다. 이러한 문제를 해결하기 위한 사회교육학의 접근방식은 이론과 실천의 관계를 대립적이거나 배타적인 관계로 보는 것이 아니라, 상황에 따라 적절하게 선택할 수 있는 관계로 인식하는 것이다. 즉, 이론과 실천의 관계가 다양하게 설정될 수 있음을 인식하고 이를 적절히 활용하는 것이다.

이와 관련하여 서베로(R. Cervero)는 성인교육의 상황에서 이론과 실천의 관계를 '이론이 없는 성인교육 실천' '성인교육실천의 기초로서의 이론' '성인교육 실천 속에서의 이론' '해방을 위한 성인교육 이론과 실천'의 네 가지로 나누었다(Cervero: 1991). 그가 제시한 이론과 실천의 관계는 사회교육의 맥락에서도 동일하게 나타난다고 볼 수 있다. 서베로의 논의를 바탕으로 사회교육에서 이론과 실천의 관계 유형별 학문적 발전과제를 살펴보면 다음과 같다.

첫째, 이론 없이 진행되는 사회교육 실천에 대한 이해와 개선이다. 많은 경우 사회교육 현장에서 사회교육에 대한 체계적인 이론 없이 사회교육이 실천되고 있으며, 이러한 실천들이 유용한 지식과 이론으로도 정립되지 않고 있음을 인식할 필요가 있다. 이러한 인식에 기초한 사회교육학의 과제는 '사회교육 실천을 위한 이론적용의 유용성'과 '사회교육 실천을 통한 이론형성의 중요성'을 강조하고 이를 학문적으로 뒷받침하는 것이라고 할 수 있다.

둘째, 실천을 위한 체계적인 지식체계의 정립이다. 상식은 실천을 위한 충분한 근거가 되지 못하기 때문에 체계적인 과학적 연구과정을 거쳐 일반화된 지식체계가 사회교육의 실천을 위한 토대가 되어야 한다. 또한 다른 학문분야에서 검증된 이론과 지식의 적용이나 실험적인 상황을 거친 결과도 중요하게 인식해야 한다. 이러한 인식에 기초한 사회교육학의 과제는 사회교육의 실천을 위해 유용하다고 판단되는 이론들을 검증하고 조정하여 사회교육 현장에 최적화된 이론을 제공하는 것이라고 볼 수 있다.

셋째, 실제 교육현장의 맥락을 반영한 이론의 정립이다. 이러한 맥락에서의 이론은 교육자들의 작업활동을 유도하는 암묵적 지식과 가치들을 드러내어 밝힘으로써 그들이 처해 있는 실제적 상황을 심도있게 해석하도록 기능한다. 이러한 입장은 지식의 원천을 확대한다는 점에서 차별화된다. 즉, 이론은 연구자의 인위적인 실험이나 조직적인 노력에 의해서만이 아니라 실천 속에서 발견되고 도출될 수 있다는 것이다. 이러한 인식에 따르면, 구체적인 상황에서 각 개체의 행동방식에 영향을 미치는 주관적 의미 구조들을 체계적으로 들추어 냄으로써 이론이 실제로부터 도출될 수 있다. 이러한 이론들은 실천가들이 자신을 이해하고 자기반성을 통해 변화하도록 도울 수 있다. 이러한 인식에 기초한 사회교육학의 과제는 사회교육 실천과정에서 최적의 이론을 도출함으로써 다른 분야에서 정립된 이론의 불완전성을 보완하는 것이라고 할 수 있다.

넷째, 적극적인 사회변화를 위해 이론과 실천의 상호작용을 촉진하는 것이다. 사회교육학은 객관적이어야 하지만, 사회교육의 실천은 가치중립적이지 않을 수 있다. 특히 사회교육은 사회적 약자의 입장과 공동체적 가치를 지향하는 전통이 강하다. 그런 점에서 사회교육학은 학습자들이 스스로 자신의 문제를 해결하고 사회문제 해결을 위해 함께 참여하는 학문적 경향이 중시된다. 예를 들어, 참여연구는 가난하고 억눌린 사람들이 그들의 현실을 분석하고 비판적으로 검증하며, 그들과 함께 문제해결을 위한 방법을 찾고 실천하는 것을 목적으로 한다. 이 과정에서 이론과 실천의 통합이 순환적으로 이루어진다. 이것은 곧 사회교육이 전통적으로 추구해 온 교육원리이기도 하다. 이런 인식에 기초할 때 사회교육학의 과제는 이론과 실천의 순환을 통해 사회문제를 보다 효과적으로 해결하기 위한 사회교육의 원리와 방법을 구체적으로 연구하는 것이다.

앞에서 살펴본 이론과 실천의 관계에 대한 인식유형들은 사회교육학의 발전을 위해 모두 나름의 의미를 갖는다. 학문에 있어서 상식에 대한 존중과 더불어 상식의 한계도 인정하고 보다 체계적이고 객관적인 지식을 얻기 위한 노력이 필요하다. 한편으로 지식은 실증주의적으로 주어지는 것만이 아니라 현장 속에서의 경험을 통해 만들어질 수 있음도 인정해야 한다. 그리고 현장 속에서 얻게 되는 경험에 대한 이해도 필요하다. 더 나아가, 지식은 이해되는 것으로 끝나는 것이 아니라 현실을 변화시켜야 하며, 그 과정에서 이론과 실천이 순환될 수 있음도 인정할 필요가 있다. 그러므로 사회교육학은 이와 같은 이론과 실천 관계의 다양성을 종합적으로 파악하고 상황에 맞게 적절한 접근방식을 선택해야 할 것이다.

3. 사회교육학의 탐구 주제와 학문적 구성체계

신생학문으로서의 사회교육학은 고유한 탐구주제를 선정하고 이를 체계적으로 연구하기 위한 학문적 구성체계를 정립해야 한다. 사회교육학이 우선적으로 다루어야 할 주제는 크게 사회교육의 개념, 사회교육의 원리, 사회교육의 실천방법 등에 관한 것이며, 이를 탐구하기 위해 인문학, 사회과학, 교육학 등이 활용될 수 있다. 여기서는 사회교육학이 주도적으로 다루어야 할 탐구주제와 이를 탐구하기 위한 학문적 구성체계를 구체적으로 모색해 보고자 한다.

1) 사회교육학의 탐구 주제

하나의 학문으로서 사회교육학은 사회교육에 대한 이해와 사회교육 실천을 위한 전반적인 주제를 다루게 된다. 이러한 주제들은 기본적으로 사회교육의 개념과 역사, 사회교육의 원리와 방법, 사회교육의 영역과 실태 등을 포함한다. 이를 크게 나누면 '사회교육의 기초' '사회교육의 원리' '사회교육의 실천'이라고 할 수 있다. 이를 구체적으로 살펴보면 다음과 같다.

첫째, 사회교육의 기초는 사회교육의 개념과 역사와 현실을 학문적으로 탐구하는 것이다. 이는 다시 사회교육개념론과 사회교육비평론으로 나눌 수 있다. 사회교육개념론이 사회교육의 일반적인 개념과 유형, 사회교육과 유관 개념과의 관계, 사회교육의 목적 등을 다룸으로써 사회교육의 본질을 규명하는 것이라면, 사회교육비평론은 사회교육의 역사와 철학, 사회교육의 실태에 대한 분석과 비평을 통해 사회교육의 바람직한 실천을 위한 대안을 제시하는 것이다.

둘째, 사회교육의 원리는 사회교육가치론, 사회학습지원론, 사회교육조직론으로 구분할 수 있다. 사회교육가치론은 사회문제 해결을 위한 교육의 가능성, 교육적 가치를 반영한 사회교육의 원리, 교육적 가치와 사회적 가치의 통합원리 등을 다룬다. 사회학습지원론은 학습자의 사회학습과 사회교육 전문가의 교육행위 사이의 관계를 규명하고, 사회학습의 활성화를 위한 교육적 개입의 원리를 다룬다. 그리고 사회교육조직론은 사회문제 해결을 위해 학습자의 의식화를 조직화와 연결하는 원리를 다룬다.

셋째, 사회교육의 실천은 사회교육을 현실 속에 구현하기 위한 일반적인 실천방법과 사회교육 영역별 실천과제를 다룬다. 이는 세부적으로 사회교육방법론, 사회교육실천가론, 사회교육영역론으로 구성된다. 사회교육방법론은 교육현장에서 사회문제해결을 위한 일반적인 사회교육방법과 기법을 모색한다. 사회교육실천가론은 사회교육 전문가의 유형과 역할 및 역량 등에 대해 종합적으로 다룬다. 그리고 사회교육영역론은 사회교육의 하위영역인 기초교육, 경제적 자활교육, 시민교육, 사회개발교육의 특수한 상황을 고려한 사회교육 실천방안의 모색을 의미한다.

지금까지 살펴본 사회교육에 대한 이해와 실천을 위한 사회교육학의 하위영역과 연구과제를 정리하면 〈표 6-2〉와 같다.

〈표 6-2〉 사회교육학의 하위영역과 연구과제

구분	하위영역	연구과제
사회교육의 기초	사회교육개념론	• 사회교육의 개념과 유형 • 사회교육과 유관 개념과의 관계 • 사회교육의 목적
	사회교육비평론	• 사회교육의 역사와 철학 • 사회교육 현실에 대한 비평
사회교육의 원리	사회교육가치론	• 사회문제 해결을 위한 교육적 접근방식 • 사회변화를 위한 교육의 가능성과 한계 • 교육적 가치와 사회적 가치의 통합
	사회학습지원론	• 사회학습의 원리와 유형 • 사회학습을 통한 사회교육 촉진의 원리 • 학습자 주도성과 교육자 주도성의 조화
	사회교육조직론	• 의식화와 조직화의 연계 • 실천조직의 구성과 운영 • 사회교육 실천을 위한 네트워크 형성
사회교육의 실천	사회교육방법론	• 사회문제 해결을 위한 교육과정의 구성 • 공감과 소통, 연대를 위한 교육기법 • 프로젝트 수행 및 참여연구 방법
	사회교육실천가론	• 사회교육자의 유형과 역할 • 사회교육자의 전문성
	사회교육영역론	• 사회교육영역별 현황과 발전방안 • 사회교육영역별 제도와 정책

사회교육학의 차원에서 이러한 세부 주제들에 대해 이론가들에 따라 각기 상이한 주장들이 제기될 수 있다. 예를 들어, 프레이리와 호튼(Horton & Freire, 2006)의 경우, 많은 공통점에도 불구하고 의식화와 조직화의 관계, 학습자의 경험과 지식 활용에 대한 접근방식, 교사의 구체적인 역할 등에 관한 의견에서 다소 차이점이 나타난다. 또한 사회변화를 추구하는 교육의 구체적인 위상에 대해서도 주입적인 교육을 적극적으로 수용하는 것에서부터 학습자의 자발적인 수용만을 허용하는 것까지 다양한 입장이 존재할 수 있다(Apple, 2015). 사회교육

학은 이러한 세부 주제들에 대한 다양한 주장을 검증하고 보다 타당하고 적절한 대안을 제시해야 할 것이다.

2) 사회교육학의 학문적 구성체계

사회교육학의 하위영역별 연구과제를 다루기 위해서 다양한 학문분야의 지식들과 연구방법들이 활용될 수 있다. 사회교육에 관한 학문적 과제를 수행하기 위해 어떤 학문들이 활용될 수 있으며, 이러한 학문들이 사회교육학의 체계 안에서 어떻게 구성되어야 하는지에 대해 살펴보면 다음과 같다.

사회교육학을 구성하기 위해 우선적으로 고려할 수 있는 것이 바로 기존 교육학의 체계이다. 사회교육학은 크게 보면 교육학의 한 분야이기 때문에 기존 교육학의 학문적 구성을 우선적으로 고려할 필요가 있다. 이와 관련하여 정우현은 일찍이 사회교육학의 학문적 구성에 대해 다음과 같이 제안하고 있다.

> 교육학은 교육현상을 이론적으로 설명하는 학문이다. 즉, 교육의 현상을 체계적으로 설명하는 학문이 곧 교육학이다. …… 이와 마찬가지로 사회교육도 실천의 현상을 이론적으로 설명할 수 있으며, 그 접근방식도 교육학과 마찬가지로 역사, 철학, 심리학, 사회학 등 다학문적 접근 속에서 이루어질 수 있다고 본다. 즉, 사회교육도 지금까지 우리가 인식했던 일반 교육학과 마찬가지로 사회교육사(학), 사회교육철학, 사회교육심리학, 사회교육사회학 등 학적 성립을 배경으로 하여 학적 성립이 가능하다는 것이다(정우현, 1991: 144-145).

이와 같이 사회교육학을 기존 교육학의 세부학문 영역별로 구성하는 방안이 있다. 이 경우 세부학문별 학문적 관점과 업적을 바탕으로 사회교육학의 발전에 이바지하기가 쉽다는 장점이 있다. 예를 들어, 기존의 교육사회학자는 '교육사회학'의 학문적 관점을 기반으로 사회교육 실천이 '사회'와 어떤 영향을 주고받는지를 분석할 수 있다. 이처럼 기존의 교육학을 사회교육에도 적용하여 사회교육학을 구성하는 것을 우선적으로 고려할 수 있다.

그런데 사회교육학은 단순히 기존 교육학의 하위영역이 아니라 '사회교육'만의 고유한 성격을 다루는 학문이기도 하다. 따라서 일반적인 '교육학'과 비교할 때 하위학문의 종류나 구성방식 면에서 차이가 존재할 수밖에 없다. '사회교육학'은 교육을 통한 사회변화를 추구하기 때문에 일반교육학에 비해 사회변화와 관련된 다양한 하위학문이 추가될 필요가 있다. 기존의 교육학을 구성하고 있는 하위학문들이 오랜 시간을 거쳐 형성된 것에 비해 사회교육학은 학문적 구성에 대한 논의가 매우 짧아 아직 완전하게 정형화된 양상을 띠지 못하고 있다. 그러므로 사회교육학의 발전과정에서 다양한 학문들이 사회교육학의 구성체계 안으로 들어올 수 있다.

이런 맥락에서 사회교육학의 정립을 위해 고려할 수 있는 학문적 기초는 인문학, 사회과학, 교육학으로 나눌 수 있다. 먼저, 인문학은 개인과 사회가 지향해야 할 규범이 무엇인가를 다룬다. 철학, 윤리학, 신학, 문학, 역사학 등이 포함된다.

다음으로, 사회과학은 인간이 살아가는 사회의 성격, 사회문제 등을 탐색한다. 향후 연구가 진행됨에 따라 다양한 사회과학적 지식들이 반영될 수 있다. 현재로서는 사회학, 인류학, 심리학(특히 사회심리학과 상담심리학), 정치학, 행정학, 경제학, 경영학, 사회복지학, 지역사회개발학, 광고홍보학 등의 다양한 사회과학들이 포함될 수 있다.

마지막으로, 교육학은 교육의 기본 원리와 교육방법을 주로 다룬다. 여기에는 기존 교육학을 구성하는 하위분야로서의 교육철학, 교육사, 교육심리학, 교육사회학, 교육행정학, 교육방법 및 교육공학, 교육상담 등이 포함될 수 있다. 또한 교육학 분야에서 새롭게 부각되고 있는 학문적 접근방식들도 유용하게 활용할 수 있다. 특히 평생학습학은 학습하는 존재로서의 인간의 특성, 학습의 시간적 · 공간적 편재성을 사회교육에 반영한다는 점에서 의미 있는 학문적 기초가 될 수 있다.

지금까지 살펴본 사회교육학을 구성하는 학문적 구성요소별로 사회교육과 관련된 연구과제들을 제시하면 〈표 6-3〉과 같다.

〈표 6-3〉 사회교육학을 구성하는 학문적 기초

구성요소	내용	관련 분과학문
인문학	사회적 존재로서의 인간 개인과 사회의 철학적 의미 공동선 · 공동체의 개념과 성격, 사회윤리	철학, 윤리학, 신학, 문학, 역사학 등
사회과학	인간의 사회적 특징과 사회의 성격 사회문제의 현황과 원인 사회변화의 원리 사회복지와 사회운동의 원리 사회집단과 사회조직의 원리	사회학, 인류학, 심리학(특히 사회심리학과 상담심리학), 정치학, 행정학, 경제학, 경영학, 사회복지학, 지역사회개발학, 광고홍보학 등
교육학	교육의 본질적 가치 교육의 역사 전인교육의 원리 사회변화를 위한 교육의 가능성과 한계 사회문제 해결을 위한 집단적 교육방법	교육철학, 교육사, 교육사회학, 교육심리학, 교육행정학, 교육경영학, 교육방법 및 교육공학, 교육상담, 평생학습학 등

이와 같이 사회교육학은 사회교육의 실천영역, 사회교육학의 탐구 주제, 사회교육학의 학문적 기초에 따라 복합적으로 구성된다고 볼 수 있다. 이를 종합적으로 정리한 사회교육학의 구성체계는 〈표 6-4〉와 같다.

〈표 6-4〉 사회교육학의 구성체계

구분	구성요소
실천영역	기초교육론, 경제적 자활교육론, 시민교육론, 사회개발교육론
탐구 주제	사회교육기초, 사회교육원리, 사회교육실천
학문적 기초	인문학, 사회과학, 교육학

4. 사회교육학 연구의 발전과제

사회교육학은 비교적 신생학문으로서 학문적 정립을 위해 다양한 노력이 요구된다. 시대의 흐름에 따라 사회교육학은 사회문제를 해결하기 위한 새로운 접근방식이나 과제를 갖게 되었다. 여기서는 사회교육학의 발전을 위해 추구해야 할 접근방식과 향후 수행과제들에 대해 살펴보고자 한다.

1) 시대변화에 따른 사회교육의 대상과 내용의 확장

현대사회는 더욱 복잡해지고 있으며 새롭고 다양한 사회문제들이 발생하고 있다. 이에 따라 사회교육학은 사회교육의 대상이나 범위, 활동내용 등 모든 측면에서 새롭고 유연한 접근을 해야 할 필요가 있다. 이와 관련하여 스티븐스는 사회교육을 새롭고 유연하게 연구해야 할 필요성에 대해 다음과 같이 말하고 있다.

> 사회교육은 학문적인 훈련과 사적이며 실제적인 기술을 결합하며 어린이와 청소년, 그리고 어떤 경우에는 성인과 노인들과 함께 하는 일에 적용될 수 있다. 사회교육의 목적은 그들로 하여금 상황에 잘 대처하고 더 번창하기 위한 다양하고 더 나은 길을 발견하며, 자신들의 삶을 더 잘 관리할 수 있도록 돕는 것이다. 사회교육적 실천은 단지 생존조건을 향상시키는 것 이상이다(Stephens, 2013: 29-30).

먼저, 대상의 측면에서 사회교육학은 기존의 특정 연령이나 특정한 사회문제를 겪고 있는 사람만이 아니라 각계각층의 사회구성원들이 새롭게 겪고 있는 사회문제를 해결하기 위한 교육을 연구하고 실천하는 방향으로 나아가야 한다. 그러기 위해 아동 · 청소년부터 노인에 이르기까지 전체 사회구성원이 겪고 있는 다양한 사회문제를 해결하기 위한 맞춤형 사회교육 연구의 방향으로 나아가야 한다.

다음으로, 사회교육학은 대상은 물론 내용면에서도 다양한 실천활동들을 포괄해야 한다. 전통적으로 사회교육은 사회적 돌봄과 교육의 경계에서 존재해 왔다. 최근에는 사회운동, 지역사회개발 등의 실천활동과도 연계되고 있다. 따라서 사회교육학은 이러한 영역에 대한 새로운 지식의 습득과 활용에 적극적이고 유연한 입장을 취해야 한다.

2) 사회교육의 통합적 · 전인적 실천원리 탐색

복잡하고 어려운 사회문제의 해결을 위해 사회교육은 다양한 접근방식을 통합적으로 활용할 필요가 있다. 따라서 사회교육학은 사회사업, 교육, 사회운동, 사회개발 등의 다양한 원칙과 방법을 체계적으로 통합해야 할 학문적인 과제를 안고 있다. 또한 사회교육학은 특정한 사회문제를 위해 다양한 유형의 사회교육을 종합적으로 활용하기 위한 원리를 탐색해야 한다. 사회문제는 다양한 원인들이 복합적으로 작용하여 발생하는 경우가 많으며, 사회집단에 따라 사회문제에 대한 관점과 유효한 접근방식도 다를 수 있다. 따라서 특정한 사회문제를 해결하기 위해 기초교육, 경제적 자활교육, 시민교육, 사회개발교육 등 사회교육의 다양한 유형과 방식을 통합적으로 활용하기 위한 조건과 방안에 대한 연구가 이루어질 필요가 있다.

그리고 사회교육학은 전인성(whole person)과 전반적인 인간의 발달에 관심을 가져야 한다. 이는 곧 지적 · 도덕적 · 신체적 발달을 통합하며, 참여자들로 하여금 그들의 전 생애에 걸쳐 개인적 · 사회적 · 직업적 발달을 수행할 수 있도록 돕는 것과 관련된다.

> 교과학습과 사회학습의 차이는 전자가 기본적으로 인지적 · 합리적 과정을 반영하는 것에 비해 후자는 정서적 과정을 반영한다는 것이다. 실제로 사회교육자는 머리(학구적/도구적 학습), 심장(사회적/도덕적 학습), 손(실천적 학습) 모두에 관심을 가지지만, 그것 중에 가장 두드러진 특성은 심장과 관련된 것이다(Stephens, 2013: 22).

전통적으로 사회교육은 지식위주의 교육이나 직업훈련 중심의 교육이 아닌 전인적인 교육을 추구하였다. 이런 전인적인 교육은 개인의 변화를 통한 사회변화의 초석이 되기 때문이다. 그러나 시대의 변화에 따라 개인이 갖추어야 할 지적 · 도덕적 · 신체적 발달의 내용과 양상은 보다 다양해지고 복잡해지고 있다. 따라서 이러한 내용과 양상을 고려하여 시대에 적합한 전인교육의 내용과 방법을 연구하는 것이 사회교육학의 지속적인 과제라고 할 수 있다.

3) 사회교육의 전문성 제고를 위한 다학문적 접근 강화

사회교육학은 일종의 응용학문으로서 실천을 위한 다학문적 접근이 필요하다. 따라서 어떤 학문들이 추가로 활용될 수 있는가에 대한 지속적인 연구와 적용이 필요하다. 사회교육의 성격상 대화와 토론과 같이 의사소통에 관한 학문이나, 지역사회 또는 공동체와 관련된 학문들이 사회교육학의 학문적 구성요소가 된다. 이와 관련된 내용을 살펴보면 다음과 같다.

> 직업적 활동 영역으로서, 사회교육은 교육의 원칙들을 실행에 옮긴다. 심리학 이론들과 치료적 접근방식들이 사회교육의 전문적 활동에 광범위하게 적용된다. 대화와 지역사회(또는 공동체, community)는 자주 언급되는 이론적 공통분모인 것처럼 보인다. 소크라테스 이래로, 대화는 교육활동의 근본적인 요소로 간주되어 온 반면, 교육과 인간발달에 있어서 지역사회(공동체)의 중요성은 사회교육학 자체의 많은 이론가에 의해 교육적 원칙으로 강조되어 왔다. 일반적으로 말해서, 사회교육의 전문화는 창의적인 대화지향적 · 지역사회기반적 교육이론들과 방법들의 다양성으로부터 많은 도움을 받았다(Hämäläinen, 2015: 1032).

사회교육 실천가들은 전통적으로 지역사회를 기반으로 사회문제를 해결하기 위해 사회학, 정치학, 사회심리학, 경제학 등과 같은 다양한 학문들의 도움을 받았다. 사실, 사회교육자들에 의해 설명되는 실제 생활 상황의 복잡성은 개별적인 분과학문보다는 다학문적이고 총체적인 접근에 의해 더 많은 도움을 받을 수 있다(Schugurensky, 2014: 386). 그리고 사회가 복잡해지고 해결해야 할 사회문제도 다양해짐에 따라 사회교육학이 활용해야 할 학문들도 이전보다 더 다양하고 새로워져야 할 필요가 있다. 최근 심화되고 있는 지구온난화, 인구 감소, 이주민 증가, 신종바이러스의 확대, 청년실업의 증대, 지역 간 격차 심화 등과 같은 사회문제에 대처하기 위해서는 이와 관련된 학문적 지식들이 요구된다. 또한 인공지능, 빅데이터 등과 같은 신기술을 활용한 연구방법과 문제해결 기법도 사회교육학의 구성체계 안에 수용되어야 한다. 그런 면에서 사회교육학 발전을 위한 다학문적 기초가 보다 광범위하게 확장될 필요가 있다.

4) 사회교육 제도화의 이중성 극복

사회교육의 제도화를 어떻게 추진할 것인가도 사회교육학의 주된 과제라고 할 수 있다. 어느 분야나 발전하는 과정에서 제도화와 정규화는 필연적인 결과라고 할 수 있다. 사회교육의 경우도 예외는 아니다. 이와 관련하여 젠슨(Jensen)은 사회교육 분야의 정규화가 사회교육학에 미치는 영향에 대해 다음과 같이 말하고 있다.

> 정규화(normalization)는 또한 과학으로서의 사회교육학의 발달을 위해서도 중요하다. 사회교육학의 발달은 학문과 전문직과의 관계에 대한 세 가지 관점, 말하자면 (1) 학문과 교육정책, (2) 기관들(단과대학 및 종합대학), (3) 전문직 정책으로 요약될 수 있다. 따라서 자율적인 과학적 학문활동에 기초하여 교육, 경험적 조사, 이론 개발의 과업을 수행하는 사회교육실천가의 전문적 자율성을 지원하며 법적으로 보장하는 것이 필요하다 (Jensen, 2013: 87).

이와 같이 사회교육의 정규화와 제도화는 사회교육학과 밀접한 관련을 가진다. 특히 사회교육실천가의 양성은 사회교육학의 발전을 위한 중요한 토대임과 동시에 사회교육학이 신중하게 다루어야 할 연구과제라고 할 수 있다. 한국의 경우, 사회교육은 소외계층을 위한 민간차원의 기초교육과 민주화를 위한 사회운동차원의 시민교육을 중심으로 이루어졌다. 이에 따라 상대적으로 국가적인 관심과 제도적인 뒷받침을 충분히 받지 못했다. 그러나 최근에는 국가 차원에서의 사회복지와 민주화의 진전으로 인해 사회교육의 제도화가 활발하게 이루어지고 있다. 따라서 사회교육 제도화의 원리를 정립하고 실태를 분석하기 위한 학문적인 연구가 필요하다.

이와 아울러 사회교육학 차원에서 사회교육 제도화에 대한 비판적 접근도 필요하다. 역사적으로 민간 부문을 중심으로 사회사업과 사회운동적 성격을 갖고 시작된 사회교육이 전문화와 보편화를 추구하는 제도화의 과정에서 부작용을 나타낼 수 있기 때문이다. 유럽의 사회교육학은 이러한 문제를 중요하게 다루고 있다. 이와 관련된 내용을 보면 다음과 같다.

> 사회교육의 '정규화'는 모종의 한계들로 이끌 수 있다. 비록 1960년대와 1970년대의 사회교육이 장애인 등과 같은 취약한 시민들의 불평등과 비존엄적 대우에 반대하는 정치적 투쟁으로 특징지어져 '위험한' 것으로 인식되었던 것에 비해, 오늘날의 사회교육은 단지 서비스를 제공하고 그 체제를 재생산하는 데 도움을 주는 다른 복지적 전문직들과 마찬가지로 '정규적(normal)' 재생산을 위한 실천행위를 하는 것과 유사하다(Jensen, 2013: 6-7).

이처럼 젠슨은 사회교육 제도화에 따른 보수화, 형식화의 위험성을 지적하고 있다. 여기서 주목해야 할 것은 사회교육의 제도화 과정에서 사회교육 고유의 '운동성'을 잃어서는 안 된다는 것이다. 그러므로 사회교육학의 차원에서 사회교육의 제도화를 통해 보편성과 공공성을 강화하면서도 사회교육의 운동지향적 성격을 상실하지 않는 방안이 무엇인가에 대한 구체적인 연구가 필요하다.

5) 사회교육의 일상성 및 현장성 반영

사회교육의 발전을 위해서는 일정한 정도 제도화도 중요하나 구체적이고 새로운 일상세계 속에서의 사회교육의 역할과 방법에 대한 지속적인 관심도 필요하다. 시대의 변화에 따라 구체적인 일상 속에서 새롭게 부각되는 사회문제를 해결하기 위한 사회교육학의 역할이 중요한 것이다. 이와 관련하여 함석헌은 교육을 통해 진정한 삶의 변화를 이루기 위해서는 삶의 구석구석에서 이루어지는 게릴라식 교육이 필요하다고 주장하였다.

> 이제는 우리끼리 서로 씨ᄋᆞᆯ 속에 깊이 파고들어야만 합니다. …… 기술이 발달하면 할수록 사상의 유격전은 더욱 필요합니다. 이제 우리 싸움터는 국회의사당도, 법정도, 학교도, 교회도, 신문조차도 아닙니다. 직장, 다방, 선술집, 소풍놀이터에 있습니다. 이것은 누구의 일만이 아니요, 누가 해낼 수 있는 일도 아니요, 생활의 한 부분이 아니라 모두의 일, 내가 해야 하는 일, 생활의 전부이기 때문입니다(함석헌, 2009a: 275).

이와 같은 함석헌의 생각은 그람시(A. Gramsci)가 사회변화의 전략으로 제시한 진지전과 맥을 같이한다. 또한 특정한 시간, 특정한 교육기관이나 시설에서만 교육이 이루어지는 것이 아니라 '씨ᄋᆞᆯ'들이 있는 삶의 모든 현장에서 언제든지 교육이 이루어지도록 하는 것이 중요하다. 이것은 현대사회에서 중시되는 평생학습의 항상성 및 편재성과도 맥을 같이한다. 그러므로 사회교육학은 어떻게 사회교육의 일상성과 현장성을 유지할 수 있을 것인가에 대해 지속적으로 연구할 필요가 있다.

제 3 부

사회교육학의 원론적 탐구

제7장 사회적 가치와 교육적 가치의 통합

제8장 사회학습의 활성화와 교육적 지원의 조화

제9장 의식화와 조직화의 조화

제7장 사회적 가치와 교육적 가치의 통합

사회교육학이 고유하게 다루어야 할 핵심적인 학문적 주제 중의 하나는 사회적 가치와 교육적 가치의 통합을 위한 원리와 방법이다. 사회교육은 사회적 가치와 교육적 가치의 조화를 추구해야 하지만, 현실적으로는 두 가치가 서로 갈등을 일으키는 경우가 많다. 사회교육학은 교육을 통해 바람직한 사회적 가치를 최대한 제고함과 동시에 사회교육의 실천과정에서 교육적 가치를 최대한 구현하기 위한 원리와 방법을 연구해야 한다. 이 장에서는 사회교육에서 사회적 가치와 교육적 가치의 통합과 관련하여, 사회적 가치와 교육적 가치의 의미, 사회변화를 위한 교육의 한계와 가능성, 사회교육에서 정치와 교육의 관계, 사회교육을 통한 개인성장과 사회변화의 조화 원리 등에 대해 살펴보고자 한다.

1. 사회변화와 교육의 관계

사회변화는 사회교육이 추구하는 궁극적인 목적이다. 사회변화는 교육 이외의 수단을 통해서도 가능하다. 그러나 교육을 통한 사회변화는 특별한 성격을 갖는다. 여기서는 사회교육의 목적으로서의 사회변화의 의의, 사회변화와 교육과의 관계 유형, 교육을 통한 사회변화 가능성에 대한 인식의 유형 그리고 사회변화와 교육의 관계 정립방식에 따른 사회교육의 유형에 대해 살펴보고자 한다.

1) 사회교육이 추구하는 사회적 가치와 사회변화의 의의

사회교육은 기본적으로 사회적 가치를 지향한다. 사회교육학에서 사회적 가치와 교육적 가치의 관계를 논하기 위해서는 먼저 사회교육이 본질적으로 추구하는 사회적 가치가 무엇인가에 대한 논의가 필요하다. 이와 관련하여 슈거렌스키(D. Schugurensky)는 다음과 같이 말하고 있다.

> 사회교육의 원리와 가치를 지향하면서 사회교육 관련 활동과의 통합은 포용, 참여, 평등, 주체성, 자력화(empowerment)와 개인적 및 공동체적 웰빙을 강조해야 한다. 더군다나 사회교육은 사회비판과 해방적 사회변화를 향한 지향성을 포함하고 있어야 하며 불평등의 재생산과 사회적 민주화에 관한 정책과 규정들의 효과에 주의를 기울여야 한다 (Schugurensky, 2014: 386).

슈거렌스키에 따르면, 사회교육이 추구하는 사회는 자유, 평등, 연대성, 공동체성 등의 사회적 가치가 구현되는 사회이다. 그는 이를 위해 사회교육이 사회비판과 사회변화를 지향해야 한다고 주장하였다. 또한 스티븐스(P. Stephens)도 사회교육의 규범적 목적은 관용이 풍부하게 넘쳐나고 정의가 지배적인, '아무것도 갖지 못한 사람이 아무도 없는' 공정한 사회를 창조하는 것이라고 주장하였다(Stephens, 2013: 50). 사실, 나토르프(P. Natorp)가 상호존중과 공동체 정신에 기초한 연대성을 함양하기 위한 학문으로 사회교육학을 제시한 이후 사회교육학자들이 추구한 것은 교육을 통해 공동체적 사회를 실현하는 것과 무관하지 않다고 볼 수 있다. 이는 사회적 가치를 구현함으로써 기존의 사회를 더 좋은 사회로 변화시키는 것이 사회교육의 궁극적 목적임을 의미한다. 사회적 가치를 지향하며 사회문제를 해결하는 것도 궁극적으로는 사회변화를 추구하는 과정이라고 할 수 있다.

이와 같이 사회교육이 궁극적으로 추구하는 것은 이상적인 사회로의 변화라고 할 수 있다. 사회변화는 어떤 유형의 사회교육이든, 어떤 이데올로기를 추구하는 사회교육조직이든 기본적으로 사회적 가치 실현의 최종 결과라고 볼 수 있다. 사회교육이 교육을 통해 이루고자 하는 사회변화는 바로 그러한 사회적 가치를 잘 실현하는 사회로의 변화를 의미한다. 그러므로 사회교육학은 궁극적으로 교육을 통한 사회변화의 원리와 방법을 다루는 학문이라고 할 수 있다.

2) 교육을 통한 사회변화의 가능성에 대한 인식

교육을 통해 사회변화, 특히 사회구조의 변화를 가져올 수 있는가는 교육학 안에서도 교육사회학의 영역에서 전통적으로 다루어 온 매우 중요한 논의주제 중의 하나이다. 이에 대한 교육학계의 입장들을 정리하면 다음과 같다.

첫째, 낭만적 낙관론의 입장이다. 이에 따르면, 교육의 발전은 그 자체로 사회평등에 이바지한다. 전통적으로 자유주의적 입장을 취하는 교육학자들은 공교육제도의 보편화를 통해 사회변화와 평등에 이바지할 수 있다는 낙관적인 입장을 취하고 있다. 이들에 따르면, 학교교육의 보편화야말로 사회평등에 가장 크게 이바지한 요소이다.

둘째, 비판적 비관론의 입장이다. 이에 따르면, 교육은 사실상 사회의 불평등구조를 재생산하는 데 기여한다. 이는 학교교육의 사회적 기능에 대한 마르크스주의 및 네오마르크스주의 교육학자들의 입장과 맥을 같이 한다. 이들은 학교교육의 보편화가 사실상 사회의 불평등에 이바지한다고 주장한다는 점에서 비판적이며, 그 결과 자본주의 사회에서는 결코 교육을 통해서는 사회평등에 이바지할 수 없다고 인식한다는 점에서 비관적이다.

셋째, 비판적 낙관론의 입장이다. 이러한 입장에 선 사람들은 학교교육을 통해 사회재생산이 이루어지는 측면이 있음을 비판적으로 인식하고 있음에도 불구하고, 특별한 교육적 접근방식을 통해 사회구조의 변화가 부분적으로 가능하다고 주장한다. 이와 관련하여 마이클 애플(M. Apple)의 주장을 살펴보면 다음과 같다.

교육은 사회를 바꿀 수 있을까? 답은 "그렇다"가 될 수 있다. 하지만 그것은 오직 우리가 하고 있는 일이 우리의 차이를 서로 존중하며, 우리에게 집단적인 힘을 제공해 줄 탈중심 연합을 건설하고 지켜 내며, 그 길이 멀고 험할 것임을 각오한 상태로, 더 큰 프로젝트에 기반을 하고 있을 때만이 그러하다(Apple, 2015: 318).

이 글에는 사회적인 제약 속에도 특별한 교육적 접근방식을 통해 사회를 구조적으로 변화해 나갈 수 있다는 비판적 낙관론이 반영되어 있다.

〈표 7-1〉 교육과 사회변화와의 관계에 대한 관점 비교

구분	봉건주의적 관점	자유주의적 관점	마르크스주의적 관점	통합적 관점
교육의 성격	교육기회 제공은 지배자의 시혜	교육은 사회평등의 효과적 매개	교육은 재생산 합리화의 도구	교육은 상대적 자율성을 가진 사회변화 매개
교육을 통한 사회변화 가능성	운명적 비관론	낭만적 낙관론	비판적 비관론	비판적 낙관론

이와 같은 교육을 통한 사회변화에 관한 입장을 사회교육에 적용할 때 사회교육과 사회변화의 관계에 대해서도 다양한 관점이 존재할 수 있다. 그러나 실천적인 면에서 사회변화의 가능성과 관련하여 사회교육이 전제하고 있는 관점은 비판적 낙관론의 관점이다. 즉, 기존의 교육이 갖고 있는 낭만적 낙관론과 비판적 비관론을 모두 극복하고 사회의 근본적 변화를 지향하는 것이 사회교육의 기본 전제라고 할 수 있다. 또한 사회문제를 해결하기 위한 교육의 원리와 방법을 다루는 사회교육학의 성격상 교육을 통한 사회변화의 가능성을 전제하는 것이 논리적으로도 정당하다.

역사적으로도 사회변화와 사회정의를 추구하는 사회교육의 차원에서 비판적 낙관론의 관점은 매우 오래된 전통을 갖고 있다. 린드만(E. Lindeman)이나 프레이리(P. Freire)와 같은 전통적인 사회교육학자들도 이러한 관점을 제시하였다.

한국에서도 일제강점기 이후 지속적으로 존재해 왔던 비판적 성격의 사회교육은 당시 사회체제 유지의 기능을 담당했던 기존 교육에 비해 대안적 성격이 강하였다. 즉, 사회교육을 통해 사회평등과 사회변화에 이바지한다는 것이 결코 쉬운 일은 아니지만 비판적인 입장에서 꾸준하게 노력하면 성공할 가능성이 높아진다는 낙관론의 입장을 취했던 것이다.

교육학 분야에서는 교육을 통한 사회체제의 변화 가능성을 인정하는 입장과 교육을 통한 사회체제 유지와 통제를 비판적으로 검증하는 입장이 이론상의 각 축을 벌이고 있다. 현실적으로 교육은 기존 사회체제를 유지 및 강화하는 쪽으로 기능할 수도 있고, 기존 사회체제를 비판 및 변혁하는 쪽으로 기능할 수도 있다. 이는 사회교육의 경우도 마찬가지이다. 사회교육이 기본적으로 사회변화를 지향한다고 하지만, 이 사회변화가 기존 체제 유지에 유리한 순응적 변화일 수도 있고, 기존체제를 부정하는 변혁적 변화일 수도 있다. 그런 면에서 사회교육은 양날의 검과 같은 성격을 갖는다. 사회교육은 현재의 체제를 보다 효과적으로 유지하기 위한 '달래기용' 또는 '교화용' 교육이 될 수도 있고, 권력관계를 비판하고 대안을 모색하는 '비판적' 교육이 될 수도 있다. 즉, 사회교육은 단순히 국가 혹은 기존 권력에 순응하는 국민을 양성할 수도 있지만, 사회변혁을 추구하는 의식화된 집단을 양성할 수도 있다.

여기서 주의할 것은 사회교육이 단지 사회변화를 위한 효율적인 수단으로만 인식되어서는 안 된다는 것이다. 더 중요한 것은 사회교육 자체가 교육적으로 수행되어야 한다는 것이다. 즉, 사회교육을 통해 단지 사회변화의 결과만을 추구하는 것이 아니라 그 과정에서 학습자들이 교육적으로 성장하는 것도 중요하다. 이것이 곧 사회변화를 추구하는 과정에서도 잃어버려서는 안 되는 교육의 본질적인 가치이기 때문이다. 따라서 사회교육학은 교육을 단지 수단으로 이용할 때 진정한 의미의 사회변화가 이루어질 수 있는가에 대한 학문적인 검증을 시도할 필요가 있다. 교육을 단지 사회적 가치를 추구하기 위한 수단으로만 활용하는 경우와 교육적 가치를 최대한 반영하는 경우 중에 어떤 경우가 사회변화와 사회문제 해결에 더 효과적인가를 확인하는 것이 사회교육학의 탐구과제라고 할 수 있다.

3) 사회변화를 위한 효용성에 따른 사회교육의 유형

교육이 사회변화에 유용하다는 것은 이미 여러 이론들을 통해 입증되고 있다. 그러나 교육이 사회변화를 위해 어느 정도나 유용하고 어떤 점에서 한계가 있는지에 관한 계속적인 연구가 필요하다. 사회교육학은 바로 사회변화를 위한 교육의 효용성을 제고하기 위한 학문이기 때문이다.

사회변화를 위한 사회교육의 효용성을 검토하기 위해 사회교육학은 다음의 두 가지 기준을 고려할 필요가 있다.

첫째, 사회교육을 통한 사회변화 파급효과의 정도이다. 즉, 사회교육이 사회의 구조적인 변혁에 유용한 것인지, 아니면 사회의 점진적인 개선에 보다 유용한 것인지에 관해 살펴볼 필요가 있다. 기본적으로 사회교육을 통한 사회변화의 점진적인 개선이 수월하게 이루어지겠지만, 사회교육이 사회의 구조적인 변화에 기여하지 못한다면 그 효용성도 그만큼 제한적일 수밖에 없다. 이런 맥락에서 사회교육학은 사회교육을 통한 사회변화의 정도에 대해 고찰해야 한다.

둘째, 사회변화를 위한 교육의 필요충분성이다. 즉, 사회교육이 사회변화를 주도하는 가장 유일하거나 핵심적인 방편인지, 아니면 다른 영역과 함께 협력할 수 있는 여러 방편 중의 하나인가를 살펴볼 필요가 있다. 진정한 사회변화는 사회를 구성하는 개인의 변화 없이는 불가능하며, 이러한 개인의 변화를 추구하는 것이 교육이므로 진정한 사회변화를 위한 가장 핵심적인 방편이 교육이라는 입장이 있을 수 있다. 반면, 현실적으로 사회변화를 위해서는 다양한 영역 사이의 조화와 협력이 필요하며, 교육은 그중의 하나에 불과하다는 입장도 존재할 수 있다. 이러한 점에 대해서도 사회교육학은 면밀하게 고찰할 필요가 있다.

이러한 두 가지 기준에 대한 인식의 차이에 따라 사회교육은 사회개선협력적 사회교육, 사회개선주도적 사회교육, 사회변혁협력적 사회교육, 그리고 사회변혁주도적 사회교육으로 유형화할 수 있다([그림 7-1] 참조). 첫째, 사회개선협력적 사회교육이란 사회개선을 위한 다양한 수단 중 하나로서 교육을 활용하는 경우를 말한다. 둘째, 사회개선주도적 사회교육은 사회개선을 위한 유일한 수단으로서 교육을 활용하는 경우를 말한다. 셋째, 사회변혁협력적 사회교육은 사회변혁을 위한 다양한 수단 중 하나로서 교육을 활용하는 경우를 말한다. 넷째, 사회변혁주도적 사회교육은 사회변혁을 위한 유일한 수단으로서 교육을 적극적으로 활용하는 경우를 말한다.

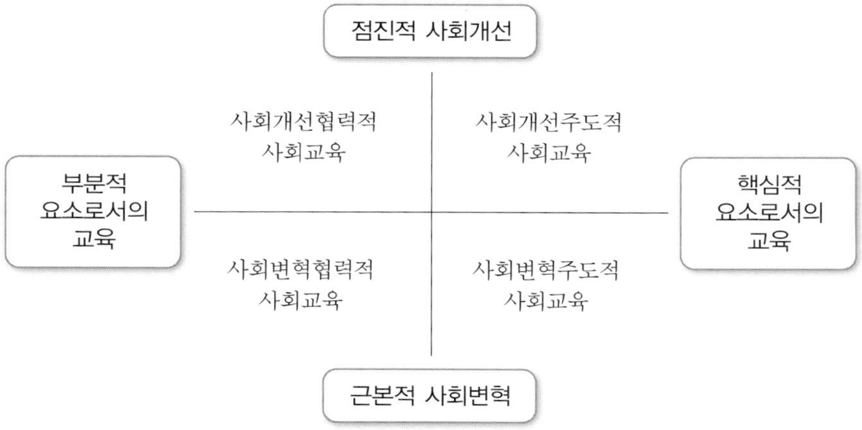

[그림 7-1] 사회변화를 위한 교육의 효용성에 따른 사회교육의 유형

역사적으로나 사회적으로 이러한 유형들의 전형적인 사례들을 찾아볼 수 있다. 예를 들어, 국가발전 차원에서 기존의 체제를 유지하며 '교육입국(教育立國)'을 강조하는 사례가 사회개선주도적 사회교육 유형이라고 한다면, 일제강점기 독립운동가들은 많은 경우 사회변혁협력적 사회교육이나 사회변혁주도적 사회교육 유형에 해당한다고 볼 수 있다. 특히 남강 이승훈이나 도산 안창호와 같은 인물은 독립을 위해 교육이 가장 핵심 역할을 한다고 주장했던 사회변혁주도적 사회교육사상가의 대표적인 인물이라고 할 수 있다.

현실적으로 사회교육은 다양한 형태로 나타난다. 이런 맥락에서 사회교육학은 유형별 사회교육의 사례와 구현 조건, 구체적인 실천원리와 실천방법, 사회교육자의 역할 등에 대해 구체적으로 연구할 필요가 있다.

2. 사회교육에서 교육적 가치의 의미와 구현원리

사회교육은 사회문제 해결을 추구한다는 점에서 '사회적 가치'를 지향한다. 이와 동시에 사회교육은 교육의 하위분야라는 점에서 '교육적 가치' 또한 포기할 수 없다. 여기서는 교육의 한 분야로서 사회교육이 추구해야 할 교육적 가치가 무엇이며, 이러한 '교육적 가치'와 '사회적 가치'를 조화하기 위한 사회교육의 원리에 대해 살펴보고자 한다.

1) 사회교육에서 사회적 가치와 교육적 가치의 관계

일반적으로 사회교육은 사회문제를 해결하거나 사회적인 가치를 실현하기 위한 수단적인 성격이 강한 편이다. 그러나 이러한 사실이 사회교육이 사회문제를 해결하기 위한 즉각적이고 도구적인 교육만을 의미한다는 것은 아니다. 그러한 인식은 사회교육이 가지고 있는 교육 본연의 가치보다는 정치적 · 경제적 · 사회적 가치를 실현하기 위한 수단적 가치에만 주목한 결과이다.

교육이 본위가 되는 사회, 다시 말해 진정한 의미의 교육 발전이 이루어지고 있는 사회는 교육적 가치가 존중되고 활성화되는 사회이다. 교육 본위의 교육학 성립을 추구했던 장상호(1993: 62-63)는 교육 발전을 반영하는 지표로 내재성과 만연성, 심도성을 제시하였다. 먼저, 내재성은 교육 자체가 다른 것을 얻기 위한 수단이 아니라 그 자체가 목적으로 추구되는 것을 의미한다. 다음으로, 만연성은 교육과 학습이 보편적인 생활양식의 하나로 학교나 특정한 기관에서만이 아니라 삶의 다양한 영역에서 활발하게 이루어지는 것을 의미한다. 마지막으로,

심도성은 특별한 교육 소재와 관계없이 사회구성원이 일반적으로 가지고 있는 가르침과 배움 자체를 효과적으로 수행하는 수준을 의미한다. 어느 사회가 내재성, 만연성 및 심도성이 높다는 것은 그만큼 교육을 통한 내적 성장이 그 자체로 추구되며, 가르침과 배움이 일상화되어 있으며, 가르침과 배움의 능력 수준이 높다는 것을 의미한다. 이는 평생교육에서 일반적으로 지향하는 진정한 의미의 '평생학습사회'라고도 할 수 있다. 이와 같은 교육 발전의 지표는 기본적으로 사회교육의 경우에도 예외는 아니다. 즉, 사회교육을 실천하는 과정에서도 사회문제의 해결 자체와 별개로 가르침과 배움 자체에 대한 만족과 보람을 느껴야 하고, 특정한 장소만이 아니라 일상생활의 모든 공간에서 교육이 이루어져야 하며, 사회교육의 과정상 가르침과 배움의 수준이 날로 높아져야 한다는 것이다.

이러한 교육적 가치의 중요성에도 불구하고 사회교육의 현실에서 교육적 가치를 구현하기 위해서는 여러 가지 난관을 겪게 되는 것이 사실이다. 교육은 정치, 경제, 사회, 문화, 종교 등과 같이 인간세계의 다양한 영역과 관계를 맺고 있다. 이러한 다양한 영역이 추구하는 가치를 통틀어서 넓은 의미의 사회적 가치라고 할 수 있다. 교육을 중심으로 본다면 이러한 인간세계의 각 영역에서 교육적 가치가 최우선적으로 고려되어야 하지만, 반대로 각 영역을 중심으로 본다면 교육은 그 영역의 사회적 가치를 구현하기 위한 수단이 된다. 이를 정리하면 〈표 7-2〉와 같다.

〈표 7-2〉 인간세계의 세부영역별 교육의 성격

인간세계의 주요 영역	인간세계 영역과 교육의 관계	
	교육이 수단이 되는 경우	교육이 본위가 되는 경우
정치	이데올로기 형성교육	이데올로기 비판교육
경제	직업훈련, 인적자원 개발	노작교육
사회	사회화	사회의 이해
문화	문화화	자유교육, 문화예술교육
종교	교화	자기성찰 및 수양

인간세계의 각 영역과 관련된 사회교육이 수행되는 과정에서 사회적 가치를 강조하는 것과 그 영역의 교육적 가치를 강조하는 것 사이에 갈등이 발생할 수 있다. 그리고 영역별로 교육이 그 영역의 사회적 가치를 추구하기 위한 수단으로 활용되는 경우와, 반대로 교육 자체가 그 영역에서 주된 가치로 추구되는 경우에 따라 표현양식이나 용어도 다르다.

정치와 교육의 관계를 예로 들면, 교육은 전통적으로 특정한 정치집단을 위한 수단으로 많이 강조되었다. 이는 국가주도의 교육이든 민중주도의 교육이든 마찬가지이다. 그러나 최근에는 이러한 정치활동 자체의 교육적 의미를 중시하는 움직임이 나타나고 있다. 이와 관련하여 한숭희는 다음과 같이 말하고 있다.

> 민중교육에서 교육과 정치의 결합은 대체로 정치적 목적을 위한 교육의 도구화로 이해되어 왔다. 그러나 민중교육은 정치적 영역과 활동(갈등, 투쟁, 저항, 헤게모니, 지도력 등)을 교육의 장으로 드러내는 '정치의 교육화'에 토대를 두고 있다. 이러한 개념화된 정치는 당파주의의 영역이나 특정 집단의 이익을 위한 집단적인 행동을 넘어서서 정의, 평화, 인종적/도덕적 관점 등과 같은 인본주의적인 목적을 추구한다. …… 지금까지 민중교육자들은 교육의 정치적 측면에만 관심을 가졌던 반면, 정치의 교육적 측면을 그들의 관심에서 배제하여 왔다(한숭희, 2001: 147).

이와 같이 한숭희는 정치영역에서 얻을 수 있는 특별한 교육적 체험을 강조하고 있다. 즉, 정치의 영역에 해당되는 이데올로기, 민주주의, 평화, 권력 등에 대해 더 많이 알아가고 주체적으로 대처하는 능력을 갖추어 가는 것이 교육적으로 가치가 있다는 것이다. 이는 교육을 본위로 할 때 정치영역이 교육적 체험을 위한 '소재'가 되는 것이다. 정치영역의 중요한 요소인 '이데올로기'의 경우, 정치를 위해 교육이 수단이 되는 경우에는 특정한 정치세력을 위한 '이데올로기 형성교육'이 되지만, 교육이 본위가 되고 정치영역이 소재가 되는 경우에는 이데올로기의 속성을 이해하는 '이데올로기 비판교육'이 된다. 사회교육의 차원에서 '이데올로기 형성교육'과 '이데올로기 비판교육'은 모두 의미가 있다. 사회교육의 차원에서는 이데올로기 형성을 위한 교육도 이루어져야 하지만 이데올로기 비판을 위한 교육도 함께 이루어져야 하는 것이다. 이 두 가지 가치를 조화롭게 추구하는 것이 사회교육의 과제라고 할 수 있다.

이는 정치영역만이 아니라 다른 영역도 마찬가지이다. 인간세계의 각 영역은 모두 교육적 체험을 하기 위한 중요한 수단이 될 수 있다. 개인이 성장하는 과정에서 각 영역에서의 체험은 매우 중요한 교육적 성장의 소재가 될 수 있는 것이다. 그러나 다른 한편으로 교육은 그러한 영역을 위한 수단이 될 수도 있다. 특히 교육은 그 영역에서 주도권을 가지고 있는 이들에 의해 통제되는 경우가 많다. 그 과정에서 교육의 본질적 가치를 강조하는 측면과 교육의 수단적 가치를 강조하는 측면이 서로 대립할 수 있다. 그러나 사회교육은 각 영역의 가치를 구현하기 위한 교육과 동시에 그 영역에 관한 교육적 성장의 경험도 함께 추구해야 한다. 이 두 가지 가치를 조화롭게 추구하기 위한 구체적인 방안을 모색하는 것이 사회교육학의 기본 과제라고 할 수 있다.

2) 사회교육의 과정에서 교육적 가치 구현의 양상

교육의 가치는 우선적으로 교육 그 자체의 본질에서 찾아야 한다. 교육은 이전에 종교와 정치, 경제, 문화 등과의 연계를 통해 존재 가치를 인정받으려는 경향이 강했다. 교육이 그러한 가치를 위한 수단으로 활용될 수 있다는 것 자체를 문제 삼을 수는 없다. 그러나 교육이 그 본질을 회복하기 위해서는 다른 것의 수단이 아닌 궁극적으로 교육 그 자체만의 가치를 우선적으로 인정받아야 한다.

교육의 내재적 가치에 비추어 볼 때 교육의 한 분야라고 할 수 있는 사회교육도 문제해결을 위한 수단적인 가치로만 그 가치를 따질 것이 아니라 그 과정 속에 내재해 있는 교육적인 가치에도 주의를 기울여야 한다. 사회교육은 경우에 따라 사회적 가치를 구현한다는 명분으로 개인을 위한 교육적 가치를 희생시킬 우려가 있다. 그러나 사회교육은 사회적 가치를 중요시하되 그것이 각 개인 학습자에게도 교육적으로 유의미한 것이 되어야 한다. 이와 관련하여 호튼(M. Horton)은 다음과 같이 주장한다.

> 조직을 운영하게 될 경우에는 조직의 목적과 구성원의 성장 중 어느 하나를 선택해야 하는 상황에 처할 수 있습니다. 즉, 조직화나 특정 프로그램이 추구하는 목적을 달성할 것인지 아니면 민중을 교육시키고 그들의 성장을 도울 것인지 결정해야 하는 것이지요. 저는 민중들의 성장을 위해서는 조직의 목적도 희생시킬 수 있어야 한다고 생각합니다. 긴 안목에서 보면 더 큰 의미가 있기 때문입니다. …… 조직화와 교육이 늘 모순되는 것은 아니지만 실천의 현장에서는 그 둘을 구분할 필요가 있다고 봅니다(Horton & Freire, 2006: 152).

이와 같이 호튼은 사회교육의 맥락에서 개인을 위한 교육적 가치를 강조한다. 이는 곧 사회교육이 단순히 사회적 · 경제적인 욕구를 즉각적으로 충족시켜 주기 위한 실용적 차원만이 아니라 그것을 초월한 자기성장을 위한 교육적 차원으로 연결되어야 한다는 것을 의미한다. 사회교육의 관점에서 볼 때 사회변화를 위한 궁극적인 실천이라고 할 수 있는 '혁명'도 이와 같은 관점에서 파악할 수 있다. 린드만에 따르면, 혁명은 진정한 학습의 과정이 좌절되고 실패했을 때만 필요한 것이다(Lindeman, 1961: 49). 그에 따르면, 사회변화와 사회혁명도 교육적인 관점에서는 학습할 수 있는 자유의 확장을 위한 것일 때 의미가 있다. 여러 가지 제약으로부터 해방되는 것만큼 자유로운 학습을 할 수 있기 때문이다. 자유를 추구하기 위해 시도된 혁명도 결과적으로 학습자의 요구를 무시하거나 학습자의 교육적 성장과 무관하게 이루어질 때 사회교육의 본질과는 거리가 먼 것이다. 그러므로 사회발전이라는 목적만을 추구하기 위해 개인의 주체적인 학습 참여와 교육적 성장을 소홀히 할 때 그것은 하나의 '사회운동'은 될 수 있을지 몰라도 '사회교육'이라고 볼 수는 없는 것이다. 이와 관련하여 한국의 시민교육실천가인 황주석은 다음과 같이 말한다.

> 우리 시대 사회운동의 가장 중요한 과제는 건강한 대중성을 회복하는 것, 시민이 주체가 되는 운동으로 거듭나는 것입니다. 즉, 사회운동은 인간 성장중심의 운동, 사회교육적 운동이 될 때 그 진정성을 확보하게 될 것입니다(황주석, 2007: 23-24).

황주석에 따르면, 진정한 사회운동은 교육적으로 이루어져야 한다. 참여자의 깨달음과 이해를 통해서만 진정한 사회운동이 이루어질 수 있다는 것이다. 이러한 표현은 사회교육이 사회적 가치를 지향하면서도 동시에 학습자를 위한 교육적 가치를 중시해야 함을 강조하고 있다.

이런 맥락에서 에릭슨(Eriksson, 2014)은 사회교육의 접근방식을 적응적 모델, 동원적 모델, 민주적 모델 등 세 가지로 유형화하였다. 첫째, 적응적 모델(adaptive model)은 처방의 방식을 적용함으로써 개인의 사회적 통합이나 적응을 목적으로 하는 개인지향성의 표현이다. 둘째, 동원적 모델(mobilizing model)은 공동의 행동으로 불만족스러운 생활조건을 개선하기 위해 민중을 동원함으로써 사회변화와 해방을 추구하는 집합주의를 유형화한 것이다. 셋째, 민주적 모델(democratic model)은 도야(formation, Bildung)를 통하여 능동적인 시민성을 증진함으로써 사회적 응집성을 강화하는 것이다. 이러한 세 가지 모델은 개인과 사회의 관계에 대한 이데올로기적 관점의 차이를 반영한다. 일반적으로 현대사회에서 가장 바람직한 모델은 민주적 모델에 가깝다고 할 수 있다. 이것은 사회적 가치와 교육적 가치를 최대한 동시에 조화롭게 추구하는 것이다. 사회교육의 차원에서 개인의 발달과 사회의 발달은 상호적으로 강화되어야 한다. 사회의 발달은 교육받고 비판적이고 참여적인 개인들을 요구하며, 이러한 개인의 발달은 그 구성원들의 자율적인 참여와 성장을 보증하는 사회 위에서 이루어지기 때문이다.

이와 같이 사회교육의 실천과정에서 교육적 가치가 충분히 반영되는 것이 바람직하다. 그러나 현실적으로나 역사적으로 사회교육을 통해 항상 교육적 가치가 충분히 반영될 수 있는 것은 아니다. 사회교육을 통해 교육적 가치가 충분히 반영되지 않는 경우는 물론 심지어는 매우 비교육적인 방식으로 이루어지는 경우가 있다. 이는 모든 유형의 사회교육에 해당된다. 이와 관련하여 사회교육 유형별로 교육적 가치가 충분히 반영되는 경우와 반대로 교육적 가치가 충분히 반영되지 못하거나 명백히 비교육적인 방식으로 실행되는 경우의 특징과 그 역사적 사례들을 살펴보면 다음과 같다.

〈표 7-3〉 사회교육 유형별 교육적-비교육적 상황의 기본 성격과 역사적 사례

사회교육 유형	교육적 가치 여부	기본 성격 및 의미	역사적 사례
기초교육	교육적	공감: 학습자에 대한 배려, 자존감 증진	영국의 대학확장운동 프레이리의 문해교육 노숙자를 위한 인문학 강좌
	비교육적	순응: 학습자에 대한 무시, 교수자에 대한 의존적 태도	프레이리가 비판한 은행저금식교육 린드만이 비판한 미국의 이주민 동화교육 제5공화국의 삼청교육대
경제적 자활 교육	교육적	자립: 자아실현을 위한 직업능력향상	페스탈로치의 직업도야사상 로버트 오언의 노동자교육
	비교육적	착취: 저렴한 노동력의 활용	영국 랭카스터나 벨이 구안한 자본주의 체제 적응중심의 노동자교육
시민교육	교육적	의식화: 사회문제에 대한 자기주도적 관심	스웨덴의 스터디서클을 활용한 사회문제 해결 토론사업 황주석의 YMCA 등대 학습동아리를 활용한 지역시민운동
	비교육적	교조화: 특정 이데올로기의 주입	선전매체를 활용한 히틀러의 나치즘 주입 일제강점기의 황국신민화 교육을 위한 지방 순회강연
사회개발 교육	교육적	참획: 공동체 발전을 위한 학습자의 주체적 참여 촉진	일제강점기 이상촌 운동 풀무학교 중심의 마을공동체활동 마을주민주도의 도시재생사업
	비교육적	동원: 사회개발을 위한 학습자의 도구화	공산권 협동농장에서의 강제학습 교리주입을 통한 종교집단공동체활동

이와 같이 사회교육이 교육적으로 실천될 때와 비교육적으로 실천될 때 드러나는 현상에는 커다란 차이가 있다. 유형별로 구체적으로 살펴보면 기초교육은 '공감 대 순응', 경제적 자활교육은 '자립 대 착취', 시민교육은 '의식화 대 교조화', 사회개발교육은 '참획(參劃) 대 동원'의 형태로 대별된다. 그리고 역사적으로 이러한 성격을 반영하는 다양한 사례들이 존재한다.

이러한 특징들과 역사적 사례에서 나타나듯이 교육적 가치가 충분히 반영된 사회교육은 비교적 지속적으로 유익한 결과를 산출하였다. 반면, 비교육적 방식으로 추진된 사회교육은 독일 나치정권에 의한 사회교육이나 일제강점기 일본총독부에 의한 황국신민화교육처럼 역사상 사회교육의 '흑역사'라고 할 만한 결과를 나타내기도 하였다. 그러므로 건전한 사회교육을 구현하기 위해서는 사회교육의 실천과정에서 교육적 가치의 구현을 최대한 구현하기 위한 노력을 기울여야 한다. 그러기 위해서는 학문적인 차원에서 사회교육을 교육적으로 추진하는 경우와 그렇지 못한 경우의 원인과 구체적 양상을 보다 다양한 역사연구와 현장연구를 통해 분석하는 것이 필요하다. 또한 각 상황에서 교육적 가치를 보다 적극적으로 구현하기 위한 구체적인 방안에 대한 연구도 필요하다.

3) 사회교육에서 사회정의와 교육정의의 조화

사회교육은 이상적이고 정의로운 사회를 구현하기 위해 중요한 역할을 하지만 이러한 사회교육이 이루어지는 교육의 과정에서도 정의(justice)는 이루어져야 한다. 사회적 가치와 교육적 가치의 문제를 '분배의 정의'라는 관점에서 고찰하면 '사회정의'와 '교육정의'의 문제가 된다. 사회교육이 추구하는 사회적 가치가 정의롭게 분배되는 양상이 '사회정의(social justice)'라고 한다면, 교육적 가치가 정의롭게 분배되는 양상은 '교육정의(educational justice)'라고 할 수 있다(이돈희, 1992). 즉, 정의로운 사회를 만들기 위한 사회교육은 정의로운 교육의 조건에서 이루어져야 한다는 것이다.

현대사회에서 교육적 가치의 정의로운 배분은 곧 교육의 평등과도 관련된다. 그리고 교육가치의 배분과 관련하여 가장 기본적인 과제가 곧 교육기회의 평등이라고 할 수 있다. 이런 맥락에서 젠슨은 사회교육에서 정의로운 교육환경의 중요성을 다음과 같이 말하고 있다.

> 사회교육학은 제도적 환경들이 양육과정의 형식과 내용을 결정한다고 주장한다. 양육과 사회화의 실천들은 가정, 아동돌봄기관, 학교의 교육적 기능에 대한 지식을 가질 때만 이해될 수 있다. 더 나아가 사회교육학은 양육과 사회화를 위한 사회적 환경의 역할에 주의를 기울인다(Jensen, 2013: 4).

이와 같이 '양육과 사회화를 위한 사회적 환경'이란 가정, 아동돌봄기관, 학교 등과 같은 교육기관들이 평등하고 우호적인 교육환경으로 제공되어야 함을 의미한다. 즉, 누구나 최적의 교육환경에서 사회교육에 참여할 수 있는 것이 교육정의임을 의미한다. 사회교육은 사회적 가치를 지향함과 동시에 교육정의를 실현해야 하는 것이다. 이와 관련하여 사회정의와 교육정의의 차원에서 교육을 유형화하고 이 중에서 사회교육이 지향해야 할 유형이 무엇인가를 살펴보면 [그림 7-2]와 같다.

[그림 7-2] 교육정의와 사회정의 추구 정도에 따른 교육의 유형

사회정의와 교육정의를 지향하는 입장에 따라 교육은 크게 다음의 네 가지로 분류될 수 있다.

첫째, 개인주도적 일반교육이다. 이는 특별히 사회정의를 지향하는 것도 아니고 교육정의도 추구하지 않는 교육을 말한다. 이러한 교육은 교육목적이 사회문제 해결이 아닌 개인의 요구 충족이라는 점에서 사회교육과는 거리가 멀다. 또한 교육의 기회가 개인의 사회경제적 배경에 의해 제공된다는 점에서 교육복지나 학습권 보장과도 무관하다. 이는 각 학습자가 자신의 개인적인 목적을 위해 학습하는 사적 교육이라고 할 수 있다.

둘째, 학습권 보장적 일반교육이다. 이는 특별히 사회정의를 구현하는 것과 관계없이 모든 학습자에게 평등하게 학습에 참여할 수 있는 학습권을 보장하는 교육을 말한다. 구체적으로 사회정의를 목적으로 하지 않는다는 점에서 사회교육의 유형에는 포함되지 않으나 모든 유형의 교육이 교육정의의 차원에서 기본적으로 지향해야 할 유형이라고 할 수 있다.

셋째, 엘리트적 사회교육이다. 이는 사회문제 해결에 주도적으로 참여할 엘리트 위주로 사회교육이 이루어지는 경우를 말한다. 이러한 교육은 사회정의를 지향하면서도 실제적으로 교육정의는 유보되고 있다고 볼 수 있다. 즉, 교육평등이 포함된 사회정의를 지향하면서도 교육의 과정 중에서 교육정의는 아직 실현되지 않은 경우라고 볼 수 있다.

넷째, 보편적 사회교육이다. 현실적으로 사회교육은 사회정의를 지향하지만 그 과정에서 반드시 교육정의가 동반되는 것은 아니다. 사회정의를 지향하면서도 교육정의도 구현되는 경우를 특별히 보편적 사회교육이라고 할 수 있다. 이는 모든 사람에게 똑같은 사회교육을 획일적으로 제공한다는 의미라기보다는 필요한 사람에게 공정하게 제공하는 것이라고 볼 수 있다.

이와 같이 사회정의와 교육정의를 기준으로 할 때 다양한 유형의 교육이 존재한다. 각 유형의 교육은 나름대로의 존재 배경과 의의를 가진다. 그러나 사회교육의 차원에서 보다 바람직한 교육의 유형은 보편적 사회교육이라고 할 수 있다. 사회교육의 본질상 사회적 가치와 교육적 가치를 동시에 추구해야 하기 때문이다. 그런 면에서 보편적 사회교육의 원리와 실천방법을 연구하는 것이 사회교육학의 과제라고 할 수 있다.

3. 사회교육과 정치의 관계

사회교육과 가장 밀접한 관계가 있는 영역 중의 하나는 정치라고 할 수 있다. 정치는 교육과 더불어 사회변화에 매우 큰 영향을 미치고 있다. 특히 정치는 교육에도 큰 영향을 미치고 있는 것이 사실이다. 어느 권력집단이든 원활한 통치를 위해 교육을 활용하고자 하기 때문이다. 사회교육은 사회문제를 해결하는 과정에서 정치와 함께 활용되기도 하며, 특별한 경우에는 특정한 정치집단을 위해 활용되기도 한다. 그런 면에서 사회교육과 정치의 관계는 사회교육학의 차원에서 매우 중요한 연구과제라고 할 수 있다. 여기서는 사회교육과 정치의 기본적인 관계, 사회교육과 정치 사이의 바람직한 관계 성립의 원리를 살펴보고, 이와 관련된 사회교육학의 연구과제를 검토해 보고자 한다.

1) 사회교육과 정치의 협력

사회교육은 정치와 밀접한 관계를 가지고 있다. 역사적인 관점에서 볼 때, 사회교육은 빈곤을 극복하고 사회적 삶의 질을 향상시키기 위한 정치적인 운동과 손을 맞잡아 왔다. 정치적인 운동이 주로 사회개혁을 지향했다면, 사회교육은 교육을 통한 사회의 내적인 개혁을 목표로 삼아 왔다(Jensen, 2013: 3). 이러한 점에서 정치와 사회교육은 사회문제 해결을 위한 상호보완적인 사회활동이라고 할 수 있다. 이와 관련하여 우카르(X. Ucar)는 다음과 같이 말하고 있다.

> 사회교육은 사람들과 지역공동체를 자극하고 교육하고 도울 수 있고, 그들로 하여금 그들의 지역사회 환경뿐만 아니라 그들의 인간존재를 향상시키는 데 도움이 되는 행동

의식을 고양시킬 수 있다. …… 그러나 사회교육만으로 교육을 통해 생활수준을 직접적으로 향상시킬 수는 없다. 이것은 사회교육이 교육을 통해 사회적 조건에 영향을 미칠 수 있는 결정적인 전략이 될 수 없음을 의미하는 것은 아니다. 사회교육 행위의 결과는 정책의 그것들과 구별되어야만 한다. …… 사회정책은 빠르게 효과적으로 반응해야 한다. 반면, 교육은 그러한 위급성에 매우 효과적으로 대응하기 어려운 느린 과정이다(Ucar, 2013: 5).

이와 같이 사회문제 해결을 위해서는 교육과 정치를 상호보완적으로 활용하는 것이 요구된다. 사회교육이 사회문제 해결을 위해 핵심 역할을 수행할 수는 있지만, 그렇다고 사회교육이 만병통치약처럼 활용될 수도 없고, 언제나 신속한 문제해결을 보장할 수는 없다. 그런 점에서 사회문제를 보다 효과적이고 신속하게 해결하기 위해서는 사회교육이 정치와 적절하게 연계될 필요가 있다는 것이다.

이렇게 사회변화를 위한 교육의 의의와 한계를 인식하고 교육과 정치의 연계를 모색하는 접근방식은 일제강점기 도산 안창호의 사회교육사상을 통해서도 살펴볼 수 있다. 도산 안창호는 누구보다도 실력 양성을 위한 교육을 강조했음에도 불구하고 실력 양성만으로는 독립이 완수될 수 없다고 판단하였다. 그는 독립을 위해서는 마지막 단계에서 결국 독립전쟁이 불가피하다고 보았다. 실력 양성은 그 자체로 독립을 이루기 위한 중요한 요건이지만, 실제적으로는 독립전쟁을 위한 준비라고 인식한 것이다(안창호, 2012: 97). 이는 곧 사회교육과 정치의 역할분담과 협력이 필요함을 주장한 역사적 사례라고 볼 수 있다.

그런 면에서 사회교육은 사회변화와 사회문제 해결을 위해 직접적으로 대응해야 할 부분이 있는 한편, 정치를 돕는 역할도 수행해야 한다. 그러나 이 과정에서 사회교육이 정치의 수단으로 전락할 우려도 존재한다. 사회교육이 교육적 정체성을 잃고 정치적 수단으로 활용되는 것은 결코 바람직한 경우라고 할 수 없다. 따라서 어떻게 교육과 정치를 잘 통합하여 사회변화를 효과적으로 추구할 것인가가 사회교육학의 과제라고 할 수 있다.

2) 사회교육과 정치적 이념의 관계 정립

사회교육과 정치의 관계를 정립하는 과정에서 중요하게 살펴봐야 할 점은 사회교육의 실천과정에 반영되는 특정 집단의 정치적 이념에 관한 문제이다. 사회교육이 추구하는 이상적인 사회의 모습과 접근방식은 사회교육을 실시하는 집단의 정치적 이념에 따라 크게 다를 수 있기 때문이다. 이와 관련하여 사회교육학 분야에서도 교육과 정치의 관계에 대해 서로 다른 관점이 존재한다. 사회교육의 실천에서는 정치적으로 중립인 입장이 있을 수 없다는 관점, 그리고 사회교육이 특정한 집단을 위한 정치적 기능을 수행해서는 안 된다는 비판적인 관점이 있다.

먼저, 사회교육 실천에서 정치적으로 중립적인 입장이 있을 수 없다는 관점을 제시하는 주장은 다음과 같다.

> 사회교육은 사회적 이슈에 대해 중립적인 입장을 취하지 않는다. 사회교육 실천의 도덕적 목적은 모든 사람이 자신의 완전한 잠재력을 개발할 수 있는 정의로운 사회를 발전시키는 데 기여하는 것이다. 해방적인 사회교육 실천은 억압받는 자의 편에 있으며, 정의로운 사회의 편에 있다(Stephens, 2013: 88).

이와 같이 교육이 정치적 중립을 취할 수 없다는 입장은 사회교육의 전통에서 꾸준히 주장되어 왔다. 프레이리도 교육자는 어떤 사회를 꿈꿀 것인가에 관하여 정치적으로 명확한 입장을 가져야 한다고 주장하였다. 그는 교육자가 민중의 편에서, 민중의 지식을 존경한다는 것 자체가 하나의 정치적인 태도라고 주장하였다(Horton & Freire, 2006: 132).

다음으로, 사회교육이 정치적 기능을 수행하는 것에 대한 비판적인 관점을 살펴보면 다음과 같다.

> 사회교육은 구조적 문제들에 반응할 수도 없고 반응해서도 안 된다. 그것은 사회교육의 사명도 목적도 아니다. …… 문제는 교육이 무엇을 이룰 수 있고 이룰 수 없느냐가 아니라, 오히려 교육이 무엇을 요구받고 있느냐, 또는 정치가, 전문가 그리고 참여자들이 교육에 대해 어떤 기대감을 갖고 있느냐라는 것이다. 따라서 나는 사회교육은 우선 교육이며, 비록 그것은 강력한 정치적 잠재성을 가지고 있다고 하더라도 그것이 정치적 기능을 수행할 필요는 없다는 것을 강조한다(Ucar, 2013: 5).

이는 특정한 정파가 사회교육을 정치적 수단으로 활용하는 것에 대한 경계라고 볼 수 있다. 실제로 사회교육은 특정한 정치집단에 의해 악용되기도 하였다. 그 예로, 독일 나치정권에서 '위대한 게르만 민족(Das Deutsche Volk)'을 찬양하며 인종주의를 각인하는 데 사회교육이 주요한 역할을 한 사실을 들 수 있다.

그러나 사회교육이 기본적으로 사회문제를 다루는 이상 이러한 사회문제를 규정하는 특정한 정치적 · 사회적 이념과 무관할 수는 없다. 사회교육은 구체적인 현실 속에서 특정 조직이나 기관, 또는 특정한 가치를 가진 교육자에 의해 시도된다는 점에서 정치이념의 영향을 받지 않을 수 없기 때문이다. 그러므로 사회교육이 특정한 정치이념의 수단이 되는 것이 정당한가라는 논의와 무관하게 '현실적인 면에서 사회교육이 실제로 어떤 정치적 이념을 지향하고 있는가' '특정 이념을 지향하는 사회교육의 특징이 무엇인가' 등을 파악할 필요가 있다. 실제 사회에서는 기본적인 정치적 성향에 따라 사회교육에 대한 접근방식도 달라진다. 이와 관련하여 정치적 성향에 따른 사회교육의 접근방식을 사회교육 유형별로 살펴보면 〈표 7-4〉와 같다.

보수적 정치이념에 입각한 사회교육이 주로 개인의 사회체제 적응과 기존 사회체제 보완을 지향한다면, 진보적 정치이념에 입각한 사회교육은 주로 사회체제 비판과 사회체제 변혁을 지향한다. 예를 들어, 경제적 자활교육의 경우도 동

〈표 7-4〉 정치적 성향에 따른 사회교육의 성격

사회교육 유형 \ 정치적 성향	보수적		진보적	
기초교육	사회체제 적응	실용적 문해교육	사회체제 비판	비판적 문해교육
경제적 자활교육		실무적 직업훈련		비판적 직업훈련
시민교육	사회체제 보완	사회안정적 의식 함양	사회체제 변혁	사회변혁적 의식 함양
사회개발교육		공동체 효율성 증진		공동체 변혁지향

력이 되는 정치이념에 따라 다른 성격의 교육이 이루어질 수 있다. 이와 관련하여 애플의 주장을 살펴보면 다음과 같다.

> 세계에 대한 비판적 독해의 필요성에 대해 귀 막은 지배 계급은 노동자 계급에 대한 교육이란 순전히 기술적 훈련과 자기 계급을 재생산할 수 있도록 하는 훈련이라고 주장한다. 하지만 진보적 이념의 입장에서는, 책을 읽는 것과 세상을 읽는 것을 분리시킬 수 없는 것과 마찬가지로 기술적 훈련과 정치적 준비를 분리시킬 수 없다(Apple, 2015: 72).

이와 같이 애플의 관점에 따르면, 사회교육은 수행과정상 정치이념의 영향을 받지 않을 수 없다. 또한 기초교육이든 경제적 자활교육이든 모든 유형의 사회교육은 추구하는 정치이념에 따라 구체적인 목적이나 접근방식에서 차이가 날 수밖에 없다. 사회교육학의 차원에서 중요한 것은 사회교육이 특정 정치집단의 수단으로 사용될 우려가 있는 과정에서도 어떻게 사회교육의 본질을 지켜내며 그 가치를 다할 수 있게 할 것인가이다. 따라서 사회교육의 원리에 해당되는 실천원리의 구체적인 성격과 방법이 무엇인지, 그리고 그 이념을 추구하는 과정에서 사회교육의 본질적 원리를 침해하고 왜곡할 우려에 대해 심도 있는 연구가 필요하다. 사실, 교육사적으로 볼 때도 정치적 가치를 중시하면서도 교육적 가치를 포기하지 않으려는 노력들이 이어져 왔다. 애플에 따르면 교육학자인 듀이가 그 대표적인 예이다. 듀이는 학교가 특정한 정치적 가치를 가르칠 수밖에 없다는 사실을 외면하지 않으면서도 교육과정에서 특정한 이념을 주입하는 것이 아니라 학습자의 합리적 지성을 계발하는 참여민주주의적 교육방법을 통해 학습자들이 스스로 판단하게 하는 접근방식을 취하였다(Apple, 2015: 121). 이는 린드만이나 호튼, 프레이리, 허병섭, 황주석 등의 많은 사회교육사상가가 지향했던 것이기도 하다(오혁진, 2016; Jarvis, 1987). 사회교육학은 이러한 사회교육의 전통을 이론적으로 정립하고 발전시키기 위해 노력해야 할 것이다.

4. 개인성장과 사회변화의 조화

사회교육은 개인의 성장과 사회의 변화를 동시에 이루어야 하는 특수한 성격의 교육이다. 개인의 성장과 사회의 변화를 추구하는 원리를 찾는 것은 사회교육학이 다루어야 할 매우 어려운 주제라고 할 수 있다. 여기서는 사회교육학의 차원에서 개인과 사회의 관계를 살펴보고, 다산 정약용의 수기치인 사상을 중심으로 개인과 사회를 통합하기 위한 원리가 무엇인가를 검토하고자 한다.

1) 교육에 있어서 개인과 사회의 관계

사회교육은 교육이 갖고 있는 본질적인 성격상 학습자 개인의 성장을 전제로 한다. 따라서 사회교육학은 교육의 과정 중에 개인과 사회의 관계가 어떻게 정립되어야 하는가를 다루어야 한다. 사회교육의 차원에서 개인의 성장 없는 사회변화는 교육적으로 의미가 없다. 따라서 사회교육은 사회문제 해결의 효용성만을 추구하고 학습자 개인의 성장과 발전을 외면하는 교육방식을 배제해야 한다. 이와 관련된 주장을 살펴보면 다음과 같다.

> 사회교육은 단지 '거대사회추동자(large society mover)'가 아니라 면대면 수준에서 가난하고 억압받는 사람들을 지원한다. 또한 개인적인 해결책도 제안한다. 낙심한 사람의

정신도 고양하고, 그 개인의 잠재성을 고무하고, 요청하고 지원하여 보다 나은 미래를 만들도록 하는 방식 등이 그것이다. 사회교육학 이론은 서비스 사용자의 측면에서 유용한 사회기능을 증진시키는 것뿐만 아니라 억압받는 개인들과의 동등한 대화를 지지한다 (Stephens, 2013: 51).

이와 같은 주장은 사회교육의 실행과정에서 각 개인의 성장이 핵심적임을 강조한다. 사회교육학의 관점에서 각 개인의 성장 없는 사회변화는 교육적으로 바람직하지 않은 것이다.

또한 사회교육자인 이찬갑에 따르면, 개인의 각성을 돕는 교육은 이상적인 사회의 실현을 앞당기는 수단이 된다. 이찬갑은 사회변화에 앞서 개인의 철저한 각성과 변화가 필요함을 다음과 같이 표현하고 있다.

우리는 이에 비로소 하나의 크나큰 원리를 알게 되지 않았는가? 이 독특한 20세기의 현실마저도, 현재의 자리에서 180도 전환인 인간의 근본인 양심을, 참됨의 새로운 것을, 그리고 그것도 구체적인 개인의 것으로부터 인간의 큰일을 기어이 요구한다는 것이다. 그런 의지적 · 행동적인 인간의 근본적인 반성과 회개, 그리하여 아주 다시 나는 새 사람, 새 나라의 것, 그것이 아니고는 도무지 어찌할 수도 없으려니와 또 아니 된다고 엄정히 거부한다는 것이다(이찬갑, 1983: 9-10).

여기에는 개인의 근본적인 자각을 통한 사회개혁의 원리가 내재되어 있다. 이는 개인에 대한 교육을 통하여 사회의 상황을 변화시키는 것이 가능하다는 전제에 근거한다. 사회명목론(social nominalism)에 따르면, 사회는 별개의 실재가 아니라 개인의 단순한 집합체이다. 각 개인은 상당한 정도의 자유의지를 갖고 있으며, 자유의지를 가진 개인의 변화는 그만큼 사회변화와 연결된다. 물론 이에 대해 각 개인의 변화가 곧 사회의 변화로 직결되는 것은 아니라는 입장도 고려할 수 있다. 사회학의 전통적인 사회실재론(social realism)에 따르면, 사회는 단순히 개인의 총합이 아니기 때문이다(박철현, 2018: 45). 따라서 교육을 통한 각 개인의 변화를 사회변화로 이끌 수 있는 별도의 통합적 장치에 대한 고려도 필요하다. 그러나 전체적으로 보면 교육의 경우 개인의 변화 없이는 사회변화를 위한 통합적 장치를 활용할 여지도 없다. 그러므로 교육을 통한 사회변화는 결국 각 개인의 변화를 전제로 할 수밖에 없다. 교육을 통한 개인의 각성은 점진적인 사회개혁을 위한 유용하면서도 가장 기본적인 수단인 것이다.

한편, 사회교육학의 차원에서 사회변화의 효과가 없는 교육은 사회교육으로서 의미가 없다. 개인들의 삶의 질을 제고하는 것과 그들이 살고 있는 공동체를 향상시키는 것은 분리할 수 없는 사회교육의 과제인 것이다. 이찬갑에게 있어 교육은 개조를 의미한다. 개조로서의 교육은 개인과 사회에 동시에 적용된다. 도산 안창호의 입장에 따르면, 개인의 성장 없는 사회운동은 무모하지만 반대로 단순히 개인을 위한 인격수양적 교육만 추구하는 것도 바람직하지 않다. 그는 사회적 투쟁이 없는 개인적 준비만 강조한 것이 아니었다. 그는 인격훈련과 인재 양성을 독립운동의 역동적 과정과 연결하였다. 그에 따르면, 개인의 교육은 사회적 실천과 반드시 연결되어야 한다. 인격수양을 위한 교육은 사회의 진정한 변화를 위한 초석이자 필요조건이라고 본 것이다. 그런 면에서 안창호가 생각하는 교육의 본질은 개인과 사회를 통합적으로 개조하는 것이라고 할 수 있다(오혁진, 2016: 75).

교육의 대상이 '개인'인가 '집단'인가는 사회교육의 본질과 관련하여 근본적인 문제가 아니다. 중요한 것은 개인이든 집단이든 학습자로 하여금 사회적 의식을 갖고 사회문제 해결에 나서도록 하는 것이다. 물론 개인보다는 집단이 사회적 의식을 가질 때 사회변화나 사회문제 해결이 보다 신속하게 이루어지는 것은 사실이다. 그러므로 사회교육은 집단을 대상으로 하는 접근방식을 적극적으로 고려할 필요가 있다. 그러나 사회교육이 모두 집단을 대상으로 할 수 있는 것은 아니며, 그렇게 해야만 하는 것도 아니다. 사회교육은 집단을 중시하나 개인을 대상으로 하는 상황도 적극적으로 고려해야 한다. 상황에 따라 개인을 대상으로 해야 하는 경우도 있고, 집단을 대상으로 하는 경우도 있다. 중요한 것은 두 가지 경우 모두 개인의 성장과 사회의 변화가 조화롭게 추구되어야 한다는 것이다. 그러므로 사회교육은 각 개인이나 집단이 효과적으로 학습할 수 있도록 돕는 것과 더불어 학습한 것이 사회변화에 직결될 수 있도록 해야 한다. 이러한 원리와 방법을 구체적으로 연구하는 것이 사회교육학의 과제라고 할 수 있다.

2) 다산의 사상에 나타난 수기와 치인의 관계

앞에서 살펴보았듯이, 개인성장과 사회변화의 통합을 극대화하기 위한 원리를 연구하는 것은 사회교육학의 중요한 과제 중의 하나이다. 이러한 과제를 탐구하기 위해 사회교육학의 이론적 기초 중의 하나인 다산 정약용의 수기치인(修己治人) 사상을 보다 구체적으로 살펴볼 필요가 있다. 이전의 다른 사상가들과 비교하여 다산은 수기와 치인의 관계와 그 원리를 보다 구체적이고 종합적으로 제시했기 때문이다.

다산은 수기치인의 과정에서 대상을 향해 인륜을 행사하게 되지만 여기에는 대상(물, 物)의 '본말(本末)'과 일(행사, 行事)의 '선후(先後) 또는 시종(始終)'이 있다고 하였다. 이와 관련하여 다산이 쓴 『대학공의』를 인용하면 다음과 같다.

> 뜻(意), 마음(心), 몸(身), 집안(家), 나라(國), 천하(天下)에 본말이 있음을 분명하게 보게 되면 물(物)이 헤아려지는(格) 것이다. 정성스럽게 함(誠), 바르게 함(正), 닦음(修), 가지런하게 함(齊), 다스림(治), 평안하게 함(平)에서 먼저 할 바와 나중에 할 바를 분명하게 인식하게 되면 앎이 지극하게(知至) 되는 것이다(『대학공의』, 119).

그는 격물치지(格物致知)의 차원에서 깊게 헤아려야 할 대상의 '본말'과 지극한 앎에 이르기 위한 일의 '시종'을 구체적으로 제시한다. 이를 도식화하면 [그림 11-3]과 같다.

격물(格物)					
본(本)			말(末)		
의(意)	심(心)	신(身)	가(家)	국(國)	천하(天下)
행사(行事)					
시(始)			종(終)		
성(誠)	정(正)	수(修)	제(齊)	치(治)	평(平)

[그림 7-3] 격물과 행사의 구조

출처: 이을호(2015b: 97)에서 발췌하여 요약함.

일의 시종을 이루는 각 단계와 대상의 본말을 이루는 각 단계는 서로 조합하여 성의(誠意), 정심(正心), 수신(修身), 제가(齊家), 치국(治國), 평천하(平天下)를 구성한다. 다산은 이 중에서 개인 자신에 관련된 성의, 정심, 수신을 묶어서 수기에 해당하는 성기(成己)로 표현하고, 외부 대상에 관련된 제가, 치국, 평천하를 묶어서 치인에 해당하는 성물(成物)로 나눈 후, 성기와 성물을 선후본말의 관계로 논하였다(『대학공의』, 111). 즉, 물(物)의 본말(本末)과 일의 시종(始終)을 전체적으로 헤아려서 공부의 선후로 삼고자 했던 것이다. 이는 성의, 정심, 수신에 해당되는 수기가 제가, 치국, 평천하에 해당되는 치인에 논리적으로 선행함을 말한다.

> 근본을 안다는 것(知本)은 몸을 닦는 것이 천하와 나라와 집안의 근본임을 아는 것이다. 먼저 할 것을 안다는 것은 몸을 닦는 것이 마땅히 (집안을) 가지런히 하고 (나라를) 다스리는 것보다 앞서야 하며, 뜻을 정성스럽게 하는 것이 마땅히 (마음을) 바르게 하고, (몸을) 닦는 것보다 앞서야 함을 아는 것이다(『대학공의』, 131).

이 점에서 다산은 수기와 치인을 무관한 것으로 인식하지는 않았으나 수기와 치인에는 논리적 선후가 있음을 분명히 인식했다고 볼 수 있다. 그는 수기와 치인을 동시에 추구해야 할 두 가지 영역으로 보았다는 점에서 퇴계 이황보다는 율곡 이이의 입장에 가깝다. 그런데 다산은 율곡이 생각했던 것보다 수기의 역할을 더 적극적으로 생각하고 있다고 볼 수 있다(김영우, 2014: 79). 다산은 율곡의 경세론을 수용하면서도, 군자 중심의 정치론이 아니라 군주와 군자가 함께 참여하는 새로운 방식의 정치체계 속에서 통치의 주체들이 수기와 치인을 겸전하는 실천을 통해 인륜 국가를 실현하고자 하였다. 그는 치인을 지향했지만 수기 없는 치인은 불가능하다고 파악했다. 또한 그는 주희(朱熹)의 수기론에 대해 비판적이었지만 그 역시 치민(治民)이 수기를 통하여 달성된다는 위기지학(爲己之學)의 유학적 전통을 견지했다고 볼 수 있다.

그런데 다산은 앞에서 다룬 바와 같이 논리적으로는 수기를 우선시했으나 현실적으로 수기를 완성할 수 없다는 사실을 인정한다.

> 온 세상의 물(物)은 수없이 많아서 계산에 능한 사람도 그 수를 다 헤아릴 수 없고 견문이 넓은 사람도 그 이치를 다 통할 수 없으니 비록 요순과 같은 성인에게 팽전과 같은 수명을 주더라도 반드시 그 까닭을 다 알아낼 수 없다. 이 물이 궁구되고 이 앎이 지극해지기를 기다린 뒤에 비로소 뜻을 정성스럽게 하고 비로소 몸을 닦으려 한다면 이미 늦은 것이다(『대학공의』, 139).

이와 같이 다산은 현실적으로 수기의 완성은 불가능하다고 보았다. 그러므로 수기의 완성을 기다리다가는 치인을 할 수가 없다. 그는 오히려 구체적인 현실 속에서 수기와 치인을 동시다발적으로 수행해야 하는 경우가 많다고 보았다. 그는 이를 "말에는 선후가 있으나 때에는 선후가 없다."라는 말로 표현한다. 이와 관련된 다산의 글을 살펴보면 다음과 같다.

> 『대학』에 이른바 '머물 데를 아는 것' '얻을 수 있는 것' '사물을 헤아리는 것' '앎을 지극히 하는 것'은 비록 많은 단계와 절차가 있는 것 같지만, 사실 말에는 선후가 있으나 때에는

선후가 없다. 이 한순간에 머물 데를 알아서 뜻을 세우고, 이 한순간에 일을 헤아려서 길을 얻고, 이 한순간에 물을 헤아려서 앎을 지극히 하고, 이 한순간에 뜻을 정성스럽게 하여 마음을 바르게 한다. 그 방법을 말하자면 분명히 앞뒤가 있지만 그때를 말하자면 시간을 지체하지는 않으니 어느 겨를에 온 세상 만물의 이치를 궁구하겠는가!(『대학공의』, 139).

이와 같이 다산에 따르면, 수기치인은 항상 기회가 주어지는 대로 성실하게 수행해야 할 원리이다. 현실 속에서 수기를 위한 시간과 치인을 위한 시간이 따로 존재할 수 없다. 그런 점에서 다산의 수기치인론에 따르면, 원칙적으로 수기를 전제로 치인을 추구하되, 현실적으로 수기의 완성을 위해 치인을 미루지 않고 수기와 치인을 동시에 추구해야 한다. 전반적으로 수기와 치인을 동시에 추구하되 수기한 만큼만 치인을 해야 한다는 입장이라고 할 수 있다. 즉, 일상생활 속에서 끊임없이 수기와 치인을 해 나가되 더 어렵고 높은 수준의 치인을 위해서는 더 높은 수준의 수기가 필요하다고 본 것이다.

3) 다산 수기치인 사상에 비추어 본 개인성장과 사회변화의 관계

앞에서 살펴보았듯이, 다산 정약용의 수기치인 사상은 교육을 통한 개인의 수양과 사회를 위한 실천의 관계를 현실에 맞게 종합적으로 제시하고 있다. 또한 그의 수기치인 사상은 수기와 치인의 관계를 복합적으로 다룬다는 점에서 사회교육 차원에서의 시사점이 크다. 앞에서 살펴본 다산의 수기치인 사상이 개인성장과 사회변화의 조화를 추구하는 사회교육에 주는 시사점을 살펴보면 다음과 같다.[1)]

첫째, 다산의 수기치인 사상은 수기와 치인이 모두 중요하고 일상생활 속에서 수기와 치인이 동시에 수행되어야 하는 경우도 있지만, 기본적으로는 수기가 치

1) 이에 관한 보다 자세한 사항은 "오혁진(2018). 다산 정약용 수기치인론의 사회교육적 의의에 관한 연구. **평생교육학연구**, 24(4). 한국평생교육학회. 1-22." 참조.

인보다 논리적으로 우선임을 강조한다. 이러한 점은 사회교육에서 수기를 배제하고 치인만을 강조하는 것은 바람직하지 않다는 것을 의미한다. 사회교육은 기본적으로 사회변화를 추구하지만, 이는 개인의 성장을 필요조건으로 한다. 수기가 완벽하게 이루어졌다고 해서 곧바로 치인의 능력이 생기는 것은 아니지만, 올바른 치인을 위해서는 우선 올바른 수기가 전제되어야 하는 것이다.

둘째, 다산의 수기치인 사상이 일상생활 속에서 수기와 치인이 동시다발적으로 이루어질 수 있음을 인정한 점은 일상생활 속에서 무형식적으로 이루어지는 사회교육의 원리를 반영한다. 일상의 삶에서 수기치인이 '학습'되는 상황에서는 '수기'에 해당하는 행위와 '치인'에 해당하는 행위가 선후에 관계없이 수시로 발생할 수 있다. 어느 순간에서는 '수기'에 해당하는 지적·인격적 수양을 하게 되고, 또 어떤 순간에는 곧바로 '치인'에 해당하는 실천활동을 수행하게 되는 것이다.

셋째, 다산이 '치인'을 위한 행위과정에서 개인적으로 또 다른 개인적 성장을 위한 '수기'를 체험할 수 있다고 인정한 것은 사회교육 차원에서 실천을 통한 반성적 사고의 가능성을 뒷받침한다. 부득이 치인을 먼저 할 수밖에 없는 상황에서 자연스럽게 수기도 함께 이루어지는 것은 오히려 바람직할 수도 있다. 더 나아가 모든 실천의 현장에서 학습자들로 하여금 사회를 이해하고 사회문제를 해결하기 위한 노력을 하도록 유도하는 것은 매우 바람직하다고 할 수 있다.

이와 같이 다산의 수기치인 사상은 일상생활 속에서 무형식적으로 수기치인을 실천하기 위한 사회교육 원리의 이론적 기초를 제공한다. 따라서 사회교육학은 일상생활 속에서 무형식적인 차원에서 이루어지는 수기치인, 또는 개인의 성장과 사회실천의 원리를 인식하고 이를 활성화하기 위한 방법을 모색할 필요가 있다.

그러나 다산의 수기치인 사상이 전체적으로는 수기를 전제로 한 치인을 주장하고 있다는 점은 사회교육학에서의 시사점이 크다. 다산이 일상생활 속에서 수기와 치인이 동시다발적으로 이루어진다고 주장한 것은 현실 속에서 수기와 치인을 효과적으로 수행하자는 것이지, 수기 없는 치인이 바람직하다는 것을 의미하는 것은 아니다. 또한 치인과정에서도 수기가 이루어질 수 있다고 인정한 것은 치인을 하는 과정에서도 항상 성찰하며 수기하는 자세를 갖는 것이 중요하다는 것이지, 모든 수기가 치인을 통해 이루어져야 함을 의미하는 것은 아니다. 사회문제를 해결하기 위해 필요한 수기가 모두 특정한 치인을 통해서 성취될 수는 없기 때문이다. 모든 수기가 의도적으로 설정한 치인의 상황을 통해서만 이루어지기를 기대하는 것은 교육적으로 일종의 모험이자 비효율적인 방법이라고 할 수 있다. 사회변화를 지향해 가는 사회교육의 맥락에서 치인을 통한 수기가 항상, 그것도 부작용 없이 이루어지기만을 기대할 수는 없기 때문이다. 때로는 치인과정에서 바람직하지 않은 인식이나 습관을 형성할 수도 있고, 기대한 만큼의 수기가 원활하게 이루어지지 않을 수도 있다. 또한 굳이 값비싼 치인의 경험을 거치지 않고서도 형성될 수 있는 수기의 방법도 존재할 수 있다.

이 점에서 사회변화를 위한 의도적인 사회교육의 존재가 요구된다. 교육을 통해 의도적인 변화를 추구하는 상황에서는 우선 개인적으로 잘 준비되어 있는 것이 중요하다. 지적 · 도덕적으로 준비가 부족한 사람이 사회적 실천을 할 때 발생하는 시행착오는 치명적일 수 있기 때문이다. 목민관과 같은 사회지도자의 경우는 더 말할 것도 없다. 그들에게 시행착오를 통해 성장할 수 있는 수기의 기회를 제공할 수 있을 정도로 상황이 여유롭지 못한 경우도 많다. 물론 그들이 그러한 치인의 상황에서 의미 있는 수기를 할 수 있는 것은 틀림없는 사실이다. 그러나 공적인 상황에서 치인을 수기의 기회로만 삼을 수는 없다. 공적 상황에서는 성공적인 치인이 이루어져야 하기 때문이다. 그러므로 공적 상황에서 기본적인 수기가 갖추어지지 않은 사람에게 치인의 기회나 권한을 제공하는 것은 바람직하지 않다. 다산은 수기와 치인이 모두 중요하고 밀접한 관계를 가지고 있지만 논리적으로는 수기가 먼저임을 강조한다. 즉, 일상생활에서 수기와 치인이 각각 동시에 이루어질 수 있지만, 큰 틀에서 보면 물의 본말과 일의 시종 차원에서 재구조화되어야 한다.

그러므로 사회교육의 형태에 따라 수기치인의 원리를 적절하게 적용하는 것이 바람직하다. 이는 기본적으로 개인의 성장 이후 사회의 변화를 추구하는 기본틀

안에서 동시다발적으로 수기치인이 이루어질 수 있음을 인정하는 것이다. 아울러 사회교육에 있어 일상생활 중심의 수기치인과 전문적 교육을 통한 수기치인의 실천원리에는 다소 구별이 있어야 함을 의미한다. 전반적으로는 먼저 교육자의 교육활동에 의해 수기가 체계적으로 이루어지고, 그것이 치인으로 실현될 수 있도록 하는 교육적 기획이 전제되어야 한다. 이와 관련하여 현대사회에서 다산의 수기치인 사상에 입각한 사회교육의 실천원리를 구체적으로 제시하면 다음과 같다.

첫째, 학교나 전문자격 취득을 위한 사회교육기관과 같이 공식적 · 체계적으로 사회문제를 해결하고 사회공동체를 형성하기 위한 전문적 사회교육의 현장에서는 수기적 측면과 치인적 측면을 나눈 후 체계적으로 접근하는 것이 필요하다. 수기와 관련된 교육과정을 우선적으로 다룬 후에 순차적으로 치인과 관련된 교육과정을 다루는 것이 바람직하다고 할 수 있다. 또한 전문적인 치인을 위한 별도의 체계적인 교육과정이 필요하다.

둘째, 사회적 약자를 교육적으로 돕거나 일반 시민을 대상으로 사회변화를 위한 교육을 실시하는 일반 사회교육의 경우에는 학습자들로 하여금 충분히 사회문제에 대해 관심을 갖도록 수기가 이루어진 후에 그만큼의 수준에서 치인하도록 유도하는 것이 바람직하다. 특히 사회적 약자를 위한 사회교육의 경우, 우선적으로 사회적응을 위한 수기에 중점을 둔 후에 점차 적극적인 치인으로 연결될 수 있도록 촉진하는 것이 일반적인 원리라고 할 수 있다. 한편, 일반 시민을 대상으로 하는 사회교육의 경우, 치인을 위한 수기의 중요성을 지속적으로 강조하고, 수기의 기회를 제공함과 동시에 치인을 위한 교육과정의 제공도 병행되어야 한다. 다만 체계성과 전문성의 면에서 전문적 사회교육에 비해 다소 유연한 접근도 필요하다.

셋째, 사회문제를 직접 해결하기 위한 실천현장형 사회교육의 장에서는 수기와 치인이 동시다발적으로 이루어지거나 치인을 통해 수기가 이루어질 수 있도록 유도하는 것이 필요하다. 이를 위해 사회교육자는 학습자들이 치인을 위해서는 끊임없는 수기가 필요함을 인식할 수 있도록 돕는 동시에 치인의 과정에서 수기할 수 있도록 교육적 지원을 해야 한다. 이는 학습자들이 사회문제 해결을 위한 실천의 과정에서 끊임없이 성찰하여 개인적으로도 성장할 수 있도록 돕는 것을 의미한다.

넷째, 수기치인을 공식적인 목표로 하지 않는 일반적인 교육현장에서도 수기는 물론 치인의 태도와 방법을 익힐 수 있도록 유도해야 한다. 모든 개인을 수기하도록 하는 것이 일반적인 교육자의 역할이라면, 모든 교육현장에서 학습자들이 수기는 물론 치인도 할 수 있도록 의도적으로 노력하는 것이 사회교육자의 역할이라고 할 수 있다.

지금까지 살펴본 사회교육의 형태별로 수기치인에 관한 접근방식을 정리하면 〈표 7-5〉와 같다.

〈표 7-5〉 사회교육의 형태별 수기치인에 관한 접근방식의 차이

형태	사례	수기와 치인에 관한 접근방식
전문적 사회교육	학교사회교육 사회교육전문가 양성교육	• 수기와 치인이 차별화된 전문적인 교육과정 운영 • 수기를 우선시한 후 치인 관련 이론 습득 • 교육과정 이수 후 사회현장에서 전문적인 치인 실천
일반 사회교육	사회적 약자 대상 사회교육	• 사회적응을 위한 수기의 실행이 일차적 목적 • 점진적으로 학습자의 적극적인 치인으로 연결될 수 있도록 촉진
	일반시민 대상 사회교육	• 수기와 치인을 위한 별개의 교육내용 • 수기를 우선시하고 치인을 위한 교육내용으로 확장
실천현장형 사회교육	사회참여형 학습동아리	• 학습동아리 활동 전체를 통한 수기와 치인의 순환적 발전 • 학습동아리 차원에서 치인의 실천을 통해 수기가 이루어질 수도 있음

	개인학습을 통한 사회참여	• 치인을 위한 이론의 습득과 실천의 순환적 발전
일반 교육	일반 성인교육기관 일반 학습동아리	• 교육자의 일정한 개입을 통한 수기와 치인의 유도

제8장 사회학습과 교육적 개입의 조화

인간은 일상생활에서 사회적 관계속에서 이루어지는 학습을 통해 다양한 지식을 습득하며 삶의 문제를 해결해 나간다. 이와 같이 일상생활에서 사회적 관계를 통해 이루어지는 학습을 사회학습이라 할 수 있다. 사회학습은 일상생활과 사회문제 해결을 중시하는 사회교육의 기초가 될 수 있다. 사회학습을 통해 사회문제를 해결하고 사회변화를 추구하기 위해서는 교육자의 적절한 개입도 필요하다. 그런 면에서 사회교육학의 학문적 과제 중의 하나는 사회학습과 교육적 개입이 원활하게 조화되는 원리와 방법을 찾는 것이다. 이 장에서는 사회교육의 차원에서 사회학습의 의의와 특징, 한계를 살펴보고, 사회학습을 효과적으로 활용하기 위한 사회교육의 원리를 고찰해 보고자 한다.

1. 사회학습의 개념과 의의

일상생활과 사회적 관계를 중시하는 사회학습은 오래전부터 여러 교육학자에 의해 그 중요성이 강조되어 왔다. 여기에서는 사회학습의 일반적인 의미와 원리를 살펴보고, 현대사회에서 사회학습의 의의를 검토해 보고자 한다.

1) 사회학습의 개념과 원리

일반적으로 사회학습(social learning)은 일상생활 속에서 사회적 경험이나 관찰을 통해 삶에 필요한 지식과 기술, 사회적 태도를 배우는 활동을 말한다(Bandura, 2003). 사회학습은 일상생활과 사회관계의 분리 속에서 이루어지는 개인학습과 대비된다. 여기서 사회학습의 전제는 크게 '일상생활'과 '사회적 인간관계'라고 볼 수 있다. 이를 자세히 살펴보면 다음과 같다.

먼저, 사회학습은 '일상생활'과 무관한 별도의 공간 속에서 이루어지는 학습과는 거리가 멀다. 사회학습은 일상생활과 관련된 학습이기에 학습내용도 고도로 추상적이거나 형식적인 지식탐구보다는 사회를 살아가는 데 필요한 구체적이고 실용적인 경우가 많다. 이런 의미에서 사회학습은 '사회를 알아 가는 학습'이라고도 할 수 있다. 다음으로, 사회학습은 사회적 인간관계를 떠나 개인적 · 고립적으로 이루어지는 학습과는 거리가 멀다. 사회학습은 사회적 관계 속에서, 사람들 사이의 사회적 상호작용 속에서 이루어지는 학습이다.

이와 같이 사회학습은 일상생활에서 구성원 간의 사회적 관계 속에서 이루어지는 학습이다. 펜틀랜드(Pentland, 2015)에 따르면, 사회학습은 구성원들의 '참여(engagement)'와 '탐험(exploration)'을 통해 이루어진다. 이를 구체적으로 살펴보면 다음과 같다.

첫째, 사회학습은 참여를 통해 시작된다. 참여는 일반적으로 사회집단 내부에서 이루어지는 사회학습의 중요한 요소이다. 일반적으로 사회구성원은 참여를 통해 무의식적으로 다른 사회구성원들의 영향을 받아 자신의 습관이나 기호를 형성하게 된다. 그런 의미에서 참여과정은 오랜 시간에 걸쳐 무의식적으로 이루어지는 '느린 학습과정'이라고 할 수 있다.

둘째, 사회학습은 탐험을 통해 확산된다. 탐험은 외부와 다양한 사회관계망을 구축하고 활용함으로써 새로운 아이디어와 정보를 수집하는 활동이다. 사회구성원들은 사회적 네트워크를 통해 의도적으로 아이디어와 정보를 수집하기 위한 지속적인 탐험활동을 하게 된다. 그런 의미에서 탐험활동은 짧은 시간 내에 의도적으로 이루어지는 '신속한 학습과정'에 해당한다.

셋째, 사회학습에서 참여와 탐험은 순환적으로 이루어진다. 인간의 사회생활은 동료들과의 관계에 '참여'한 후 '탐험'을 통해 빠르게 수집한 아이디어들을 다시 걸러 내고 개인적인 습관과 사회적 표준으로 느리게 전환해 가는 '참여'와 '탐험'의 순환으로 이루어져 있다(Pentland, 2015: 94-95). 참여는 탐험을 위한 기반이 되고 탐험의 결과는 같이 참여하고 있는 사회구성원들에 의해 검증되고 수용된다. 이렇게 검증되고 수용된 결과는 새로 참여하는 구성원들이 느리게 학습하게 되는 내용이 된다.

이와 같이 사회학습은 일상생활 속의 사회적 관계 속에서 참여와 탐험의 순환과정을 통해 이루어지는 학습이라고 할 수 있다. 사회구성원들은 기존 사회의 규범을 익히기 위한 느린 학습과정을 통해 사회에 진정한 구성원으로 참여하게 되며, 구성원들과의 협력을 통해 외부의 새로운 지식들을 탐험한다. 이러한 지식들은 다시 구성원들에 의해 선별되며, 사회의 새로운 지식과 규범으로 내면화된다. 이는 사회적 존재로서의 인간의 삶의 양식을 그대로 반영하는 학습개념이라고 할 수 있다.

2) 현대사회에서 사회학습의 의의

현대사회에서 사회학습의 중요성은 더욱 커지고 있다. 현대사회에서 사회학습의 의의를 개인적 차원과 사회적 차원에서 살펴보면 다음과 같다.

첫째, 사회학습은 '사회를 알기 위한 학습'이다. 사회구성원들은 사회학습을 통해 사회 자체의 속성을 제대로 이해할 수 있다. 사회학습의 장이 사회이기 때문이다. 사회를 떠난 별개의 공간에서 그 사회를 이해하는 데는 한계가 있다. 자신이 살고 있는 사회문제를 해결하기 위해서는 당연히 자신이 살고 있는 사회를 제대로 이해해야 한다. 그것은 자신이 살고 있는 사회에서 이루어지는 사회학습을 통해 일차적으로 달성된다. 보다 큰 사회를 이해하기 위해 작은 사회에서 미리 사회학습을 해 보는 것도 유익하다. 듀이(Dewey)가 『학교와 사회』에서 표방하고 있는 '축도사회(miniature society)'로서의 학교도 이와 같은 맥락이라고 할 수 있다. 그런 면에서 사회교육의 차원에서 사회학습은 사회를 이해하기 위한 최선의 과정이라고 할 수 있다.

둘째, 사회학습은 '사회공동체 구성원으로서의 덕목을 익히는 학습'이다. 개인은 공동체에 참여하여 구성원들과의 만남을 통해 공동체의 가치를 체득하게 된다. 사회윤리학의 측면에서 보면, 공동체의 가치를 체득하는 것은 '덕(德)'의 함양과 관련된다. 덕은 개인의 이성이나 성찰의 산물이라기보다는 필연적으로 사회적 산물이다. 덕은 특정한 선을 공유하고 있는 특정 공동체의 규범을 통해서 함양되므로 공동체로부터 소외된 개인은 그러한 덕을 제대로 갖출 수 없게 된다. 덕은 기본적으로 사회생활, 즉 사람들 간의 상호작용과 습관화를 통해서 길러지는 것이지 도덕 시간에 도덕 교과서에 의한 지식 교육의 형태로 길러지는 것이 아니다(김선구, 1998: 183-184). 이런 의미에서 사회학습은 사회구성원들이 공동체의 덕을 내면화하는 데 기여할 수 있다.

셋째, 사회학습은 '사회구성원들이 그들의 문제를 해결해 가는 과정'이다. 이는 사회학습이 집단학습의 형태를 통해 이루어질 때 보다 명확하게 나타난다. 이와 관련하여 한숭희(2019: 332-333)는 사회구성원들이 사회문제를 해결해 가는 과정을 집단학습의 차원에서 다음과 같이 기술한다.

① 일단 문제가 인지된다. 이 문제가 인식의 변화, 문화의 변화를 포함해야 해결될 수 있는 문제라면 이것은 바로 학습의 문제가 된다.

② 이 문제에 관해 '공론장'이 형성되고 문제를 집단적으로 점검하는 학습이 이루어진다. 미디어와 집회 등이 이 문제를 적극적으로 확장한다.

③ 갈등이 표면화되고 이를 해결하기 위해 집단충돌이 일어난다.

④ 합의를 통해 잠정적으로 안정화할 수 있는 정책과 제도가 만들어진다. 이것을 체계의 변화라고 말한다.

⑤ 제도의 변화 이후에도 학습은 계속 이루어진다. 연습을 통해 변화가 섬세하고 세련되며 높은 단계로 올라간다. 변화된 제도에 적응하면서 모순이 발생한다. 이후 딜레마를

해결하기 위한 계속학습이 이루어진다.

⑥ 그 변화가 비교적 오랜 기간 유지된다.

이러한 사회학습의 과정은 현대 시민사회에서 시민들이 집단적인 참여를 통해 사회문제를 해결해 가는 현상을 반영한다. 사회구성원들의 사회문제 해결과정이 집단적 차원의 사회학습 개념에 포함될 수 있는 것이다. 이러한 과정을 통해 사회학습은 현대의 사회문제를 집단적으로 해결하며 사회를 발전시킨다. 이런 맥락에서 사회학습은 사회문제해결을 위해 사회가 함께하는 학습이라고 할 수 있다.

이와 같이 사회학습은 현대사회에서 개인이 사회를 알고 사회공동체를 형성하는 단계를 넘어, 사회문제 해결을 위해 사회구성원들이 함께 수행하는 학습으로 확산되고 있다.

2. 사회학습의 사회교육적 의의와 한계

사회문제의 해결과 공동체 형성에 기여할 수 있는 사회학습은 현대사회에서 매우 큰 의의를 갖는다. 또한 사회문제 해결을 지향하는 사회교육과도 밀접한 관련을 갖는다. 그런데 사회교육의 차원에서 볼 때 의도적이고 체계적인 교육적 개입 없이 사회구성원들의 학습만으로 사회문제가 효과적으로 해결될 수 있을 것인가에 대해서는 의문의 여지가 있다. 이는 전통적으로 '학습'과 '교육'의 관계에 대한 논의와 관련된다. 여기에서는 사회학습의 사회교육적 의의와 한계를 구체적으로 살펴보고자 한다.

1) 사회교육을 위한 사회학습 활용의 의의와 근거

현대사회에서 사회학습은 매우 중요한 의미를 갖는다. 따라서 사회학습은 사회교육의 차원에서도 관심 있게 다루어질 필요가 있다. 사회문제 해결을 지향하는 사회교육의 실천과정에서 사회학습의 원리가 활용될 수 있는 근거가 무엇인인지를 살펴보면 다음과 같다.

첫째, 사회학습은 사회문제를 해결하고 사회변화를 추구해야 할 주체로서의 학습자의 전인격적인 성장에 기여한다. 사회의 변화를 위해서는 그 사회의 구성원이 먼저 변화해야 한다. 이는 단순히 사회에 대한 지식의 습득이나 사회생활을 위한 사회적 관계 형성의 차원을 초월한다. 진정한 의미에서의 사회변화는 사회구성원의 전인격적인 변화를 통해 이루어진다. 사회구성원의 인지적인 변화뿐만 아니라 정서적 · 행동적 변화가 함께 이루어져야 하는 것이다. 사회구성원들은 의식적 · 무의식적 사회학습을 통해 인지적 · 정서적 · 행동적 변화를 총체적으로 겪게 된다. 즉, 사회학습을 통해 사회구성원들은 사회문제에 관심을 갖게 되고, 사회변화를 위한 실천행동에 주체적으로 참여하는 의식과 정서적 열의, 태도를 형성하게 된다. 이러한 전인격적 변화는 궁극적으로 사회의 변화를 이끄는 기반이 된다. 이와 같이 사회교육의 차원에서 사회학습은 사회문제 해결을 위한 인간의 전인격적인 성장에 기여한다.

둘째, 사회학습은 사회문제를 해결하기 위한 집단지성(collective intelligence)의 발달에 기여한다. 집단지성이란 다수의 개체가 서로 협력함으로써 얻게 되거나 더욱 부가되는 집단적인 지적 능력을 말한다. 인간의 뇌는 사람을 만날 때마다 '뇌와 뇌의 연결'이 활성화되도록 구성되어 있으며, 타자와 정서적으로 강하게 연결될수록 상호적 힘이 강화된다(비고츠키교육학실천연구모임, 2015: 20). 아이디어를 서로 공유하고 탐색하는 시도와 함께, 다른 이들과의 협력을 통한 학습이 집단지성을 창조한다(Pentland, 2015: 75). 이렇게 형성된 집단지성은 개인으로서는 감당하기 어려운 사회문제를 해결하는 기반이 된다. 이와 같이 사회교육의 차원에서 사회학습은 집단지성의 개발을 통해 사회문제 해결에 기여한다.

셋째, 사회학습은 사회를 보다 효과적으로 변화시킬 수 있는 사회적 기술의 훈련과정이다. 특히 사회학습은 사회문제 해결을 위한 의사소통의 기법을 익히는 데 기여한다. 사회구성원이 사회변화에 참여하는 데 필요한 의식의 변화는 특정한 집단이나 세력에 의한 교화나 세뇌가 아니라 주체적이고 자발적인 학습을 통해 이루어져야 한다. 건전한 사회교육을 위해서는 사회학습을 통해 학습자 주도적 의사소통 능력을 강화하는 것이 바람직하다. 사회학습은 이러한 의사소통 능력의 기술을 향상시키는 기반이 된다.

넷째, 사회학습은 사회를 변화시킬 수 있는 조직화의 기반이 된다. 사회학습에 참여하고 있는 구성원들 사이의 사회적 연결은 큰 사회를 변화시킬 수 있는 집단적 힘이 될 수 있다. 사회학습이 일반적으로 집단을 배경으로 이루어지고 있는 현상에 비추어 볼 때 사회학습의 장은 곧 공동의 목표를 수행하기 위한 조직화의 장이라고 할 수 있다. 사회구성원들이 사회학습을 통해 사회문제 해결에 관심을 가질 때 그 집단은 곧 사회문제를 해결하는 사회활동의 조직이 될 수 있다. 그런 면에서 사회학습은 사회교육의 차원에서 사회문제 해결을 위한 학습조직의 형성과 발전에 기여한다.

지금까지 살펴보았듯이, 사회학습은 사회교육차원에서 사회문제를 해결하기 위한 개인의 인격적 · 지적 · 사회적 능력의 함양은 물론 집단지성을 발휘하여 사회문제 해결에 참여할 수 있는 조직의 형성에도 기여한다. 이런 점에서 사회학습은 궁극적으로 자력화(empowerment)에 기여한다고 볼 수 있다. 이것은 학습자들이 자신의 환경을 현실적으로 이해하고 환경을 구성하는 요인들을 성찰하며, 상황을 효과적으로 개선하는 능력을 갖게 됨을 의미한다. 다시 말해, 자력화는 학습자들이 독립적으로 존립하고, 진보적으로 생각하며, 변화를 체계적으로 계획하고 시행하며, 결과를 합리적으로 수용할 수 있는 능력이다. 그런 점에서 사회교육자의 과제는 학습자들로 하여금 사회학습을 통해 정신적 · 물리적으로 의존적인 존재에서 벗어나 자력화를 실현할 수 있도록 돕는 것이다. 따라서 이러한 사회학습의 원리를 사회교육방법과 실천에 효과적으로 활용하기 위한 연구가 요구된다.

2) 사회학습의 사회교육적 한계

사회학습을 사회교육 차원에서 활용하기 위해서는 그 한계에 대해서도 분명하게 검토할 필요가 있다. 사회학습은 일종의 자연스러운 '학습행위'라는 점에서 교육기관에서 이루어지는 의도적이고 계획적인 교수활동과는 맥락이 다를 수 있다. 이는 인간의 주체적이고 자연스러운 '학습행위'와 의도적인 사회활동으로서의 '교육행위'가 교차할 때 겪게 되는 기본적인 갈등이다. 따라서 사회학습의 의의에도 불구하고 이것을 사회교육 차원에서 활용하기 위해서는 충분한 검토가 필요하다. 사회학습을 사회교육차원에서 활용할 때의 유의할 점은 역설적으로 '사회경험'과 '학습'에 대한 지나친 강조에 따른 역기능이다. 이에 대해 구체적으로 살펴보면 다음과 같다.

첫째, '사회경험'의 지나친 강조로 인한 역기능이다. 사회에서 경험을 통한 학습은 매우 중요한 의미를 갖는다. 그러나 이것이 곧 정련되고 추상화된 지식을 통한 학습이 덜 중요하다는 것을 의미하는 것은 아니다. 직접적인 경험의 중요성을 강조하는 입장에서 '경험학습'이 매우 중요하게 인식되기도 한다. 극단적인 경험중심 학습이론에 따르면, 강연을 포함한 추상적인 지식 전달은 사회변화를 위한 사회적 관계의 형성에 큰 도움이 되지 않는다. 그러나 이에 대해서는 비판의 소지도 크다. 경험학습만을 강조하는 입장에 대한 비판으로서 레빈(K. Lewin)은 경험학습과 대비하여 때로는 인위적이고 의도적인 개념학습의 필요성에 대해 다음과 같이 주장하고 있다.

> 직접적인 경험을 광범위하게 한다고 해서 반드시 올바른 개념(지식)이 생겨나는 것은 아니다. 인류는 수천 년 동안 매일 물체들이 낙하하는 것을 경험하면서도 정확한 중력이론을 생각해 내지 못했다. 덜 적절한 개념에서 더 적절한 개념으로 변화를 이루는 데는 매우 특이하고 인위적인 경험들을 의도적으로 배열하는 행위, 즉 실험이 필요했다. 말하자면 진리에 대한 체계적 탐구에서 비롯된 의도적인 설계가 있어야 했다는 뜻이다

(Lewin, 2016: 87-88).

레빈에 따르면, 사회에서의 직접적인 경험이 저절로 올바른 개념이나 적절한 관념을 형성할 것이라고 단정하는 것은 옳지 않다. 이는 사회교육에서 학습자의 학습경험을 존중하는 것은 필요하지만 이를 절대적인 것으로 인정해서는 안 된다는 것을 의미한다. 학습자의 경험 자체가 사회문제에 대한 정확한 개념이나 사회교육방법의 원리를 인식하게 하는 것이 아니기 때문이다. 그러므로 개념과 원리와 같은 특별한 내용은 학습자 주도적인 사회학습과 더불어 인위적인 교육적 지원을 필요로 한다.

둘째, 부정적으로 이루어지는 사회학습에 대한 우려이다. 사회학습이 반드시 바람직한 방향으로 이루어지는 것은 아니기 때문이다. 사회학습을 통해 꼭 필요한 개념을 학습하지 못하는 경우도 있고, 반대로 사회적으로 바람직하지 않은 사회학습이 이루어질 수도 있다. 펜틀랜드에 따르면, 사회적 학습에 따른 치명적 위험은 집단사고에 빠지는 것이다. 이를 해결하기 위해서는 반대 의견이 중요하며, 특히 현명한 사람들의 인식이 중요하다(Pentland, 2015: 70-72). 이에 관해 페스탈로치는 대중의 기초도야를 위한 공식적이고 체계적인 교육의 필요성에 대해 다음과 같이 말하고 있다.

> 특수한 기술수단 없이 생활 속에서 인간의 능력을 높였다는 실례가 있다고 해서 기초도야의 이념이 필요 없다든가 그것이 가치 없다고 말할 수 없음은 명백한 일이다. 물론 특수한 기술을 빌리지 않고 훌륭한 도야를 받은 몇몇 사람의 경우는 있을 수 있다. 그러나 백인 중 구십 구인까지는 국민 대중을 잘못 교육시키고 있는 현대생활에 젖고 있다. 그러므로 이것을 본질적으로 살리려는 것이 기초도야이다. 이 현대생활 속에서 인간은 야생화되거나 기교화되고 있지 않는가. 어느 시대정신이나 어느 시기에서도 연감(年鑑) 속에 인간이란 이러한 것이라고 기록되어 있을 것으로 믿는다(Pestalozzi, 1980: 129).

페스탈로치의 이러한 주장은 당시 건전하지 못한 사회풍토 속에서 이루어지는 사회학습의 위험성을 극복하기 위한 체계적이고 의도적인 교육의 필요성을 강조한 것이다. 이러한 입장들에 따르면, 때로는 의도적이고 공식적인 교육이 경험학습과 별개로 이루어질 필요가 있다. 즉, 생활 속에서 자연스럽게 이루어지는 학습과 더불어 체계적이고 의도적인 교육의 필요성도 인정한 것이라고 볼 수 있다.

셋째, 학습의 중요성을 지나치게 강조함으로써 오히려 실천의 약화를 가져올 수 있다. 즉, 사회학습과 관련된 학습자의 주체성이나 태생적 학습능력은 강조되는 반면, 사회교육에서 중요한 적극적인 실천은 부차적으로 다루어질 수 있다. 이와 관련한 프렌스키(M. Prensky)의 비판을 살펴보면 다음과 같다.

> 요즘 교육자들 사이에서 가장 큰 화두는 '학습'이다. 나는 공식발표문에서 "학습하는 법을 배우는 것이 아이들이 갖춰야 할 가장 중요한 기량"이라는 말을 종종 듣는다. 학습의 유용성과 학생의 학습을 돕는 일의 유용성을 깎아내리려는 것은 아니지만, 나는 아이들에게 필요한 것과 교육해야 할 내용을 피라미드처럼 정리해서 맨 꼭대기에 학습을 올려놓는 것은 잘못이라고 생각한다. 무엇인가를 '실현'하는 것은 모든 사람에게 필요한 기본적인 기량이며, 학습은 단지 실현을 해 나가는 수단 중 하나이다. 무엇인가를 실현하는 방법을 배우는 것만으로는 충분하지 않다. 실제로 해 봐야 한다(Prensky, 2018: 45).

프렌스키의 이러한 주장은 사회학습 자체가 곧 사회문제의 해결을 위한 실천으로 이어지는 것은 아니라는 것을 의미한다. 사회학습의 유용성에도 불구하고 이것이 사회교육 차원에서 의미를 갖기 위해서는 단지 학습에만 머무르는 것이 아니라 사회문제 해결을 위한 적극적인 실천과 연결되기 위한 특별한 조치가 있어야 한다. 물론, 앞에서 살펴보았듯이 사회학습의 과정에서 형성된 구성원들의 사회적 의식이 자연스럽게 사회문제 해결을 위한 실천으로 연결될 가능성이 높은 것은 사실이다. 그것은 사회학습의 사회적 의의이자 유용한 가치라고 할 수 있다. 그러나 그러한 가능성을 기대하며 모든 것을 사회학습에만 맡기는 것은 사회교육의 차원에서 적절하지 않다. 사회교육의 차원에서 사회학습을 사회문제 해결을 위해 적극적으로 활용하기 위해서는 사회학습의 유연성과 자기주도성을 존중하면서도 학습의 성과를 사회문제 해결로 연결하기 위한 적극적인 교육적 조치가 필요하다.

지금까지 살펴본 내용을 종합하면, 사회학습이 사회교육 차원에서 의미 있게 활용되기 위해서는 적절한 교육적 조치가 수반되어야 한다. 사회학습을 통해 특정 집단구성원들의 아이디어가 원활히 교류되고 사회적 관계가 긴밀하게 형성되었다고 해서 사회교육이 잘 이루어졌다고 할 수는 없다. 물론 사회학습이 반드시 사회문제 해결을 이루어야만 가치가 있는 것은 아니다. 사회학습은 집단을 구성하고 있는 구성원 사이의 상호이해와 개인적인 성장만으로도 의미가 있기 때문이다. 그러나 '사회문제'를 해결하기 위한 사회교육의 차원에서 사회학습이 효과적으로 활용되기 위해서는 보다 적극적인 조치가 필요하다. 사회교육을 위해서는 사회학습이 사회적 관계 속에서의 개인학습이나 경험학습 수준에 머무르지 않고 집단학습의 차원으로 발전하여 사회가 함께 사회문제를 해결하고 사회변화를 주도하는 데 활용될 수 있어야 한다. 다시 말해서, 학습자들이 사회적 관계 속에서 사회를 학습함과 동시에 사회지향적 인격을 형성하고 사회문제 해결에 집단적으로 참여할 수 있는 방향으로 사회학습이 이루어질 수 있도록 교육적 노력을 수행해야 하는 것이다. 이것이 사회학습의 의의를 최대화함과 동시에 사회학습의 한계를 극복하기 위한 사회교육학의 과제라고 할 수 있다.

3. 사회교육에서 학습자 주도성의 조건과 교육적 개입의 원리

사회학습을 사회교육 차원에서 활용하기 위해서는 학습자들의 주도적인 학습 참여와 더불어 교육자의 적절한 교육적 개입이 필요하다. 이것은 사회교육이 갖는 독특한 역설적 원리라고 할 수 있다. 즉, 학습자의 발달단계와 주도적 참여를 존중하면서도 교육자의 적극적인 개입을 추진하는 것이다. 그런 의미에서 사회교육에 있어서 교육적 개입의 원리는 매우 중요한 의미를 갖는다. 여기서는 사회교육에서 학습자 주도성의 의미와 조건을 고찰하고 이에 따른 교육적 개입의 원리에 대해 살펴보고자 한다.

1) 사회교육에서 학습자 주도성의 재해석

전통적인 교육방식은 학습자들에게 일방적으로 결론을 전달하는 교사중심의 교육방식이었다. 하지만 학습자와 교육자 간의 수평적 관계지향과 주지주의적 교육에 대한 반작용으로 학습자 중심의 원칙에 입각한 교육방식이 중시되고 있다. 더 나아가, 학습자의 배움의 행위가 교사의 가르침의 행위보다 더 중요하다는 원칙 아래 학습자는 지식의 수원지로 간주되고, 학습자 간의 상호교육이 권장되고, 학습자 집단의 주체성이 강조된다. 특히 성인교육이나 평생교육 분야에서 '학습주의' '안드라고지' 등이 학습을 강조하는 새로운 패러다임으로 강조되고 있다. 이는 이전까지 학교를 중심으로 이루어졌던 공교육이 지나치게 교사중심, 교과중심주의를 지향한 것에 대한 반작용이라고 할 수 있다.

이와 같이 '학습자 중심'은 현대교육학에서 하나의 기본 이념으로 자리잡고 있다. 그런데 현대사회에서 학습자의 주체성을 강조하는 새로운 교육 패러다임의 시대적 의의에도 불구하고 이에 대한 교육적 적용에 있어서는 여러 가지 논쟁거리가 존재한다. 그중의 하나가 학습자에 대한 존중이 모든 교육을 학습자가 주도하도록 맡긴다는 것을 의미하는 것인가에 대한 비판이다. 이에 관해 프레이리의 입장을 제시하면 다음과 같다.

> 학생들의 자유를 보장한다는 명분 아래 교사로서의 활동을 방기하고 가르치는 의무를 저버릴 위험도 있거든요. 이렇게 되면 결국 학생들은 홀로 남겨지게 되고 교사는 자기의 책임을 다하지 못하게 됩니다. 교사로서의 권위도 사라지지요. 교육의 장에서는 학생과

> 교사의 자유도 중요하지만 교사의 권위도 중요합니다. …… 우리가 거부해야 할 해악은 권위주의이지 권위가 아닙니다(Horton & Freire, 2006: 229).

이는 사회교육의 과정에서 학습자의 자유를 존중하되 교사의 권위를 인정해야 한다는 것이다. 또한 극단적 학습자 중심 교육관은 학습자의 효과적인 학습을 위해 필수적인 교육자들의 지원을 경시할 우려가 있다. 학습자가 원활한 학습을 하기 위해서는 외부로부터의 많은 지원이 요청된다. 교육자는 그런 조건을 갖추어 학습을 적극적으로 돕는 전문가라고 할 수 있다. 이와 관련하여 미국의 사회운동가이자 교육자인 팔머(P. Palmer)는 『가르칠 수 있는 용기(The Courage to Teach)』(1997)에서 교육자 역할의 중요성에 대해 다음과 같이 말하고 있다. 여기서 그는 공식적인 교육기관에서 교육자가 학습자에게 많은 것을 유의미하게 학습할 수 있도록 도울 수 있다는 것을 강조한다.

> 배우는 학생이야말로 가르치는 선생이 얻을 수 있는 최상의 열매이다. 또한 학생들이 다양하고 놀랄 만한 방식으로 배운다는 사실에도 의문의 여지가 없다. 학생을 중시하는 교육방식 중에는 교실에서 교사를 배제하자는 사고방식 혹은 교실이나 교사가 아예 불필요하다고 보는 방식도 있다. 그러나 강의실, 세미나실, 야외학습장, 실험실, 심지어 전자교실 등 공식적인 교육장소에서 교사들은 학생들이 많은 것을 배우도록 도와주는 조건을 창조할 수 있다. …… 교육은 그러한 조건을 창조하려는 의도적인 행위이고, 좋은 교육을 하려면 우리는 그런 행위와 의도의 내적인 원천을 이해해야 한다(Palmer, 2013: 42).

또한 학습자의 주도성을 가장 적극적으로 강조하는 평생교육 분야에서도 학습자의 학습능력에 대한 지나친 낙관적 입장을 경계하는 입장도 존재한다. 이와 관련하여 정민승(2002: 45-46)은 다음과 같이 말하고 있다.

> 학습에 대한 존재론적 믿음이 있는 사람들은 학습자를 '모르는 자'로부터 '이미 아는 자'

로 위치 이동시키고, 아는 것을 새롭게 조직화해 나가는 과정을 학습이라 부른다. 암묵적 지식을 명시적 지식으로 전환시킨다거나 파편적 지식 간의 연계를 마련하는 것은 이런 학습에 해당된다. '새로운 내용의 암기'와 구분되는 이런 학습은 분명 아동들에게 행해졌던 일방적 교육과의 과정과는 차별적이다. 그러나 그렇다고 해서 학습자가 '아는 자'인 것은 아니다. 모름에서 앎으로 이행되기 위해서는 알고자 하는 욕망이 필요하고, 앎의 방식을 습득해야 한다. …… 이 과정은 무엇인가를 아는 자로 상정된 교육자와 인정욕구를 가진 학습자의 의식적 · 무의식적 상호작용을 통해 확보된다.

이러한 입장은 학습자를 존중한다는 것이 학습자의 자발적인 학습만을 의미있게 여기거나 교육자의 역할을 소극적으로 제한하는 것과 동일한 것이 아님을 의미한다. 진정한 의미의 평생학습 패러다임은 학습자를 신뢰하지만 학습자에 대한 지나친 낙관론을 경계하며, 교육자의 권력남용을 비판하지만 교육자의 힘을 인정하는 것이다(정민승, 2002: 56).

한편, 사회교육학의 차원에서 학습자의 주도성을 존중하는 교육자의 역할을 '촉진(facilitation)'의 입장에서 재해석해 볼 수 있다. 일반적으로 성인교육(평생교육) 분야에서는 학습자 존중의 차원에서 교육자의 역할을 '촉진'의 개념을 통해 조망하였다. 촉진은 성인교육(평생교육)의 가장 중요한 원리 중의 하나이다. 그러나 사회교육의 관점에서 이 촉진의 개념에 대해 재검토할 필요가 있다. 이와 관련하여 최일선(2009)은 교육학 분야에서 활용되고 있는 '촉진'의 개념을 '학습자 중심의 촉진'과 '개입(조정)으로서의 촉진'으로 나누어 논의하였다. '학습자 중심의 촉진'은 인간주의 교육의 역사적 전통을 배경으로 하는 관점으로서 학습자의 자기주도성과 비판적인 자각을 전제로 한다. 그러나 학습자 중심의 촉진은 교육자와 학습자의 상호작용을 단순화하고 교육자의 역할을 수동적인 조수나 정보제공자로 한정한다는 비판을 받아 왔다. 반면, 브룩필드(S. D. Brookfield)가 사용한 '개입(조정, intervention)으로서의 촉진'에 따르면, 촉진은 교육자가 학습자에 의해 제안된 행동의 가치나 적절성을 문제시하고 학습자가 색다른 사고방식을 하도록 독려하는 활동을 포함한다. 최일선(2009)은 촉진의 개념에 대한 두 가지 상반되는 관점을 검토한 결과, '개입으로서의 촉진'이 채택하고 있는 '협상(negotiation)'의 개념이 기존의 '학습자 중심의 촉진'이 갖는 한계를 보완한다고 하였다.

〈표 8-1〉 성인교육에서 학습자 중심의 촉진과 개입으로서의 촉진 비교

구분	학습자 중심의 촉진	개입으로서의 촉진
학문적 배경	인본주의 심리학, 안드라고지	비판이론, 의식화이론
이론가	놀스, 메지로우	프레이리, 브룩필드
학습자에 대한 인식	학습자는 자신이 배워야 할 것들을 배울 준비가 되어 있음	학습자는 교육자의 개입 없이 자기주도적이라는 착각에 빠질 수 있음
교육자의 주요 역할	학습자의 필요를 진단하고 학습동기를 부여함으로써 학습자의 역량을 실현하도록 도와줌	학습자가 제시한 활동의 가치나 적절성에 대한 도전

출처: Choi(2009)에서 발췌하여 요약함.

지금까지 살펴보았듯이, 사회교육에서 학습자와 교육자의 관계는 어느 일방이 주도해야 하는 것이 아님을 알 수 있다. 그렇다면 문제는 교사의 권위와 학습자의 자유를 어떻게 조화시킬 것인가이다. 이런 맥락에서 과연 학습자를 존중한다는 것의 의미는 무엇이며, 교육자와 학습자의 관계를 어떻게 정립하는 것이 바람직한가에 대해 사회교육학 차원의 깊은 고찰이 필요하다.

2) 사회교육에서 교육자-학습자 관계의 역설적 성격

사회교육에서 교육자와 학습자는 모두 교육활동의 주체로서 각자의 역할이 있다. 사회교육은 전반적으로 교육자와 학습자의 상호작용을 강조하지만 일반적인 학습자 중심적 논의에 비하면 상대적으로 교육자의 역할을 강조한다. 이를 보다 구체적으로 살펴보면 다음과 같다.

첫째, 사회교육의 차원에서 교육자-학습자 간 상호작용의 시작은 교육자가 침묵하지 않는 것이다. 주로 개인의 성장에 초점을 맞추는 일반교육과 달리 사회교육은 사회문제의 해결 및 사회변화를 의도적 · 계획적으로 추구한다는 점에서 어떤 형태이든 교육자의 개입을 전제로 한다. 이와 관련하여 프레이리는 다음과 같이 말하고 있다.

> 교사가 다른 사람들에게 자신의 목소리를 강요할 권리가 없다고 해서 침묵할 권리가 있다는 것은 아닙니다. 정확하게는 개입할 의무가 있는 것입니다. 그리고 이를 두려워하지 말아야 해요. 그럴 이유가 전혀 없습니다(Horton & Freire, 2006: 178).

이는 학습자를 존중한다는 것이 학습자에게 침묵하는 것이 아님을 의미한다. 프레이리의 입장에 따르면, 오히려 교육자는 학습자의 상황에 적극적으로 개입하여 그들의 학습을 도와주어야 한다.

둘째, 교육자가 필요에 의해 학습자의 학습에 개입할 경우에도 가능한 한 학습자들이 스스로 받아들이도록 하기 위한 노력이 필요하다. 이와 관련하여 호튼은 다음과 같이 주장한다.

> 전문가의 지식을 이용하는 것과 그 전문가가 사람들이 해야 할 일을 직접 말해 주는 것은 다릅니다. 전문가가 사람들에게 무엇을 해야 하는지를 알려주는 것이 자신의 의무라고 한다면, 그것은 사람들로부터 스스로 결정할 수 있는 힘을 앗아가는 것이나 다름없어요. 그렇게 되면 사람들은 필요할 때마다 전문가를 찾게 됩니다. …… 이것이 과연 민중들의 힘을 길러 주는 일일까요? 그렇지 않습니다. 진실한 배움도 있을 수 없지요. 그래서 전문가를 활용할 때와 활용하지 말아야 할 때를 구분해야 한다는 게 제 생각입니다(Horton & Freire, 2006: 167-16).

이처럼 호튼은 전문가로서의 교육자의 직접적인 개입보다는 학습자가 스스로 전문가의 지식을 이용해야 진정한 학습이 이루어진다고 주장한다. 이는 교육자의 직접적인 개입보다는 학습자의 주체성에 우선권을 부여하는 입장이라고 할 수 있다.

이와 같이 같은 사회교육자의 경우라도 교육자의 적극적인 개입을 강조하는 입장과 학습자의 주체성을 강조하는 입장이 엇갈릴 수 있다. 이는 모두 중요한 가치이기 때문이다. 이런 점을 종합할 때 사회교육의 장에서 교육자의 개입은 매우 역설적인 성격을 가지고 있음을 알 수 있다. 레빈은 이러한 상황에서 교육이 성공적으로 이루어지기 위한 조건을 다음과 같이 제시하고 있다.

> 이처럼 가치 수용의 자유를 강조하는 것은 어떤 역설을 암시하는 것 같다. …… 재교육의 목적은 어떤 개인 또는 집단의 가치와 신념 체계를 사회나 현실과 조화를 이루는 쪽으로 바꿔 놓는 것이다. 그렇기 때문에 이 변화가 그 개인이나 집단에 의해 이뤄질 것이라고 기대하는 것은 논리적으로 맞지 않는 것 같다. …… 그러나 다음과 같은 사실을 강조할 필요가 있다. 재교육이 새로운 초자아의 확립을 의미한다면, 개인이 새로운 가치들을 스스로 자유롭게 선택했다고 느끼지 않는 한 목표 달성은 어렵다는 점이다. 만약에 개인이 자유의지와 양심의 명령이 아니라 단지 처벌에 대한 두려움 때문에 동조한다면, 그 사람이 받아들일 새로운 가치는 그의 내면에서 초자아로 자리잡지 못할 것이며, 따라서 재교육은 실현되지 않을 것이다(Lewin, 2016: 93-94).

사회교육은 본질적으로 사회의 변화를 지향하며 이는 개인의 변화를 전제로 한다. 그러나 학습자 중심의 관점에서 볼 때 개인의 변화를 추구하는 외적인 영향력, 즉 교육자의 개입은 개인의 자유를 억압하는 부정적인 강요로 인식될 수 있다. 그러므로 사회교육이 성공적으로 이루어지기 위해서는 학습자가 사회문제의 심각성을 인식하고 사회변화를 실천하기 위해 학습해야 한다는 객관적 사실을 '스스로' 수용해야 한다는 것이다. 이것이 사회교육을 성공적으로 수행하기 위한 교육의 필수조건이자 역설적 조건이라고 할 수 있다.

3) 사회교육에서 교육자와 학습자의 상호작용과 협상의 원리

이와 같이 사회교육은 개인에 대한 외적인 영향과 개인의 내적인 자유 사이의 역설적 관계를 전제한다. 따라서 사회교육을 위해서는 학습자의 자율성을 침해하지 않으면서 적절하게 외적인 영향력을 미치기 위한 특별한 교육적 접근방식이 필요하다. 이것은 교육자와 학습자 사이의 특별한 '교육적 협상'이라고도 할 수 있다. 그리고 사회교육의 장에서 사회문제를 해결하기 위해서는 학습자에 대한 교육자의 교육적 개입이 작용한다. 이 과정에서 학습자는 주체적 · 자율적 학습을 수행하기 위한 요구를 표출한다. 그 과정에서 교육자와 학습자 간의 협상과 조정이 복합적으로 이루어져야 한다.

사회교육의 차원에서 교육자와 학습자의 협상과 조정은 다음의 두 가지 차원에서 동시에 이루어진다고 볼 수 있다. 첫째, 사회교육의 목표에 대한 협상과 조정이다. 사회문제 해결을 위한 교육목표를 교육전문가의 입장에서 객관적으로 설정하려는 교육자의 입장과 사회문제의 당사자로서 스스로 자신들의 인식에 맞춰 교육목표를 설정하려는 학습자의 입장 사이에서 협상과 조정이 필요하다. 둘째, 사회교육 과정에 대한 협상과 조정이다. 이는 주로 교육의 방법이나 절차에 관한 조정이다. 교육전문가로서 본인이 생각하는 최적의 교육방법과 절차를 활용하려는 교육자의 입장과 학습의 주체로서 자신들의 상황과 요구를 반영한 방식을 따르려는 학습자의 입장 사이의 협상과 조정이라고 할 수 있다. 이와 같이 협상의 원리를 적용한 촉진의 개념은 곧 교육자와 학습자의 긴밀한 의사소통에 기초한 교육목표의 설정과 교육활동 과정상의 협력을 의미한다.

사회교육에서 교육자와 학습자는 어느 일방만이 존중되는 것이 아니라 적극적인 의사소통을 통해 서로 협력해야 하는 것이다. 이런 점에서 교육자와 학습자는 각자의 주도성을 포기하지 않으면서 서로 협력하며 상호작용하는 관계를 유지해야 한다. 사회교육자는 그들의 결정이 공평하고 합리적으로 이루어지도록 노력해야 하며, 자신들의 전문적 지식을 자신들을 위하여 특혜적으로 사용하지 않도록 노력해야 한다(Stephens, 2013: 109). 이와 같이 사회교육은 기본적으로 교육자와 학습자 중 어느 일방이 주도하기보다는 상호작용하는 협상적 관계를 지향한다.

교육자와 학습자의 상호작용과 협상을 증진하는 대안으로 문제해결을 위한 협력적 관계의 형성을 제시할 수 있다. 이는 교육자나 학습자가 중심이 아니라 해결해야 할 과제를 중심에 두는 것이다. 이와 관련하여 팔머는 다음과 같이 제3의 모델을 강조한다.

> 우리는 주제가 '중앙에 앉아서 모든 것을 알고 있는' 진리의 커뮤니티에서 종합적인 방안을 찾아야 하고 또 찾을 수 있다. 따라서 교실은 교사중심도 아니고 학생중심도 아닌, 주제중심이 되어야 한다. 진리의 커뮤니티라는 모델에 비추어 볼 때 이 교실은 교사와 학생이 위대한 사물을 집중적으로 파고드는 교실, 교사도 학생도 아닌 주제를 초점으로 하여 교사중심모델과 학생중심모델의 가장 좋은 점들을 융합, 극복하는 그런 교실이 되어야 한다(Palmer, 2013: 217).

이는 교육자도 학습자도 아닌 배움의 주제를 중심에 두고 서로 공동체적인 관계 속에서 상호작용하는 것을 의미한다. 따라서 사회교육의 관점에서 교육자와 학습자의 바람직한 관계는 교육자중심이나 학습자중심보다는 사회문제 해결이라는 공동의 주제를 중심에 두고 역설적 상호작용이 이루어지는 학습공동체적 관계라고 볼 수 있다.

4. 사회학습의 활성화를 위한 교육적 개입의 원리

사회학습이 가지고 있는 강력한 사회적 힘과 역동성은 사회교육적 차원에서 의미가 있다. 그러나 지나친 사회학습의 강조로 인한 역기능을 고려할 때 교육자는 학습자의 사회학습의 경험을 존중하면서도 적절히 개입해야 한다. 이는 적절한 협상과 상호작용을 통해 이루어진다. 여기서는 그 구체적인 실천원리를 모색해보고자 한다.

1) 내집단 모델의 소개를 통한 가치의 자발적 수용

사회학습의 원리에 따르면, 참여자들이 새로운 가치를 받아들이는 효과적인 방법은 그러한 가치를 통해 좋은 성과를 산출하고 있는 사회집단에 참여하는 것이다. 이와 관련하여 레빈은 학습자들이 새로운 가치를 수용하도록 하기 위한 좋은 매개로 '내집단(in-group)'을 소개한다. 내집단은 교육대상자들이 소속감을 느낄 수 있는 집단을 말한다(Lewin, 2016: 96). 레빈은 내집단의 사회교육적 의의에 대해 다음과 같이 말한다.

> 새로운 사실이나 가치를 수용하는 것과 어떤 집단 또는 역할을 수용하는 것 사이의 연결은 매우 강하며, 또 집단이나 역할을 수용하는 것은 종종 새로운 사실이나 가치를 수용하는 데 필요한 조건이다. …… 집단이나 역할을 수용하는 것과 새로운 사실이나 가치를 수용하는 것 사이의 이같은 연결은 재교육에 대한 저항의 뒤에 도사리고 있는 중요한 요소이면서 동시에 재교육의 성공을 성취하는 막강한 수단이 될 수 있다(Lewin, 2016: 97-98).

레빈의 주장에 따르면, 개인은 자신이 우호적으로 판단하는 집단에 소속될 때 새로운 가치체계를 받아들일 수 있는 가능성이 커진다. 그러므로 효과적인 사회교육을 위해 개인학습자들에게 사회문제 해결에 성공적인 집단의 모습을 소개하거나 참여할 수 있는 기회를 제공함으로써 그들 스스로 내면화하도록 이끄는 것이 필요하다.

2) 엄밀하고 객관적인 학습공동체의 구성

사회문제를 효과적으로 해결하기 위해서는 다양한 분야의 경험과 지식을 가진 사람들이 모여야 한다. 그리고 이러한 다양한 지식을 통합하고 조정할 메커니즘이 필요하다. 그 방법 중의 하나는 공동체적 관계 속에서 지식을 함께 탐구하는 '학습공동체'를 구성하는 것이다. 학습공동체는 학습을 주목적으로 하여 소집단, 조직, 지역사회에서 다차원적으로 구성되는 특수한 공동체이다. 학습공동체 중에서 소집단차원에 해당하는 것이 곧 학습동아리라고 할 수 있다(오혁진, 2005). 팔머는 이러한 학습공동체를 '진리의 커뮤니티'라 부르며 다음과 같이 말하고 있다.

> 내가 볼 때 우리가 소유할 수 있는 유일한 '객관적'인 지식은 어떤 주제를 함께 바라보는 사람들의 커뮤니티가 관찰의 콘센서스(교감과 합의)를 통해 내놓는 지식이다. 과학에서 종교에 이르기까지 그 어떤 분야든, 오늘날까지 쭉 이어져 온 길고 복잡한 공동의 담론을 통해서 비로소 객관적인 지식이 탄생했다. 객관적인 지식이 저 높은 곳에서 뚝 떨어져 내린 그런 분야는 결코 없다. 우리 지식의 가장 확고한 기반은 진리의 커뮤니티 그 자체이다(Palmer, 2013: 198).

'진리의 커뮤니티'는 인식, 가르침, 배움의 교육적인 임무를 충분히 수행하게 해 주는 커뮤니티의 모델이다(Palmer, 2013: 190). 진리의 커뮤니티는 우호적인 분위기 속에서도 합리적 · 비판적 의사소통을 통해 매우 진지하게 진리를 탐구하고 공유하는 학습공동체이다. 이러한 학습공동체를 기반으로 하는 사회학습을 통해 학습자들은 자연스럽게 사회에 대한 이해, 사회적 관계의 성숙, 사회문제 해결을 지식의 습득, 사회문제 해결을 위한 집단적 힘을 얻을 수 있다.

3) 일상적 경험학습과 형식적 개념교육의 조화

일상적인 사회학습을 통해 구성원들은 사회에서 필요한 여러 가지 정보와 지식, 그리고 습관과 태도를 형성한다. 그런데 비고츠키(Vygotsky)는 사회학습의 전반적인 과정에서 개념적 사고의 중요성을 강조한다. 이는 곧 사회학습이 사회생활에 필요한 정보의 습득만을 의미하는 것이 아님을 의미한다. 오히려 더 중요한 것은 사회학습을 통한 개념적 사고의 형성이다. 비고츠키는 자유의 확대과정에서 개념적 사고형성이 핵심적 토대가 된다고 말한다. 개념적 사고를 한다는 것은 어떤 현상과 상황들에 대해 체계적이고 논리적인 생각을 한다는 것이고, 그것은 눈에 보이는 현상을 넘어서서 본질에 입각하여 스스로 판단하고 행동할 수 있음을 의미한다. 즉, 개념적 사고를 통해 인간은 자유의지를 갖고 스스로 판단하고 행동할 수 있는 주체적 존재가 될 수 있다는 것이다(비고츠키교육학실천연구모임, 2015: 40). 그런데 이러한 개념적 사고를 모두 개인의 일상적인 경험학습만을 통해서 형성할 수는 없다.

> '개념적 사고'는 교수-학습이라는 특정한 관계 속에서 일상적 개념과 과학적 개념이 만남으로써 형성됩니다. 비고츠키는 근접발달영역은 교수-학습에 의해, 일상적 개념과 과학적 개념의 만남, 달리 표현하면 서로가 상호침투함으로써 창출된다고 표현합니다. …… "교수-학습과 발달의 관계는 복잡하며 훌륭한 교수-학습은 근접발달영역을 창출함으로써 발달을 이끈다."라고 비고츠키는 말합니다. 특히 '일상적 경험으로만 이루어질 수 없는 발달의 영역'이 학교에서 체계적인 교수-학습을 통해 창출된다고 강조합니다(비고츠키교육학실천연구모임, 2015: 112-113).

이와 같이 사회학습의 중요성을 강조한 비고츠키의 입장에서도 개념적 사고의 형성은 개인의 일상적인 경험만을 통해서는 결코 이루어질 수 없다. 여기에는 체계적인 교육과정을 바탕으로 학습자와 사회적 관계를 맺고 있는 교육자의 도움과 협력이 필요한 것이다.

사회교육의 차원에서도 사회문제 해결과 관련된 모든 개념을 경험학습만을 통해 학습할 수는 없다. 따라서 사회교육자는 사회학습을 활용하되 이와 별개로 사회문제 해결과 사회공동체 형성을 위한 필수적인 개념의 학습방안도 마련해야 한다. 이런 맥락에서 사회교육은 고전적인 무형식 학습과 함께 형식적 교육도 종합적으로 활용하여야 한다. 교육방법의 경우에도 학습자의 자율활동에 의해 이루어지는 활동중심의 교육방법은 물론이고 고도의 개념과 원리를 집약적 · 체계적으로 전달하는 강의식 방법도 적절히 활용할 필요가 있다. 따라서 어떤 단계에서, 어느 내용을, 누구를 대상으로, 어떤 기법을 통해 교육할 것인가가 사회교육방법의 차원에서 다루어야 할 중요한 연구과제라고 할 수 있다.

4) 사회적 가치의 내면화를 위한 정서적 유대의 강화

사회교육에서 나타나는 학습자와 교육자 간의 역설적 관계를 해결하고 상호작용적 촉진을 수행하기 위해서는 정서적인 교류가 가능한 사회집단의 형성이 필요하다. 외적인 사회적 가치를 강요하는 적대적인 관계 속에서는 어떠한 가치의 수용도 제대로 이루어질 수 없기 때문이다. 사회적 가치의 수용을 위해서는 내용적인 측면보다도 우선 정서적인 관계가 중요하다. 팔머는 관계적 지식획득 방법, 즉 사랑이 공포를 물리치고 공동창조가 통제를 대체하는 방법을 강조한다. 이 방법은 상호연결성을 회복시켜 주며, 이런 방법에 바탕을 둘 때 비로소 훌륭한 교육이 가능하다는 것이다(Palmer, 2013: 122). 이 점에서 비대면 교육에는 정서적 관계 형성의 차원에서 한계가 있다. 이와 관련한 주장을 살펴보면 다음과 같다.

> 배움 중심, 학습자 중심 원리를 극한까지 밀어붙인 결과는 '면대면 학습의 부정'으로 웹 기반 학습이 가장 극단적인 형태이고, 그 다음이 사이버 강의를 통한 학습이겠는데, 교수-학습의 역동성, 역동적인 교수-학습의 결과로 발달이 나타나게 됨을 부정한 결과입니다. 이런 형태의 교수-학습에서는 교수자가 학습자의 상태에 대응하여 능동적으로 상호작용을 해 나가는 것이 원천적으로 불가능합니다(비고츠키교육학실천연구모임, 2015: 120).

이와 같은 주장은 비대면 교육 자체가 정서적인 유대 형성에 전혀 도움이 되지 않음을 의미하는 것은 아니다. 그러나 정서적인 유대 형성은 단지 일정한 주제에 관한 언어적 의사소통만이 아니라 전인격적인 소통을 통해 이루어진다. 여기에는 온갖 비언어적 경험의 공유도 포함한다. 따라서 비대면 교육방법을 통해 다양하고 복합적인 인간의 정서를 공유하는 데는 일정한 한계가 있다. 비대면 교육방법은 시간과 공간을 초월하여 의사소통을 하는 데 매우 효율적이며, 지속적인 기술의 발달로 정서적 교류의 한계를 많이 극복하게 된 것도 사실이다. 그러나 비대면 교육방법은 면대면 인간관계가 형성된 기초 위에서 이루어지는 것이 사회교육 차원에서 더 효과적이라고 할 수 있다. 즉, 사회문제에 대한 사회구성원 간의 공감과 정서적 연대, 사회현장에 관한 경험적인 인식, 사회문제해결을 위한 사회참여와 실천을 중시하는 사회교육의 성격상 비대면 교육방식에는 한계가 있다. 그러므로 부분적으로 비대면 교육방법을 사용하더라도 대면교육과의 연계를 통해 정서적 유대를 강화하기 위한 교육적 노력이 요구된다. 이에 관한 구체적인 실천원리와 교육방법을 개발하는 것이 사회교육학의 과제라고 할 수 있다.

제9장 의식화와 조직화의 조화

사회교육은 교육을 통해 사회변화를 추구한다. 이 과정에서 반드시 필요한 것이 사회문제를 인식하고 해결하고자 하는 학습자의 의식화와 사회문제를 함께 해결하기 위한 조직화이다. 결국 사회교육 실천은 의식화와 조직화를 효과적으로 추구하는 것이다. 소집단은 사회교육의 의식화와 조직화가 효과적으로 이루어질 수 있는 기초 단위가 될 수 있다. 또한 의식화와 조직화는 네트워크를 통해서도 추진되어야 한다. 이 장에서는 사회교육학이 다뤄야 할 학문적인 과제 중의 하나로서 의식화와 조직화의 기본 개념과 원리, 의식화-조직화 관계의 유형, 소집단과 네트워크를 통한 의식화와 조직화의 구현 원리에 대해 살펴보고자 한다.

1. 사회교육에서 의식화와 조직화의 의의와 쟁점

사회변화를 지향하는 교육에서 학습자들의 의식화나 조직화는 매우 중요하게 다루어져 왔다. 그러나 의식화와 조직화를 추진하는 구체적인 원리에 대해서는 입장의 차이도 존재한다. 여기서는 사회교육에서 의식화와 조직화의 의의를 살펴보고, 사회교육 실천과정에서 의식화와 조직화 사이에서 발생할 수 있는 이슈를 검토해 보고자 한다.

1) 사회교육에서 의식화와 조직화의 의의

사회교육을 통한 사회변화는 '의식화'와 '조직화'를 통해 이루어진다. 사회교육의 차원에서 의식화는 사회현상에 대한 원인을 구조적 · 제도적으로 분석하고 해결과 대책을 주체적으로 찾는다는 것을 의미한다(황주석, 2007: 23). 모든 교육은 학습자의 의식에 영향을 미친다는 점에서 의식화와 관련된다. 한편, 조직화란 사회변화의 힘을 동원하기 위한 정치적 활동이라고 할 수 있다(한숭희, 2001: 130). 사회변화를 추구하기 위한 사회적 힘을 결집하고 동원하기 위한 정치적 활동이 조직의 구성과 운영을 통해 가능하기 때문이다.

모든 교육활동은 필연적으로 조직과의 일정한 관련성 속에서 이루어진다. 학습 자체가 조직을 통해 이루어지는 것은 자연스러운 현상이다. 이는 학습을 보다 잘하기 위해 집단을 형성하고 학습활동을 위한 역할을 분담하는 것을 의미한다. 현대사회에서 활성화되고 있는 다양한 형태의 학습공동체는 학습을 함께하기 위한 과정에서 자연스럽게 형성된 조직이라고 할 수 있다. 특정한 주제를 중심으로 관심 있는 구성원들이 함께 모여 일종의 '진리의 공동체'라고 할 수 있는 학습공동체를 구성하는 것은 자연스럽고 바람직한 교육적 현상이라고 할 수 있다(Palmer, 2013: 217). 그러므로 사회교육도 교육의 한 분야라는 점에서 조직과의 관련성 속에서 이루어지는 것이 당연하다.

그런데 사회교육의 경우 의식화와 조직화는 다소 다른 차원에서 논의될 필요가 있다. 사회교육은 사회변화와 사회문제의 해결을 지향한다는 점에서 의식화가 매우 중요한 의미를 차지한다. 사회변화를 지향하는 사회교육의 성격상, 교육은 개인의 성숙과 발전만을 추구하는 교육이 아니라 사회변화를 지향하는 의식화의 차원에서 논의되어야 한다. 사회와 직접적인 관계를 갖는 사회교육에서 의식화는 매우 구체적이고 핵심적인 목표라고 할 수 있다. 마찬가지로 사회교육에서 조직은 단순히 학습을 함께하는 수단이나 매개만이 아니라 사회문제를 해결하기 위한 적극적인 실천수단이자 활동기반의 성격도 갖는다. 아울러 사회교육에서의 학습공동체는 단순히 학습의 증진을 공유하는 성장중심의 학습공동체만이 아니라 사회변화를 함께 추구하는 실천중심의 학습공동체인 것이다. 장이론(field-theory)을 정립한 레빈(Lewin, 2016: 71)에 따르면, 사회변화는 단순한 학습기법만이 아니라 사회 내의 문화적 · 권력적 변화가 뒤따라야 가능하다. 또한 큰 집단의 변화를 위해서는 기본적으로 조직상의 뒷받침이 있어야 한다. 이와 관련된 내용을 살펴보면 다음과 같다.

> 강연이나 선전만으로는 필요한 변화를 끌어내지 못한다는 것이 확인될 것이다. 강연이나 선전도 근본적인 요소이긴 하지만, 그런 것들은 단지 집단의 권력관계의 변화나 리더십의 변화와 결합될 때에만 효과를 발휘할 수 있다. 큰 집단의 변화를 위해서라면, 집단의 바탕을 이루는 하위기관까지 파고들 리더들의 계급조직이 형성되도록 훈련되어야 한다(Lewin, 2016: 73).

레빈의 주장을 사회로 확장하면, 사회변화를 위해서는 사회의 문화가 바뀌어야 하며 이를 위해서는 개인의 의식화와 더불어 사회 전체의 변화를 이끄는 조직화 과정이 필요하다. 의식화와 조직화 모두 사회변화와 사회문제 해결을 위한 운동의 과정이자 매개로서 작용해야 한다는 것이다. 의식화가 사회문제 해결을 위한 의지와 내용, 방법을 익히게 하는 정신적 기반이라면, 조직화는 사회문제 해결을 위한 운동의 물적 기반이다. 이와 관련하여 한숭희는 민중교육에 있어 의식화와 조직화의 의의와 양자 사이의 관계에 대해 다음과 같이 말하고 있다.

> 표면적으로 볼 때 민중교육이 의식화에 치중한다면 민중운동은 그 조직화를 중심으로 이루어진다고 할 수 있다. 그러나 이러한 이분법이 전혀 실제 의미를 가지지 못하는 것은 결국 의식화 없는 조직화는 또 하나의 상명하달식 폭력에 불과하며, 반대로 조직화 없는 의식화는 유토피아적 희망의 공유에 그칠 따름이기 때문에 결국 이 두 가지는 어떠한 방식으로든지 연계되지 않으면 안 된다. 이러한 점에서 민중교육이 교육과 정치라는 양날

의 칼인 것은 그 안에 의식화와 조직화라는 두 가지 측면이 함께 조합되어 있기 때문이다 (한숭희, 2001: 129).

여기서 '민중교육'은 적극적으로 사회변화를 추구하는 사회교육을 의미한다. 사회교육을 통해 사회변화를 효과적으로 추구하기 위해서는 의식화와 조직화가 자연스럽게 연결되어야 한다. 특히 사회단체가 추진하는 조직운동도 대중의 의식화와 조직화를 함께 추구해야 한다. 그 구체적인 방법을 찾는 것이 사회교육학의 과제라고 할 수 있다.

2) 사회교육에서 의식화와 조직화의 관계에 대한 쟁점

사회교육을 통한 사회변화는 곧 의식화와 조직화를 통해 이루어진다. 그런데 의식화와 조직화의 관계에 대해서는 사회교육학 차원에서 다양한 관점이 존재할 수 있다. 이러한 관점의 차이는 20세기 남미와 북미를 대표하는 사회교육자라고 할 수 있는 프레이리(Freire)와 호튼(Horton)의 입장에서도 잘 드러난다. 두 사람은 모두 『우리가 걸어가면 길이 됩니다(We Make the Road by Walking)』(Horton & Freire, 1990)라는 대화집에서 사회문제의 해결을 위해 의식화와 조직화의 필요성을 강조했다. 그러나 양자 간의 구체적 관계에 대해서 이들은 다소 다른 입장을 제시한다. 이에 대해 자세히 살펴보면 다음과 같다.

먼저, 호튼은 교육과 조직화, 또는 의식화와 조직화를 엄격히 구별하면서 사회교육은 주로 교육과 의식화에 치중해야 한다는 입장을 취한다. 호튼의 입장을 살펴보면 다음과 같다.

문제해결이 궁극적인 목적이라면 굳이 교육을 거치지 않고서도 쉽고 간단하게 문제를 해결할 수 있는 방법은 많습니다. 그러나 문제해결은 조직의 목적일 수는 있어도 교육의 목적일 수는 없어요. 이 때문에 저는 교육과 조직화는 다르다고 생각합니다. 조직화는 성취해야 할 구체적이고 한정된 목적을 가지고 있습니다. 그리고 문제를 해결하기 위한 가

> 장 쉬운 방식을 택해야 합니다. 반면, 교육은 하나의 과정이기 때문에 문제를 실제로 해결하지 않아도 됩니다. 이미 많은 사람을 교육시켰으면 그것으로 된 것이지요. 문제를 해결할지 교육을 할지는 선택의 문제입니다(Horton & Freire, 2006: 155).

이와 같은 호튼의 입장에 따르면, 교육과 조직화는 적어도 원칙상 분리되어야 하며, 교육자는 민중 스스로의 조직화에 직접적으로 관여하지는 말아야 한다. 호튼은 지식인의 과도한 간섭을 예방하기 위해 교육과 조직화를 구분하는 것이 중요하다고 보았다. 사회변화를 위해서 조직화가 중요함에도 불구하고 그 조직화를 교육자가 주도하는 것이 옳은 것인가에 대한 지적인 것이다. 그는 더 나아가 조직화를 통한 의식화에 대해서도 다소 비판적인 입장을 취한다. 이에 관한 언급을 살펴보면 다음과 같다.

> 조직가는 한정된 구체적 목적을 달성해야 합니다. 그 목적이 체제변화든 체제강화든, 모든 자본가의 세력강화든 말입니다. 많은 사람이 조직화를 통해 교육을 하려고 하고 있어요. 그리고 이 일이 민중의 역량을 강화한다고 생각하지요. 이 때문에 문제가 복잡해집니다. 하지만 대개 이렇게 생각하는 사람들은 오히려 민중의 역량을 약화시킵니다. 민중의 역량을 강화시킨다는 명목으로 전문가를 데려다가 이래라저래라 간섭하면서 말입니다(Horton & Freire, 2006: 155-156).

이러한 주장은 현장에서 비교육적인 방식으로 진행되는 조직화를 비판한 것이라고 볼 수 있다. 잘못된 조직화는 오히려 의식화를 어렵게 만든다는 것이다.

전반적으로 호튼은 의식화를 일차적으로 추구하고 조직화는 부차적으로 다루려는 입장을 취한다. 즉, 사회교육자는 학습자의 의식화에 치중하고 조직화는 사회교육자의 개입 없이 학습자 스스로 교육과정 이수 중이나 교육을 마친 후 이루어지도록 해야 한다. 이와 관련하여 호튼의 입장을 자세히 제시하면 다음과 같다.

> 하이랜더를 잘 모르고 겉모습만 보았던 사람들은 하이랜더를 조직가를 훈련시키는 학교라고 여겼습니다. 하지만 저는 강력히 부인했지요. 우리가 한 것은 교육이었습니다. 조직화요? 그건 하이랜더를 거쳐 간 노조간부들의 몫이었지요. 그들은 조합의 간부가 되어도 꼭 교육사업을 담당하더군요. 우리는 기술적인 훈련은 하지 않았어요. 우리는 사태를 분석하고 일을 진행하고 사람들과 관계 맺는 법을 강조했어요. 이게 제가 말씀드린 교육이지요. 조직화가 아닙니다(Horton & Freire, 2006: 151).

이처럼 호튼은 교육과 조직화를 별개의 것으로 보며 그 자신은 교육을 우선시하는 입장을 취하고 있다. 조직화는 교육의 결과로 학습자들이 자발적으로 시행하는 것이 바람직하다는 것이다. 이러한 입장은 주로 사회교육의 교육적 가치를 강조하는 관점에 근거한다.

한편, 프레이리는 호튼에 비해 조직화를 위한 지식인의 적극적인 개입과 역할을 더 강조하였다. 그는 먼저 동원과 조직화 자체가 갖는 교육적인 기능을 강조한다. 이와 관련된 프레이리의 입장을 살펴보면 다음과 같다.

> 동원과 조직화 모두 본질적으로 교육적 측면을 가지고 있습니다. 동원이나 조직화의 과정에서 필요한 감수성이나 위험에 대한 직관력, 상황대처 능력을 개발하는 것은 교육적 측면입니다. …… 동원과 조직화 활동에 대한 반성을 통해 우리는 무언가를 교육합니다. 조직화를 위해서는 무엇인가를 가르치지 않으면 안됩니다. 조직화에는 반드시 학습이 따릅니다. 조직화와 동원의 과정이 훌륭했다면 결국 그 과정을 통해 학습이 이루어지고 거기서 끝나게 되지 않지요(Horton & Freire, 2006: 153).

프레이리는 기본적으로 동원과 조직화를 사회교육자가 관심을 가져야 할 중요한 활동으로 인식하고 있다. 그는 동원과 조직화의 과정에서 경험적으로 학습하게 되는 교육적 성과를 강조한다. 더 나아가, 조직화 과정을 활용해서 특별한 교육적 과정을 발전시킬 수도 있다고 하였다(Horton & Freire, 2006: 156). 그럼에도 불구하고 프레이리는 과거의 동원과 조직화의 과정에서 학습이 잘 이루어지지 않거나 교육자나 지도자들이 민중의 입장에서 성찰하지 못한 측면이 있음을 비판한다.

> 동원과 조직화에 참여하는 사람들은 그 과정을 평가해야 합니다. 동원과 조직화를 이끌고 있는 지도자들은 평가를 통해서 자신의 부족한 부분과 개선해야 할 점을 짚어 보게 됩니다. 자신의 활동을 비판적으로 성찰하게 되는 것이지요. 이렇게 함으로써 지도자는 다음 단계의 동원과 조직화의 과정으로 이행할 수 있게 됩니다. 성찰을 통해 스스로 변하기 때문입니다. …… 지도자들이 민중으로부터 배우는 것이 많을수록 더 많은 사람을 모을 수 있습니다(Horton & Freire, 2006: 157).

프레이리에 따르면, 현실 속에서 의식화와 조직화는 따로 구분하기 어렵다. 의식화를 통해 조직화를 추구하고 조직화를 통해 의식화가 이루어진다는 것이다. 그런데 이러한 프레이리의 입장과 비교할 때 호튼의 입장이 조직화가 중요하지 않거나, 조직화를 통한 의식화가 불가능하다는 것이 아님을 확인할 필요가 있다. 이와 관련된 호튼의 표현을 살펴보면 다음과 같다.

> 제가 교육과 조직화의 차이에 대해 이야기한다고 해서 조직화와 교육을 동시에 할 수 없다는 건 아니에요. 이 둘은 우리가 추구하는 거지요. 조직화의 경험은 교육적일 수 있습니다. 가능합니다. 그러나 그것은 독단적이고 권위적인 지도자가 이룰 수 있는 것이 아닙니다. 그것은 바로 민중들의 참여를 통한 민주적 의사결정 구조가 확보될 때 가능한 것입니다(Horton & Freire, 2006: 159).

여기서 호튼은 조직화 자체가 의식화에 도움이 된다는 것을 부정한다기보다는 조직화가 교육적인 의미를 가지려면 일정한 조건을 갖추어야 한다고 주장하고 있다.

이와 같이 사회교육에서의 의식화와 조직화의 관계에 대해 호튼과 프레이리는 다소 엇갈리는 입장을 취하는 것처럼 보인다. 프레이리가 다소 당위론적이고 이상적인 차원에서 의식화와 조직화의 상호관련성을 제시했다면, 호튼은 조직화의 현장에서 교육적 가치가 침해당하는 것을 우려하여 현실적인 입장을 취했다고 볼 수 있다. 프레이리가 교육자의 역할을 의식화와 더불어 조직화에도 개입하는 것으로 파악한 것에 비해, 호튼은 의식화와 조직화를 구분하고 기본적으로 교육자는 의식화의 역할을, 학습자는 조직화의 역할을 맡아야 한다고 파악했다는 점에서 차이가 있다. 그러나 두 사람의 의견을 종합해 보면, 사회교육에서 의식화와 조직화가 매우 중요하며 상황에 맞추어 양자 간의 관계를 유연하게 설정해야 할 필요성이 있음을 알 수 있다. 따라서 의식화와 조직화의 구체적인 관계 설정과 교육자와 학습자의 역할 정립은 사회교육학 차원에서 심도 있게 논의해야 할 과제라고 할 수 있다.

2. 사회교육에서 의식화–조직화 관계의 유형과 지향성

앞에서 살펴보았듯이, 의식화와 조직화의 관계 설정은 사회교육학에서 매우 중요한 과제이다. 여기서는 의식화와 조직화의 관계를 이론적으로 검토하고 의식화와 조직화의 바람직한 관계를 설정하기 위한 대안을 제시하고자 한다.

1) 사회교육에서 내적 조직화와 외적 조직화의 의미와 관계

사회교육의 발전을 위해서는 의식화와 조직화의 관계를 올바르게 설정하기 위한 이론적 노력이 필요하다. 그러기 위해서는 의식화와 조직화 관련 논의의 대표적 인물인 프레이리와 호튼의 쟁점을 보다 심층적으로 분석하여 이를 통합할 대안을 제시할 필요가 있다.

호튼과 프레이리의 '의식화와 조직화의 관계'에 관한 논의는 두 가지 차원이 혼재되어 있다. 하나는 '의식화를 위한 과정에서의 조직화'이고, 다른 하나는 '의식화의 결과를 활용하기 위한 조직화'이다. 의식화를 위한 과정에서의 조직화를 '내적 조직화'라고 한다면, 의식화의 결과를 활용하기 위한 조직화를 '외적 조직화'라고 부를 수 있다. 호튼과 프레이리의 논의를 내적 조직화와 외적 조직화의 차원에서 정리하면 〈표 9-1〉과 같다.

〈표 9-1〉 사회교육에서 내적 조직화와 외적 조직화의 의미와 성격

구분	내적 조직화	외적 조직화
의미	• 의식화가 효과적으로 이루어지도록 하기 위한 조직화 • 학습조직화	• 의식화의 결과를 활용하여 사회문제를 해결하기 위한 조직화 • 실천조직화
특징과 의의	• 의식화와 조직화가 동시에 이루어짐 • 의식화 참여자와 조직화 참여자가 일치함 • 사회학습 차원의 효과적인 의식화가 이루어지는 데 유용함(사회이해, 사회적 관계 형성 등)	• 의식화 이후 별개로 조직될 수도 있고, 의식화가 진행되는 과정에서 자연스럽게 형성될 수도 있음 • 의식화 참여자와 조직화 참여자가 다를 수 있음 • 사회문제 해결을 위한 실질적인 힘을 형성함
한계	• 외적 사회문제를 해결하는 실천활동과 직접 연결되지 않을 수도 있음	• 조직의 목적이 우선됨에 따라 의식화가 교육적으로 왜곡될 소지가 있음

이러한 개념에 비추어 볼 때 호튼과 프레이리는 내적 조직화와 외적 조직화 사이에서 일차적인 관심과 강조점에 차이가 있을 뿐 전반적으로 공통된 주장을 하고 있다고 볼 수 있다. 이를 살펴보면 다음과 같다.

첫째, 의식화와 내적 조직화는 상호순환적으로 긍정적인 영향을 미친다. 의식화가 성공적으로 이루어지면 이를 더욱 증진하기 위한 학습조직도 활성화되며, 반대로 학습조직이 원활하게 운영되면 의식화도 활성화된다. 따라서 사회교육의 현장에서 학습조직의 활용은 매우 유익하다. 그런 면에서 사회교육 현장에서 교육자가 내적 조직화를 시도하는 것은 교육적으로 매우 바람직하다고 볼 수 있다.

둘째, 의식화는 외적 조직화에 선택적으로 적용된다. 프레이리가 지적하였듯이, 사회교육을 통한 의식화가 실천현장에서 활동할 외적 조직화와 연결되는 것은 효율적이고 바람직한 측면이 있다. 그러나 의식화가 필연적으로 외적 조직화로 이어져야만 의미가 있는 것은 아니다. 의식화는 그 자체만으로도 교육적 의미를 가질 수 있으며, 의식화에 참여하지 않은 사람도 외적 조직화에는 참여할 수 있다. 또한 호튼이 강조하였듯이, 외적 조직화는 사회교육자를 통해 이루어지는 것보다는 학습자 스스로에 의해 이루어지는 것이 더 바람직하다. 왜냐하면 현장의 상황은 현장에 속해 있는 학습자들이 가장 잘 알기 때문이다. 따라서 사회교육의 차원에서 의식화를 통한 외적 조직화는 학습자들이 주도적으로 추진할 수 있도록 지원하는 것이 바람직하다고 할 수 있다.

셋째, 외적 조직화는 의식화에 선택적으로 적용된다. 외적 조직화를 통한 의식화의 가능성은 존재한다. 외적 조직화는 의식화의 강화를 위한 피드백으로 작용할 수 있다. 프레이리가 주장하였듯이, 현장에서 사회문제와 부딪치는 가운데 의식화가 더 확고하게 이루어질 수도 있다. 그러나 호튼이 우려하였듯이, 외적 조직화는 본질적으로 조직의 목적을 우선시하기에 그 과정에서 교육의 논리가 중요하게 고려되지 않거나 왜곡될 수도 있다. 따라서 사회교육의 차원에서 외적 조직화 과정을 통해 의식화를 추구하기 위해서는 교육적 가치를 상실하지 않도록 하기 위한 특별한 고려가 필요하다.

이와 같이 외견상 차이가 있는 것처럼 보이는 호튼과 프레이리의 입장은 관심과 강조점의 차이일 뿐 상당한 정도 일치된 견해를 보인다. 즉, 사회교육에서 의식화와 조직화 모두 중요하며 이 둘이 효과적으로 상호 통합될 수 있는 방안을 모색해야 한다는 것이다. 의식화의 결과가 외적 조직화를 통해 효과적으로 실천되며, 내적 조직화의 과정은 물론 외적 조직화의 과정에서도 의식화가 교육적으로 잘 구현될 수 있도록 하는 것이 사회교육학의 궁극적인 관심이자 과제라고 할 수 있다.

2) 사회교육에서 바람직한 의식화-조직화의 실천원리

사회교육에서 의식화와 조직화를 어떻게 연계할 것인가는 사회교육학의 주요 탐구과제 중의 하나이다. 보다 구체적으로 제시하면, '의식화를 위해 조직화를 건전하고 효과적으로 활용할 수 있는 방법은 무엇인가?'와 '조직화를 위해 의식화를 효과적으로 활용하기 위한 방법이 무엇인가?'이다. 이와 관련하여 사회교육에서 의식화와 조직화를 효과적으로 연계하기 위한 실천원리를 제시하면 다음과 같다.

첫째, 내적 조직화를 위해 교육자가 개입하되 외적 조직화는 가능한 한 학습자들이 스스로 수행하도록 돕는 것이 바람직하다. 효과적인 의식화를 위해 사회교육자가 내적 조직화를 추구하는 것은 필요하지만, 외적 조직화까지 사회교육자가 주도적으로 개입하는 것은 교육의 차원을 넘어 사회운동이나 정치의 차원으로 넘어가는 것이 된다. 사회교육자가 한 개인으로서 사회운동이나 정치에 관심을 가지고 참여할 수는 있으나 그 순간부터 '사회교육자'의 입장이 아님을 분명히 할 필요가 있다. 외적 조직화는 기본적으로 사회운동가나 정치가의 영역이므로 사회교육자는 이 과정에서 교육적 가치를 보다 잘 구현할 수 있도록 돕는 역할을 수행해야 한다.

둘째, 외적 조직화는 충분한 의식화를 통해 이루어져야 한다. 건실한 의식화가 뒷받침되지 않는 외적 조직화는 매우 위험하다. 이와 관련하여 린드만(E. Lindeman)은 지적 성숙함이 없는 집단주의의 위험성을 다음과 같이 지적한다.

> 집단주의는 현대의 삶을 지배하는 현실적인 권력을 쟁취하는 유일한 길이다. 지적인 과정과 통합 없이 이 권력을 행사하는 것은 사회적인 자살행위나 다름없다. 우리의 사고 과정에서 집단주의가 이에 대응하는 개인주의와 함께 작동하면, 분할된 사회구조, 통제 불가능한 사회조직, 신비화한 사회적 과정을 만들어 낸다(Lindeman, 2013: 90).

이와 관련하여 함석헌도 지배자들의 과학적이고 조직적인 지배에 대항하기 위해서 '씨올'들의 조직이 필요하지만 그것만을 중시하는 것에 대해서는 반대하였다(함석헌, 2009a: 135). 조직은 그것을 바르게 사용할 역량과 인격이 부족하면 곧 타락해 버리기 때문이다. 이런 이유로 그는 인격이 전제된 조직화를 강조하며, 의식과 인격이 충분히 성숙해지기 전까지 조직을 서둘러서 만들어서는 안 된다고 하였다(함석헌, 2009a: 285).

셋째, 외적 조직화는 단순히 조직의 목적 달성을 추구하는 것만이 아니라 구성원들의 자기발전을 위한 매개가 되어야 한다. 이와 관련하여 황주석은 현대 시민운동에서 운동조직이 갖는 교육적 가치에 대해 다음과 같이 말하고 있다.

> 1980년대 중후반을 거쳐 삶의 질이 문제가 되는 생활시대로 넘어오면서 주민의 이해관계만으로 조직을 움직이는 운동에 한계를 느끼게 되었습니다. 조직의 목표를 이해관계뿐만 아니라 주민의 희망과 꿈을 실현하는 운동으로 확대함으로써 YMCA는 진일보할 수 있었습니다. 더 나아가 공공선을 지향하는 운동은 이해관계를 축으로 일어나기보다는 꿈과 희망을 바탕으로 해야 한다는 새로운 시각이 형성되었습니다(황주석, 2007: 76).

황주석에 따르면, 현대적인 의미의 사회운동은 수단 조직보다는 목적 조직을 통해서 더 효과적으로 수행된다고 하였다. 수단 조직은 외부의 목표를 해결하기 위해 필요한 요소를 운동의 중심으로 삼지만, 목적 조직은 구성원들의 행복과 성장이 가장 중요한 척도가 된다. 이는 사회운동을 위한 조직 자체가 구성원들의 성장을 돕는 교육적인 성격을 강하게 가지고 있어야 한다는 것을 의미한다. 그러므로 사회문제 해결을 위해 활동하는 조직에서의 의식화는 집단을 위한 수단적인 기능만이 아니라 조직 구성원의 성장을 위한 교육적 기능도 최대한 수행해야 한다.

3) 사회교육에서 의식화와 조직화의 실행 유형

앞에서의 논의를 종합해 보면, 의식화와 조직화의 관계는 사회교육의 구체적인 목적이나 상황에 따라 다양한 방식으로 적용할 수 있다. 사회교육 현장에서 구체적인 상황에 따라 적용할 수 있는 의식화-조직화의 관계를 정리하면 〈표 9-2〉와 같다.

〈표 9-2〉 사회교육에서 의식화와 조직화의 실행 유형

유형	특징	주요 적용 영역	주요 사례
의식화 이후 자율적 조직화	사회교육에 의해 의식화만 진행되고 조직화는 학습자들에 의해 자율적 · 임의적으로 진행	대부분의 학교 형식적 사회교육기관	호튼의 하이랜더 오산학교 가나안농군학교
의식화를 통한 조직화	교육자가 조직화를 진행할 의도를 갖고 의식화를 진행함	지역기반 시민단체의 리더 양성 시민교육	황주석의 YMCA 춎불대학
조직화를 통한 의식화	기존 조직의 활용을 통해 의식화를 체계적으로 추진함	각종 사회단체 내 분과 모임 등을 통해 의식화 유도	시민단체 노동조합
의식화와 조직화의 동시적 진행	체계적 의식화를 통해 조직활동을 강화하고 조직의 실천활동을 통해 의식을 고양함	실천중심의 학습동아리	안창호의 홍사단 황주석의 등대모임

사회교육에서 의식화와 조직화의 관계는 이렇게 다양한 양상으로 나타날 수 있다. 이 중에서 어떤 것이 가장 바람직하다고 단정할 수는 없다. 상황에 따라 각 유형이 적절하게 활용될 수 있도록 장점을 극대화하고 한계를 최소화하는 것이 필요하다.

역사적으로 위대한 사회교육자들도 이와 같은 유형들을 상황에 맞게 적절히 활용하였다. 도산 안창호는 교육자임과 동시에 조직 구성의 전문가이기도 하였다. 그는 조직을 의식화와 효과적으로 연결한 인물로 인정받는다. 단지 조직을 위한 조직이 아니라 조직을 통해 의식화를 활성화하였으며, 의식화를 통해 조직

을 더욱 공고하게 만들고 새로운 조직으로 분화하는 데 이바지하였다. 그런 면에서 안창호는 상황에 따라 의식화를 통해 조직을 만들기도 하고 조직을 통해 의식화를 활성화하기도 한, 의식화와 조직화 연계의 전문가라고 할 수 있다.

한편, 황주석은 의식화를 위한 교육프로그램을 토대로 조직화를 추구하고 그 조직 속에서 계속적인 의식화와 실천을 지속가능하게 연결하는 방법을 활용했다. 이는 '의식화를 통한 조직화'와 '의식화와 조직화의 동시적 진행'을 순차적으로 진행한 전략이라고 볼 수 있다. 역사상 사회교육 선각자들은 주로 사회교육기관에서 사회변화에 앞장설 지도자 양성을 위해 일정 기간 '의식화'를 실시한 후 개인별로 사회로 진출시켰다. 이와 달리 황주석은 사회교육기관의 교육 프로그램을 통한 의식화 이후에도 일상생활에 돌아가 학습모임과 사회변화를 위한 활동을 지속적 · 체계적으로 할 수 있도록 조직화를 병행했다는 점에서 의의가 크다. 아울러 그는 지역 YMCA 시민운동 과정에서 정규 교육프로그램의 운영과 학습자 소집단 활동의 연계를 매우 강조하였다. 그에 따르면, 정규 프로그램이 실시되는 기간은 소집단을 조직하고 운영할 수 있도록 하기 위한 일종의 준비기간이라고 할 수 있다. 노래 배우기, 의식에 대한 이해와 훈련, 독서의 중요성, 독서토론 등이 이 기간에 자연스럽게 형성되어야 한다는 것이다(황주석, 2007: 143). 정규 교육 프로그램이 의식화에 치중한 활동이라면 이러한 정규 교육프로그램이 진행되는 도중에 이루어지는 소집단의 결성은 교육이 끝난 이후에 사회변화를 실천하기 위한 조직화 작업이라고 할 수 있다. 그런데 이러한 소집단이 더 의미가 있는 것은 구성원들이 소집단의 지속적인 독서모임과 토론을 활용하여 의식화를 스스로 계속해 나감은 물론이고 지역사회 변화를 추구하기 위한 실천적 활동도 수행한다는 점이다. 즉, 이 소집단은 사회교육 차원에서 의식화와 조직화가 동시에 이루어지며 강화되는 조직이라고 할 수 있다.

이와 같이 사회교육자들은 상황과 관심에 따라 다양한 방식으로 의식화와 조직화를 연결하였다. 사회교육학의 차원에서 이러한 사례를 더 많이 발굴하고 그 특징과 효과성을 비교 · 검토함으로써 상황에 맞는 최적의 의식화와 조직화 간의 연계방법을 도출하는 것이 필요하다.

4) 건전한 조직화를 위한 의식화기반 운동성의 유지

사회교육학의 차원에서 사회적 실천을 위한 조직화가 의미를 갖기 위해서는 조직이 만들어지는 것에서 더 나아가 실천의 운동성을 계속 유지하기 위한 의식화가 필요하다. 이와 관련하여 팔머(Palmer)는 다음과 같이 언급하고 있다.

> 조직과 운동은 둘 다 창조적인 역할을 하지만 지향하는 목적은 다르다. 조직은 질서와 보존의 원칙에 따라 움직인다. 조직은 사회가 과거로부터의 귀중한 보물을 담아내는 그릇이다. 운동은 유동성과 변화의 원칙을 지지한다. 이 운동을 통하여 사회는 갱신과 변모의 에너지를 배출한다. 따라서 건전한 사회는 이 둘의 상호작용을 권장한다. 개혁지향적인 조직지도자는 운동이 가져오는 혼란에도 불구하고 운동의 에너지를 환영한다. 그리고 운동의 지도자들은 소기의 개혁을 성취하기 위해서는 조직구조가 필요하다는 것을 이해해야 한다(Palmer, 2013: 293).

여기서 팔머가 우려하는 것은 실천을 위해 만들어진 조직이 운동성을 잃어버리고 하나의 고착된 조직으로 머무는 것이다. 사회운동을 추진하기 위해서는 조직이 필요하지만 조직화 자체가 운동성을 보장하는 것은 아니다. 오히려 조직의 논리가 지나치게 강조되면 새로운 것을 추구하기가 어려워진다. 이는 곧 운동성의 상실을 의미한다. 이러한 조직이 운동성을 유지하기 위해서는 끊임없는 의식화가 필요하다. 끊임없는 의식화가 전제되지 않는 조직의 실천은 그 자체로 관습적인 행위로 고착될 수 있기 때문이다. 조직은 운동을 추진하는 여러 가지 새로운 상황에서 끊임없이 성찰하고 새로운 길을 모색해야 한다. 이는 새로운 의식화의 과정이라고도 볼 수 있다. 그러므로 사회교육학의 관점에서 볼 때 사회문제 해결을 지향하는 조직의 건전한 운영을 위해서는 끊임없는 의식화를 통해

운동성이 유지되어야 한다.

3. 의식화와 조직화를 위한 소집단의 활용

사회교육에서 의식화와 조직화는 가장 중요한 실천원리 중의 하나이다. 이것을 가장 효과적으로 구현하기 위한 방안을 모색하는 것이 사회교육학의 과제라고 할 수 있다. 의식화와 조직화의 통합을 실현하기 위한 가장 효과적인 매개로 소집단을 고려할 필요가 있다. 사회교육의 역사에서 소집단은 매우 중요한 교육방법이자 학습 형태로 끊임없이 활용되어 왔기 때문이다. 여기서는 소집단의 기본 성격과 사회교육적 의의, 그리고 의식화와 조직화를 구현하기 위한 소집단의 요건과 실천원리에 대해 살펴보고자 한다.

1) 소집단의 개념과 사회교육적 의의

사회교육을 통해 사회변화를 추구하기 위한 의미 있는 전략으로 집단의 활용을 들 수 있다. 개인이 속한 집단은 각 개인의 활동기반이 되며 학습의 공간도 된다. 개인은 집단의 영향을 받음과 동시에 집단을 변화시키기도 한다. 또한 집단은 더 큰 사회를 변화시키는 중간 매개가 되기도 한다. 이와 관련하여 레빈은 사회변화를 위한 집단의 의의와 효과에 대해 다음과 같이 말하고 있다.

> 수백만 명의 사람을 개별적으로 다루면서 그들의 문화적 패턴을 변화시키려는 노력은 아무런 결실을 얻지 못한다. 다행히 '그룹 워크(group work)'라 불리는 방법을 이용하면 한꺼번에 개인들의 전체 집단에 영향을 미칠 수 있다. 이 방법은 개별적인 접근보다 훨씬 더 깊은 변화를 초래할 수 있다(Lewin, 2016: 61).

이는 사회학습의 일반적인 원리와도 일맥상통한다. 즉, 일상생활 속에서 사회적 경험이나 관찰을 통해 삶에 필요한 지식과 기술, 사회적 태도를 배우는 사회학습은 일상생활과 사회관계의 분리 속에서 이루어지는 개인학습과 달리 집단학습의 성격을 갖는다. 이와 관련하여 사회학습의 차원에서 사회관계망의 중요성을 강조한 펜틀랜드(Pentland)의 글을 인용하면 다음과 같다.

> 사람들 간의 직접적이고, 강력하고, 긍정적인 상호작용을 의미하는 참여의 힘이 신뢰를 바탕으로 한 협력적인 행동을 자극하는 과정에서 대단히 중요하다는 사실을 보여 주는 증거들이 속속 등장하고 있다. 강력한 사회적 연결이 사람들의 행동을 자극할 수 있다. 사회물리학은 경제적 보상이나 정보의 다발 대신, 사람들의 사회관계망에 집중하는 동기를 제시함으로써 사람들의 행동을 바꾸는 또 다른 반응이 있다는 사실을 우리에게 말해 준다(Pentland, 2015: 107).

여기서 펜틀랜드는 사회에서 구성원들이 새로운 행동규범을 내면화하기 위해서는 규제적인 처벌과 시장경쟁에 의존하는 것보다 사회관계망을 활용하는 것이 더 효과적이라고 주장하고 있다. 사람들 간의 강력한 관계 구축은 아이디어 흐름에 도움을 주고 또한 그러한 관계를 통해 사회적 압력을 행사할 수 있기 때문이다. 디지털 기술의 발달에 기반한 강력한 사회적 연결은 동료 압력을 통해 협력을 이끌어 내기 위한 가장 효과적인 메커니즘의 작동 환경을 만들어 주었다는 것이다(Pentland, 2015: 191). 이런 맥락에서 강력한 사회적 관계에 기초한 집단의 형성은 사회변화를 추구하는 사회교육 차원에서 활용해야 할 매우 중요한 방법이라고 할 수 있다.

사회나 국가, 세계를 변화시키기 위해서는 이를 추구하는 하위집단들이 먼저 조직되어야 한다. 그리고 그 기초 단위는 소집단이 될 수밖에 없다. 이러한 소집단의 사회적 의의에 대해 펜틀랜드는 다음과 같이 말하고 있다.

> 오늘날 우리의 상호작용 범위와 속도가 크게 증가했다고 하나, 우리의 습관은 여전히

> 스스로 신뢰하는 소수의 원천들과의 상호작용에 대부분 의존하고 있으며, 한 개인이 신뢰하는 사람들의 규모는 지극히 협소한 수준에 머물러 있다. 사실 오늘날 우리가 신뢰하는 사람들의 규모는 수만 년 전에 살았던 조상들의 경우와 크게 다르지 않다(Pentland, 2015: 284).

펜틀랜드에 따르면, 현대사회에서 아무리 정보 혁명이 중요하다고 하더라도 신뢰관계를 형성할 수 있는 기초 단위는 여전히 소집단이다. 그러므로 사회변화를 추구하는 사회교육도 소집단을 기반으로 시작하는 것이 순리라고 할 수 있다.

이런 점에서 볼 때 소집단은 사회교육 차원에서 매우 큰 의미를 갖는다. 앞에서 살펴보았듯이, 사회교육은 개인의 변화와 사회의 변화를 동시에 추구하며, 교육적 가치와 사회적 가치, 의식화와 조직화를 동시에 추구한다. 그런 면에서 소집단은 이러한 원리들이 이루어질 수 있는 최적의 조건을 갖추고 있다. 이와 관련하여 이문국은 지역사회를 배경으로 하는 사회교육의 차원에서 소집단의 의의를 다음과 같이 제시하고 있다.

> 집단과 지역사회에서의 임파워먼트 실천은 소집단활동을 통해 개개인의 정체성을 확인시키고 집단의식을 개발하여 사회적 · 환경적 대처능력을 갖추는 것을 의미한다. 집단의식의 개발은 사회구조가 개인과 집단경험에 어떻게 영향을 미치는가 하는 비판의식 개발을 포함하는 개념이다. 집단의식의 개발은 공동의 운명의식을 창출하고 문제의 원인에 대처하도록 자신의 역량을 집중시키게 된다. 소집단을 활용하여 개인과 집단의 의식개발을 도모한다(이문국, 2002: 78).

이문국은 소집단을 통한 집단의식의 개발을 강조한다. 집단의식의 개발은 소집단을 통한 의식화와 조직화를 통해 시작된다. 소집단에서 의식화를 통해 형성된 집단의식은 외적 조직화를 통해 더 큰 집단으로 확산된다. 그러므로 소집단은 의식화와 조직화를 적절하게 통합할 수 있는 사회교육의 최선의 형태이자,

사회변화를 위한 사회교육조직의 기초 단위라고 할 수 있다.

그런 의미에서 사회교육의 역사상 소집단이 강조된 것은 결코 우연이라고 할 수 없다. '준토(Junto)' '대화(Conversation)' '리세움(Lyceum)' '하이랜더(Highlander)' '안티고니시 운동(Antigonish Movement)' '스터디서클(Study Circle)' 'YMCA 생협 등대모임' 등과 같은 사회변화 지향적 사회교육 활동들은 모두 소집단을 중심으로 이루어졌다(오혁진, 2016; Jarvis, 1987; Long, 1991). 이는 소집단이 의식화와 조직화의 통합을 통해 사회변화를 추구하기 위한 가장 적절한 방법이라는 사실을 역사적으로 증명한다.

이와 관련하여, 교육분야에서 의미 있게 거론되는 대표적인 소집단은 '학습동아리'라고 할 수 있다. 학습동아리는 그 자체로 학습의 증진과 사회적 소속감을 제공하는 유용한 학습 매체이자 도구이다. 이러한 학습동아리가 사회교육 차원에서 더 큰 의미를 갖기 위해서는 학습동아리의 학습내용과 학습성과가 사회와 보다 직접적으로 연결되어야 한다. 어찌 보면 학습동아리 활동을 하는 것 자체가 사회적 관계 속에서 이루어지고, 학습동아리 활동의 결과로 자연스럽게 사회적 관심을 갖게 되며, 학습의 내용을 실생활에 활용할 수 있다. 그러나 이는 다소 간접적이고 우연적이라고 할 수 있다. 사회문제 해결을 목적으로 하는 사회교육의 차원에서 학습동아리의 특성을 보다 적극적으로 활용할 필요가 있다. 이처럼 사회교육 차원에서 적극적으로 활용하는 학습동아리를 '사회문제 해결형 학습동아리'라고 할 수 있다. 사회문제 해결형 학습동아리는 자신들이 속한 조직이나 사회의 당면과제나 과제를 발굴하고 해결방안을 모색하며 실천하는 학습동아리이다. 따라서 사회교육의 발전을 위해서는 사회교육학의 차원에서 사회문제 해결형 학습동아리의 성격과 활용방안에 관한 구체적인 연구가 요구된다.

2) 학습동아리의 구성요소와 의식화 · 조직화의 관계

학습동아리를 통해 의식화와 조직화를 실현하기 위해서는 학습동아리의 성격에 대한 보다 구체적인 이해가 필요하다. 학습동아리는 일반적으로 의식, 학습, 교제 및 실천이라는 요소로 구성된다(오혁진, 2003). 이러한 학습동아리의 구성요소들이 어떻게 의식화와 조직화에 기여하는가를 살펴보면 다음과 같다.

첫째, 의식(儀式)이다. 의식은 조직의 모집단, 목표, 가치에 대한 재인식을 위해 실시된다. 사명선언문 낭독, 구호 제창, 선서, 조직 노래 부르기, 집단적 명상의 시간 등이 이에 해당한다. 이러한 의식을 통해 학습동아리 구성원들은 조직의 목적에 대해 지속적으로 인식하게 된다. 낭독이나 구호, 노래를 통한 새롭고도 지속적인 의식은 정서적인 차원에서 구성원들의 의식화와 조직화에 크게 기여한다.

둘째, 학습이다. 이는 진리를 추구하는 공동체 구성원으로서의 엄밀한 지적 탐구를 의미한다. 공식적 · 체계적 · 인지적인 학습은 사회문제에 대한 구성원들의 지적 수준 향상과 의식 함양에 크게 기여한다.

셋째, 교제이다. 이는 구성원 간의 서로 긴밀한 유대관계를 유지하는 것을 말한다. 즉, 집단구성원 간의 결집을 강화함으로써 조직 강화의 기초를 이룬다.

넷째, 실천이다. 이는 공동체가 가지고 있는 역량을 사회를 위한 실천에 활용하는 것을 말한다. 이러한 실천은 소집단의 협력을 통해 수행됨으로써 조직력의 강화에 기여하고, 동시에 구성원에게 생동감 있는 피드백을 제공함으로써 의식화에 기여한다.

이와 같이 학습동아리는 구성원 간의 사회적 관계를 통해 공동의 목적을 견지하고 학습과 실천을 병행함으로써 구성원들의 의식화에 효과적으로 기여한다.

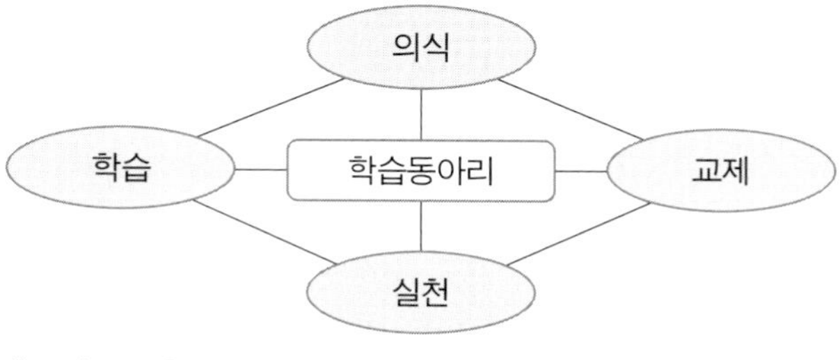

[그림 9-1] 사회교육 차원에서 본 학습동아리의 구성요소

또한 학습동아리 자체는 하나의 조직으로서 이러한 활동을 통해 조직이 더욱 견고해짐은 물론이고 다른 조직과 연계하거나 발전적으로 분화될 수 있다. 이러한 학습동아리 간의 연대와 협력은 사회문제를 보다 광범위하게 해결하기 위한 사회운동의 과정이기도 하다.

3) 의식화와 조직화의 제고를 위한 학습동아리의 운영 원리

학습동아리는 의식화와 조직화를 통합적으로 추진하기에 적합한 사회교육의 형태라고 할 수 있다. 학습동아리를 활용하여 의식화와 조직화를 더욱 강화하기 위한 원리는 다음과 같다.

첫째, 학습동아리 구성원 간의 수평적 관계를 유지하는 것이다. 사회교육적으로 바람직한 학습동아리를 구현하는 데 있어 가장 일반적인 제약요인은 학습동아리 구성원 간의 계약적이고 불평등한 관계라고 할 수 있다. 즉, 학습동아리 구성원 사이의 지적 수준의 차이가 오히려 심화되고, 구성원 사이의 사회적 관계가 수직적으로 변화하는 것이 문제될 수 있다. 이는 사회교육의 원리에 비추어 바람직하지 않다. 이러한 점을 고려할 때 학습동아리가 사회교육 차원에서 의미 있게 운영되기 위해서는 리더와 구성원 모두에게 상당한 정도의 지적 · 인성적 훈련이 요구된다. 또한 학습동아리의 리더는 조직 안에 침투해 들어올 수 있는 개인의 이기적 태도를 경계해야 한다.

둘째, 학습동아리는 수직적 · 수평적으로 확장 및 연계되어야 한다. 즉, 하나의 학습동아리가 다른 학습동아리들과 수평적으로 연대함과 동시에 상위의 조직들과도 수직적으로 연계함으로써 사회 전체에 영향을 미치는 데 기여해야 한다. 여러 가지 단체나 교육기관 내의 다른 학습동아리의 연계는 물론이고 조직 외부에 있는 학습동아리와의 연계도 가능하다. 특히 대외적 연계는 학습동아리 자체의 발전과 함께 학습을 통한 사회문제 해결과 공동체 형성에도 크게 기여할 수 있다. 따라서 각종 단체나 지방자치단체, 공공기관들은 학습동아리 연합활동에 필요한 인적 · 물적 자원을 제공하는 것이 바람직하다.

셋째, 사회와 지역에 관한 문제를 직접적으로 다루는 학습동아리를 활성화하는 것이다. 이는 시민중심의 자발적인 학습동아리가 사회적 의식이 성장함에 따라 스스로 사회문제를 다루는 경우를 포함한다. 또는 교육자나 교육기관의 의도에 의해 사회문제를 다루는 학습동아리의 형성을 기획하고 촉진할 수 있다. 어떠한 경우이든 사회문제를 스스로 연구하고 해결하기 위한 학습동아리의 활성화는 직접적으로 사회적인 영향을 미칠 수 있는 사회교육의 효과적인 방법이다. 특히 시민교육이나 사회개발교육의 경우 더욱 적극적으로 시도해야 할 사회교육의 핵심적인 방법이라고 할 수 있다.

4. 의식화와 조직화를 위한 네트워크의 구축과 활용

소집단의 차원에서 의식화는 비교적 쉽게 이루어질 수 있다. 그러나 소집단에서 이루어지는 의식화는 자칫 폐쇄적이 될 수 있다. 또한 소집단 차원에 머무르는 의식화와 조직화만으로는 사회변화를 추구하는 데 한계가 있다. 사회교육을 통해 사회변화를 이루기 위해서는 소집단 차원을 넘어 다양한 조직 간의 네트워크 차원에서 의식화와 조직화가 연계적으로 이루어져야 한다. 여기서는 의식화와 조직화의 연장선상에서 네트워크의 의의와 원리, 학교사회교육과 일반사회교육의 연계 등에 대해 구체적으로 살펴보고자 한다.

1) 사회교육의 조직화 확장으로서의 네트워크의 의의

사회교육의 차원에서 집단이 보다 의미를 갖기 위해서는 집단이 의식화를 통해 내적으로 결속하는 데 머무는 것이 아니라 외적으로 확산되어야 한다. 이는 의식화와 조직화가 소집단 차원에서 벗어나 더 큰 영역으로 확산되는 것을 의미한다. 팔머는 교육이 소수 인원의 친밀한 관계 속에서만 이루어지는 것을 경계하며 다음과 같이 타자와의 상호연결성을 강조한다.

> 대부분의 사람은 일생 동안 소수의 사람과 친밀관계를 갖는다. …… 친밀성이 하나의 규범이 된다면 우리는 교육의 핵심이 되는 낯선 것과의 상호연결성을 잃어버리게 될 것이다. 우리의 생각, 우리의 존재에 이질적인 사람이나 생각을 포용하는 능력을 잃게 될 것이다(Palmer, 2013: 178-179).

교육방법이 친밀성만을 강조할 때 동질적인 소수의 모임으로 끝나게 된다. 사회문제의 해결을 강조하는 사회교육의 경우는 학습자들이 익숙한 소집단에 머무는 것에서 벗어나 외부 집단과 연계되어야 한다. 즉, 사회교육이 소집단 차원의 의식화와 조직화에서 벗어나 네트워크 차원의 의식화와 조직화를 추구해야 한다는 것이다. 사회교육은 네트워크라는 조직화 전략을 통해 의식화의 효과를 더욱 확장한다고 할 수 있다.

사회교육 차원에서 의식화와 조직화를 위한 네트워크의 확장은 전통적인 사회자본론과도 연결된다. 현대사회에서 사회자본의 형성은 곧 네트워크의 확장을 통해 실현된다. 이러한 사회자본은 '결속적 사회자본'과 '교량적 사회자본'으로 구성된다(유석춘 외, 2003; Putnam, 2000). 결속적 사회자본(bonding social capital)은 집단 내부 성원들을 결속하는 사회자본을 의미하며, 교량적 사회자본(bridging social capital)은 집단의 경계를 넘어서 다른 집단과의 관계를 만들어 가는 사회자본을 의미한다. 즉, 결속적 사회자본이 내적 조직화와 직결된다면, 교량적 사회자본은 외적 조직화와 직결된다. 사회변화를 추구하는 사회교육의 경우 결속적 사회자본은 물론 교량적 사회자본도 매우 중요한 의미를 갖는다. 그러므로 사회교육의 효과적인 네트워크 전략은 결속적 사회자본과 교량적 사회자본을 적절하게 조화시키는 것이다. 조직이 구성되는 단계에서는 결속적 사회자본이 중요하나 네트워크 차원에서 영향력을 교류하기 위해서는 교량적 사회자본의 중요성이 커진다고 볼 수 있다.

2) 사회교육 실천 네트워크의 원리: 탈중심 연합

사회교육을 통해 사회를 변화시키기 위해서는 경제활동, 정치활동, 문화활동 등과의 결합을 필요로 한다. 애플(M. Apple)은 이러한 영역들과의 개방적 · 포용적 결합을 '탈중심 연합(decentered unities)'이라는 개념을 통해 강조하고 있다.

> 즉, 우리는 착취와 지배 관계 그리고 이러한 관계에 반대하는 투쟁들이 가지는 다양성에 대해서 정치적으로 열린 인식과 사소한 것으로 보이는 차이조차도 중요하게 여기는 태도에 기반을 둔 '탈중심 연합'을 만들어야 한다. 이런 방식에 의해 더 풍부하고 더 다양한 '우리'가 만들어질 수 있다. 이러한 '우리'는 타인의 고통을 모두 나눌 수 있다는 허위와 낭만적 관념에 기반을 둔 것이 아니라, 가능할 때 형성될 수 있는 연합이 지배를 중단시키는 전략으로서 중요하다는 인식에 기반을 둔 것이다(Apple, 2015: 191).

이와 같이 어느 한 분야가 핵심이 되는 것이 아니라 여러 분야가 대등하게 협력하는 것이 곧 '탈중심 연합'이라고 할 수 있다. 이러한 탈중심 연합은 모든 영역, 모든 수준에서 이루어질 수 있다. 탈중심 연합은 사회적 변혁을 일으킬 수 있는 기반이 되는 커다란 규모의 네트워크이다.

이러한 애플의 생각에 따르면, 사회적이고 문화적인 변혁을 추구하는 사회교육자라면 반드시 경제, 미디어, 문화기구, 교육조직 등 다양한 분야는 물론이고 작은 지역사회로부터 시민사회, 국가, 세계에 이르는 다양한 수준에서 네트워크 활동을 해야 한다. 또한 사회교육학의 차원에서 다른 영역과의 네트워크를 어떻게 형성하는 것이 의식화와 조직화를 위해 가장 효과적인가에 관한 구체적인 연구가 필요하다.

3) 학교사회교육과의 연계

사회교육을 통해 사회문제를 해결하기 위해서는 가장 먼저 사회교육을 실시하는 조직이나 기관 간의 연대가 필요하다. 이와 관련하여 간과해서는 안 될 곳이 바로 학교라고 할 수 있다. 전통적인 영역중심의 사회교육이나 현재의 평생교육은 학교의 정규교육을 암묵적으로 배제해 온 경향이 있었다. 그러나 '사회문제 해결을 위한 교육'을 사회교육 개념의 본질로 인식하는 경우 사회교육에서 학교의 정규교육을 배제할 필요가 없다. 이렇게 학교의 정규교육을 통해 이루어지는 사회교육을 '학교사회교육'이라고 부를 수 있다.

이러한 학교사회교육의 가능성과 역할에 대해 사회교육자들의 입장이 다소 엇갈리고 있다. 먼저, 호튼은 학교교육을 통한 사회변화 가능성에 회의적인 입장을 취한다.

> 우리는 체제 내 개혁은 오히려 체제를 강화시키거나, 우리가 체제로 흡수될 수밖에 없다는 결론을 내렸습니다. 개혁가들은 체제 자체를 바꾸는 대신 체제를 입맛에 맞게 바꾸고 이를 정당화하거나, 기껏해야 더 지능적으로 만들었을 뿐입니다. 우리는 학교체제에 공헌하고 싶지 않았습니다. …… 체제 내부에서보다는 체제 외부에서 더 효율적으로 실험할 수 있으리라 여겼습니다(Horton & Freire, 2006: 251).

이와 같이 호튼은 학교교육보다는 대안으로 학교 밖 교육을 중시한다(Horton & Freire, 2006: 251). 이에 비해, 프레이리는 학교를 통한 사회교육의 필요성과 가능성에 대해 좀 더 긍정적인 입장을 취한다.

> 학교체제 내부와 외부의 양 전선에서 체제에 맞서 싸우는 것이 이상적이지요. 물론 학교체제 바깥에는 더 넓은 공간이 있어서, 활동의 여지나 의사결정 범위, 선택가능성이 더 넓지요. 하지만 하위체제 또는 학교체제 내부에서도 공간을 만들어 낼 수 있습니다. …… 학교교육 체제 바깥에 더 많은 공간이 있다는 점은 인정합니다만, 그럼에도 저는 체제 안팎에서 함께 실천하거나 체제내부에서 실천할 수 있는 방법을 창안해 내는 일이 필요하다고 생각해요. 그리 쉬운 일은 아니겠습니다만(Horton & Freire, 2006: 255).

한편, 애플은 역사적 연구를 통해 이 두 영역 사이의 연대가 중요하게 인식되었음을 보여 주었다. 그는 이러한 예로 미국의 개혁적 교육실천가인 카운츠(G. Counts)를 제시한다.

> 카운츠도 미국 사회의 상식을 완전히 바꾸는 데 있어서, 특히 현존 지배집단에 분명히 비판적인 가치들을 특별히 선정하는 데 있어서 학교가 근본적인 역할을 맡아야 함을 강력히 지지하긴 했지만, 그는 학교의 힘으로 주요 사회문제를 자체적으로 해결할 수 있을 것이라는 근거 없는 신념에 대한 신랄한 비판자이기도 했다. 미디어, 가족, 지역사회와 연계시키고자 하는 잘 조직된 노력 없이는 학교의 역할은 무색할 뿐 아니라 비현실적인 것이다(Apple, 2015: 116).

이러한 그의 주장은 사회변화를 위한 학교교육의 중요성을 강조함과 동시에 그 한계에 대해서도 분명히 지적한 것이라고 볼 수 있다. 그는 사회변화를 위해서는 학교는 물론 지역사회, 대중매체, 사회단체 등과의 연계를 강조했다. 이러한 기구나 조직들은 학교 이외의 영역에서 사회변화를 추구하는 또 다른 사회교육의 장이라고 볼 수 있다.

이와 같이 사회교육의 실천은 학교사회교육과 일반사회교육의 연계를 통해 이루어질 필요가 있으며, 학교도 사회교육을 추구할 수 있다. 사회교육은 학교를 포함한 사회 전 영역에서 다양한 기구와 조직 간의 연계를 통하여 종합적으로 추진되어야 한다. 이러한 영역들 간의 효과적인 연계를 위한 원리와 방법을 연구하는 것이 사회교육학의 과제라고 할 수 있다.

제4부

사회교육학의 실천적 탐구

제10장 사회교육 내용과 방법의 구성

제11장 사회교육자의 역할과 요건

제12장 사회교육 유형별 현황과 발전과제

제10장 사회교육의 내용과 방법의 구성

사회교육의 실천은 교육의 목적을 달성하기 위한 교육내용의 선정과 교육방법의 적용으로 구체화된다. 사회교육의 현장에서 다루어져야 할 교육의 내용과 방법은 교육의 실천영역, 학습자의 생애주기, 사회교육 현장의 구체적인 조건 등에 따라 다르다. 그럼에도 불구하고 모든 상황에서 사회교육의 내용과 방법은 사회문제의 실제적인 해결을 추구하고 학습자의 참여와 협력을 지향한다는 점에서 공통점을 갖는다. 또한 사회교육을 통해 사회적 약자를 지원하기 위해서는 공감에 기초한 교육방법이 필요하며, 사회문제를 인식하고 합리적인 해결방안을 찾기 위해서는 비판적 의사소통이 요구된다. 이 장에서는 사회교육학에서 핵심적으로 다루어야 할 사회교육 교육과정의 구성, 사회교육방법의 개념과 성격, 공감형성과 사회교육 실천, 비판적 의사소통과 사회교육 실천에 대해 살펴보고자 한다.

1. 사회교육 교육과정의 구성

사회교육의 실천은 우선 교육과정의 구성으로부터 시작된다. 사회교육의 교육과정은 궁극적으로 학습자들로 하여금 사회적 의식을 형성하고 사회문제 해결을 위한 지식과 기법을 습득하여 실천할 수 있도록 구성된다. 이는 전통적인 '수기치인'에 해당한다. 수기치인을 위한 사회교육의 내용은 사회교육의 유형에 따라 다양하게 구성된다. 여기서는 수기치인과 관련된 사회교육 교육과정의 구성 원리, 사회교육 유형별 수기치인 교육과정의 개요, 사회문제 해결 실천중심의 학교사회교육 교육과정의 구성원리, 사회문제 해결을 위한 사회교육 유형별 교육과정의 통합적 접근에 대해 살펴보고자 한다.

1) 수기치인을 위한 사회교육 교육과정의 구성 원리

사회교육은 학습자들의 수기치인을 돕기 위한 교육이라고 할 수 있다. 따라서 사회교육의 교육과정은 학습자의 '수기'에 관한 부분과 '치인'에 관한 내용들을 포함한다. 그런데 수기와 치인 모두 이론과 실천을 필요로 한다. 수기의 경우 수기와 관련된 기본 개념과 덕목, 방법에 관한 이론을 습득해야 한다. 그리고 수기는 이러한 이론의 실천을 통해서 이루어진다. 치인의 경우에도 치인을 위한 구체적인 지식과 기법을 이론적으로 학습해야 함은 물론, 실제로 사회문제 해결을 위한 실천으로 연결되어야 한다. 그런 점에서 사회교육의 교육과정은 각 학습자들이 '수기'와 '치인'을 수행할 수 있도록 돕기 위한 이론과 실천으로 구성된다.[1)]또한, 사회교육 차원에서 치인은 수기를 기반으로 하지만 수기와 별개로 요구되는 역량을 갖추어야 한다.

이런 맥락에서 수기와 치인을 위한 사회교육의 구체적인 목적, 내용, 방법의 성격을 살펴보면 다음과 같다.

---

1) 이는 '대학'의 원리에 관한 퇴계 이황의 인식과도 관련된다. 퇴계 이황은 그가 지은 『성학십도』 중 '대학도'에서 격물, 치지, 성의, 정심, 수신, 제가, 치국, 평천하 중에서 성의 · 정심 · 수신은 수기에 해당하고, 제가 · 치국 · 평천하는 치인에 해당하되, 격물치지는 '지(知)'에 해당하고, '수기'는 '행(行)', 치인은 '추행(推行: 더 행하는 것)'으로 인식하였다(이황 저, 이광호 역, 2021: 191). 여기서 '격물'과 '치지'의 대상과 내용은 '수기'와 '치인'에 모두 적용된다고 할 수 있다. 즉, 격물치지는 수기와 치인의 개념과 원리, 방법을 심도 있게 '인식(궁리, 窮理)'하는 것을 포함한다. 그리고 이러한 이론을 바탕으로 먼저 '수기'를 실천해야 하며, 이에서 '더 나아가(推)', 치인을 실행해야 하는 것이다. 따라서 '수기'와 '치인'은 모두 '격물차지'에 해당하는 '이론'과 '행'과 '추행'에 해당하는 실천과 관련된다. 이러한 과정을 통해 수기와 치인에 대한 완벽한 체득이 이루어진다.

첫째, 수기와 치인을 위한 사회교육의 구체적인 목적이다. 수기의 차원에서 사회교육의 구체적인 목적은 성(誠), 경(敬), 인(仁), 의(義), 효제자(孝悌慈), 추서(推恕)의 내면화라고 할 수 있다. 한편, 치인을 위한 사회교육의 구체적인 목적은 목민(牧民), 교정(敎政), 예악형정(禮樂刑政), 용서(容恕) 등의 방법을 체득하는 것이다. 즉, 사회교육의 구체적인 목적은 수기의 차원에서 사회문제 해결에 앞장서는 태도 및 인격을 갖추고, 치인의 차원에서 사회문제 해결을 위한 구체적인 실천역량을 함양하는 것이라고 볼 수 있다.

둘째, 수기와 치인을 위한 사회교육의 내용이다. 사회교육의 구체적인 교육내용은 수기와 치인 모두 전통적인 관점에서 '지(知)' '정(情)' '의(意)'에 관한 내용으로 구분할 수 있다. 수기의 경우, '지(知)'와 관련된 교육내용은 성(誠), 경(敬), 의(義) 등의 기본 가치와 한 사람의 시민으로서 사회문제의 의미와 중요성에 대한 기본지식을 포함하고, '정(情)'과 관련된 교육내용은 다른 사람의 입장을 진심으로 이해하는 '추서(推恕)'의 능력과 심각한 사회문제로 인해 고통을 겪는 이웃에 대한 공감능력을 포함한다. 또한 '의(意)'와 관련된 교육내용은 실천의지에 관한 것으로서 사회정의에 대한 신념과 시민의식을 포함한다. 이와 비교하여, 치인의 경우 '지'와 관련된 교육내용은 해결해야 할 사회문제의 내용과 실태, 해결방법에 대한 구체적인 지식을 포함한다. 이와 별도로 조직차원에서 문제해결을 추진하기 위한 의사소통 및 조직관리 기술을 포함한다. '정'과 관련된 교육내용은 사회문제 해결 실천과정에서 집단구성원이나 실천 대상에 대한 관용, 사랑, 목민(牧民)의 마음을 포함한다. 아울러 사회문제 해결과정에서 구성원들과 협력하는 공감능력을 포함한다. '의'와 관련된 교육내용은 실천과정에서 겪는 어려움을 극복하기 위한 의지 등을 포함한다.

셋째, 수기와 치인을 위한 사회교육의 방법이다. 사회교육의 경우 수기와 치인을 위한 교육방법은 모두 개인적인 차원과 집단적인 차원으로 나누어 볼 수 있다. 수기를 위한 교육방법의 경우 개인적인 차원으로는 독서나 자기성찰을 통해 자수(自守)와 신독(愼獨)을 형성하는 것이고, 집단적인 차원으로는 수기와 관련된 주제를 다루는 소집단 활동이나 토론을 들 수 있다. 반면, 치인을 위한 교육방법의 경우 개인적인 차원으로는 구체적인 지식을 탐구하기 위한 자기주도학습이 요구되며, 집단적인 차원으로는 소집단을 구성하여 함께 사회문제 해결을 위한 봉사나 연구과제를 수행하는 실습이 활용될 수 있다. 수기치인을 위한 사회교육과정을 정리하면 〈표 10-1〉과 같다.

〈표 10-1〉 수기치인을 위한 사회교육의 교육과정

구성		수기	치인
교육목적		성(誠), 경(敬), 인(仁), 의(義), 효제자(孝悌慈), 추서(推恕)의 내면화	목민(牧民), 교정(敎政), 예악형정(禮樂刑政), 용서(容恕)의 방법 체득과 실천
교육내용	지	성(誠), 경(敬), 의(義) 등의 기본 개념 사회문제의 의미와 중요성에 대한 기본지식	사회문제의 내용과 실태에 대한 구체적인 지식 의사소통 및 조직관리법 사회문제 해결법
	정	사회적 약자와 공동체에 대한 추서 및 공감 능력	집단구성원이나 실천 대상에 대한 관용, 사랑, 목민(牧民)의 마음
	의	사회정의에 대한 신념 시민성의 고양	실천과정상의 어려움을 극복하기 위한 의지의 형성
교육방법	개인	자수(自守), 신독(愼獨) 독서, 자기성찰	현장연구, 현장경험
	집단	소집단 활동, 토론	사회봉사, 사회문제해결을 위한 팀프로젝트, 컨퍼런스

2) 사회교육 유형별 수기치인 교육과정 개요

사회교육의 유형별로 교육과정이나 프로그램을 개발할 때는 각 유형의 수기치인에 해당하는 이론과 실천을 종합적으로 고려해야 한다. 특히 기초교육과 경제적 자활교육은 학습자가 사회적 약자라고 해서 수기치인과 무관한 것은 아니다. 사회적 약자로서의 학습자도 사회교육을 통해 스스로 사회에 적응할 수 있는 수기의 능력을 함양하는 것은 물론이고, 자신과 관련된 사회문제를 다른 사람과 협력하여 주체적으로 해결하기 위한 치인의 능력을 함양해야 한다. 전체적으로 볼 때 사회적 약자들은 자신의 상황을 정확히 이해하고 정체성을 확립하기 위한 수기와 더불어, 같은 상황에 처해 있는 사람들에 대해 관심을 가지고 함께 주체적으로 독립하기 위한 치인의 과정을 수행해야 한다. 그러므로 사회적 약자를 위한 기초교육과 경제적 자활교육의 경우도 수기와 치인의 교육과정이 요구된다. 이와 관련하여 기초교육과 경제적 자활교육을 포함한 사회교육 전체 유형별로 수기와 치인을 위한 이론과 실천의 교육과정을 정리하면 〈표 10-2〉와 같다.

〈표 10-2〉 사회교육 유형별 수기치인 교육과정의 개요

구분 \ 유형		기초교육	경제적 자활교육	시민교육	사회개발교육
교육목적		사회적 약자의 정체성 확립과 자존감 향상	사회적 약자의 경제적 자립	사회변화를 위한 시민성 함양	공동체의 경제적·사회적 발전을 위한 역량개발
교육내용	수기	• 사회적 배제에 대한 지식 • 기초문해, 사회규범, 역사, 인문학, 문화예술 기초 • 비판적 사고의 개념과 원리 • 자기정체성 탐구	• 빈곤문제에 대한 인식 • 직업관, 노동관, 직업윤리 성찰 • 직업관련 지식 • 진로 선정의 방법 • 직업기술훈련 실습	• 시민, 시민성, 시민사회 관련 지식 • 사회문제의 일반적 개념과 성격 • 특정 사회문제의 현황 이해	• 조직공동체, 지역공동체 등의 개념과 의의 • 사회개발의 개념과 원리 • 지역사회개발관련 이해를 위한 현장체험 및 토론
	치인	• 관련 사회적 약자 집단의 현황 • 동일 사회적 약자를 돕는 방법 • 동료 간 공감 형성 • 동료 간 협력을 통한 복지향상 실천	• 경제적 자활을 위한 연대와 협력방법 • 직업과 노동의 사회적 책임과 환원 • 동료 간의 공감 형성 • 동료 간 협력을 통한 경제적 지위 향상 • 직업을 통한 사회봉사 참여	• 의사소통의 기법 • 시민사회의 문제해결 방법론 • 시민 활동조직의 구성과 운영법 • 시민사회 성숙을 위한 활동 참여 • 실천 프로젝트 수행	• 사회개발방법론 • 공동체 네트워크 구축 방법론 • 사회개발 팀프로젝트 참여 • 사회개발 네트워크 형성 실천

교육 방법	• 자아정체성과 자아존중감 확립을 위한 상담과 코칭 • 기초능력 향상을 위한 교수법	• 직업 적성의 확인을 위한 상담과 코칭 • 전문적인 직업기술 훈련	• 대화와 토론, 워크숍 • 참여연구형 팀프로젝트	• 참여연구형 팀프로젝트 • 범 지역사회 학습동아리 토론활동

사회교육 각 유형의 교육내용 중 수기와 관련된 부분은 전반적으로 자신과 동료의 상황에 대한 자각과 사회문제에 대한 비판적 인식의 형성, 사회적응을 위한 능력함양을 중심으로 구성된다면, 치인과 관련된 부분은 해당 유형과 관련된 사회문제를 해결하기 위한 전문적 실천능력의 함양을 중심으로 구성된다.

3) 사회문제 해결 실천중심의 학교사회교육 교육과정 구성 원리

사회교육은 궁극적으로 사회문제를 해결하기 위한 실천능력의 함양에 목적을 둔다. 그러므로 사회교육의 교육과정은 구체적인 사회문제를 해결하기 위한 실천활동과 연계되는 것이 바람직하다. 이와 관련하여 프렌스키(Prensky)는 학교에서 이루어질 수 있는 실질적인 사회문제의 해결과 팀프로젝트 방법을 활용한 '더 나은 세상 만들기 교육'을 제안하였다.

> 세상을 더 나은 곳으로 만든다는 새로운 목표 아래, 실질적인 사회참여 실현이라는 새로운 교육수단을 통해 효과적인 사고력과 효과적인 행동력, 효과적인 대인관계 능력, 효과적인 사회참여 능력을 지원하는 새로운 교육과정을 도입해야 한다. 아이들은 지금 기량을 닦아서 나중에 사회에 진출했을 때 사용하는 것이 아니라, 사회참여 프로젝트를 실제로 수행하는 경험을 통해 이런 기량을 습득할 것이다(Prensky, 2018: 72).

프렌스키가 제안한 '더 나은 세상 만들기 교육'의 핵심은 사회참여 프로젝트이다. 그는 이러한 프로젝트 수행과 관련된 교육과정을 [그림 10-1]과 같이 제시하였다.

<table>
<tr><td></td><td></td><td colspan="4">모든 학생에게 필요한 핵심 내용</td></tr>
<tr><td></td><td></td><td>효과적인 사고력</td><td>효과적인 행동력</td><td>효과적인 대인관계 능력</td><td>국제적·지역적 인식</td></tr>
<tr><td rowspan="3">개인별 요구에 따라 배워야 할 내용</td><td>STEM (과학, 기술, 공학, 수학)</td><td colspan="4" rowspan="3">〈실질적인 사회참여 실현〉
열정 발휘 + 국제적·지역적 요구를 바탕으로 한 개인별·팀별 문제해결</td></tr>
<tr><td>인문학</td></tr>
<tr><td>예술</td></tr>
</table>

[그림 10-1] '더 나은 세상만들기'를 위한 학교교육과정

출처: Prensky 저, 허성심 역(2018: 127).

이 교육과정을 통해 모든 학생들이 필수적으로 함양해야 할 능력은 효과적인 사고력, 효과적인 행동력, 효과적인 대인관계 능력이다. 이러한 능력들은 국제적 · 지역적 인식과 함께 그림의 상단에 가로줄로 표기되어 있다. 학생들 각자의 요구에 맞춰 배워야 할 교육내용인 STEM(과학, 기술, 공학, 수학), 인문학, 예술은 그림의 왼쪽에 세로줄로 표기되어 있다.

그는 모든 학생에게 요구되는 핵심능력들이 상당한 정도 실질적인 사회참여 프로젝트 활동을 통해 형성될 수 있다고 주장한다(Prensky, 2018: 127). 사회참여 프로젝트를 통해 다룰 주제로는 지역사회의 물리적 환경개선 프로젝트, 불우이웃을 돕는 프로젝트, 사회 공공시설 건축 및 수리 지원 프로젝트, 또래 친구나 다른 사람을 직접 돕는 프로젝트, 역사 및 문화유산 보존을 위한 프로젝트, 정부 기능을 돕는 프로젝트, 새로운 지식 · 자료 정보를 추가하는 프로젝트, 공공 서비스 향상을 위한 프로젝트 등을 들 수 있다(Prensky, 2018: 95-96). 이는 먼 미래를 위한 이론중심 교육이 아니라 지금 당장 사회참여 활동을 하고 그 과정에서 학습하는 새로운 교육모델로의 전환을 의미한다. 이러한 사회참여활동을 통한 학습을 위해서는 실제 사회에서 해결해야 할 문제들이 교육내용으로 다루어져야

하며, 팀프로젝트를 통해 실제 해결가능한 방법들이 제시되고 최대한 사회현실에 반영되어야 한다. 이와 같이 실질적인 사회참여 실천을 통해 사회문제 해결을 추구하는 교육과정이 바로 프렌스키가 제시한 '더 나은 세상만들기 교육'의 교육과정인 것이다.

또한 프렌스키의 교육과정 모델은 학교사회교육뿐만 아니라 일반사회교육에도 적용될 수 있다. 이 모델에 따르면, 교육내용은 학습자들의 삶과 관계있는 실질적인 사회문제와 관련되어야 한다. 이는 프레이리(Freire)가 비판적 문해교육의 과정에서 민중의 실제 삶을 반영하는 '생성어'를 교육내용의 핵심으로 다룬 것과 일맥상통한다. 생성어는 읽고 쓰기 교육에 들어가기 전에 사전 조사를 통하여 '언어세계(linguistic universe)'로부터 골라낸 3음절로 된 낱말을 가리킨다. 그 예로는 'Favela(빈민지구)' 등을 들 수 있다(Freire, 1978: 72-82).

애플(Apple)도 그가 지향하는 사회변화지향적 교육의 교육과정이 사회구성원들이 속한 공동체의 복합적인 삶과 직결되는 것이어야 한다고 주장한다.

> 교육과정 지식을 구성하는 출발점은 내용으로서뿐만 아니라 관점으로서의 자신이 속한 공동체 문화이다. 교육의 전반적인 과정은 기존의 우선순위를 뒤집고 억압받고 배제된 집단을 위해 봉사하는 것을 목적으로 한다. 지식 구성에 있어서의 이러한 새로운 과정의 출발점은 '주제적 복합체(thematic complexes)'라는 개념이다(Apple, 2015: 220).

애플에 따르면, '주제적 복합체'는 실행연구(교사가 학부모, 사회구성원들과 함께 일하는 공동체 안에서 수행하는 연구)를 통해, 공동체의 관심사항으로부터 선택된 중심 주제들로 구성된 것이다. 이러한 중심 주제들은 프레이리가 제시한 '생성어'나 프렌스키가 제시한 '더 나은 세상만들기 교육'의 교육과정과 일맥상통한다. 이와 같이 학습자들이 스스로 해결해야 할 사회문제들을 교육과정으로 구성하는 것이 사회교육을 위한 교육과정 구성의 기본 원리라고 할 수 있다.

4) 사회문제 해결을 위한 사회교육 유형별 교육과정의 통합적 접근

사회교육은 궁극적으로 사회문제를 해결하기 위한 교육이지만 같은 사회문제라도 사회교육의 유형별로 접근하는 방식이 다를 수 있다. 예를 들어, 빈곤문제의 경우 사회적 약자 지원을 위한 사회교육의 구체적인 대상은 실제 빈곤층이 된다. 이들을 위한 기초교육은 빈곤층 학습자를 위한 의식 함양 교육, 인간과 사회의 가치를 이해하기 위한 인문학 교육(예: 노숙자를 위한 인문학교육), 기초적인 사회활동을 수행하기 위한 문해교육, 개인위생과 기초건강회복을 위한 보건교육 등이 해당된다. 그리고 경제적 자활교육의 경우는 빈곤층 학습자를 위한 직업기술교육이 된다. 한편, 빈곤문제 해결을 위한 사회변화 지향적 사회교육의 구체적인 대상은 일반 시민과 주민이 된다. 이들을 위한 시민교육은 빈곤문제 해결을 위한 국가와 시민사회의 책임, 국가의 빈곤문제 해결 정책결정에 대한 참여 등을 다룬다. 그리고 사회개발교육은 다양한 차원의 공동체에서 빈곤문제를 포괄적으로 해결하기 위한 실천적 · 실무적 내용을 다룬다.

이와 같은 사회교육의 유형별 사회문제 해결을 위한 접근방식의 차이는 다른 사회문제의 경우도 대동소이하다고 할 수 있다. 현대사회의 주요 사회문제를 사례로 들어 사회교육의 유형별로 사회문제 해결을 위한 교육과정의 개요를 제시하면 〈표 10-3〉과 같다.

〈표 10-3〉 주요 사회문제 해결을 위한 사회교육 유형별 교육과정의 개요

사회교육 유형 / 사회문제	기초교육	경제적 자활교육	시민교육	사회개발교육
빈곤문제	빈곤층 학습자를 위한 의식 함양 교육, 인문학 교육(예: 노숙자를 위한 인문학교육), 문해교육, 보건교육 등	빈곤층 학습자를 위한 직업기술교육	빈곤문제 해결을 위한 국가와 시민사회의 책임에 관한 시민성 교육	조직의 경제적 지위 향상을 위한 협동조합, 사회적 기업 등의 운영 지역재생을 위한 교육, 마을만들기 교육 등

범죄 문제	재소자 인문교양교육 범죄피해자 심리상담	재소자 직업재활교육	회복적 정의 실현 추진 교육	지역범죄예방디자인사업(셉티드교육)
환경 문제	환경문제 피해자를 위한 의식화 교육, 치료교육	생태환경피해자들을 위한 경제적 자활지원 교육	시민사회 차원에서 환경문제 인식과 해결을 위한 교육	지역생태보호와 지역발전의 조화를 위한 교육
청소년 문제	위기 청소년을 위한 상담, 인문학, 문화예술교육, 학교 밖 청소년을 위한 활동	청소년 직업능력 개발, 취업 · 창업역량개발을 위한 교육	시민사회 차원에서 청소년문제를 해결하기 위한 교육 청소년정책을 위한 시민운동	청소년주도의 사회개발교육 청소년을 위한 주민대상의 지역사회개발교육
청년 문제	청년의 자존감 증진 교육, 심리상담 인문교양교육, 학습동아리 참여 촉진	청년 스타트업 · 취업지원 교육	청년실업 해결 법제도 개선 교육, 청년지원 사회적 인식 제고 캠페인 교육	지역청년 취업 · 창업 지원을 위한 지역사회 개발교육
노인 문제	노인교양, 노인정보화교육, 노인돌봄교육	노인일자리 교육	노인사회참여 촉진 교육 노인리더교육	실버세대를 위한 마을만들기교육

〈표 10-3〉에서 보듯이, 동일한 사회문제임에도 불구하고 사회교육의 유형별 교육과정에는 차이가 있다. 사회문제의 상황에 따라 특정한 유형의 사회교육이 더 중시될 수도 있다. 그러나 일반적으로 사회문제가 보다 효과적으로 해결되기 위해서는 어느 한 유형의 사회교육만이 아니라 모든 유형의 사회교육이 조화롭게 운영되는 통합적인 접근이 이루어져야 할 것이다. 특히 신종 사회문제에 대해서 사회교육의 각 유형을 종합적으로 활용하여 해결하기 위한 접근이 요구된다.

2. 사회교육방법의 개념과 성격

사회문제 해결을 위한 실천적 교육인 사회교육은 일반교육과는 다른 차원의 교육방법을 필요로 한다. 여기서는 사회교육방법의 의미와 기본 요건을 살펴보고 사회교육방법의 유형별 성격 등을 종합적으로 살펴보고자 한다.

1) 사회교육방법의 의미와 요건

일반적으로 교육방법(methods)은 교육목적을 달성하기 위해 교육내용을 습득하거나 함양하는 방식이다. 또한 교육방법은 사람들이 교육활동 가운데 조직되는 방식으로서 학습자와 교육 활동을 제공하는 주체 간의 관계를 형성한다. 한편, 교육기법(techniques)은 일단 방법이 결정된 후 학습을 촉진하기 위해 활용되는 다양한 과정들을 말한다. 그리고 교육도구(devices)는 학습을 촉진하는 물리적 보조도구와 같은 것을 말한다. 일반적으로는 이 모든 것을 합쳐 교육방법으로 인식하는 경우가 많다(Galbraith, 1991).

일반적으로 교육의 방법이나 기법의 선정은 교육자의 스타일, 학습자의 상황, 교육의 내용, 교육현장의 상황 등을 종합적으로 고려하여 선정된다. 이러한 요인들에 대한 고려를 포함하여 사회교육의 맥락에서 사회교육방법이 갖추어야 할 기본적 조건을 구체적으로 살펴보면 다음과 같다.

먼저, 사회교육방법은 기본적으로 사회교육의 목적을 반영하는 것이어야 한다. 사회교육의 목적은 약자를 돕고 사회문제를 해결하여 궁극적으로 사회공동체를 실현하는 것이다. 그러므로 '사회교육방법'이 되기 위해서는 그 교육방법을 통해 도움을 받을 수 있는 대상이 '사회적 약자'이거나, 그 방법을 통해 해결하고자 하는 문제가 사회구성원들이 협력하여 해결해야 할 '사회적인 것'이어야 한다. 이런 맥락에서 사회교육방법은 '공감(empathy)'과 '의사소통'에 효과적이어야 한다. 첫째, 공감은 다른 사람의 입장이 되어 보는 것을 기본으로 한다. 사회교육에 참여하는 주체가 사회적 약자, 즉, 사회문제를 떠안고 있는 당사자들인 경우, 그들은 스스로 문제를 인식하지 못하고 있을 수도 있고, 문제를 인식하고 있으나 해결할 의지가 없는 경우도 있으며, 의지는 있으나 해결할 능력이 아직 함양되지 않은 경우도 있다. 이런 경우에 사회교육방법은 특별히 사회적 약자들로 하여금 자신들의 문제를 객관적으로 인식하고 복잡하고 왜곡된 사회적 상황을 주체적으로 극복하도록 하기 위한 동기유발에 효과적이어야 한다. 이러한 사회교육방법의 기초가 되는 것이 바로 학습자에 대한 공감이라고 할 수 있다. 둘째, 의사소통은 사회구성원들로 하여금 교육을 통해 사회문제를 공동으로 해결하도록 하기 위한 사회교육방법의 기초가 된다. 사회문제가 나만의 문제가 아니라 모두의 문제라는 것을 깨닫도록 하는 것은 물론이고, 혼자서는 해결할 수 없는 사회문제를 구성원들과 함께 해결할 수 있도록 하는 것이 교육방법의 중요한 조건인 것이다. 따라서 사회교육방법에 있어서 의사소통은 매우 중요한 의미를 갖는다.

다음으로, 사회교육방법은 기본적으로 사회교육의 실천원리에 입각해야 한다. 사회교육의 실천원리는 교육적 가치와 사회적 가치의 통합, 사회학습과 교육적 개입의 조화, 의식화와 조직화의 조화 등이다. 사회교육의 목적이 아무리 정당하다고 해도 사회교육방법이 이러한 실천원리를 반영하지 못한다면, 그 자체는 적절한 사회교육 실천이라고 할 수 없는 것이다. 그러므로 사회교육의 방법과 기법은 사회교육의 실천원리를 반영하여 새롭게 개발되거나 기존의 교육방법과 기법들을 사회교육의 실천원리에 맞게 적절히 적용되어야 한다.

이와 같이 사회교육방법은 사회교육의 목적을 잘 반영함과 동시에 사회교육의 실천원리에도 부합하는 것이어야 한다. 이를 정리하면 〈표 10-4〉와 같다.

〈표 10-4〉 사회교육의 고유한 특성을 반영한 사회교육방법의 요건과 기법

구분	세부 내용	사회교육방법의 핵심 요건	핵심적 교육기법
사회교육의 목적 차원	사회적 약자에 대한 교육적 지원	학습자에 대한 공감 학습자의 자존감 형성 촉진	일반 상담기법 동기유발 기법 필요분석
	사회문제 해결을 위한 학습공동체의 형성	사회문제, 지역사회에 대한 학습자의 관심 제고 사회적 실천을 위한 의사소통과 프로젝트 수행	문제해결을 위한 토론과 팀 프로젝트 네트워크 형성을 위한 조직화기법
사회교육의 실천원리 차원	교육적 가치와 사회적 가치의 통합	사회문제 해결과 교육적 성장의 동시적 추구 교육을 통한 사회변화 가능성 제고	반성적 사고 대화와 토론 참여연구법
	사회학습과 교육적 개입의 조화	교수자와 학습자의 적극적인 상호작용과 조정	비계설정 기법 교수자-학습자의 상호작용 증대
	의식화와 조직화의 조화	상황에 따른 의식화와 조직화 관계 설정의 다양화	학습동아리 구성 및 운영 문제해결 팀프로젝트

이와 같이 사회교육방법은 다른 분야의 교육방법과는 다른 접근방식을 취한다. 예를 들어, 학습동아리의 활용이나 문제해결식 팀프로젝트 자체가 사회교육방법은 아닌 것이다. 이런 것들이 기본적으로 사회적 약자에게 초점을 맞추거나 공동체적 사회문제 해결을 위해 활용될 때 사회교육방법이 된다. 사회교육방법은 단순히 기능이나 효율성을 지향하는 것이 아니라 사회적 약자를 위한 공감성과 공익적인 차원의 참여와 협력을 지향하기 때문이다. 동시에 사회교육방법은 교육적 가치와 사회적 가치의 조화, 학습자의 사회학습과 교육자 개입의 조화, 의식화와 조직화의 조화를 반영해야 한다. 학습동아리나 문제해결식 팀프로젝트는 이러한 사회교육의 실천원리를 반영할 수 있는 잠재성이 크다는 점에서 의미가 있다.

한편, 사회교육방법은 사회교육의 구체적인 유형에 따라 차별적으로 적용되어야 한다. 앞에서 살펴보았듯이, 사회교육은 사회교육의 대상이 사회적 약자인가 아니면 일반적인 사회구성원인가, 교육내용이 일반적 · 기초적인가, 아니면 경제적 · 전문적인 것인가에 따라 기초교육, 경제적 자활교육, 시민교육 및 사회개발교육으로 유형화된다. 사회교육이 추구해야 할 사회교육의 실천원리를 효과적으로 구현하기 위한 사회교육방법도 이러한 사회교육 유형의 특성에 맞추어 보다 구체화되고 차별화될 필요가 있다. 이를 구체적으로 정리하면 〈표 10-5〉와 같다.

〈표 10-5〉 사회교육 유형별 사회교육 실천원리 반영을 위한 사회교육방법의 요건

사회교육 실천원리 / 사회교육 유형	교육적 가치와 사회적 가치의 통합	사회학습과 교육적 개입의 조화	의식화와 조직화의 조화
기초교육	기초적 학습능력 성취를 통한 자기효능감의 증진	• 경험학습과 개념교육의 조화 • 일반 상담 및 동기유발	• 학습자 수준별 집단 구성 • 관련 분야 집단 및 조직과의 연계 지원
경제적 자활교육	직업적 실무역량의 자기주도적 증진	• 학습자 요구분석과 실무역량 진단의 조화 • 학습자 맞춤형 실무교육	• 학습자 수준별 집단 구성 • 관련 분야 집단 및 조직과의 연계 지원
시민교육	사회현실에 대한 이해와 비판적 사고능력의 증진	• 사회문제에 대한 자기주도적 성찰과 교육적 촉진의 조화 • 토론 및 워크숍 촉진	• 학습동아리 구성을 통한 학습과 현장실천의 조화 • 시민사회조직의 연계 및 협력 촉진
사회개발교육	사회개발을 위한 실무역량의 자기주도적 증진	• 사회개발 경험의 활용과 전문가 지원 조화 • 사회개발을 위한 토론 및 팀프로젝트 운영	• 주체적 사회개발을 위한 학습자 집단 구성 • 지역 및 사회네트워크 구축 및 운영

이와 같이 사회교육방법은 그 자체의 고유한 특성을 반영한다. 사회교육방법은 사회적 약자의 지원과 사회변화 실천의 목적에 효과적이어야 하며, 동시에 사회교육의 유형에 따라 사회교육의 실천원리를 구체적으로 반영해야 한다. 이러한 복합적인 조건을 충족하는 효과적인 사회교육방법의 개발을 다루는 것이 사회교육학의 과제라고 할 수 있다.

2) 사회교육방법의 종류

사회교육의 실천에 있어서 앞에서 살펴본 사회교육방법의 요건에 적합한 일반적인 교육방법들을 고려할 수 있다. 이와 관련하여 애플은 역사적으로 사회실천적 교육자들이 활용한 일반적인 교육방법을 다음과 같이 소개하고 있다.

> 그들의 교육적 실천은 종종 그 당시에 '사회적으로 책임지는 교육(socially responsive education)'으로 여겨지던 다음과 같은 교육방법에 잘 나타나 있다. 프로젝트 기반 방법, 지역공동체 프로젝트, 집단학습, 학교 교육과정과 학교 외부의 사회경제적이고 문화적인 세계를 연결시키고 그리고 학교 교육과정과 학생들이 학교로 가지고 오는 '지식의 펀드'라고 오늘날 우리가 부를 수 있는 지식들을 연결시키기, 의도적으로 사회적 변혁을 목표로 하는 교육, 공식 지식으로 여겨지는 것에 문제제기를 할 수 있는 커리큘럼과 그리고 그 공식 지식을 세상에 대한 더 정확한 이해에 기반을 둔 지식으로 대체해서 학생들과 교사들이 세상에 맞설 수 있게 하기 등이다(Apple, 2015: 144).

이 글에서 애플은 사회교육방법에 해당하는 교육의 일반적인 기법들과 원칙들을 제시하고 있다. 이러한 방법들을 사회교육학의 차원에서 전반적으로 비판적 의사소통법, 참여연구, 학습동아리 운영방법 등으로 지칭할 수 있다.

또한 사회교육 이론가들의 주장과 사회교육의 역사적 사례, 그리고 일반적인 교육방법 중에서 사회교육에 적용하기에 적합한 내용들을 종합하여 사회교육방법을 유형화해 볼 수 있다. 그 기준은 다양할 수 있으나, 우선적으로 학습자의 사회적 상황에 따라 개인, 소집단, 지역사회, 일반사회 등으로 구별할 수 있다. 이에 따라 유형화되는 사회교육의 목적과 방법상의 특징을 정리하면 〈표 10-6〉과 같다.

〈표 10-6〉 학습자의 사회적 상황에 따른 사회교육 방법의 구성

구분	개인	소집단	지역사회	일반사회
사회교육 목적	적응, 교정, 의식화	협력, 신뢰 형성, 실천	지역공동체 형성 지역문제 해결	시민사회 성숙 사회문제 해결
방법적 원리	공감, 성찰	참여, 소통, 조직화	협력, 소통, 네트워크	의식 확산 공감대 형성
교육방법과 기법	강의, 상담, 심리치료	토론, 토의, 학습동아리	참여연구, 소집단 네트워크	소셜 네트워크, 매스미디어

이와 같이 사회교육에 참여하는 학습자의 사회적 상황에 따라 사회교육방법이나 활용되는 구체적인 기법에 차이가 있다. 개인을 대상으로 할 경우 공감에 기반한 상담이 중요한 부분을 차지하는 반면, 지역사회와 일반사회와 같이 규모가 커질수록 협력과 소통을 위한 집단적 토론이나 팀프로젝트, 소셜 네트워크의 중요성이 커진다고 볼 수 있다.

3) 사회교육방법으로서 참여연구와 팀프로젝트 활동의 의의

사회교육의 개념이 사회문제 해결을 위한 교육이라는 점에서 볼 때 가장 효과적인 사회교육방법은 직접 사회문제 해결을 위한 실천에 참여하는 것이다. 사회문제 해결을 위한 교육의 방법은 여러 가지가 있으나 가장 대표적인 것이 참여연구(participatory research)와 팀프로젝트 활동이라고 할 수 있다. 일반적으로 참여연구를 수행하는 과정 중에 팀프로젝트 활동이 비중 있게 활용된다. 그런 점에서 두 가지 활동은 매우 밀접한 관계를 갖고 있다.

참여연구란 하부로부터의(bottom-up) 접근으로 지역주민이나 일반인이 주도적으로 참여하여 자신들이 겪고 있는 사회문제 해결과 사회의 변화에 기여하고자 하는 연구방법이라고 할 수 있다(박덕병, 2002; 정지웅, 2012). 역사적으로 참여연구는 1970년대에 국제성인교육협회(International Council for Adult Education: ICAE)가 새로운 사회과학적 연구방법으로 제시하였다. 이때까지 사회과학분야에서 수행된 연구방법들이 실제로 사회를 변화시키기보다는 이론만을 제시하는 데 머물러 있으며, 연구대상자의 입장보다는 연구자의 입장에서 상황을 분석하거나 단편적 실험결과를 밝히는 데 그치는 경우가 대부분이라는 비판을 받았다. 이에 따라 이전까지 연구대상이었던 취약집단을 연구에 주체적으로 참여시켜 그들이 수긍하는 이론을 실증적으로 연구하고 실제 변화도 추구하기 위해 참여연구가 제시된 것이다. 따라서 참여연구에는 사회변화를 위해 사회문제의 당사자들이 집단적으로 연구하고 학습하는 활동이 포함된다.[1)]

1) 최근에는 사회과학분야에서 참여연구와 유사한 개념으로 '실행연구(action research)'라는 개념이 널리 사용되고 있다(조용환, 2015). 또한 '참여'를 강조하는 의미로 '참여적 실행연구(participatory action research)'라는 용어를 사용하기도 한다. 일반적으로 실행연구는 당면한 상황을 개선하려고 하는 전문적 실행연구자와 조직, 지역사회 혹은 네트워크의 구성원들(이해당사자들)이 팀을 이루어 수행하는 사회과학 연구방법을 의미한다. 그런데 실행연구 이론가인 그린우드와 레빈(Greenwood & Levin, 2020: 37)에 따르면, 실행연구에는 각각의 분파로 구분되는 많은 지지자가 있으며 그중에는 '참여연구(participatory research)', 인간중심 탐구(human inquiry), 실행과학(action science)]을 선호하면서 '실행연구'라는 용어 자체를 완전히 거부하는 입장도 존재한다. 이러한 입장을 취하는 사람들에 따르면, 산업화된 국가에서, 많은 경우 실행연구(또는 참여적 실행연구)는 보수적 · 형식적 목적으로 수행된다. 그런 경우에 '참여'란 노동자와 하위직급 구성원들이 보다 크고 확대된 책임을 지는 반면, 의사결정에 대해서는 아주 작은 혹은 전혀 전과 다르지 않은 통제권만을 획득하는 상황을 의미한다. 이러한 상황에서 실행연구는 해당 조직을 민주화하거나 또는 사회정의를 확대하려는 목적에 기초한 것이 아니기 때문에 진정한 의미의 실행연구가 될 수 없다(Greenwood & Levin, 2020: 267). 반면, 사회교육 분야에서 논의되어 온 전통적인 참여연구는 기본적으로 민주주의, 사회적 약자로서의 대중, 주체성, 자력화(empowerment) 및 사회변화를 강조한다. 그런 의미에서 '참여연구'는 현대사회에서 논의되고 있는 일반적인 실행연구 중에서도 사회적 약자의 입장을 대

역사적으로 사회교육과 관련된 많은 이론가들과 사상가들이 참여연구의 중요성을 강조하였다. 미국의 사회교육자인 린드만(Lindeman)도 그 대표적인 인물이다. 린드만이 주장하는 참여연구는 일차적으로 집단행동의 연구에서 그 필요성이 부각되었다. 그에 따르면, 집단행동을 이해하기 위해서는 밖으로부터의 객관적인 관찰과 안으로부터의 정확하고 세밀한 관찰이 모두 필요하다. 이를 바탕으로 집단의 문제해결을 위한 참여연구의 단계를 일반화하면 다음과 같다.

> 첫째, '밖으로부터의 관찰'을 통하여 집단구성원의 관심을 배운다.
> 둘째, '안으로부터의 관찰'을 통하여 집단의 구성원으로서 '이성화의 과정'에 참여하여 집단구성원의 목적, 감정, 태도의 변화를 인식한다.
> 셋째, 집단행동에 필요한 정보나 지식을 찾아 이를 토대로 집단구성원과 공동으로 집단행동의 구체적 방법을 고안하여 가르친다(홍유희, 2013: 151).

현대적인 의미에서 참여연구는 일반적으로 협동적 조사, 분석, 활동이라는 상호 관련된 세 가지 과정으로 구성되며, 사람들은 대화를 통해 이 모든 과정에 함께 참여한다. 이를 현대적인 의미에서 보다 구체적으로 살펴보면 다음과 같다.

① 연구대상 주민들에 의한 문제제기
② 문제해결을 위한 실천가와 연구자 사이의 합의
③ 연구 진행 분업을 위한 소집단의 구성
④ 연구계획서의 작성
⑤ 자료의 수집
⑥ 자료의 분석

변하고 일반 민중이나 시민이 주체가 되어 공익적 · 적극적으로 사회변화를 추구하는 특별한 성격의 실행연구라고 할 수 있다.

⑦ 문제해결을 위한 협의
⑧ 개발계획서의 작성
⑨ 개발계획의 수행
⑩ 학습정리

이러한 단계를 거치는 동안 가장 중요한 원칙은 지역주민이 당면하고 있는 문제를 연구 소재로 삼으며, 그들이 직접 문제해결을 위한 연구에 공동으로 참여해야 한다는 것이다. 즉, 지역주민이 단순한 연구대상이나 연구의 수단이 아니라 연구의 공동 주체인 것이다(박덕병, 2002: 63-65).

한편, 참여연구의 과정에서 팀프로젝트 활동이 중요한 기법으로 활용된다. 이는 동기유발을 위해 활동적인 프로그램을 진행하거나, 미래를 위해 실습 차원에서 활동을 해 보는 것이 아니라 현재의 실질적인 사회문제 해결을 위해 실천하는 일종의 사회참여형 학습동아리 활동이다. 팀프로젝트 활동은 전통적인 의미의 협동탐구라고 할 수 있다. 협동탐구란 교육자들과 학습자들이 연구문제, 탐구방법, 자료 해석에 대해 함께 의사결정을 내리고 같은 경험을 통하여 공유 의미를 창출하는 것이다. 협동탐구를 통한 교육의 본질은 참여자들이 연구의 주체이자, 연구원이며 학습자라는 것이다(Stein, 2002: 30). 팀프로젝트 활동은 바로 이러한 협동학습을 기반으로 이루어지는 것이다.

팀프로젝트의 과제는 간단한 것부터 고차원적인 것까지 매우 다양한 분야와 수준에서 학습자들 스스로에 의해 선정된다. 사회교육방법으로서 의미 있는 팀프로젝트는 사회문제 해결에 실제적인 도움이 됨과 동시에 학습자의 행동과 태도를 변화시킬 수 있는 것이어야 한다. 그런 면에서 참여연구와 팀프로젝트는 수기와 치인, 학습과 실천이 동시에 이루어지는 최적의 사회교육방법이라고 할 수 있다.

3. 공감 형성과 사회교육 실천

사회교육은 인간에 대한 공감을 기반으로 한다. 이는 사회문제로 고통을 겪는 사회적 약자에 대한 공감은 물론, 이러한 문제를 함께 해결하고자 하는 공동체에 대한 공감도 포함한다. 그러므로 사회교육학은 공감을 기반으로 하고 공감을 형성하기 위한 교육방법을 모색해야 한다. 여기서는 공감의 의미와 사회교육적 의의를 알아보고, 공감과 관련된 사회교육방법을 살펴보고자 한다.

1) 공감의 개념과 사회교육적 의의

현대사회에서 매우 중시되고 있는 심리적 덕목 중의 하나가 공감(empathy)이다. 현대사회는 첨단기술을 활용한 정보화와 연결(connecting)의 시대임에도 불구하고 공감의 중요성이 더욱 커지고 있다. 이는 그만큼 인간이 정서적 유대를 기반으로 하는 사회적 존재임을 반영한다.

공감은 주로 감정과 인지의 두 측면으로 분류된다. 먼저, '감정적 공감(emotional empathy)'은 타인의 감정을 단순히 '경험'하는 것이다. 이것은 타인의 행동에 반응하여 똑같이 흉내내는 것도 포함된다. 한편, '인지적 공감(cognitive empathy)'은 다른 사람을 생각하며 유대감을 느끼는 것이다. 주로 타인의 생각과 감정을 '이해'하려는 시도로 나타난다. 인지적 공감은 크게 두 가지의 중복되는 행동으로 나뉜다. 하나는 상대방의 마음을 헤아리는 것, 또는 상대방의 표정이나 행동, 곤경에 처한 모습 등을 보고 생각이나 감정을 파악하는 것을 의미한다. 또 다른 하나는 '관점 수용'이다. 이는 다른 사람의 관점에서 세상을 바라보거나 감정을 상상하는 것을 의미한다. 관점 수용에 능한 사람일수록 유용한 조언을 잘 해 주는 경향이 있다(Bazalgette, 2019: 82). 타인의 입장을 미루어 생각한다는 점에서 공감은 다산 정약용이 수기치인의 차원에서 강조했던 '추서(推恕)'와 맥을 같이한다(『대학공의』, 225).

사회구성원들의 공감능력이 높다면 사회의 갈등을 해소하고 어려운 사회문제를 해결하는 데 매우 도움이 된다. 예를 들어, 여러 나라에서 범죄자를 위한 교도 차원에서 시도되고 있는 '회복적 사법'은 가해자와 피해자 사이의 공감 형성을 통한 진정한 반성과 재활을 목표로 한다. 이 과정을 통해 범죄자들이 피해자의 감정을 인지적 · 감정적으로 공감함으로써 보다 높은 교정 성과를 올리게 된다(Bazalgette, 2019: 205).

이런 맥락에서 공감은 사회교육의 차원에서도 매우 중요한 의미를 갖는다. 공감은 곧 사회교육의 목표이자 방법이라고 할 수 있다. 우선, 사회교육은 공감의 형성을 일차 목표로 한다. 사회교육은 사회문제를 해결하고 사회를 개선하기 위한 교육이다. 이는 사람들의 참여와 협력을 통해 가능하다. 그런데 사람들이 함께 참여하고 협력하기 위한 가장 첫 단계가 바로 공감인 것이다. 따라서 사회교육의 일차적인 목표는 바로 학습자와 사회구성원들이 사회문제에 관심을 가지고 해결에 앞장설 수 있도록 하는 공감능력을 개발하는 것이라고 할 수 있다.

한편, 공감은 사회교육이 원활하게 진행되도록 하는 방법적 원리이기도 하다. 교육자와 학습자, 학습자와 학습자 사이에 공감이 형성될 때 보다 효과적으로 교육이 이루어지는 것은 당연하다. 사회교육적 관계에서 정서적 공감대가 형성되지 못할 때 지적 탐구를 위한 원활한 협력과 의사소통이 이루어질 수 없기 때문이다. 따라서 공감의 형성을 통해 구성원 간에 친절하고 편안한 분위기를 만드는 것이 학습성과의 증진을 위해 매우 중요하다. 이와 관련하여 스티븐스(Stephens)는 사회교육에서 정서적 공감이 자기효능감의 증진에 크게 기여한다고 다음과 같이 주장하고 있다.

> 문제는 사용자의 결핍을 판단하는 것이 아니라 그들로 하여금 지각된 자기효능감을 발전시킬 수 있도록 돕는 것이다. 일단 긍정적인 정서적 관계가 형성되면 사회교육 실천가는 동떨어진 전문가라기보다는 돌보아 주고 있는 파트너로 자리매김하게 된다(Stephens, 2013: 110).

이와 같이 공감은 사회교육방법 차원에서도 매우 중요한 실천원리라고 할 수 있다.

2) 공감 형성을 위한 사회교육방법의 원리와 기법

사회교육자에게 요구되는 중요한 덕목 중의 하나는 바로 공감능력이다. 교육자와 학습자, 학습자와 학습자 사이에 공감을 잘 형성할 수 있는 방법이 우선적으로 선택되어야 한다. 그러므로 사회교육학의 차원에서 교육내용과 교육기법을 적절히 활용하여 학습자의 공감능력을 향상하기 위한 구체적인 방안을 모색해야 한다.

사회교육의 차원에서 공감과 관련하여 우선적으로 고려할 대상은 사회적 약자라고 할 수 있다. 사회적 약자는 사회경제적 어려움과 사회의 무관심, 차별 등으로 인해 다양한 정서적 고통을 겪을 가능성이 매우 높다. 이와 같이 정서적 고통을 수반하고 있는 사회적 약자에게 가장 시급히 요청되는 것이 바로 진정성 있는 공감인 것이다. 따라서 사회적 약자를 위한 사회교육에는 공감 형성에 도움이 되는 교육방법이 우선적으로 적용되어야 한다. 이와 관련하여 바잘게트(Bazalgette)는 교도소 수감자들에 대한 공감 형성을 통해 그들이 스스로 독립할 수 있도록 돕기 위한 '5분 개입'이라는 교육방법을 다음과 같이 제시하였다.

① 소크라테스식 질문하기. 수감자들이 자신들의 행위가 야기할 수 있는 결과에 대해 생각하고, 성찰할 수 있도록 돕는다.

② 피드백 주고받기. 이 단계에서는 특히 작은 성취에도 긍정적인 반응을 해 주는 것이 중요하다.

③ 잘 들어주기. 수감자들이 일으킨 사건의 발화점이 됐을지도 모르는 중요한 문제들에 대해 시간을 가지고 귀 기울이며 이해해 준다.

④ 희망 북돋아 주기. 수감자들이 재범을 저지르지 않도록 적극적으로 용기를 준다 (Bazalgette, 2019: 187–188).

이러한 교육방법은 정서적 어려움을 겪고 있는 수감자들에 대한 공감 형성을 통해 스스로 문제를 해결하는 데 도움을 주고 있다. 공감의 원리는 수감자는 물론 일반적인 사회적 약자에게도 매우 효과적인 방법이라고 할 수 있다.

공감의 형성에는 이성적 측면과 정서적 측면이 모두 작용한다. 이와 관련하여 바잘게트는 원초적이고 비언어적인 사회적 행동을 토대로 한 감정적 공감능력이 고차원적인 인지적 공감과정에 비해 갈등 해소에 더욱 효과적인 방법일 수 있다고 하였다. 예를 들어, 평화를 추구하는 프로그램은 복잡하고 어려운 역사교육보다 인간 대 인간으로 상호교류를 하는 인간적인 측면을 강조할 때 더욱 효과적일 수 있다는 것이다(Bazalgette, 2019: 273). 즉, 공감 형성을 위해 정서적 요소를 적절히 활용해야 할 필요성을 제기하고 있다.

같은 맥락에서 공감 형성에 있어서 음악을 비롯한 예술의 중요성에 주목할 필요가 있다. 바잘게트는 예술이 문제 예방과 치유의 힘을 가지고 있으며, 사회적 · 문화적 · 경제적으로 긍정적인 역할을 한다고 주장한다(Bazalgette, 2019: 347). 그는 모든 세대가 예술과 문화에 더 깊이 몰두한다면 인간은 그 자신은 물론 타인의 감정을 이해하고 타인의 요구를 파악함으로써 더 나은 시민사회를 만들 수 있다는 것이다(Bazalgette, 2019: 333). 사실, 예술을 통한 공감적 인간관계 형성의 능력은 조선의 선비들에게도 기본적으로 강조되어 왔다(정옥자, 2002: 24-25). 더 나아가 금장태는 정약용이 사회적 순화를 위해 음악의 중요성을 강조했음을 다음과 같이 밝히고 있다.

정약용은 옛 성인들이 음악교육을 통해 인간의 혈맥을 고동치게 하고 정서를 화락하게 하여 사회를 순화하는 데로 확산해 갔으며, 이에 따라 '예법과 음악(禮樂)'을 정치의 기본 방법으로 활용해 왔음을 강조하고 있다. 그는 "음악이 없어지면서 형벌이 무거워지고 전

> 쟁이 자주 일어나게 되며, 원망하는 마음이 일어나고 속임수가 성행하게 되었다."고 하여, 모든 사회적 무질서가 음악의 화락함으로 잃는 데서 일어나는 것으로 보았다. …… 또한 음악을 진작하지 않으면 교화는 끝내 행할 수 없을 것이요, 풍속도 끝내 변화시킬 수 없을 것이요(금장태, 2001: 111).

그 외에도 조선 말기 도학자인 유중교(柳重敎)는 『현가궤범(絃歌軌範)』을 저술하여 악률을 정리하고 스스로 악곡을 지어 음악이 사회교화에 미치는 역할에 대해 깊은 관심과 인식을 보여 주었다(금장태, 2001: 113). 또한 시민교육자인 황주석도 시민교육의 과정에서 음악이 갖는 중요성에 대해 다음과 같이 주장하고 있다.

> 저는 음악의 중요성을 굉장히 강조합니다. 첫째 강좌부터 마지막 강좌까지 각 주제별로 도움이 되는 노래를 뽑아 놓는 것이 매우 중요합니다. 그래서 매시간 그 주제와 관련된 노래를 몇 개씩 배워 두어야 합니다(황주석, 2007: 134).

이와 같이 사회교육방법 차원에서 많은 이론가와 실천가가 음악과 예술의 중요성을 강조하고 있다. 그러므로 학습자의 이성적 측면은 물론 정서적 차원에서 공감을 형성하기 위한 예술적 교육방법에 대한 많은 연구가 필요하다.

한편, 사회교육 차원에서 집단 간 네트워크의 형성을 위해 집단 간의 공감을 강화하기 위한 사회교육방법도 중요한 의미를 갖는다. 이렇게 공감을 강화하는 방법 중의 하나는 집단 간의 접촉 기회를 늘리는 것이다. 이와 관련하여 미국의 심리학자 고든 올포트(G. Allport)가 제시한 '접촉 가설(contact hypothesis)'이 의미를 갖는다. 이 가설에 따르면, 접촉하는 집단들이 동등한 지위, 공동의 목표, 집단 간 협동, 권위 있는 인물에 대한 인정이나 지지의 조건을 갖추게 되면 화합할 가능성이 커진다(Bazalgette, 2019: 269). 따라서 사회교육의 차원에서 집단 간의 역사적 · 상황적 공통점을 교육내용에 반영하고 협력을 통해 공동의 과제를 해결하는 교육기법을 활용하는 것이 필요하다.

4. 비판적 의사소통과 사회교육 실천

사회교육은 구성원 간의 소통을 통해 사회문제를 함께 해결하도록 돕는 교육이다. 이를 위해서는 구성원 간의 비판적 의사소통능력이 요구된다. 잘 드러나지 않는 사회문제의 구조적 원인을 발견하고 이를 다른 구성원들과 합리적으로 공유하기 위해서는 비판적 의사소통이 필요하기 때문이다. 여기에서는 사회교육 차원에서 비판적 의사소통의 의의와 요건을 알아보고, 비판적 의사소통을 활성화하기 위한 사회교육방법에 대해 살펴보고자 한다.

1) 비판적 의사소통의 의미와 요건

사회교육을 통해 사회문제를 해결하기 위해서는 비판적 사고와 합리적 의사소통 능력이 요구된다. 비판적 사고는 단순히 지식을 재생하거나 질문에 대해 수동적으로 반응하는 차원을 넘어 사회문제를 정확하게 분석하고 주도적 · 능동적으로 문제해결에 참여하려는 정신작용을 말한다. 한편, 합리적 의사소통은 공동의 문제를 함께 해결하기 위한 지적 · 개방적 · 민주적 교류과정을 말한다. 합리적 의사소통 행위는 사람들이 성공을 위한 이기적인 행위가 아니라 이해를 도출하는 행위로 소통하려 할 때 발생한다. 따라서 합리적 소통적 행위를 한다는 것은 다른 사람의 관점에서 세계를 이해하려고 노력하는 것을 전제로 한다.

비판적 사고에 입각한 합리적 의사소통을 비판적 의사소통이라고 할 수 있다. 비판적 사고와 합리적 의사소통은 상호 간 상승적인 작용을 한다. 비판적 사고는 합리적 의사소통을 통해 좀 더 객관적으로 많은 사람과 공유되어 사회적 실천으로 연결될 수 있으며, 합리적 의사소통은 비판적 사고를 통해 사회현실의 심층적인 이해와 사회문제 해결의 근본적인 방안의 근거를 얻는다. 그런 면에서 비판적 의사소통은 사회교육을 위해 활용해야 할 핵심적 교육방법임과 동시에 사회교육을 위해 발전시켜야 할 핵심 능력이라고 할 수 있다.

사회교육 실천을 위해 비판적 의사소통을 활용하기 위해서는 그 요건에 대한 검토가 필요하다. 비판적 의사소통의 요건은 하버마스(Habermas)의 의사소통이론에서 많은 도움을 받을 수 있다. 하버마스에 따르면, 언어공동체는 하나의 민주주의 공동체이며, 의사소통 행위에 적용되는 규칙은 민주적 과정의 규칙과 같다. 의사소통 행위는 다른 사람들의 관점을 듣고 이해하려는 습관을 전제로 한다. 그 점에서 하버마스의 주요 관심사는 진정으로 민주적인 방법으로 의사결정을 할 수 있는 조건을 만드는 것이었다. 이와 관련하여 그는 의사소통의 타당성을 보장받기 위한 요구로 다음의 네 가지를 제시하였다(Habermas, 2006).

첫째, 진술의 이해가능성에 대한 요구(claim of comprehensibility)이다. 이는 의사소통과정에서 사용하는 언어가 타인에게 명료하고 이해하기 쉬워야 함을 의미한다.

둘째, 주장의 진리성에 대한 요구(claim of truth)이다. 이는 말하는 이가 최선을 다해 현 사안에 대한 완전한 근거를 제공해야 함을 의미한다.

셋째, 언어행위의 규범성에 대한 요구(claim of rightness)이다. 하버마스에 따르면, 인간의 모든 의사소통행위 과정에서 언어 행위가 그가 속한 사회의 일반적인 관습과 규범에 적합해야 한다. 인간은 타인과 대화하면서 지속적으로 일반적 관습에 대한 타인의 지지 정도를 평가하는데, 이것이 바로 언어 행위의 규범성에 대한 요구이다.

넷째, 발언자의 진정성에 대한 요구(claim of authenticity)이다. 이는 말하는 이의 태도나 삶에서 사람들이 믿을 만한 신뢰성이 전제되어 있어야 함을 의미한다. 즉, 의사소통 과정에서 사람들은 발언자의 메시지 내용 자체뿐만 아니라 전달하는 사람의 인격, 경력, 전문성, 신뢰성 등을 종합적으로 파악한다는 것을 의미한다.

하버마스는 이와 같은 의사소통의 타당성 요구가 모든 인간의 대화에 내재되어 있다고 주장한다. 의사소통의 타당성 요구는 사람들의 정직한 대화의 기본 조건인 것이다. 상대방의 주장이 타당한가를 검토하고 자신의 주장을 타당하게 제시하기 위해 비판적 의사소통 능력이 요구된다. 비판적 의사소통 능력에는 상호 간의 타당성 요구를 인정하고 포용하는 민주적 자세도 포함된다. 의사소통에 참여하는 모든 사람의 의견을 경청하고 근거의 타당성에 대해 수용하는 자세가 필요한 것이다.

하버마스가 제시한 의사소통 행위의 조건들은 사회교육의 전통적 관심과 깊은 연관성을 가지고 있다. 그룬트비(Grundtvig)가 창시한 덴마크의 평민대학과 호튼이 설립한 미국의 하이랜더 센터는 비판적 의사소통을 활용한 사회교육의 원형이라고 할 수 있다(Jarvis, 1987). 그들은 일상생활을 스스로 성찰하며 민주적으로 살아간다는 것이 무엇인지에 대해 함께 토론하는 것을 사회교육의 핵심적인 방법으로 강조하였다. 그러므로 오늘날의 사회교육학의 과제는 비판적 의사소통 능력의 함양을 위해 노력했던 사회교육의 전통을 계승하고 이를 위한 사회교육방법을 보다 체계적으로 발전시키는 것이라고 볼 수 있다.

2) 비판적 의사소통을 위한 토의와 토론의 의의 및 과제

비판적 의사소통을 촉진하기 위한 사회교육방법으로서 토의와 토론을 들 수 있다. 먼저, 토의(discussion)는 서로 의견을 공유하기 위한 대화를 말한다. 토의는 어떤 문제에 대해 협력적인 관점에서 상호의견을 주고받는 것으로서 다양한 정보와 의견의 우호적이고 자유로운 교환을 특징으로 한다. 다음으로, 토론(debate)은 대립적인 관점에서 문제에 대한 쟁점을 형성하고 서로의 주장을 주고받는 것을 말한다. 즉, 서로 간의 대립되는 주장과 이에 대한 설득을 특징으로 한다. 따라서 토론의 주제가 되기 위한 조건은 사회적으로 찬성과 반대의 의견이 비슷하게 나누어져 있고, 이 문제와 관련된 결정이 사회 다수에게 영향을 미치며, 여러 개의 경합하고 상충하는 대안 중에서 하나를 결정하여 선택해야만 하는 문제여야 한다(김영인 외, 2017: 191; Galbraith, 1991).

일반적으로 토론은 민주적인 연합을 가능하게 하고 학습자의 참여를 전제로 한다. 교육자와 학습자 모두가 동등한 위치를 차지한다는 의미에서 토론은 학습자를 가장 존중하는 방법이기도 하다. 특히 사회교육의 차원에서 토의와 토론은 비판적 사고와 합리적 의사소통 능력의 함양을 위한 효과적인 방법이 될 수 있다. 학습자들은 토의와 토론을 통해 타인을 객관적으로 비판함과 동시에 타인의 비판을 받아들일 수 있는 마음의 태도를 키울 수 있다(Lewin, 2016: 75). 그리고 학습자들은 토론을 통해 자신의 생각, 가치, 신념을 잘 정리하여 효과적으로 표현할 수 있는 능력을 키울 수 있다. 특히 사회교육의 차원에서 토론은 학습자가 자신이 살고 있는 사회현실을 비판적으로 이해하고 자신이 가지고 있는 가치관이나 신념의 정당성에 대해 되돌아보며, 문제해결을 위한 대안적인 사고와 행동방식을 탐색할 수 있도록 돕기 위한 유용한 방법이다.

그런 면에서 사회교육에서 토의와 토론은 이중적인 의미를 갖는다. 한편으로, 전문적 사회교육기관과 일반 사회교육기관에서의 토의와 토론은 비판적 의사소통 능력을 함양하기 위한 미래지향적 사회교육방법이 될 수 있다. 참여자들은 토의와 토론을 통해 자신의 신념과 가치가 형성되어 온 문화적 맥락을 비판적으로 검증하고 그 보편적 타당성에 대해 검토해야 한다. 즉, 참여자들은 토론에 참여하면서 당연하다고 생각했던 자신의 상식과 습관적인 행동을 검증해야 한다. 다른 한편으로, 사회문제 해결을 추구하는 실천현장형 사회교육의 맥락에서의 토의와 토론은 사회문제 해결을 위한 실천적 사회교육방법이라고 할 수 있다. 이 경우 토의와 토론은 사회문제 해결을 위한 참여연구와 팀프로젝트 활동을 위한 기초가 된다.

사회교육 현장에서 토론을 통해 비판적 의사소통을 촉진하기 위해서는 사회교육자의 전문성이 요구된다. 사회교육자는 토론을 통해 학습자들이 사회현실을 비판적으로 인식하고 자신의 관점을 형성할 수 있도록 촉진해야 한다. 또한 토론을 통해 학습자들이 사회문제를 해결하기 위한 합리적인 방안을 모색할 수 있도록 지원해야 한다. 또한 비판적 토론의 과정에서 발생할 수 있는 학습자의 정서적 불안이나 고통을 치유하고 구성원 간의 갈등을 해소할 수 있는 전문성이 요구된다.

이런 점을 종합해 볼 때, 사회교육학은 비판적 의사소통을 위한 토의와 토론의 원리 및 기법을 개발하고 이를 사회교육의 다양한 맥락에 보다 효과적으로 적용하기 위한 구체적인 방안을 연구해야 할 것이다.

제11장 사회교육자의 역할과 요건

사회교육자는 사회문제 해결을 교육적으로 지원하기 위한 교육전문가이다. 시대에 따라 다양한 사회교육자들이 존재해 왔으며, 이들은 사회의 여러 영역에서 다양한 활동을 하고 있다. 다양한 형태로 사회교육 전문직이 법제화되어 있는 경우도 있다. 교육전문가인 사회교육자에게는 고유한 교육철학과 더불어 다양한 역량이 요구된다. 이 장에서는 사회교육자의 개념과 역할, 사회교육자의 기본 요건, 한국의 선비사상에 비추어 본 사회교육자의 역할과 요건, 주요 사회교육 전문직종의 현황과 발전과제에 대해 살펴보고자 한다.

1. 사회교육자의 개념과 역할

세계 각국에는 다양한 사회교육자가 존재하고 있다. 한국에도 역사적으로 다양한 사회교육자가 존재해 왔으며, 현재에도 다양한 영역에서 다양한 성격의 사회교육자가 활동하고 있다. 여기서는 사회교육자의 기본 개념과 역사적 사례, 사회교육자의 기본 역할과 직무에 대해 살펴보고자 한다.

1) 사회교육자의 개념과 역사적 변천

사회교육자는 국제적으로 'social educator' 'social pedagogue' 'socio-cultural animator' 등으로 지칭된다. 현실적으로 사회복지, 평생교육, 청소년 지도 및 상담, 빈민운동, 자활사업, 농촌운동, 시민운동, 지역사회개발, 국제개발협력 등의 분야에서 다양한 이름으로 불리는 교육실천가들이 사회교육자에 해당한다.

한국에서도 역사적으로 사회 각 분야에서 사회교육자들이 활동해 왔다. 역사적으로 사회교육자는 인간이 사회활동을 시작한 이후부터 존재해 왔다고 볼 수 있다. 한국에 '사회교육' 용어가 도입된 이후만 살펴보더라도 구한말부터 현재까지 사회교육 영역에서 활동해 온 사상가 및 실천가의 사회적 공헌은 제도권뿐만 아니라 민간영역에 이르기까지 다양하고 지대하다. 사회교육자들은 교육을 통해 사회적 약자의 사회적 적응과 사회통합 및 국가발전을 위해 노력하였다.

한편, 사회교육활동의 활성화를 위해 이러한 사회교육자들을 국가적인 차원에서 양성하고 지원하기 위한 정책들이 추진되었다. 구한말 이후 추진되어 온 사회교육자 관련 제도의 변천을 시대별로 살펴보면 다음과 같다(〈표 11-1〉 참조).

〈표 11-1〉 한국의 사회교육자 제도의 변천(해방 이후)

시기	명칭	주요 활동
국가 재건기	성인교육사	• 미군정 성인교육과 • 국민의 문해율 고양 및 공민적 자질 향상
	농촌지도사	• 영농방법의 개선 • 근대화된 생활자세 및 태도 육성
	신생활지도자	• 협동과 생활개선을 위한 전문적 지도 • 국민의 의식개조와 가치관 형성을 통한 사회문제의 해결
경제성장 및 민주화 운동기	재건국민운동요원	• 정권 주체 세력의 개혁의지의 선전 · 전파 • 국민의 청신한 기풍의 배양, 신생활체제와 반공이념의 견지 등을 통한 마음과 생활의 혁명
	새마을지도자	• 정신계발, 환경개선, 소득증대를 통한 공동운명체의 개발 • 새마을정신의 계발, 국가안보 및 경제에 대한 인식 고양
시민사회 형성기	사회교육 전문요원	• 사회교육단체 및 시설에 배치 • 확고하고 투철한 국가관과 교육관 함양

복지 및 세계화 병행기	평생교육사	• 평생학습관, 평생학습도시 등의 지역 인프라를 통한 지역 주민의 교육복지 향상과 지역공동체 형성에 기여 • 본격적인 지식정보화사회에서 국민의 평생학습 지원

출처: 김미향(2014).

구한말에는 대국민 의식개혁 및 부국강병을 통해 독립국가의 실현을 추구했던 개화파 지식인들과 독립지사들이 사회교육자의 역할을 수행하였다. 독립협회와 각종 학회를 통해 사회교육활동을 한 선각자들과 민족학교를 설립하여 구국운동에 힘썼던 교육자들이 그 예라고 할 수 있다. 이어지는 일제강점기는 일본총독부의 제도권 아래 각급 학교와 비형식교육기관을 통해 황국신민화를 위한 사회교육이 실시되는 시기였다. 대신 민간 차원에서 각종 민족학교, 사회단체, 종교단체, 언론기관은 물론 이상촌 운동의 현장에서 사회교육자들이 활동하였다. YMCA 사회교육활동에 앞장선 월남 이상재와 대성학교, 청년학우회, 홍사단 등을 통해 사회교육활동에 매진한 도산 안창호, 오산학교를 설립한 이후 일제하에서 이상촌 운동과도 연계한 남강 이승훈, 농촌교육 운동에 앞장섰던 배민수, 그리고 소설 『상록수』의 실제 인물인 최용신 등이 그 대표적인 사례라고 할 수 있다(오혁진, 2016).

해방 이후에는 국가적인 차원에서 사회교육자 관련 제도나 정책이 추진되었다. 1950~1960년대 국가재건기에는 당시 심각했던 비문해문제를 해결하기 위해 활동한 성인교육사, 영농방법의 개선과 근대화에 이바지한 농촌지도사, 그리고 국민의 의식개조와 생활개선을 위해 활동한 신생활지도자 등이 대표적인 사회교육자들이었다. 1960~1980년대의 경제성장 및 민주화운동기에는 정신개발 · 환경개선 · 소득증대를 위해 활동한 재건국민운동요원과 새마을지도자가 대표적인 사회교육자였다. 이어지는 1980~1990년대의 시민사회 형성기에는 교육기관 및 시설에 사회교육 담당자로서 사회교육 전문요원이 배치되었다. 2000년대 이후의 복지 및 세계화 병행기에 접어들어서는 지역주민의 교육복지 증진과 지역학습공동체 형성을 위한 현장전문가로서 평생교육사가 존재하게 되었다. 이 외에도 교육활동을 기반으로 하는 다양한 영역에서 청소년지도사, 사회복지사, 지역사회교육전문가와 같은 사회교육자 관련 제도가 정립되었다.

한편, 이와 별개로 해방 이후 민간 차원의 사회교육자들의 활동도 활발하게 이루어졌다. 빈곤문제가 심각해지고, 민주주의가 위협을 받고, 복지체계가 미흡한 사회적 상황을 배경으로 민간 시민사회에서는 교육을 통해 빈민의 자립과 민주주의의 발전, 지역공동체의 형성을 위해 활동하는 많은 사회교육자들이 존재하였다. 독재정권에 맞서 민주주의의 발전과 대중의 의식개혁을 위한 시민교육에 매진했던 함석헌, 가나안농군학교를 설립하여 농민교육과 국민 의식개혁 교육에 이바지한 일가 김용기, 도시빈민운동 차원에서 기초교육과 일용직 노동자의 경제적 자활교육에 힘쓴 허병섭, YMCA를 통해 풀뿌리 시민교육에 매진한 황주석 등이 그 예라고 할 수 있다(오혁진, 2016).

2) 사회교육자의 역할과 과제

사회교육의 관점에서 사회교육자의 역할은 학습자들이 자신들의 사회문제를 해결할 수 있도록 교육을 통해 돕는 것이다. 이를 위해 사회교육자는 학습자들의 삶과 밀접한 관련을 맺어야 한다. 즉, 단순히 교육기관에 찾아오는 학습자들을 위한 프로그램 개발, 강의, 교육기관의 경영에서 벗어나 주민의 일상적인 삶 속으로 찾아가 주민주도적 학습활동의 촉진, 생활현장중심 학습동아리의 조직 및 관리, 사회문제 해결을 위한 토론 모임의 구성 및 운영, 사회교육 사업의 조정, 사회교육 관련 조직 간의 네트워크 구성 및 운영, 지역사회지도자 리더십 향상 등의 역할을 수행해야 한다. 이와 관련하여 영국의 사회교육학자인 스티븐스는 특히 지역사회 현장에서 사회교육자의 구체적인 역할을 다음과 같이 제시하였다.

• 지역사회의 문제점과 필요를 검증하기 위해 주민을 만나 조사하기

- 지역사회의 단체들과 함께 지역공동체 형성을 위한 전략 수립하기
- 빈곤한 이민자들을 위한 교육, 훈련, 생활기술 프로그램 운영하기
- 성매매 종사자들과 노숙자들을 위한 이동 서비스 제공하기
- 사회적으로 소외된 사람들의 곤경에 대해 미디어가 관심을 가질 수 있도록 하기
- 시민의 권리에 관한 이슈에 대해 무료법률 자문하기(Stephens, 2013: 31–32).

이러한 내용은 현대사회의 사회적 동향에 맞추어 지역사회의 사회적 약자를 지원하고 지역공동체를 형성하기 위한 사회교육자의 적극적이고 참여지향적인 역할을 구체적으로 제시한 것이라고 볼 수 있다. 따라서 현대사회에서 사회교육자의 역할은 새롭게 발생하는 사회문제에 적극적으로 반응하여 학습자들이 지역사회와 시민사회의 다양한 분야와 연계하여 그들 스스로 문제를 해결할 수 있도록 돕는 것이라고 할 수 있다. 이와 관련하여 사회교육자가 수행해야 할 기본 역할과 과제들을 종합적으로 제시하면 〈표 11-2〉와 같다.

〈표 11-2〉 사회교육자의 기본 역할과 과제

역할	세부 과제
교육 프로그램 개발 및 운영	• 사회구성원의 교육 요구 파악 및 프로그램 제공 • 주민의 자치역량 강화를 위한 교육 프로그램 개발 및 운영 • 공동체의 역사, 문화, 문제 등에 관한 지식의 발굴과 전수
구성원의 학습활동 지원	• 학습을 위한 정보 제공 및 학습상담 • 구성원 주도의 학습공동체 조직 및 활동 지원
사회문제 해결 토론활동 지원	• 문제 해결기법 워크숍 실시 • 소속된 조직이나 지역사회, 시민사회 전반의 문제해결 토론을 위한 학습동아리 조직 및 운영 • 사회문제 논의와 연구를 위한 프로그램 개발 및 운영

사회교육조직 네트워크 구축	• 지역사회 및 관련 분야 사회교육 관련 조직 간 협의회 구성 • 지역사회 및 관련 분야의 각종 학습동아리 연계
학습성과의 활용 촉진	• 조직과 지역사회의 문제해결에 관한 학습성과의 발표, 전시, 봉사활동 기회 주선 • 학습성과를 현장에 반영할 수 있는 제도 및 추진기구 구성 촉진

사회교육자는 교육프로그램 개발 및 운영, 구성원의 학습활동 지원, 사회문제 해결을 위한 토론활동 지원, 사회교육조직의 네트워크 구축, 학습성과의 활용 · 촉진 등의 역할을 수행한다. 이는 기존의 교육자처럼 한정된 교육공간인 교실 상황에서만 수행하는 것이 아니라 학습자들과 더불어 실천현장에서 수행하는 것도 포함한다. 이와 관련하여 스티븐스는 사회교육자가 '거리의 교육자'가 되어야 한다고 강조한다(Stephens, 2013: 64).

한편, 사회교육자가 수행해야 할 역할 중에는 사회교육의 유형에 따라 특별히 더 중시되는 것들이 있다. 이를 살펴보면 〈표 11-3〉과 같다.

〈표 11-3〉 사회교육의 유형별 사회교육자의 주요 역할과 직무

사회교육의 유형	사회교육자의 역할과 직무
기초교육	사회적 취약 학습자의 발굴 학습자의 심층적 교육필요 분석 학습자의 학습참여 장애요인 극복을 위한 상담 학습자의 자존감 증진을 위한 교육적 지원 학습자의 중도탈락 방지를 위한 지원
경제적 자활교육	경제적 자활이 요구되는 학습자의 발굴과 학습자의 참여 촉진 자활교육 실행을 위한 유관기관 네트워크 구성 학습자의 중도탈락 방지를 위한 지원 교육이수자의 취업 및 창업 연계
시민교육	사회문제에 대한 학습자의 관심과 시민의식 제고 지역내 시민교육 관련기관과의 네트워크 구성 사회문제 해결을 위한 학습자 팀프로젝트 운영 정부 및 지방자치단체의 정책에 대한 학습자의 비판적 참여 촉진

사회개발교육	마을활동가, 사회적 경제 활동가의 양성 지역사회개발을 위한 학습동아리의 구성 및 지원 교육이수자와 지역사회개발 현장과의 연계

사회교육의 발전을 위해서는 사회교육 유형별 사회교육자의 특수 역할 및 직무에 대한 지속적인 연구와 역량의 강화가 요구된다. 전반적으로 사회적 약자를 지원하기 위한 기초교육이나 경제적 자활교육의 경우는 학습자들의 심층적 · 잠재적 필요를 발굴하고, 학습자로 하여금 학습에 부담없이 참여할 수 있도록 격려하고 지원하는 역할이 중시된다. 이에 비해 일반 시민을 위한 시민교육이나 사회개발교육의 경우는 학습자가 사회문제를 함께 파악하고 해결해 가도록 돕기 위한 팀프로젝트 수행이나 네트워크 구축의 역할이 중시된다.

2. 사회교육자의 기본 요건

사회교육이 요구하는 다양한 역할을 수행하기 위해서는 사회교육자에게 전문성이 요구된다. 이는 사회교육자에게 요구되는 역량이라고도 볼 수 있다. 사회교육자의 요건은 기본적으로 지식, 기술 및 태도로 구분된다. 여기서는 역사적으로 참고가 될 만한 사회교육자의 사례를 통해 사회교육자에게 필요한 요건과 역량이 무엇인가를 살펴보고, 사회교육자가 갖추어야 할 역량을 지식, 기술 및 태도의 차원에서 구체적으로 살펴보고자 한다.

1) 사회교육자의 요건에 대한 역사적 사례

한국의 역사에는 현대적인 차원에서도 모델이 될 만한 사회교육자들이 다수 존재한다. 이들은 어려운 여건 속에서도 그 시대의 사회교육적 과제의 수행을 위해 최선을 다한 인물들이다. 근대 이후 한국의 주요 사회교육 실천가에 반영된 사회교육자의 요건을 제시하면 〈표 11-4〉와 같다(오혁진, 2016).

〈표 11-4〉 한국의 주요 사회교육실천가의 활동과 사회교육자의 요건

사회교육 실천가	주요 사회교육 활동	사회교육 실천가의 요건
이상재 (1850~1927)	• 대한제국 교육관료, 외국어학교 교장(1894) • 독립협회 만민공동회 강연 활동(1898) • YMCA를 통한 사회교육 활동(1904) • 조선민립종합대학 설립을 위한 조선교육협회 설립(1923) • 조선일보 사장(1924) 및 언론 활동	• 인격적 요소: 인간애, 유머 감각 • 학습자와 눈높이 맞추기 • 공동체 조직의 형성 및 관리 능력
안창호 (1878~1938)	• 점진학교(1899), 대성학교(1908), 동명학원(1924) 설립 • 신민회(1907), 청년학우회(1909), 흥사단(1913), 수양동우회(1926) 결성 • 이상촌 건설 추진 • 공립신보, 신한민보의 창간 및 「동광」 잡지 발간(1926)	• 인격적 요소: 성실, 정직 • 민주적 리더십 • 뛰어난 연설, 교수법 • 정의적 요소의 효과적 활용 • 조직구성의 전문성
이승훈 (1864~1930)	• 강명의숙(1907), 오산학교(1908) 설립 • 오산 용동에서 이상촌 건설(1895~1897), 용동 자면회 조직(1922) • 신민회 결성(1907), 태극서관 운영(1908) • 조선교육학회 창립(1923) • 동아일보 사장(1924) 및 언론 활동	• 추진력과 실천력 • 공동체 구성원과 함께 하는 삶 • 유연성과 협상능력
배민수 (1896~1968)	• 고등농사학원(1934), 기독교농민학원(1954), 기독교여자농민학원(1964), 삼애농업기술학원(1967) 설립 • 대한국민회조선지부(1915), 장로교 총회 농촌부(1934), 금융조합연합회(1953)를 통한 농촌 강연 및 부흥사업	• 시대적 · 사회적 유연성 • 사회교육 활동에 대한 확고한 목표의식 • 유기적 지도자로서의 리더십

함석헌 (1901~ 1989)	• 오산학교 교사(1928) • 송산농사학원(1940), 구화고등공민학교, 씨올농장(1957) 운영 • 『성서조선』 창간(1927), 사상계 집필, 『씨올의 소리』 창간(1970) • 성서연구집회 • 삼선개헌반대투쟁위원회 결성(1971) 및 각종 시국강연	• 투철한 역사의식 및 시대적 사명감 • 교육과 정치와의 관계 인식 • 역사적 · 사상적 안목 • 민중과의 겸허한 교류
이찬갑 (1904~ 1974)	• 오산 용동에서 자면회, 청년회, 소비조합운동(1931−1935) 전개 • 충남 홍성 풀무학원 설립(1958) • 민족 · 국어 사랑의 신문스크랩 활동(1937) • 독서운동, 마을도서관 추진	• 현실과 타협하지 않는 사명감 • 수평적 인간관계 • 이론과 실천(학습과 수행)의 겸비 • 평민의 언어와 역사에 대한 존중
김용기 (1909~ 1988)	• 봉안이상촌(1933), 삼각산농장(1945), 용인 에덴향(1952), 가나안농장(1954) 건설 • 제1 가나안농군학교(1962), 제2 가나안농군학교(1973), 가나안농군사관학교(1982) 설립	• 농민을 위한 일관적인 사명감 • 솔선수범의 자세 • 설득력 있는 강연 기법
황종건 (1929~ 2006)	• 유네스코 및 아시아남태평양성인교육기구(ASPBAE) 활동 • 한국지역사회학교후원회 활동(1969), 계명대학교 지역사회교육연구소 운영(1973) • 사회교육법 제정 참여 • 사회교육연구회(1966), 한국사회교육협회(1976), 한국문해교육협회(1989) 설립 참여	• 사회교육 전반에 관한 전문성 • 학습자에 대한 애정 • 강직하고 타협하지 않는 성격 • 인류보편적 인간애
허병섭 (1941~ 2012)	• 수도권특수지역선교위원회의 야학, 무료진료활동, 내집마련운동 • 한국기독교 민중교육연구소 설립(1981) • 동월교회 야학(1979), 탁아방 '똘배의 집'(1982) 설립 • 월곡동 건축일꾼 두레(1990) 설립 • 생태학교 푸른꿈고등학교, 대안대학인 녹색대학 설립 참여	• 학습자와의 공감능력 • 학습자의 주체성 존중 • 사회과학적 안목 • 민중학습자의 구체적 존재형태에 따른 교육실천

황주석 (1950~ 2007)	• 빈민아동 · 청소년 대상 공부방 및 야학 운영 • 태양금속 학습조직, 한일합섬 '사랑의 Y형제단' 결성 • 부천 YMCA '아기스포츠단' 운영 • YMCA 생협 '등대' 조직, 주부아카데미 및 독서모임 조직 • 가정자치운동 전개	• 구체적 생활현장에 대한 전문적인 이해와 경험 • 소조직 구성과 조직간의 연대를 위한 전문성 • 비판적 사회의식에 기초한 실천력

출처: 오혁진(2016).

한편, 애플은 사회변화를 위한 교육을 실천했던 교육자들의 요건을 다음과 같이 제시하고 있다(Apple, 2015: 37).

① 문화적 작업의 중요성과 지식과 기억을 둘러싼 투쟁의 중요성을 깊이 인식하는 것
② 교사, 문해 교육자, 공동체 활동가와 그들의 기술, 지식, 가치, 신념의 중요성을 분명히 이해하는 것
③ 우리가 사는 사회를 구성하는 차별적 권력의 실체를 현실적으로 평가하는 것

이와 같이 애플은 사회변화를 지향하는 교육자에 대한 역사적 사례 분석을 통해 사회변화를 위한 교육자의 신념과 사회과학적 안목 등을 사회교육자가 갖추어야 할 중요한 요소로 제시하고 있다.

2) 사회교육자의 태도와 안목의 중요성

사회교육자가 갖추어야 할 요건에 대한 다양한 주장들을 종합할 때 몇 가지 공통적인 요소를 도출할 수 있다. 그중에서 가장 기본이 되는 것은 사회교육의 목적과 가치에 대한 자기성찰적 태도라고 할 수 있다.

이와 관련하여 젠슨(Jensen)은 사회교육자의 전문성을 인식하는 방식으로 다음의 세 가지를 제시하였다. 첫째, 사회교육자의 보편적인 전문적 기술과 방법

을 강조하는 전통적 방식, 둘째, 사회교육자가 수행해야 할 구체적인 과제들과 핵심적인 역량을 강조하는 관리지향적 방식, 그리고 셋째, 다양하고 불확실한 상황 속에서 비판적이고 대안적인 방안의 모색을 강조하는 성찰적 · 재귀적 방식이다. 그는 이 중에서 성찰적 · 재귀적 방식이 미래지향적인 차원에서 더 중요하다고 주장하였다(Jensen, 2013: 6). 이는 사회교육자의 전문성을 지식과 기술, 역량 중심으로 보는 관점의 한계를 지적하고 모든 상황에서 사회교육의 본질을 구현하기 위한 성찰적 태도의 중요성을 부각시킨 것이라고 볼 수 있다.

한편, 팔머(Palmer)도 교육전문가의 성찰을 강조하였다. 그는 변화를 지향하는 교육전문가의 가장 중요한 요건으로 정체성에 대한 자기성찰을 제시하고 있다.

> '전문가'는 특수한 지식이 있고, 평범한 사람들이 이해하기에는 너무 난해한 분야의 어떤 기술을 통달했으며, '가치를 매길 수 없다'고 자부하는 교육을 받은 사람들이 아니라 "제도권 삶이 가장 강력한 힘을 발휘하는 세상에서, 내가 서 있을 수 있는 확고한 지반을, 나의 정체성과 영혼을 신뢰하는 바탕을, 나 자신과 동료들 그리고 직장을 우리의 진정한 사명으로 삼을 수 있는 지반을 발견했다."라고 말할 수 있는 사람이다(Palmer, 2013: 357-358).

이와 같이 교육자의 전문성 중 가장 우선시되는 것은 자기 정체성의 확립과 이에 대한 끊임없는 성찰을 이끌어 줄 일종의 교육철학이라고 할 수 있다. 사회교육자의 이러한 태도와 안목은 사회교육이 제도화되고 보편화되는 과정에서 더욱 요구된다. 사회교육이 제도화되는 과정에서 자칫 사회교육자의 태도가 기능 중심의 직업적 전문가와 유사해질 수도 있기 때문이다. 이에 관한 젠슨의 비판을 살펴보면 다음과 같다.

> 반면, 사회교육자는 부정의 행위에 대한 분노, 사회정의에 대한 헌신을 유지해야 한다. 이는 근본적인 질문으로 이끈다. …… 무엇보다도, 우리는 '위로부터'와 함께, 이전에 위

로부터의 질서에 대해 명백한 우위에 있었던 '아래로부터'라는 이원적 운동을 확인할 수 있다. '직업적 특수전문가'로서의 사회교육자들은 비판적 사고자로서의 사회교육자와 별개로 다른 세계에서 사는 것이 아니다. 이것은 교차할 수 없는 평행선의 문제가 아니라 오히려 선이 서로 교차하는 문제이다(Jensen, 2013: 7).

이와 같이 사회교육자는 사회적 실천가로서의 태도와 안목을 유지해야 한다. 사회적 약자를 지원하고 사회문제를 해결하는 실천가로서 사회교육자는 사회교육의 특수성에 맞는 교육철학을 갖추어야 할 것이다.

또한 사회교육자가 반드시 갖추어야 할 요건 중의 하나는 학습자에 대한 공감능력이다. 이와 관련하여 스티븐스는 사회교육자가 갖추어야 할 공감의 가치에 대해 다음과 같이 말하고 있다.

공감(compassion)[1)]은 사회교육의 대표적 가치이다. 공감이란 '다른 사람에 대한 응답성(answerability to the other)'이다. 누가 부정의한 사회에 대한 책임이 있는가? 부정의한 결과물을 가져오는 구조적 과정들에 행동으로 기여한 사람들은 부정의한 사회에 대한 책임을 공유한다. 부정의한 결과물을 산출하는 구조적 과정에 참여하는 사람들은 선을 만들어 내야 할 도덕적 책임을 진다. 정의롭지 못한 사회에서 공감적 사회교육을 실천하는 것은 도덕적 의무이다(Stephens, 2013: 88).

일반적으로 학습행위는 감정의 수준에서 시작된다고 볼 수 있다. 사회적 관계를 중시하는 사회교육의 경우 공감능력은 더 중요한 요소라고 할 수 있다. 그러

1) 여기서 '공감'은 'compassion'에 해당한다. 이는 제10장에서 '공감'을 나타내는 표현으로 사용했던 'empathy'와 차이가 있다. 많은 경우 'empathy'는 한국어로 '감정이입'이나 '역지사지'의 의미가 강하고, 'compassion'은 '동정' '연민'의 의미가 다소 강하나, 문맥상 모두 '타인의 입장에 대한 이해'를 하고 있다는 공통점이 있다. 또한 한국어에서 '공감'은 이 두 가지 의미를 모두 포함하고 있다고 볼 수 있다. 따라서 이 책에서는 'empathy'와 'compassion'을 모두 '공감'으로 사용하고자 한다.

므로 사회교육자에게 요구되는 가장 중요한 요소 중의 하나는 학습자와의 공감 형성능력이다.

또한 사회교육자는 사회의 구조적 문제에 대한 사회과학적 안목과 지식을 갖추어야 한다. 사회과학적 안목과 지식은 사회적 약자를 위한 교육에서도 요구되고 사회구성원 전체의 의식화를 위한 교육에서도 요구된다. 이와 관련된 스티븐슨의 주장을 살펴보면 다음과 같다.

> 동시에 사회교육자들은 대체적으로 사회문제의 근본 원인은 사회의 구조적 실패 안에 놓여 있다는 사실을 인정한다. 실천적인 사회교육자가 하게 되는 도덕적인 고민은 억압받는 사람들을 대신하여 권력에 대응하는 동안 개인적으로 지금 여기에서 무엇을 할 것인가에 관한 것이다. 학구적인 사회교육자들은 개인적인 실패를 과장하고 제도적인 결핍을 과소평가하는 사회문제 설명방식에 반대하는 방식으로 정책 자문을 시행해야 할 학문적이고 도덕적인 책임을 갖고 있다(Stephens, 2013: 63).

이와 같이 사회교육자에게 필요한 요건 중의 하나는 사회문제의 발생 원인에 대한 사회과학적 안목을 통해 개인적으로 접근할 부분과 제도적으로 접근할 부분으로 나누어 정확한 교육적 처방을 내리는 것이라고 볼 수 있다.

지금까지 살펴보았듯이, 사회교육자는 태도와 안목의 차원에서 다양한 요건을 갖추어야 한다. 이를 종합하면, 전문가로서 사회교육자가 갖추어야 할 요건은 크게 교육철학, 학습자와의 공감적 관계 형성, 사회과학적 안목이라고 할 수 있다. 특히 프렌스키(Prensky)는 사회문제 해결을 지향하는 교육자에게 필요한 행동과 태도의 덕목으로 신뢰(Trust), 존중(Respect), 독립성(Independence), 협동(Collaboration), 친절(Kindness)의 머릿글자를 딴 'TRICK'을 소개하기도 하였다(Prensky, 2018: 181). 이러한 내용들은 전반적으로 사회교육자의 철학과 태도, 안목 등과 관련된 것들이다. 이런 맥락에서 사회교육자의 경우 사회변화와 공감적 인간관계에 관한 태도와 안목이 매우 중요함을 알 수 있다.

3) 사회교육자의 전문성 구성요소

앞에서 살펴보았듯이, 사회교육자에게는 다양한 전문성이 요구된다. 그중에서 사회교육자의 태도나 안목이 매우 중요한 부분을 차지하고 있다. 그러나 이 외에도 교육방법 측면에서 필요한 기법에 대한 전문성도 필요하다. 이를 종합하여 사회교육자가 갖추어야 할 전문성을 태도, 지식 및 기술의 차원으로 정리하면 〈표 11-5〉와 같다.

〈표 11-5〉 사회교육자의 전문성

전문성의 차원	내용
태도	사회적 약자로서의 학습자에 대한 공감 사회정의와 공동체적 가치에 대한 헌신 사회교육에 대한 사명감과 열정
지식	사회교육의 개념과 원리 사회문제의 실태와 원인에 관한 사회과학적 지식 분야별 학습자의 특수한 현황과 교육요구
기술	학습자의 요구분석 기법 사회문제 해결을 위한 교육방법(토론, 팀프로젝트 등) 의식화와 조직화를 위한 학습집단 운영능력 학습자를 위한 상담능력 대외적 네트워크 구축능력

현대사회에서 학습자 주도성이 중시됨에 따라 기술적 차원에서 교육자에게 요구되는 전문성 중의 하나는 학습자들의 역량을 강화시켜 주기 위한 교육방법상의 능력이다. 즉, 학습자와의 공감대를 형성하기 위한 능력, 스스로 자신들의 문제를 발견하고 해결할 수 있도록 돕기 위한 상담능력, 학습자들이 팀프로젝트 활동에 잘 참여할 수 있도록 지원하는 능력, 학습 및 실천을 위한 네트워크 형성 능력 등이 요구된다.

한편, 사회교육자가 갖추어야 할 전문성 중에는 사회교육의 유형에 따라 특별하게 요구되는 것들이 있다. 이를 전문성의 차원별로 살펴보면 〈표 11-6〉과 같다.

〈표 11-6〉 사회교육의 유형별 사회교육자의 전문성

사회교육의 유형	사회교육자의 전문성		
	태도	지식	기술
기초교육	학습자에 대한 공감	• 학습자 상황에 관한 지식 • 문해 및 인문학	• 필요분석 기법 • 상담기술 • 교수법(강의중심)
경제적 자활교육		• 인적자원 개발에 관한 지식 • 직업, 진로에 관한 지식	• 필요분석 기법 • 상담기술 • 교수법(실습중심)
시민교육	소통 및 협력	• 시민사회 및 민주주의 원칙에 대한 지식 • 사회문제 해결에 관한 지식	• 비판적 사고 기법 • 토의 및 토론 기법 • 워크숍 운영법
사회개발 교육		• 공동체에 대한 지식 • 지역사회개발에 관한 전문 지식	• 워크숍 운영법 • 프로젝트 수행법 • 지역사회 네트워크 형성 기법

사회교육의 유형은 크게 사회적 약자를 교육적으로 지원하는 영역, 그리고 일반인을 대상으로 교육을 통해 사회문제 해결을 모색하는 영역으로 대별된다. 이때 각 영역에서 우선적으로 요구되는 전문성에는 차이가 있다. 사회적 약자를 교육적으로 지원하는 기초교육과 경제적 자활교육의 경우, 사회교육자의 태도적인 측면에서는 공감능력이, 기술적인 측면에서는 상담능력과 교수법이 우선적으로 요구된다. 왜냐하면 사회교육자가 사회적으로 소외되고 있는 학습자의 어려움에 민감하게 반응하여 학습자가 스스로 자신의 어려움을 표출할 수 있도록 유도함과 동시에 그 어려움을 해결할 수 있는 실질적인 도움을 제시해야 하기 때문이다. 반면, 일반인의 사회문제 해결을 교육적으로 지원하는 시민교육과 사회개발교육의 경우, 사회교육자의 태도적인 측면에서는 학습자들과 함께 사회문제를 해결해 가고자 하는 수평적인 인간관계가, 기술적인 측면에서는 문제

해결을 위한 워크숍의 운영이나 팀프로젝트활동 지원능력이 요구된다. 왜냐하면 사회교육자가 학습자들의 경험과 실천력을 존중하고 그들이 스스로 협력을 통해 사회문제 해결의 방안을 모색할 수 있도록 지원해야 하기 때문이다. 이런 이유로 사회교육자의 전문성은 사회교육의 유형과 다채롭게 전개되는 실천현장을 고려하여 주의깊게 검증되고 함양되어야 할 것이다.

3. 한국의 선비사상에 나타난 사회교육자의 역할과 요건

사회교육자가 자신의 역할을 수행하고 전문성을 함양하기 위해서는 부단한 노력을 해야 한다. 그런 면에서 사회교육자에게도 끊임없는 '수기치인'이 필요하다. 전통적으로 한국에서 수기치인을 수행하는 가장 대표적인 인간상은 바로 '선비'였다. 선비는 개인적으로는 자기수양을 지속적으로 수행함과 동시에, 사회적으로는 백성을 계몽하고 이상사회를 만들어 가야 할 교육자의 역할을 부여받았다. 그런 면에서 선비는 사회교육자로서의 사회적 책무를 부여받았다고 볼 수 있다. 여기서는 사회교육자로서의 선비의 의미와 성격을 살펴보고, 선비가 수행해야 할 사회교육자의 역할과 역량을 수기치인의 차원에서 살펴보고자 한다.

1) 사회교육자로서의 선비의 의의

사회교육의 특성상 사회교육자는 교육활동만 전업적으로 수행하지 않는 경우가 많다. 사회교육은 주로 정치, 경제, 사회, 복지, 문화 등 다른 영역과 융합되어 실시된다. 사회문제의 해결을 위한 교육이라는 사회교육의 특성을 고려할 때 사회교육이 사회 각 영역과 관련되는 것은 당연한 것이라 할 수 있다. 따라서 사회교육자는 전문직종의 교육자로 활동하기보다는 다양한 분야에서 사회문제 해결을 위해 실천하는 사회활동가일 경우가 많다. 이들은 각 분야에서 사회문제 해결을 위해 앞장선다는 점에서 '사회지도자'라고도 할 수 있다. 사회문제 해결에 앞장서는 사회지도자로서 그들은 교육을 사회문제 해결을 위한 중요한 매개와 수단으로 활용하고 있는 것이다. 따라서 현실적으로 사회교육자로서의 역할과 요건을 고려할 때 사회교육만을 전업으로 하는 사회교육자만이 아니라 교육을 통해 사회문제 해결에 앞장서는 사회지도자로서의 사회교육자를 포괄적으로 살펴볼 필요가 있다.

이와 같이 사회지도자로서의 사회교육자의 역할이나 요건을 파악하는 데 있어 한국의 '선비'를 조망하는 것이 필요하다. '선비'는 한국의 전통적인 사회지도자이자 교육적인 인간상으로 인정받고 있다. 유교사회에서 선비는 유교적 도덕 규범을 실천하는 모범을 보임으로써 대중을 교화하는 사회적 책임을 수행하는 존재였다(금장태, 2001: 16). 선비는 항상 자신의 인격적 도덕성을 배양하여야 하지만 동시에 그 인격성을 사회적으로 실현해야 하는 의무를 지닌다. 따라서 선비의 공부는 안으로는 내면적 도덕성을 계발하고 밖으로는 사회적 질서를 확보하는 것으로서, 나와 남을 다스리는 수기치인(修己治人)이라는 양면의 과제를 지니고 있었다(금장태, 2001: 20; 정옥자, 2002; 21). 특히 수령으로 나간 선비는 먼저 백성을 착취하는 폐단을 벗어나 청렴한 자세를 철저히 지키고, 백성의 고통을 돌보아 주고 풍속을 아름답게 교화하며, 또한 수령 자신이 학자로서 직접 향교나 서원에 나가 강학을 함으로써 지방의 학풍을 일으키는 책임을 다하였다. 그런 면에서 선비는 현대적인 의미에서 사회교육자의 역할을 수행했다고 볼 수 있다. 따라서 선비에 나타난 사회지도자로서의 사회교육자의 역할과 요건에 대해 구체적으로 살펴볼 필요가 있다.

2) 다산의 사상에 근거한 선비의 사회교육자적 역할과 수기치인 과제

사회교육자로서의 선비의 역할과 수행을 검토하기 위해서는 선비가 수행한 수기치인의 원리를 심층적으로 검토할 필요가 있다. 전통적으로 한국의 수기치인 사상은 선비가 갖추어야 할 인격적 덕목과 실천적 과제를 중요하게 다루었기 때문이다.

조선의 많은 성리학자들은 선비가 수행해야 할 수기치인의 원리에 대해 나름대로의 주장을 피력하였다. 그중에서 사회교육자이자 사회지도자로서의 선비의 역할과 요건에 대해 가장 체계적으로 주장한 인물로 다산 정약용을 들 수 있다. 다산의 수기치인 사상에 비추어 볼 때 선비는 두 가지 사회적인 역할을 복합적으로 수행한다. 하나는 직접 사람들로 하여금 수기치인을 하도록 교육하는 '일반 교육자'의 역할이고, 다른 하나는 『목민심서』의 목민관처럼 삶의 현장에서 백성의 문제를 해결하기 위해 노력하는 '사회지도자'의 역할이다. 이러한 점을 염두에 두고 사회교육자의 역할별로 요구되는 수기치인의 내용과 원리를 살펴보면 다음과 같다.

먼저, '일반 교육자'로서의 사회교육자는 배움으로써 수기하고 가르침으로써 치인하는 존재이다. 이는 곧 선비의 기본 역할이기도 하다. 이와 관련된 다산의 글을 살펴보면 다음과 같다.

> 『서경(書經)』「열명(說命)」 편에 이르기를 배움은 학문의 반이라고 하였다. 그것은 수기(修己)가 유학 전체에서 반의 공부가 된다는 것이다. 『서전(書傳)』에 이르기를 가르침이 학문의 반이라고 하였다. 이는 교인(敎人)이 유학 전체에서 실로 반의 공부에 해당된다는 것이다(『국역 다산시문집 7』: 292).

이 글에 따르면, 학자로서의 선비가 수행하는 학문의 반은 '배움'으로서의 '수기'이고 나머지 반은 '가르침'으로서의 '치인'이다. 배움은 학자가 수행하는 수기이고, 가르침은 학자가 수행하는 치인이라는 것이다. 선비사상의 관점에서 볼 때, 사회교육자도 학문을 배우고 그것에 기초하여 가르치는 '선비'라고 할 수 있다. 이는 수기치인의 원리와 관련하여 사회교육자가 스스로 학습과 교육활동을 겸전해야 함을 시사한다. 사회교육자는 학습자를 위한 치인의 활동을 하면서 자신도 더 발전하기 위한 수기를 해야 한다. 이는 공자가 묵묵히 익히며, 배움을 싫어하지 않으며, 가르치기를 게을리하지 않았다는 것과 일맥상통한다. 즉 공자에게 있어 지적인 깨달음(識, 學)과 덕의 수양(修, 改善)은 타인에 대한 실천(教, 行義)과 함께 수행되었던 것이다. 사회교육자의 성실한 수기는 그 자체로 학습자들로 하여금 스스로 수기하도록 본받게 하는 교육적 효과를 가져오기도 한다. 즉, 사회교육자는 스스로 수행하는 수기와 의도적으로 가르치는 치인을 통해 학습자들의 수기치인에 다각적이고 총체적인 영향을 미친다. 이와 관련된 다산의 글을 살펴보면 다음과 같다.

> 성인이 신독(愼獨)을 돌이켜 살피며 뜻을 정성스럽게 하여 몸을 닦으면, 백성은 저절로 이르러 그를 바라보고 두려워하여 감히 그 참되지 않은 말을 진술하지 못하게 되니, 이것이 백성을 교화함의 지극한 공효이다. 원래 천하의 백성은 너무나 많기에 집집마다 일깨워 말해 줄 수는 없으며, 입과 혀로 다툴 수 없다. 그러므로 성인의 도가 지극히 성실하고 독실하게 공경스러우면 천하가 절로 화평해지니, 모두 '송사를 없게 한다'는 의미이다(『대학공의』: 181).

다음, '사회지도자'로서의 사회교육자는 '목민지도(牧民之道)'를 수기하고 '교정(教政)'으로 치인하는 존재라고 할 수 있다. 일상적인 삶의 현장에서 활동하는 사회지도자는 학습자로서의 시민으로 하여금 사회적 문제에 관심을 갖고 스스로 해결해 가도록 돕는 사회교육자의 역할을 수행해야 하는 것이었다. 이는 다산이 『목민심서』에서 목민관에게 요구했던 것이기도 하다. 다산은 『목민심서』를 통해 선비이자 사회지도자로서 목민관의 역할과 요건을 자세하게 다루고 있다. 다산의 관점에서 볼 때 목민관은 기본적으로 수기치인을 수행해야 하는 선비이자 사회지도자인 것이다. 선비로서의 목민관에게 필요한 것은 학자로서 수행해야 할 수기와 사회지도자로서 수행해야 할 치인인 것이다.

특히, 목민관이 치인을 위해 수행해야 할 과제는 목민사상에 입각하여 교정(教政)하는 것이다. 교정이란 교육과 정치를 구분하지 않고 백성을 살기 좋게 돕는 것이다. 즉, 백성이 겪고 있는 문제를 교육과 정치활동을 통해 해결해 주는 것이다. 이는 페스탈로치가 강조했던 교육과 입법 또는 교육과 정치의 결합과 일맥상통한다(김정환, 1995; 주영흠, 2012). 다산이 주장하는 목민관의 교정은 정치나 행정의 행위도 포함하지만, 궁극적으로 사회적 약자로서의 백성들로 하여금 삶의 문제를 해결하고 인간답게 살 수 있도록 하는 교육적 행위를 지향한다. 이와 관련된『목민심서』의 글을 살펴보면 다음과 같다.

> 백성을 다스리는 직분은 백성을 가르치는 일일 따름이다. 전산(田産)을 고르게 하는 것도 장차 백성을 가르치기 위함이요, 부세와 요역을 고르게 하는 것도 장차 백성을 가르치기 위함이요, 고을을 설치하고 수령을 두는 것도 장차 백성을 가르치기 위함이요, 형벌을 밝히고 법규를 갖추는 것도 장차 백성을 가르치기 위해서이다. 모든 정사가 정비돼 있지 않아서 가르칠 겨를이 없었으니, 이 때문에 백대에 이르도록 선치가 없었던 것이다(『목민심서』, 215).

이같이 다산은 목민관이 수행하는 치인의 차원에서 교육의 중요성을 강조한다. 오히려 목민의 현장에서 교육이 잘 이루어지게 하는 것이 정치의 궁극적인 목적일 수도 있다. 구체적인 목민의 현장에서는 교육과 정치가 통합적으로 나타난다. 사회문제 해결과 구성원의 행복 증진이라는 공동의 목표를 위해 교육과 정치가 상호작용하며 협력하는 것이 바람직한 것이다. 이런 맥락에서 사회지도자로서의 사회교육자는 자신이 활동하는 영역에서 교육이 활발하게 이루어지게 함과 동시에 교육을 통해 사회문제의 해결을 돕는 역할을 수행해야 한다. 이는 구체적으로 사회문제 해결을 위해 자신이 활동하는 분야와 교육이 통합되어야 함을 의미한다. 즉, '정치활동과 교육' '경제활동과 교육' '사회운동과 교육' '지역사회개발과 교육' '사회사업과 교육'이 각각 통합되는 것이다. 이런 맥락에서 사회지도자로서의 사회교육자는 교육과 교육 이외 특정 분야의 관계를 정확히 파악하고, 이 둘이 서로 갈등이나 모순의 관계가 아니라 서로 상승작용을 일으키게 함으로써 학습자의 개인적 성장과 사회문제의 해결에 기여해야 한다.

이를 바탕으로 사회교육자의 역할별 수기와 치인의 내용을 정리하면 〈표 11-7〉과 같다.

〈표 11-7〉 선비의 사회교육자 역할에 따른 수기와 치인의 내용

역할	수기	치인
일반 교육자	먼저 학습하기	솔선수범으로 교육하기
사회지도자	목민지도의 내면화	교정(敎政)
	해당 분야 사회문제 해결을 돕겠다는 신념과 태도의 형성	해당 사회문제를 해결할 수 있도록 교육적으로 지원하기

4. 주요 사회교육 전문직종의 현황과 발전과제

현재 한국에서는 다양한 사회교육자가 활동하고 있다. 여기서는 한국의 사회교육 유형별 사회교육 전문직종의 현황, 사회교육 자격체계 전문직종의 사례, 사회교육자의 전문성 향상과 제도적 발전을 위한 연구과제를 살펴보고자 한다.

1) 사회교육 유형별 사회교육 전문직종의 현황

한국 사회의 각 분야에는 특별히 사회교육자라고 지칭되지 않지만 실제적으로 사회교육자의 역할을 수행하는 다양한 실천가들이 존재한다. 사회교육의 유형별 주요 사회교육 관련 전문직종의 사례를 살펴보면 〈표 11-8〉과 같다.

사회교육 유형별 사회교육 전문직종의 사례

사회교육 유형	직종	사례
기초교육	교육복지 관계자	문해교육, 다문화, 이주민, 장애인 특수교육 종사자
	상담전문가	가족 상담사, 중독 상담사, 청소년 상담사, 상담 심리사, 노인 상담사, 학교 상담사, 놀이아동 상담사
	교정교육 전문가	소년원학교 교사, 교도관, 보호관찰관, 상담사
	국제개발활동가	국제기구 및 비정부기구(NGO)의 기초교육 종사자
경제적 자활교육	지역자활센터 관계자	지역자활센터 강사, 관리자, 자활중심 사회적 기업 운영 지원자, 상담자
	공공직업훈련 관계자	구직 및 실직자를 위한 공공 직업훈련 관계자
	직업상담사	직업 및 진로상담 전문가
시민교육	시민단체 활동가	사회단체 활동가, 사회단체 간사, 시민 · 인권 · 통일 등 사회운동가
	주민자치 활동가	주민자치위원, 주민자치 담당 공무원, 지역 의원
	학교 및 청소년 시민교육활동가	학교민주시민교육 담당 교사 및 담당자 청소년기관 시민교육 담당자
사회개발 교육	마을활동가	지역재생 실천가, 생활협동조합 활동가, 마을기업 활동가
	국제개발활동가	국제기구 및 비정부기구(NGO) 차원의 지역개발 활동가

한국의 주요 사회교육 관련 전문직종의 현황에 대해 보다 구체적으로 살펴보면 다음과 같다.

(1) 교육복지사(지역사회교육전문가)

넓은 의미의 교육복지는 모든 국민에게 최대한의 교육다운 교육을 보장하는 것을 의미하고, 좁은 의미의 교육복지는 교육 취약 집단에게 최소한의 교육을 보장하는 것이다(임연기 외, 2013). 한국의 경우 교육복지를 실현하기 위한 가장 대표적인 사업은 교육복지우선사업이다. 이 사업을 추진하는 사회교육활동가로 교육복지사를 들 수 있다. 교육복지사는 교육복지우선지원사업을 추진하는 주요 민간 전문인력으로서, 저소득층 아동 · 청소년을 대상으로 교육평등의 실현과 지속적인 성장 역량의 함양 목적으로 한다. 보다 구체적으로는 저소득층 아동·청소년의 기본적 욕구를 파악하고, 이를 토대로 상담활동, 멘토 프로그램, 학생 문화활동, 부적응 학생 예방활동을 수행하며, 학교와 가정과의 연계, 지역사회기관과의 연계를 도모하는 역할을 담당한다.

(2) 문해교육 실천가

문해교육 실천가는 빈곤, 건강, 성차별 등의 원인으로 기초교육을 받을 기회를 놓친 비문해 성인을 대상으로 초·중등 수준의 한글과 기초교육 프로그램을 전문적으로 지도하는 교육자를 말한다. 국가평생교육진흥원은 「평생교육법」에 의거하여 국가문해교육센터를 설치함으로써 문해교육 프로그램의 개발 및 운영을 지원하며, 문해교육 교원의 양성 및 보수교육을 실시하고 있다. 또한 각 시·도 평생교육진흥원에서는 초·중·성인·생활과정 문해교육을 실시하고, 문해교육 교원을 위한 연수를 실시하고 있다. 특히 사단법인 한국문해교육협회는 문해교육과 평생교육에 대한 이해, 문해교육 교수법 등을 통해 1·2·3급의 민간자격증 소지자인 '문해교육사'를 양성하고 있다.

(3) 자활교육 실천가

자활교육 실천가는 지역자활센터를 비롯한 각종 경제적 자활지원 기관에서 기초수급자 및 저소득층에게 근로역량을 형성할 수 있도록 돕는 실천가를 말한다. 자활교육실천가는 저소득층 주민의 자존감 회복과 경제적 자활의지 고취, 경제적 자활역량강화의 역할을 수행한다. 한국에서 가장 대표적인 자활교육실천가는 자활사례관리사라고 할 수 있다. 자활사례관리사는 참여자의 자활지원을 위한 전문적인 지지자이자 파트너로서 교육안내, 참여자 상담, 정보제공, 개인별 자립경로 개발, 개인별 자활지원계획 수립, 다른 기관과의 네트워크 지원 등의 교육적 역할을 수행한다(중앙자활센터, 2019).

(4) 다문화교육 실천가

한국에서 외국 이주민의 유입이 급증함에 따라 그들의 사회적 적응을 돕기 위한 다문화교육 실천가의 역할이 중요해지고 있다. 현재 다문화교육만을 위한 별개의 자격체계는 없지만 학교교육, 평생교육, 사회복지, 청소년교육 등 다양한 분야에서 사회교육자들이 다문화교육을 실천하고 있다. 따라서 모든 사회교육자가 잠정적인 다문화교육 실천가라고 할 수 있다. 다문화교육 실천가는 이주민이 자신의 고유한 정체성을 존중받으며 주체적으로 한국 사회에 적응할 수 있도록 도와야 할 과제를 안고 있다.

(5) 교정교육 전문가

교정교육 전문가는 교도소, 보호감호소 등에서 재소자들을 관리하거나 교화 및 교정에 관련하는 업무를 담당하는 전문가를 말한다. 교도관, 교화위원, 교정교육 강사 등이 그 대표적인 예라고 할 수 있다. 교정교육 실천가들은 구체적으로 재소자의 교화 및 훈련, 상담, 출소자 생활지도 및 보호 등의 교육적 업무를 담당한다. 교도소 내의 하위조직 중에서 작업훈련과는 수용자들의 작업, 직업훈련 등을 맡고 있으며, 사회복귀과는 수용자들의 원활한 사회복귀를 위한 교육, 상담, 종교행사, 도서, 수용자 귀휴를 맡는다.

(6) 청소년보호활동 전문가

청소년보호활동 전문가는 어려움에 처한 청소년을 보호 · 상담 · 교육하는 전문가를 말한다. 보호관찰관을 비롯한 보호직 공무원이 그 대표적인 예라고 할 수 있다. 보호직 공무원은 보호소년 및 가위탁소년, 소년원 수용 청소년들을 관리하고 보호하는 전문가를 말한다. 보다 구체적으로는 보호소년과 가위탁소년의 수용보호 교육 및 기술훈련을 통한 직업보도, 보호관찰의 실시 및 범죄예방 활동, 보호관찰 대상자에 대한 자립 지원 등과 같은 사회교육사업을 수행한다.

(7) 직업상담사

직업상담사는 구직자의 적성과 흥미에 알맞은 직업정보를 제공하고 청소년, 여성 중 · 고령자, 실업자 등을 위한 직업지도 프로그램 개발 및 운영을 담당한다. 그리고 취업이 어려운 구직자(장애인, 고령자)에게 더 많은 취업 기회를 제공하고 구인난을 겪고 있는 기업에게 다양한 인력을 소개하기 위해 구인처 및 구직자를 탐색하기도 한다.

(8) 시민교육활동가

시민교육활동가는 시민사회단체, 지방자치단체, 학교 등을 기반으로 시민사회의 성숙과 사회문제의 해결을 위한 교육활동에 전문적으로 참여하는 활동가를 말한다. 시민교육활동가는 사회와 지역문제에 대한 관심의 유도, 성숙한 시민의식의 형성, 비판적 사고와 합리적 의사소통 능력의 향상을 위한 교육과정의 개발과 운영은 물론 사회문제 해결을 위한 학습자들의 실천활동을 지원하는 역할을 수행한다.

(9) 마을활동가

마을활동가는 일반적으로 이웃과 함께 마을의 문제를 찾아 적극적으로 해결하고자 활동하는 실천가를 의미한다. 한국에서 마을활동가는 최근 도시재생사업의 차원에서 더욱 부각되고 있다. 도시재생사업은 지역의 쇠퇴 원인을 해소하고 지속가능성을 확보하기 위한 주민체감형 도시정책이다. 또한 공공 · 영리 · 비영리 등의 사회 전 부분이 참여하는 장기적이고 전략적인 활동으로서 도시와 지역사회의 물리적 개선뿐만 아니라 사회, 경제, 문화의 활성화를 통한 지속적인 성장을 도모한다. 사회교육의 차원에서 마을활동가의 주요 역할은 지역주민과의 소통을 통해 마을의 문제를 발굴하고 경제적 자립과 주민의식 함양을 위한 각종 교육활동을 실시하는 것이다.

(10) 농촌지도사

농촌지도사는 국가의 농업정책을 농촌지도사업의 형태로 수행하는 교육전문가이다. 농촌지도사는 농촌진흥청과 지방자치단체의 농업기술센터에 소속되어 농촌지역의 생활과 소득의 확대, 농민교육, 복지, 문화수준의 향상, 농민육성 등의 업무를 담당하는 사회교육자라고 할 수 있다

2) 사회교육 자격체제 전문직종의 사례

한국에서는 법적 · 제도적 근거를 갖고 국가적인 차원에서 사회교육을 종합적으로 다루는 전문자격 직종도 있다. 예를 들어, 청소년지도사, 청소년상담사, 평생교육사, 사회복지사 등은 포괄적인 영역에서 활동하는 사회교육자라고 할 수 있다. 제도적 자격체제에 기반한 사회교육 관련 직종의 현황을 살펴보면 다음과 같다.

(1) 청소년지도사

청소년지도사는 청소년의 신체단련, 정서함양, 자연체험, 예절수양, 사회봉사, 전통문화활동 등의 지도와 각종 상담 활동을 수행하는 교육실천가를 말한다. 청소년지도사는 사회적 약자로서의 청소년이 갖고 있는 각종 문제를 해결하기 위한 노력을 기울인다는 점에서 청소년 전문 사회교육자라고 할 수 있다. 청소년지도사는 현재 청소년수련원, 청소년문화의집, 청소년쉼터, 청소년자립지원관, 대안교육기관 등에서 청소년을 보호하고 지원하는 교육사업을 시행하고 있다.

(2) 청소년상담사

청소년상담사는 학교폭력, 가출, 학업중단, 집단괴롭힘, 청소년 성매매 등 점점 다양해지고 심각해지는 청소년문제에 대해 현실적으로 대처하기 위한 국가자격 전문상담 인력을 말한다. 청소년상담사 자격 취득 후 한국청소년상담복지개발원, 청소년상담복지센터 등 다양한 청소년 상담기관에서 전문적 상담 인력

으로 활동한다.

(3) 평생교육사

평생교육사는 현대 평생학습사회에서 국민의 학습권을 보장하고 지역사회의 각종 평생교육기관에서 사회문제의 해결과 지역공동체 형성을 위한 교육을 주도하는 교육전문가라고 할 수 있다. 사회교육과 관련하여 현재 평생교육사는 주로 기초자치단체 단위의 평생교육담당부서와 평생학습관을 비롯하여 읍 · 면 · 동 단위의 평생학습센터 등의 공공기관과 문해교육기관, 장애인평생교육기관, 노인교육기관, 다문화교육기관 등의 교육복지기관에서 지역주민의 학습권 보장과 지역공동체의 형성과 지역주민 주도의 지역사회개발을 위한 사회교육 활동을 수행하고 있다.

(4) 사회복지사

사회복지사는 청소년, 노인, 여성, 가족, 장애인 등 다양한 사회적 · 개인적 욕구를 가진 사람들의 문제해결을 돕고 지원하는 사회사업 전문가를 말한다. 많은 경우 사회복지사는 사회적으로 어려움에 처한 학습자를 만나 그들이 처한 상황과 문제를 파악한 후 그 문제를 해결하기 위한 교육적인 대안을 제시한다. 사회복지사들은 현재 주로 사회복지관, 노인복지관, 장애인복지관, 지역아동센터, 지역자활센터, 학교(교육복지사) 등에서 사회교육활동을 기획 · 운영 · 지원하고 있다.

이와 같이 지금까지 한국에서 국가자격체제를 갖추고 운영되는 주요 사회교육 전문직종을 살펴보았다. 이러한 직종들은 사회교육의 특정한 영역에 초점을 맞춘 경우도 있고, 모든 영역에 걸쳐 포괄적으로 다루는 경우도 있다. 사회복지사가 '사회적 약자'를 위한 다양한 복지영역에서 기초적인 생활적응과 경제적 자립을 위한 사회교육을 다룬다면, 청소년지도사와 청소년상담사는 청소년이라는 특정한 '사회적 약자'를 위한 사회교육을 담당한다. 평생교육사는 주로 지역사회

공공기관이나 장애인 평생교육기관과 같은 교육복지적 성격이 강한 평생교육기관에서 사회적 약자의 학습권 보장과 시민의식 함양 및 지역공동체 형성에 이바지하는 포괄적인 사회교육자의 역할을 담당한다.

3) 사회교육자의 전문성 향상과 제도적 발전을 위한 연구과제

한국에서는 다양한 사회영역에서 다채로운 명칭을 가진 사회교육자의 활동이 이루어지고 있다. 이러한 사회교육자의 활동이 보다 활성화되고 제도적으로 발전하기 위해서는 사회교육학 차원의 체계적인 연구가 필요하다. 이와 관련하여 사회교육학의 연구과제를 보다 구체적으로 제시하면 다음과 같다.

첫째, 한국에서 활동하고 있는 다양한 사회교육자의 현황에 대한 종합적인 연구가 필요하다. 사회교육이 사회문제의 해결을 위한 교육이라는 특성상 사회문제가 존재하고 이를 해결하는 교육적 노력이 있는 모든 곳에 다양한 유형의 사회교육자가 존재한다고 볼 수 있다. 따라서 사회교육자에 대한 개방적인 개념에 근거하여 각 영역에서 이루어지고 있는 사회교육자의 사례를 분석하여 특징을 이해하고 사회교육 발전방안을 제시하는 연구가 필요하다.

둘째, 제도적인 차원에서 사회교육 관련 전문직종 간의 유기적인 협력체계를 형성하기 위한 연구가 필요하다. 한국에서는 사회교육과 관련된 많은 전문직종들이 중요한 역할을 수행하고 있음에도 '사회교육'이라는 개념과 원리에 의해 총체적으로 이해되지 못하고 있는 실정이다. 이에 따라 현실적으로는 역할과 직무면에서 중복되기도 하고, 공동의 목표를 위해 유기적으로 연계되지 못하는 경우도 많다. 따라서 사회교육학의 차원에서 이러한 전문직종들의 특성과 현황을 종합적으로 파악하여 세부 분야의 고유한 특성과 전문성을 유지하면서도 서로 유기적으로 연계하고 협력할 수 있는 방안을 연구할 필요가 있다.

셋째, 사회교육자 전문직종의 건전한 제도화를 위한 연구가 필요하다. 한국의 다양한 사회교육 영역에서 사회교육자와 관련된 제도화가 이루어지고 있다. 사회교육자의 전문직 제도화는 사회교육의 발전을 위해 필수적이라고 할 수 있으나 그 과정에서 국가의 정치적 개입, 제도 운영과 관련된 이해집단 간의 갈등 등의 역기능도 발생할 수 있다. 따라서 사회교육의 발전을 위한 제도화의 과정에서 사회교육의 건전한 운동성이 훼손되거나 직업 차원의 보수화와 이해관계의 갈등이 일어나지 않도록 하기 위한 실제적인 연구가 필요하다.

제12장 사회교육 유형별 현황과 학문적 과제

사회교육의 개념을 사회문제 해결을 위한 교육으로 규정할 때 사회 각계의 다양한 활동들이 새롭게 사회교육으로 합류할 수 있다. 사회교육은 크게 기초교육, 경제적 자활교육, 시민교육 및 사회개발교육으로 유형화된다. 각 유형의 사회교육은 현장에서 다양한 양상으로 실천되고 있다. 이 장에서는 사회교육의 유형별 실천현황과 특성을 살펴보고, 사회교육의 발전을 위해 연구해야 할 과제들에 대해 살펴보고자 한다.

1. 기초교육의 현황과 학문적 과제

기초교육은 사회교육 분야에서 가장 오래되고 기본이 되는 유형이라고 할 수 있다. 사회적 약자에게 자립과 적응의 기회를 제공하기 위한 기초교육은 역사적으로 페스탈로치(Pestalozzi)를 비롯한 사회교육실천가들에 의해 오랫동안 수행되어 왔다. 한국에서도 오래전부터 '문해교육' '야학' '교육복지' 등의 이름으로 기초교육이 활발하게 수행되어 왔다. 여기서는 사회교육의 핵심유형인 기초교육의 개념과 현황, 실천원리와 발전과제에 대해 살펴보고자 한다.

1) 기초교육의 개념과 현황

사회교육의 차원에서 기초교육이란 사회적 약자를 대상으로 사회에서 인간답게 살아가는 데 필요한 기초적인 의식과 지식을 갖추도록 돕는 사회교육의 한 유형을 의미한다. 최근에 교육분야에서 강조되고 있는 보편적인 '학습권'의 존중이나 '교육복지'의 개념과도 밀접한 관계가 있다. 기초교육의 대표적인 사례로는 성인교육 및 평생교육 차원에서 중시되어 왔던 성인기초교육이나 문해교육을 들 수 있다. 이 외에도 장애인 교육이나 교정교육과 같이 사회적 약자를 위한 교육이 보다 강화되고 있는 추세이다.

(1) 성인기초교육 및 문해교육

본래 성인기초교육(adult basic education)은 유네스코(UNESCO)의 탄생(1945. 11. 10.)과 함께 시작되어 세계 각국의 비문해자를 돕기 위한 교육사업으로 펼쳐졌다. 이 개념은 '기본교육(fundamental education)'의 개념과 유사하다. 기본교육이란 1947년 유네스코 준비위원회에 의해 최초로 사용된 개념으로서 각 지역공동체나 사회의 모든 사람이 문해(literacy)능력과 사회활동에 필요한 필수적인 기술, 지식, 가치관 등을 획득할 수 있도록 해 주는 교육을 의미한다.

한편, 문해교육(literacy education)은 일상생활에 필요한 읽기(reading), 쓰기(writing), 셈하기(arithmetic)의 능력은 물론이고, 일상생활을 위한 기초적인 생활기술, 건강의 유지관리를 위한 지식과 기술, 청결하고 안전한 생활환경을 유지하고 관리하는데 필요한 지식과 기술, 그리고 기본적인 직업적 지식과 기술, 기본적인 사회구조 및 정치 경제구조에 관한 지식 등의 습득을 위한 교육을 말한다.

한국에서 문해교육은 해방 이후 국가적인 차원에서 적극적으로 실시되다가 의무교육의 확장 등으로 인해 그 필요성에 대한 인식이 약화되었다. 그러나 경제협력개발기구(OECD) 가입 이후 국제적인 기준에 맞추어 문해교육의 중요성이 다시 강조되었다. 최근에는 해외 이주민의 급속한 증가로 인해 문해교육의 중요성이 더욱 커지고 있다. 또한 국가적인 차원의 문해교육 강화를 위해 법적 기반이 강화되고 있다. 「평생교육법」 제39조(문해교육의 실시 등)는 "국가 및 지방자치단체는 성인의 사회생활에 필요한 문자해득능력 등 기초능력을 높이기 위하여 노력하여야 한다."라고 명시하고 있고, "교육감은 대통령령으로 정하는 바에 따라 관할 구역 안에 있는 초 · 중학교에 성인을 위한 문해교육 프로그램을 설치 · 운영하거나 지방자치단체 · 법인 등이 운영하는 문해교육 프로그램을 지정할 수 있다"라고 규정하고 있다. 이에 따라 국가평생교육진흥원이 국가문해교육센터를 설립하여 문해교육 프로그램의 개발 및 운영에 대한 지원과 문해교육 교원을 양성하고 있다. 또한 각 시 · 도 평생교육진흥원은 초 · 중 · 성인 · 생활과정 문해교육을 실시하고 있으며, 문해교육 교원을 위한 연수도 진행하고 있다.

(2) 장애인교육

「장애인 등에 대한 특수교육법」(이하 「특수교육법」) 제23조는 장애인을 위한 진로 및 직업교육의 지원에 관한 내용을 명시하고 있으며, 「특수교육법 시행령」 제17조와 제18조는 장애인교육과 관련된 '전문인력의 자격기준'과 '진로 및 직업교육을 위한 시설 등'에 대해 보다 구체적으로 명시하고 있다. 또한 「특수교육법」 제24조 및 대통령령 제19조는 '전공과의 설치 · 운영'에 대해 구체적으로 설명하고 있다. 그러나 이러한 법적 · 제도적 장치에도 불구하고 현재 장애인을 위한 특수교육은 주로 정규교육 차원의 특수교육을 중심으로 이루어지고 있는 실정이다. 그러나 정규교육을 마친 장애인의 지속적인 성장과 성인 및 노인 장애인 비율의 증가를 고려할 때 정규교육 이외의 평생교육 차원에서 실시되는 장애인 교육의 필요성은 점점 커지고 있다(김주영, 2016; 이상진, 2018). 따라서 사회교육학의 차원에서도 장애인을 위한 평생교육의 활성화 방안에 대한 연구가 필요하다.

(3) 교정교육

전통적으로 범죄자에 대한 제도적 조치는 사회적 안정과 사회적 경각심 제고를 위한 수위 높은 처벌과 사회적 격리였다. 그러나 한편으로는 이들의 사회적 재적응을 위한 교정교육의 중요성 또한 강조되어 왔다. 특히 사회교육의 관점에서 재소자의 사회적 적응을 위한 교정교육은 매우 중요한 의미를 갖는다. 다양한 교정교육 프로그램을 통해 재소자들이 사회에 건강하게 적응하고 다시 범죄를 저지르지 않도록 하는 것이 궁극적으로 시민과 사회에 이익이 되기 때문이다. 단순한 감금 행위보다는 사회적 학습이론을 토대로 만든 인지행동치료(Cognitive Behavioural Therapy: CBT)가 상습적인 범죄 발생을 낮추는 데 매우 효과적이라는 것도 일반적인 사실이다(Bazalgette, 2019: 185). 또한 최근에는 교정교육의 차원에서 재소자에게 고용의 기회를 높여 주는 교육은 물론 양질의 문해교육과 수리, 예술, 드라마, 인문학 강좌, 음악훈련 등을 제공하는 것이 범죄예방과 사회적응에 효과적이라는 사실이 밝혀지고 있다(유주영, 2014; 임영식 · 정경은, 2014; 정봉길, 2015; Bazalgette, 2019: 197). 따라서 사회교육학의 차원에서 효과적인 교정교육의 원리를 검증하고 이를 실현하기 위한 보다 구체적인 연구가 필요하다.

2) 기초교육의 발전을 위한 연구과제

앞에서 살펴보았듯이, 사회 각계에서 다양한 유형의 기초교육이 시행되고 있다. 사회교육학의 차원에서 이러한 기초교육의 발전을 위한 연구과제를 제시하면 다음과 같다.

(1) 새로운 기초교육의 모색과 학습자 요구의 심층적 분석

사회가 변화함에 따라 새로운 유형의 사회적 약자가 발생하고 있다. 따라서 이들을 위한 새로운 기초교육에 대한 사회적 요구도 끊임없이 이어지고 있다. 과거에는 단순한 비문해자나 빈민, 장애인 등을 위한 교육이 기초교육의 주류였다면, 최근에는 이주민, 새터민, 난민 등과 같은 새로운 대상을 위한 기초교육이 요구된다. 또한 내용의 측면에서도 단순히 문해교육만이 아니라 현대사회에 필요한 다양하고 복잡한 교육내용도 포함될 필요가 있다. 디지털 활용능력의 향상은 물론 게임중독, 각종 약물중독, 심리적 문제 등의 해결도 다양한 심리치료와 상담기법을 통해 해결해야 할 기초교육의 과제라고 할 수 있다(이정희, 2005). 또한 학습자의 참여지속을 위해 이미 기초교육에 참여하고 있는 학습자의 심층적 교육요구에 대해서도 지속적인 관심이 필요하다.

(2) 공감 형성과 자립의 지원을 위한 교육기법의 개발과 활용

사회교육방법의 차원에서 학습자와 공감하고 학습자들의 자립을 돕기 위한 구체적인 기법의 개발이 필요하다. 기초교육에서 가장 중요한 것은 학습자와의 공감 형성과 학습자의 자활능력 제고이기 때문이다. 이런 맥락에서 사회교육자에게 상담과 팀프로젝트 운영 및 자력화(empowerment)를 위한 구체적인 수행능력이 요구된다. 또한 학습동아리의 구축과 운영, 학습자의 주체적 참여를 이끄는 워크숍이나 팀프로젝트의 운영기법이 무엇보다 중요하다. 이러한 방법을 통해 기초교육의 과정에 학습자의 주체적 참여를 지원하는 교육적 가치가 더욱 강화될 수 있게 된다.

(3) 교육복지 구현을 위한 방안 모색

기초교육의 발전을 위해서는 사회교육학 차원에서 교육복지 발전방안에 대한 연구가 필요하다. 사회적 약자는 사회적 지위나 장애로 인해 학습의 기회를 박탈당하지 않고 유의미한 교육적 체험을 할 수 있는 학습권을 보장받아야 한다. 또한 사회적으로는 모든 국민이 진정한 의미에서 평등하게 교육을 받을 수 있는 교육평등이 이루어져야 한다. 이러한 목적을 이루기 위한 교육복지는 사회복지나 경제정책 관점에서는 물론이고 교육철학, 평생교육 등의 다양한 관점에서도 이루어질 수 있다(이상오, 2000; 전미진, 2018). 이에 더하여 사회적 약자를 돕는 사회교육 차원에서도 교육복지에 대한 접근이 필요하다. 사회교육학 차원에서의 교육복지는 사회적 약자의 자립과 사회공동체의 실현에 보다 초점을 맞추게 될 가능성이 크다. 따라서 교육복지의 실현을 위해 사회교육학 차원에서 기여하기 위한 지속적인 연구가 요구된다.

2. 경제적 자활교육의 현황과 학문적 과제

경제적 자활교육은 사회구성원들이 인간답게 살아가기 위해 필요한 물적 기반의 조성에 직접적인 기여를 한다는 점에서 매우 중요한 의미를 갖는다. 여기서는 경제적 자활교육의 개념과 현황, 경제적 자활교육의 내용과 방법 그리고 경제적 자활교육의 발전을 위한 연구과제에 대해 살펴보고자 한다.

1) 경제적 자활교육의 개념과 현황

경제적 자활교육은 사회적 약자를 위한 사회교육 중에서도 특히 경제적인 자립을 추구하는 교육을 말한다. 이는 사회적 빈곤의 문제를 해결하기 위한 교육이기도 하다. 사회복지의 관점에서 경제적 자활은 빈곤의 상태에서 벗어나 안정적인 일자리를 취득하고 복지수급으로부터 탈피하는 것을 의미한다(최상미, 2020). 이를 위한 교육이 경제적 자활교육이라고 할 수 있다. 경제적 자활교육은 가장 좁은 의미의 지역사회 차원은 물론, 국가적 차원, 국제개발협력적 차원에서 매우 중시되고 있는 실정이다.

역사적으로 한국에서 경제적 자활형 사회교육의 대표적인 사례는 과거 허병섭이 운영했던 '건축일꾼 두레'를 통한 사회교육 활동을 들 수 있다(오혁진 2016: 243). 허병섭은 일용직 건축노동자를 위한 생산자협동조합을 조직하고 조합원 교육과 상담을 통해 조합원의 의식 함양과 주체적이고 안정적인 경제적 기반 정립을 위해 노력하였다. 이러한 역사적 사례가 기반이 되어 최근에는 국가적인 차원에서 자활지원사업이 수행되고 있다. 한국에서 국가적인 차원에서 이루어지고 있는 경제적 자활사업의 대상자는 조건부 수급자와 자활급여 특례자, 일반 수급자, 특례 수급가구의 가구원, 차상위자 등이다.

경제적 자활사업의 수행을 위해 중앙-광역-지역으로 연결되는 자활지원 인프라가 구축되어 있다. 중앙 차원의 기구로는 한국자활복지개발원, 지역 단위에는 광역자활센터와 지역자활센터를 들 수 있다(보건복지부, 2020). 자활지원 인프라의 공통적인 목적은 근로능력이 있는 저소득층에게 집중적이고 체계적인 자활지원서비스를 제공함으로써 자활의욕을 고취하고 자립능력을 향상하는 것이다(한국지역자활센터협회, 2010: 21). 특히 지역자활센터는 풀뿌리차원에서 경제적 자활교육의 기반이 되고 있다. 「국민기초생활 보장법」 제16조에 따르면, 지역자활센터는 '자활의욕 고취를 위한 교육' '자활을 위한 정보제공 · 상담 · 직업교육 및 취업알선' '생업을 위한 자금융자 알선' '자영창업 지원 및 기술 · 경영지도' '자활공동체의 설립 · 운영지원' '기타 자활을 위한 각종 사업' 등을 수행한다(한국지역자활센터협회, 2010: 21). 이와 같이 지역자활센터는 경제적 자활교육 차원에서 핵심적인 역할을 수행하고 있다.

지역자활센터가 보다 효과적으로 경제적 자활교육을 수행하기 위해서는 해결해야 할 과제도 많다. 현재 이루어지고 있는 자활사업과 관련해서 자활사업 인프라의 부족, 수급탈락의 두려움으로 인한 자활사업 내 안주의 문제, 자활역량 제고의 미흡, 정서적 차원이 배제된 경제중심의 자활개념 인식 등의 문제들이 지적되고 있다(이영환, 상종열, 2013; 이은지, 조준영, 2019; 이진명, 구혜경, 2021). 이러한 문제들을 개선하는 것이 경제적 자활교육 차원의 시급한 과제라고 할 수 있다.

2) 경제적 자활교육의 내용과 방법

경제적 자활교육을 위해서는 단계별 접근이 요구된다. 구체적으로는 자활역량 회복, 자활역량 증진 및 취업준비, 취업경험 제공 및 현장훈련(자활노력 강화),

자활역량 유지 및 사후관리로 이어진다. 또한 학습자의 자활역량단계에 따라 교육의 목표와 개입전략, 교육 프로그램에도 차이가 있어야 한다. 이와 관련하여 이문국(2002)은 학습자를 '재활대상자' '자활대상자' '자립대상자'로 구분하고 이에 따른 자활역량의 목표, 개입전략, 개입 프로그램의 성격을 〈표 12-1〉과 같이 제시하였다.

〈표 12-1〉 자력화 실천목표와 전략

자활 유형 / 개입 내용	재활대상자	자활대상자	자립대상자
자활역량 목표	사회적 기능회복 + 무력감 해소	사회적 기능강화 + 자활역량 형성	자아의 실현 + 자활역량 강화
자활역량 형성 개입 전략	비판의식 고양	자력화 집단 형성	주민지도력 양성 + 주민조직체 활동
자활역량 형성 개입 프로그램	재활 프로그램 + 사회기술 훈련 + 변증법 문답법	자활근로 + 공동체 훈련	자활공동체 + 주민지도력 훈련 + 제반 기술훈련

출처: 이문국(2002).

재활대상자의 경우 자신에 대한 부정적인 의식을 극복하고 자활의 의지를 형성하는 것에 초점을 맞추어야 한다면, 자활대상자의 경우는 집단에 주도적으로 참여하고 공동체적으로 활동할 수 있는 역량의 형성에 초점을 맞추어야 한다. 그리고 자립대상자의 경우는 자아를 실현하고 조직을 이끌어 갈 수 있는 리더십의 형성과 실질적인 직업기술훈련에 초점이 맞추어져야 한다. 이와 같은 내용은 보다 완벽한 경제적 자활교육을 수행하기 위한 단계별 접근전략이라고도 할 수 있다.

3) 경제적 자활교육의 발전을 위한 연구과제

경제적 자활교육은 경제적 취약계층민으로 하여금 단순한 서비스 수급 대상자가 아니라 지역경제시장에서 의미 있는 재화와 용역을 공급하는 주체자로 거듭나게 함을 목적으로 한다. 따라서 경제적 자활교육을 시행하는 데 있어 단순히 물질적인 문제만을 해결하기 위한 직업기술 중심의 교육적 접근을 시도하는 것은 지양해야 한다. 이런 맥락에서 경제적 자활교육의 발전을 위해 추구해야 할 실천원리와 발전과제들을 제시하면 다음과 같다.

(1) 전인적 접근

경제적 자활교육은 단지 의식주 문제만을 해결하기 위한 것이 아니라 지적 · 정서적 성장은 물론 사회적인 관계까지도 발전할 수 있도록 전인적 차원에서 이루어져야 한다. 경제적 자활교육에서 전인적 접근을 중시하는 것은 사회교육의 전통과도 맥을 같이한다. 안창호, 이승훈, 배민수, 김용기 등은 각종 사회교육활동이나 이상촌 운동을 통해 인격적 · 정신적 · 윤리적 가치와 더불어 경제 관련 실무능력의 향상을 통합적으로 추구하였다(오혁진, 2007; 2016). 이러한 역사적 사례들은 경제적 자활교육의 성공을 위해 전인적인 교육방법이 필요함을 반증함은 물론, 사회교육 실천에 있어 중요하게 다루어져야 하는 수기치인의 원리와도 맥을 같이하고 있다.

한편, 최근 경제적 자활교육의 여러 현장에서 인문교육의 중요성이 부각되고 있다. 그 이유는 우선적으로 인문학이 가진 반성과 치유의 특성 때문이다. 즉, 인문학은 세계와 인간에 관한 문제들을 성찰적으로 바라보게 함으로써 편견, 관습, 전통이 주는 억압에서 인간을 해방시켜 자유의 길로 나아가게 만들며, 이러한 반성을 통해 치유의 효과를 갖게 된다(이영환, 상종열, 2013: 132-133). 문학, 역사, 철학, 예술 등과 같이 사회적 통념상 지식인의 전유물이라고 여겨지던 인문학이 일반 시민을 대상으로 교육되기 시작하였으며, 나아가 노숙인, 재소자, 장애인, 저소득층 등 사회취약계층을 위한 교육 프로그램으로 확산되고 있다. 이러한 인문교육은 '실천인문학' '시민인문학' '현장인문학' 등의 이름으로 불리고 있다. 자활참여자를 위한 인문교육도 이러한 흐름의 하나라고 볼 수 있다(이영환, 상종열, 2013: 131). 자활사업을 통한 물질적 지원과 더불어 인문교육을 통한 정서적 지원이 이루어진다면 자활사업의 효과는 매우 증대될 것으로 기대된다. 그러므로 사회교육학 차원에서 전인적 접근을 통해 경제적 자활교육을 수행하기 위한 구체적인 교육방법과 사회교육제도 개선 방안에 대한 연구가 필요하다.

(2) 자력화(empowerment)의 적용

경제적 자활교육은 학습자들의 의식을 함양하고 학습자들이 주체적으로 자신들의 문제를 해결할 수 있도록 돕기 위한 종합적인 접근을 시도해야 한다(이문국, 2002: 25-26). 이는 경제적으로 불우한 이들이 빈곤의 악순환과 사회적 배제를 스스로 극복할 수 있도록 해야 한다는 문제의식과 결부된다.

이를 위해서는 경제적 자활교육에 참여하는 사회교육자가 학습자와 동반자적인 관계를 형성하는 것이 필요하다. 그리고 사회교육자는 빈곤문제에 대해 학습자들이 비판적 의식을 갖고 스스로 문제를 해결하기 위한 실천에 참여할 수 있도록 구체적으로 지원해야 한다. 이는 경제적 자활교육의 과정에 학습자의 주체적 참여와 존중이라는 교육적 가치를 보다 강화하는 것을 의미한다. 이를 위해 사회교육학 차원에서 자력화에 기초한 경제적 자활교육의 원리와 방법에 대한 연구가 요구된다.

(3) 학습자 맞춤형 통합적 접근

경제적 자활교육은 학습자의 상황과 필요를 정확하게 파악하고 이를 해결하기 위해 총체적 · 통합적으로 접근해야 한다. 즉, 경제적 자활교육이 성공적으로 이루어지기 위해서는 교육, 복지, 노동, 문화, 의료 등의 영역이 통합되어야 한다. 경제적 자활교육에 참여하는 학습자는 이러한 모든 영역의 문제를 동시에 갖고 있는 경우가 많기 때문이다.

그러므로 학습자의 생활과 관련된 다양한 영역을 검토하지 않고 교육만을 제공하는 것은 효과적이지 못하다. 특히 공공기관에서 경제적 자활교육을 실시하는 경우 어느 한 부서만이 아니라 관련된 여러 부서들이 연계하여 종합적으로 지원하는 것이 필요하다. 직접적으로 교육 프로그램을 주관하는 교육부서는 물론, 인문학 및 문화예술 관련 자료와 체험 기회를 제공해 줄 수 있는 문화 관련 부서, 교육 후 취업을 지원해 주는 고용 관련 부서, 학습비는 물론 생활비를 보조해 줄 수 있는 복지 관련 부서, 그리고 학습자가 교육에 참여할 수 있는 건강을 유지할 수 있도록 지원하는 보건 관련 부서 등의 연계가 필요하다. 또한 이러한 사업들이 더욱 효과를 높이기 위해서는 학습자를 위한 생애주기적 관점이 요구된다. 청소년, 성인, 노인을 대상으로 하는 기관 및 조직들이 지역사회의 경제적 자활이라는 공통의 문제를 생애주기적 차원에서 해결하기 위한 유기적인 연계가 이루어져야 한다. 그러므로 사회교육학 차원에서 학습자의 생활영역과 생애주기를 포괄하는 경제적 자활교육 방안에 대한 연구가 필요하다.

3. 시민교육의 현황과 학문적 과제

전통적으로 사회교육은 국가 제도적 영역보다 비정부와 비영리 차원의 시민사회 영역을 중심으로 발전되기 시작하였다. 특히 사회변화를 추구하고 공동체적 사회를 구성하기 위한 자발적인 사회교육은 시민교육의 양상을 띠어 왔다. 여기서는 시민교육의 개념과 필요성 그리고 사회교육학 차원에서 시민교육의 양상과 발전과제를 살펴보고자 한다.

1) 시민교육의 개념과 필요성

전통적으로 사회교육은 사회문제를 해결함에 있어 사회운동이나 시민운동과 연계되어 왔다는 점에서 사회교육과 시민교육은 밀접한 관련이 있다. 시민운동이나 사회운동의 차원에서 이루어지는 특별한 양상의 사회교육을 시민교육(civil education)이라고 지칭할 수 있다.

일반적인 의미에서 시민교육은 시민적 소양(civility)을 강화하기 위한 교육을 말한다. 이는 단순히 행정단위 상의 지역에 거주하는 주민으로서의 '시민'을 대상으로 하는 교육과는 다르다. 엄밀한 의미에서의 시민교육은 단지 지역주민을 대상으로 하는 교육이 아니라 공익 차원에서 시민성을 함양하고 시민사회를 더 성숙하게 만들기 위한 적극적인 의미의 사회교육을 말한다. 따라서 시민교육은 시민의 개인적 역량을 강화하는 것으로 끝나지 않는다. 시민교육은 궁극적으로 그 개인이 속한 공동체의 구체적인 문제해결을 지향한다(한국민주주의연구소, 2016: 23). 이런 점에서 시민교육은 사회문제의 해결을 지향하는 사회교육의 하나인 것이다.

민주주의 사회에서 시민을 대상으로 하는 의도적인 시민교육이 반드시 필요한 것인가에 대해서는 논란의 여지가 있다. 의도적인 시민교육에 대한 비판적인 입장에 따르면, 민주주의가 개인의 자율성을 보장하는 것이라면 교육도 자율적으로 이루어져야 한다. 민주주의가 시민의 자유를 위한 것인데, 의도적인 시민교육은 강요의 교육이 될 수 있다는 것이다. 따라서 가장 좋은 시민교육은 시민이 시민성을 스스로 학습하는 것이라고 할 수 있다. 그러나 시민성의 함양을 모두 시민의 자율에 맡기는 것이 가능한가에 대해서는 의문의 여지가 있다. 이와 관련하여 레빈(Lewin)은 인위적인 시민교육의 필요성에 대해 다음과 같이 말하고 있다.

> 사람들을 가만 내버려 두면 집단생활에서 민주적인 패턴을 따르게 되어 있다는 것은 착각이다. 그런 가설은 민주주의 사회에서 살고 있는 사람들에게도 적용되지 않는다. 다른 문화에서도 마찬가지로, 민주주의에서도 개인은 '학습'을 통해 민주주의라는 문화적 패턴을 습득해야 한다. 보통 그런 학습은 그 문화 안에서의 성장을 통해 이루어진다 (Lewin, 2016: 58).

레빈에 따르면, 민주주의의 가치는 집단생활을 통해 저절로 학습되는 것이 아니라 건전한 환경의 조성을 통해 학습된다. 이와 같이 시민성 함양을 위한 건전한 환경을 조성하는 것이 시민교육의 중요한 과제라고 할 수 있다. 독일의 경우, 히틀러의 등장 이후 지나치게 의도적이고 강요적인 사회교육도 문제였지만, 히틀러 정권 이전에 바이마르 공화국의 자유방임정책은 무질서와 독재를 가져오는 원인이 되기도 하였다. 민주주의는 자유방임과 동의어가 아니기 때문에 민주주의를 실현하기 위해서는 민주주의의 가치를 내면화하기 위한 노력이 필요하다. 이러한 가치의 내면화를 위해서는 일정한 정도의 의도적이고 체계적인 시민교육이 필요하다. 이는 모든 사람들이 자유롭게 의견을 표현하고 토론을 통해 협의하기 위한 민주주의의 기본틀을 유지하기 위함이다. '민주주의'의 유지를 위한 규칙 자체는 모두가 의무적으로 지켜야 하기에 이를 내면화하기 위한 시민교육도 일정한 정도 인위적인 성격을 가질 수 있다.

이런 맥락에서 시민성의 함양은 모든 교육에서 추구될 필요가 있다. 그러나 모든 교육의 맥락에서 효과적인 시민교육이 이루어진다고 보기는 어렵다. 모든 교육을 통해 소극적인 차원의 시민성 함양이 이루어질 수도 있으나 적극적인 의미의 시민성 함양을 위해서는 별도의 시민교육이 요구된다. 시민교육은 사회교육 중에서 의도적이고 체계적으로 학습자의 능동적 시민성을 함양하는 교육이라고 할 수 있다. 능동적 시민성이란 사회의 각 구성원으로서 개인의 이익을 합리적으로 충족시키는 동시에 사회적으로 행동하고 사회적 책무성을 발휘할 수 있는 능력을 의미한다(Hämäläinien, 2015: 1028). 그러므로 현대사회에서 사회문제를 적극적으로 해결하고 건전한 시민사회를 형성하기 위해서는 능동적 시민성을 함양하기 위한 의도적이고 체계적인 시민교육이 별도로 요구된다. 이와 관련하여 현대사회에서 시민교육의 필요성을 개인적 차원에서 국제적 차원까지 종합적으로 제시하면 〈표 12-2〉와 같다.

〈표 12-2〉 시민교육의 필요성과 의의

차원	시민교육의 필요성과 의의
개인	· 시민으로서 공적인 역할을 수행하기 위한 시민성의 형성 · 균형적인 권리행사와 책무이행의 자세 함양 · 타인과 건전한 사회적 관계를 형성하는 능력 함양
사회	· 사회적 통합 · 성숙한 시민사회의 구현
국가	· 국가정책 과정에 우수한 시민역량의 투입 · 선거과정의 합리성 제고 · 민주주의 발전과 독재 방지 · 지도자 양성
국제	· 세계시민의식 형성 · 지구촌 문제에 대한 관심과 협력

2) 시민교육의 발전을 위한 연구과제

사회교육의 한 분야로서 시민교육이 나아가야 할 방향을 살펴보고 이와 관련된 사회교육학의 과제를 제시하면 다음과 같다.

(1) 시민교육의 일상화

현대사회에서 시민교육은 시민이 실제 자신의 삶 속에서 발생하는 사회문제를 해결하는 능력의 함양을 중시한다. 즉, 시민이 일상생활 속의 문제점에 대해 스스로 인식하고 스스로 해결방법을 학습하고자 하는 것은 전반적으로 시민교육의 일상화와 밀접한 관련을 갖는다. 이와 관련하여 김민호(2015: 12-13)는 시민교육이 일상 안에 존재하고, 동시에 일상이 시민교육 안에 존재한다고 하였다. 특히 '시민교육이 일상 안에 존재한다'는 것은 시민교육이 특별한 교육기관만이 아니라 일상의 다양한 공간과 시간 속에 구체적인 모습으로 편재함을 의미한다. 일상화된 시민교육은 시민성을 제도화된 교육기관에서 특정한 프로그램을 통해 가르치려 하기보다 일상생활 안에서 학습자가 자신이 직면한 구체적인 일상의 삶을 소재로 동료들과 함께 비판적 성찰이나 실천적 참여를 통해 학습할 수 있도록 하는 것이다. 이는 곧 사회학습을 통해 시민교육이 이루어짐을 의미한다. 이런 맥락에서 사회교육학의 차원에서 시민교육이 일상적인 사회학습을 통해 활성화될 수 있도록 하기 위한 연구가 필요하다.

(2) 시민교육 경로의 다양화와 특성화

시민교육의 일상화 현상과 맥을 같이하여 시민교육의 경로도 다양해지고 있다. 공식적인 시민교육기관을 통한 시민성의 함양뿐만 아니라 시민의 주체적인 학습을 통한 시민성의 함양이 중시되고 있다. 또한 시민교육이 여러 유형의 일반적인 교육과 통합되고 있다. 즉, 시민교육과 교양교육, 시민교육과 문화예술교육, 시민교육과 직업능력 개발 등의 조합이 이루어질 수 있는 것이다. 이와 관련하여 시민교육의 유형을 교육중심 대 학습중심, 시민단체 중심 대 일반조직 중심의 기준으로 유형화하면 [그림 12-1]과 같다.

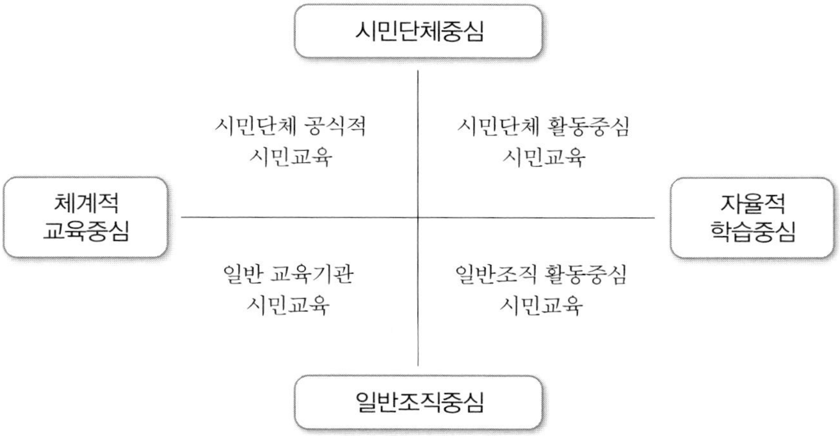

[그림 12-1] 시민교육의 유형

첫째, 시민단체 공식적 시민교육이다. 이는 전문적인 시민단체에서 이루어지는 교육중심의 의도적이고 체계적인 시민교육 유형을 말한다. 기본적으로 시민교육에 관심을 두고 있는 단체에서 정규 프로그램이나 교육과정 등을 통해서 시민성 함양을 위한 교육을 실시하는 경우이다. YMCA, YWCA, 경제정의실천시민연합 등에서 진행되는 강좌중심의 시민교육이 여기에 해당한다.

둘째, 시민단체 활동중심 시민교육이다. 이는 공식적인 시민단체에서 다양한 활동을 수행하는 과정에서 무형식적 학습을 통해 시민교육이 이루어지는 경우이다. 정규 시민교육 프로그램이 아니더라도 단체에서 이루어지는 활동에 참여하면서 무형식적으로 시민성이 함양되는 것이다. 시민단체 속에서 이루어지는 학습동아리 활동도 여기에 포함된다고 할 수 있다.

셋째, 일반 교육기관 시민교육이다. 이는 시민교육을 공식적으로 표방하지 않는 일반적인 교육기관에서 운영되는 강좌나 프로그램을 통해 시민성을 함양하는 경우이다. 일반적인 교육기관에서도 교육자가 제시하는 특별한 교육 내용 및 방법을 통해 시민성의 함양에 기여할 수 있다.

넷째, 일반조직 활동중심 시민교육이다. 이는 일반적인 조직에서 이루어지는 학습중심의 시민교육으로 조직의 활동에 참여하면서 자연스럽게 시민성이 배양되는 경우를 말한다. 이러한 유형은 시민교육의 일상화 측면에서 시민교육과 다른 교육활동이 통합되는 경우라고 할 수 있다. 예술단체의 미술동아리 활동 속에서 시민성을 키워 나가는 것이 그 예이다.

따라서 사회교육학의 차원에서 이와 같은 다양한 방식과 경로를 통해 최적의 시민교육이 이루어질 수 있도록 하기 위한 연구가 필요하다. 이는 전반적으로 시민교육의 과정에서 교육적 가치가 더욱 강화되고, 사회학습이 활성화됨을 의미한다. 이 모든 과정에서 사회교육의 실천원리가 효과적으로 구현되어야 한다. 시민단체나 전문적인 시민교육기관을 위해서는 더 전문적이고 체계적인 교육과정의 구성과 효과적인 교육방법, 그리고 제도적 지원 방안에 대한 연구가 필요하다. 또한 일반 교육기관이나 조직을 위해서는 일상적인 교육프로그램이 운영되는 과정에서 시민성을 효과적으로 함양하기 위한 연구가 필요하다.

4. 사회개발교육의 현황과 학문적 과제

사회개발교육은 사회교육의 한 유형으로서 다양한 공동체의 경제적 · 사회적 향상을 추구하는 전문적이고 실천적인 교육활동이라고 할 수 있다. 사회의 각 차원에서 이루어지는 사회개발 중에서 가장 대표적인 것이 지역사회개발이라고 할 수 있다. 그리고 지역사회개발교육은 지역공동체의 경제적 발전과 협력을 추구하는 지역사회차원의 사회개발교육이다. 여기서는 사회개발의 개념과 성격, 사회개발교육의 개념과 지향점, 지역사회 차원 사회개발교육의 실천원리와 현황 그리고 사회개발교육을 위한 사회교육학의 과제를 살펴보고자 한다.

1) 사회개발의 개념과 성격

일반적으로 사회개발(social development)은 빈곤문제의 해결, 공동체사업을 위한 주민의 참여 촉진, 구성원의 경제적 자산의 증대, 사회적 기업이나 경제적 자활조직의 발전 등을 추진하는 사회적 활동이다(Midgley, 2014). 구체적으로는 사람들이 보다 풍족한 생활을 할 수 있도록 사회복지, 사업보장의 확립, 주거의 개선 및 재해나 범죄의 방지 등 지역개발을 통한 생활환경의 개선, 위생의료시설 확충을 통한 국민보건 향상 등을 위시하여 인간능력과 기술의 증진, 좀 더 나아가서는 인간의 보다 합리적 경제활동을 촉진시키는 창의력의 배양 등 교육사업까지를 포함하는 일련의 정책을 뜻한다(김경동, 1968: 21).

1960년대에 국제연합(UN)이 사회개발의 개념을 처음 수용한 이후 사회개발은 개발도상국은 물론 모든 국가에서 매우 중요하게 다루어져 왔다. 경제발전만으로는 진정한 의미의 삶의 질을 제고할 수 없으며 경제개발과 사회개발이 함께 추구될 때 양자가 상승작용한다는 인식이 형성되었던 것이다(Midgley, 1995: 2-3). 최근에는 '지역재생' '사회적 경제' '지속가능 발전' 등의 다양한 개념을 통해 지역, 국가 및 전 지구적 차원의 사회개발이 실시되고 있다(방정은, 2013; 정기섭, 2019; 주성수, 2019).

사회개발의 가장 차별적인 특징은 사회정책과 경제개발의 조화를 추구한다는 것이다. 이전에도 구호사업, 사회사업, 사회적 행정 등과 같이 사회복지를 목적으로 하는 제도적인 접근들이 경제개발과 일부 접점을 갖고 있기는 하였다. 그러나 사회개발적 접근방식은 사회복지를 경제개발에 직접적으로 연계한다는 점에서 기존의 사회복지적 접근방식이 경제에 부차적이고 의존적인 입장을 취했던 것과 대비된다. 사회개발은 역동적인 경제개발의 과정과 연계하여 국민의 복지를 증진하는 과정으로 정의된다(Midgley, 1995: 8). 사회개발은 생활수준의 향상을 위한 경제개발의 결정적인 중요성을 인정할 뿐 아니라 사회적 목적을 위하여 경제개발을 적극적으로 활용한다. 즉, 개발과정에서 사회적 · 경제적 개발은 동전의 양면과도 같아서, 사회개발은 경제개발이 없이는 이루어질 수 없으며, 경제개발은 전체 사회구성원을 위한 사회복지의 향상이 수반되지 않으면 무의미하다는 것이다(Midgley, 1995: 23).

사회개발은 사회의 다양한 차원에서 이루어질 수 있다. 그중에서 지역사회 차원에서 이루어지는 사회개발을 지역사회개발(community development)이라고 할 수 있다. 일반적으로 지역사회개발은 지역사회의 구성원들이 공동의 문제들을 해결하기 위한 해결책들을 마련하고 그 해결책들을 이행하기 위하여 집단적 행동을 수행하는 과정이다(임구원, 2019; 정지웅, 임상봉, 1997; Schugurensky, 2014). 그러한 과정에는 활동의 주체로서 지역사회 속에서 삶의 질을 향상하려는 목적을 가진 다양한 활동가들이 존재한다. 지역사회개발의 구체적인 형태와 방법은 역사적 · 사회적 상황에 따라 다양한 양상으로 변천되어 왔다. 이러한 다양성에도 불구하고 지역사회개발은 지방자치단체와 국가는 물론, 국제적인 차원에서의 사회개발을 추진하기 위한 가장 기초적인 활동이라고 할 수 있다.

2) 사회개발교육의 개념과 지향점

사회개발을 추진하기 위한 교육적인 노력이 사회개발교육이다. 사회교육의 차원에서 사회개발교육은 지역사회나 국가, 전 지구적 차원에서 사회구성원들이 주체적으로 경제를 포함한 삶의 질을 향상할 수 있도록 돕기 위한 전반적인 교육이라고 할 수 있다. '사회적 자선사업' '사회사업' '사회복지행정' 등의 개념과 달리, 사회개발은 일상생활 속에서 이루어지는 사회구성원들의 적극적인 사회적 활동과 사회적 관계, 사회적 과정을 중시한다(Midgley, 1995: 23). 따라서 효과적인 사회개발을 위해서는 사회구성원들의 주도적인 참여와 협력, 문제해결을 위한 전문성의 함양이 요구된다. 이와 같이 사회개발을 위해 사회구성원들의 역량을 강화하기 위한 교육이 곧 사회개발교육이라고 할 수 있다.

사회개발교육은 사회개발과 사회교육의 결합을 통해 이루어진다. 그러므로 사회개발교육의 성격과 지향점을 종합적으로 판단하기 위해서는 사회개발과 사회교육의 관계를 심층적으로 분석해야 한다. 이와 관련하여 우선적으로 크게 두 가지 차원에서 사회개발과 사회교육의 관계를 검토할 필요가 있다. 먼저, 본위와 수단의 차원에서 사회개발을 목적으로 하고 사회교육을 수단으로 볼 것인가, 아니면 사회교육을 목적으로 하고 사회개발을 수단으로 할 것인가의 여부이다. 사회개발을 위한 교육의 활용도 중시하나 사회개발 과정에서 이루어지는 사회구성원의 교육적 성장도 중요하다. 따라서 사회개발과 사회교육 중 어디에 보다 중점을 두고 사회개발교육을 실시할 것인가가 중요한 문제가 될 수 있다. 다음으로, 사회개발과 사회교육을 서로 직접적 · 구체적 영향을 주고받는 관계로 설정할 것인가 아니면, 간접적 · 포괄적 영향을 주고받는 관계로 설정할 것인가의 여부이다. 사회개발과 사회교육은 의도적인 목적하에 서로 직접적 · 구체적 영향을 미치기 위한 관계로 설정될 수도 있고, 때로는 각자의 고유한 활동을 수행하는 과정에서 서로 간접적 · 포괄적 영향을 미치기도 한다. 이런 맥락에서 사회개발과 사회교육 사이의 다양한 관계유형과 그 특징을 살펴보면 다음과 같다.

첫째, 구체적인 사회개발을 목적으로 사회교육을 적극적으로 활용하는 경우이다. 이는 '사회개발을 위한 사회교육'이라고 할 수 있다. 사회개발이 사회개발교육의 일차적인 목적이라는 점에서 우선적으로 고려되어야 할 유형이라고 할 수 있다.

둘째, 구체적인 사회개발을 목적으로 하지 않더라도 사회교육을 통해 사회개발에 유익한 단서와 방법을 포괄적으로 창출하는 경우이다. 이는 '사회교육과정을 통한 사회개발'이라고 할 수 있다. 구체적이고 즉각적인 성과는 아니더라도 장기적으로 더 포괄적 · 지속적 영향을 미칠 수도 있다는 점에서 중요한 의미를 갖는다.

셋째, 사회개발 과정에서 사회구성원의 내적 성장과 같은 교육적 가치를 추구하는 경우이다. 이는 '사회개발 과정을 통한 사회교육'이라고 할 수 있다. 사회개발의 과정에서 사회구성원의 내적인 성장도 이루어질 때 보다 지속적 · 주체적 사회개발이 이루어진다는 점에서 중요한 의미를 갖는다.

넷째, 사회교육의 지속적인 발전을 위해 사회개발의 역량을 활용하는 경우이다. 이는 '사회교육을 위한 사회개발'이라고 할 수 있다. 장기적인 차원에서 사회개발을 지속적 · 포괄적으로 추진하기 위해 사회교육 자체의 발전이 필요하다는 점에서 중요한 의미를 갖는다. 사회교육의 전문성 강화, 사회교육자의 양성과 배치, 지원의 제도화 등이 그 예라고 할 수 있다.

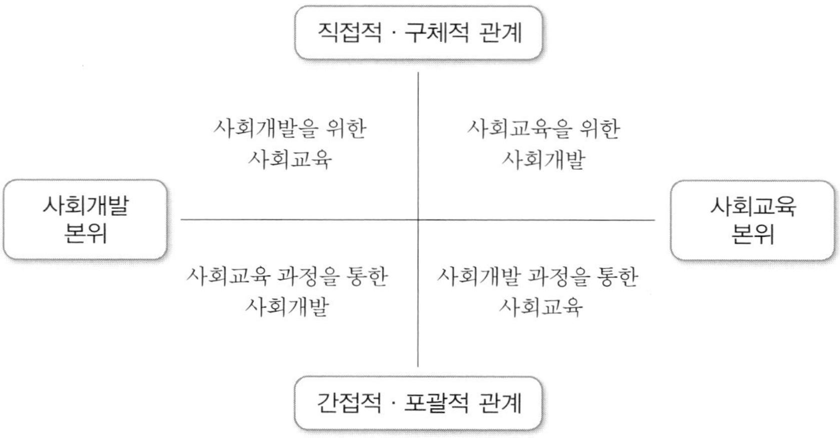

[그림 12-2] 사회개발과 사회교육의 관계 유형

이와 같이 사회개발과 사회교육은 다양한 관계를 가질 수 있다. 각 유형의 관계성은 나름대로의 의미와 현실적인 필요성을 가지고 있다. 그러므로 사회개발교육을 수행하는 과정에서 각 유형이 적절하게 활용될 필요가 있다. 또한 전체적으로는 사회발전, 주체성, 공동체성, 교육적 가치 등이 조화롭게 실현될 수 있도록 하기 위한 종합적인 검토가 요구된다.

3) 지역사회개발교육의 실천원리

사회개발교육은 사회의 다양한 차원에서 이루어질 수 있지만 지역사회를 기반으로 이루어지는 것이 가장 기본적이라고 할 수 있다. 사회개발 중에서 지역사회개발을 주목적으로 하는 사회교육이 곧 지역사회개발교육이다. 최근 지역화, 지방자치 등의 중요성으로 인해 사회개발교육 중에서도 지역사회개발교육의 중요성이 더욱 커지고 있다.

전통적으로 한국에서 지역사회개발과 사회교육은 '약한 자에게 활력을 주는' 학문으로서 불가분의 관계를 가진 것으로 인식되어 왔다. 정지웅에 의하면, 두 학문은 사회적 약자가 자조적 · 자기주도적 사회참여를 할 수 있도록 돕기 위한 이론을 찾아내고, 관련된 이론들을 하나의 지식체계에서 설명하는 공생 학문이라는 것이다(정지웅 편, 2002: 4). 궁극적으로 지역사회개발교육은 지역주민이 지역사회의 공동체적 경제발전을 주도적으로 추진할 수 있도록 돕기 위한 전문적인 사회교육이라고 할 수 있다.

현재 한국에서 이루어지고 있는 지역사회개발교육의 대표적인 사례는 '마을만들기'를 위한 교육활동이라고 할 수 있다. 마을만들기란 생활환경의 문제를 해결하고 개선하는 삶터 만들기, 이웃 간의 관계 회복 및 의사소통 경로와 활동체계를 구축하는 공동체 만들기, 책임감 있고 자격 있는 지역주민과 민주시민을 육성하는 사람 만들기를 포괄하는 의미로 이해된다(최우혁, 2017). 다시 말해서, 마을만들기는 마을 공간을 주민들이 주체적으로 디자인해 가는 활동을 의미하는 것으로, 1990년대에 들어 각 지역에서 여러 가지 지역 문제에 초점을 두고 다양한 형태로 진행되기 시작하였다. 또한 민간 주도의 생활협동조합 운동, 마을기업, 사회적 기업 등과 사회적 경제의 실천이 지역사회개발차원에서 활발하게 이루어지고 있다(나주몽 외, 2016). 이러한 과정에서 지역주민의 자발적 참여의식을 고양하고, 함께 지역문제를 해결하고, 지역발전 방안을 모색하기 위한 각종 사회교육활동이 활발하게 이루어지고 있다(방정은, 2013; 성기정, 양병찬, 2019). 특히 지역사회개발의 과정에 지역공동체 형성, 지속가능한 개발, 지역주민의 주체적 참여를 위한 교육이 강조되고 있다. 이러한 사회교육활동이 구체적으로는 지역사회차원의 사회개발교육인 지역사회개발교육인 것이다.

사회교육의 차원에서 지역사회개발교육은 보다 적극적으로 교육적 가치를 지향해야 한다. 지역사회개발교육이 우선적으로 지향해야 할 교육적 가치는 지역학습공동체의 구현이라고 할 수 있다(오혁진, 2006). 사회교육의 차원에서 지역사회개발교육은 지역사회개발을 위한 수단에만 머물러서는 안 된다. 지역사회개발교육은 지역사회개발과정에서 주민으로 하여금 교육적 체험을 하게 하고, 더 나아가 지역사회개발의 결과로 주민이 더 만족스러운 학습을 할 수 있도록 하는 교육이라고도 할 수 있다. 따라서 현대사회에서 지역사회개발교육은 지역사회개발과 지역학습공동체 형성이라는 두 가지 가치를 통합적으로 구현해야 하는 시대적 과제를 안고 있다. 지역학습공동체 측면에서는 지역주민의 학습욕구 충족, 지역주민을 위한 교육평등의 실현, 협력적 학습공동체의 형성이 중요한 목적이 된다. 그리고 지역사회개발 측면에서는 지역공동체의식의 형성, 주민의 경제적 자립능력 강화, 지역사회의 경제적 발전이 궁극적인 목적이 된다(오혁진, 2007).

여기서 중요한 것은 지역사회개발과 지역학습공동체의 개념을 별개의 개념이나 상반된 개념으로 보는 것이 아니라 통합적인 개념으로 보는 것이다. 이러한 통합적 개념의 역사적 사례로 일제강점기 이상촌 운동을 들 수 있다.[1] 이상촌 운

1) 일제강점기 이상촌 운동에서 나타난 지역사회개발교육의 역사적 사례와 사회교육적 의

동은 인류보편적 가치를 실천의 정신적 기초로 삼았고, 지역의 자립을 위한 실무교육을 중시하였으며, 지역 현장 중심의 다양한 학습활동을 수반하였으며, 정부 주도 외부 교육전문가 중심이 아닌 일반 지역주민 주도의 학습활동을 통해 이루어졌다(오혁진, 2007). 이처럼 일제강점기 이상촌 운동은 전반적인 지역사회개발 과정에서 지역학습공동체를 구현했다. 그런 점에서 일제강점기 이상촌 운동은 오늘날 지역사회개발교육이 지향해야 할 원형 중의 하나라고 볼 수 있다. 지역사회개발과 지역학습공동체의 통합은 지역사회개발교육에 참여하는 모든 교육자들에게 요구되는 과제이다. 이는 전통적인 지역학습공동체 형성 사업에 참여하는 교육실천가들은 물론, 지역에서 시행되는 일반적인 지역사회개발 사업에 관여하는 교육전문가들 모두에게 해당한다.

현대사회에서 지역사회개발교육을 통해 구현하고자 하는 지역학습공동체는 단순히 지역주민의 개인적인 발전과 지역공동체 의식의 형성만을 추구하는 학습공동체가 아니라 지역사회의 사회적·경제적 발전도 추구하는 학습공동체이다. 이를 실현하기 위한 지역사회개발교육의 실천원리를 구체적으로 살펴보면 다음과 같다.

첫째, 보편적·공동체적 가치에 기초한 사회교육의 추구이다. 지역사회개발교육의 역사적 사례를 살펴볼 때, 성공적인 경우는 단순히 지역의 경제적 이익만이 아니라 인류의 보편적이고 공동체적인 가치를 추구했던 경우이다. 예를 들어, 일제강점기 이상촌 운동은 단지 지역의 경제적 발전만을 추구한 것이 아니라 궁극적으로 지역 및 국가, 더 나아가 인류의 보편적 가치에 입각한 공동체를 추구하였다. 주민을 이상촌 운동에 지속적으로 참여하게 한 동인은 단지 지역주민의 경제적인 풍요로움이라기보다는 독립과 자립, 인격 형성, 공동체 구현과 같은 보다 근본적이고 거시적인 가치였다. 이러한 차원 높은 가치들은 현실적으

의에 관한 자세한 사항은 "오혁진(2007). 일제하 이상촌 운동에 나타난 평생학습도시의 실천원리. **평생교육학연구** 13(2). 한국평생교육학회. 23-47." 참조.

로 부딪히게 되는 여러 가지 제약과 갈등에도 불구하고 지역주민을 보다 견고하고 지속적으로 통합시키는 밑거름이 되었다. 따라서 지역사회개발교육은 특정 집단이나 지역만의 이익을 넘어 모두가 공감할 수 있는 인류보편적인 가치를 바탕으로 해야 한다. 이러한 보편적 · 공동체적 가치에 기초하지 못할 때 지역사회개발교육은 존재의 정당성을 확보하지 못하고 지역 내적 · 외적 갈등으로 인해 추진력을 상실하고 만다.

둘째, 지역사회의 경제적 자립을 위한 실무교육의 강화이다. 지역사회개발교육이 실제적인 성과를 이루기 위해서는 지역사회의 경제적 자립 및 발전과 연계되어야 한다. 학습만을 위한 학습이 아니라 생활과 학습이 분리되지 않은 상황에서 지역사회의 경제적 자립과 발전을 위해 학습이 의미를 가질 때 지역사회개발교육은 강한 추진력을 유지할 수 있다. 그러나 이러한 경제적 자립은 앞에서 다룬 인류보편적 · 공동체적 가치와 상응하는 것이어야 한다. 그런 점에서 오늘날 세계화 시대의 사회교육 활동도 단지 지역혁신이나 지역 엘리트중심의 경제발전을 위한 교육이 아니라 지역사회 차원에서의 경제적 자립을 추구하기 위한 교육사업에 최선을 다해야 할 것이다.

셋째, 지역의 일상생활 속에서 이루어지는 학습활동의 강화이다. 지역사회개발교육은 학교나 공공기관과 같은 특정한 곳만이 아니라 지역주민의 공동체적 일상생활 속에서도 이루어져야 한다. 지역사회개발교육이 지역학습공동체를 지향하기 위해서는 일제강점기 이상촌 운동의 전통을 계승하여 공동체적 삶이 이루어지는 일상생활 속에서 학습이 활성화되도록 지원해야 한다. 따라서 지역사회개발교육 활동을 추진하는 지방자치단체는 주민으로 하여금 일상생활 속에서 다양한 주제로 학습동아리 활동을 할 수 있도록 적극적으로 지원해야 한다.

넷째, 일반 지역주민 주도적인 지역사회개발교육의 실천이다. 역사상 성공적인 지역사회개발교육은 외부에서 제도적으로 투입된 전문가에 의해서가 아니라 지역주민 스스로에 의해 운영된 경우였다. 예를 들어, 일제강점기 이상촌 운동의 지도자인 남강 이승훈, 최용신, 김용기 등은 모두 자발적으로 지역에 뿌리를 내린 지식인이거나 그 지역에 살고 있는 지역주민이었다. 이러한 사례들에 비추어 볼 때 지역사회개발교육을 추진하기 위해서는 외부 교육전문가의 투입보다는 지역사회 구성원의 자발적인 참여가 우선되어야 한다. 또한 주민이 주도하는 사회교육 관련 조직들이 지역사회개발교육의 기획과 운영에 실질적으로 참여할 수 있도록 최대한 보장해 주어야 한다.

다섯째, 작은 규모의 지역 차원에서 이루어지는 미시적 접근의 강화이다. 사회교육자는 지역사회개발교육에 대해 거시적인 관점으로만 접근하는 것에 대해 경계할 필요가 있다. 지역에서 지역사회개발교육을 추진하기 위해서는 우선 작은 단위에서부터 시작하는 것이 필요하다. 그러기 위해 먼저 근접 지역에 있는 다양한 사회교육조직들이 서로 연계하는 것이 필요하다. 이러한 작은 규모의 사회교육조직들이 활성화되고 서로 지속적으로 연계될 때 비로소 더 큰 단위에서의 지역사회개발교육도 효과적으로 이루어질 수 있다. 이런 맥락에서 사회교육자는 지역사회의 다양한 집단이나 조직들에 대해 관심을 기울여야 한다. 이러한 집단이나 조직들은 공식적으로 교육과의 관련성을 표방하고 있지 않더라도 실질적으로 교육활동이 매우 중요한 비중을 차지하고 있는 경우가 많다. 아울러 이런 조직들은 주민의 일상생활에서 지역사회개발교육의 실질적인 기초 단위가 될 수 있다. 그러므로 이러한 조직들을 찾아 그 가치를 파악하고 발전방안을 모색하는 것도 지역사회개발교육을 위한 주요한 과제이다.

4) 사회개발교육의 발전을 위한 연구과제

사회개발교육의 체계적인 발전을 위해서는 사회교육학 차원의 이론적 · 실천적 연구가 필요하다. 사회개발교육의 발전을 위한 사회교육학의 과제를 제시하면 다음과 같다.

첫째, 이론적인 차원에서 사회개발의 다양한 모델들에 부합하는 최적의 교육전략을 모색하는 것이 필요하다. 특히 사회개발의 기본 단위라고 할 수 있는 지역사회개발과 교육과의 조합에 대한 연구가 우선적으로 요구된다. 현재 지역사회개발 모델로는 사회기획모델, 지역성 개발모델, 사회적 행동모델 등이 제시되고 있다(Schugurensky, 2014: 377-380). 이러한 모델들은 지역사회의 구체적인 상황에 따라 적용될 수 있으며, 나름의 기능과 장점을 가지고 있다. 그러므로 사회교육학은 우선적으로 지역사회개발교육 차원에서 이러한 지역사회개발 모델의 장점을 교육적으로 극대화하기 위한 실천원리와 방안을 모색해야 한다. 더 나아가, 이를 바탕으로 국가적 · 국제적 차원에서 사회개발교육을 시행하기 위한 구체적인 모델과 방법도 개발해야 한다.

둘째, 사회개발교육을 위한 효과적인 의식화 및 조직화 방안에 관한 연구가 요구된다. 사회개발의 과정에서 사회구성원 사이의 공감대 형성과 소통의 촉진, 구성원들의 참여를 유도하기 위한 워크숍 및 네트워크의 구성은 사회교육방법 차원에서 모두 중요한 의미를 갖는다. 특히 지역사회개발교육차원에서 지역주민의 의식화 · 조직화를 효과적으로 증진하기 위한 교육방법에 대한 연구가 지속적으로 이루어져야 한다. 또한 디지털 정보 체계의 활용을 통해 의식화와 조직화 공간의 확장, 전 지구적 차원의 사회개발교육의 협력적 추구 등에 대한 모색도 요구된다.

셋째, 현재 진행되고 있는 각종 사회개발 사업에 대한 비판적 검토와 교육적인 대안 제시가 필요하다. 그동안 한국에서는 다양한 형태의 사회개발 사업이 진행되어 왔다. 특히 여러 정부 부처와 지방자치단체를 통해 다양한 성격을 가진 지역사회개발 사업들이 활발하게 진행되고 있다. 국제적으로는 유네스코의 지속가능발전사업과 같은 새로운 개념의 사회개발이 추진되고 있다. 전통적으로는 여러 국제기구를 통해 빈민국가를 위한 사회개발 사업이 시행되고 있다. 따라서 현재 진행되고 있는 사회개발 사업들이 사회교육 차원에서 어떤 문제가 있는가를 검토하고 그 대안을 제시하기 위한 학문적 필요하다. 특히 사회개발의 과정에서 교육적 가치가 충분히 반영되었는지에 대해 살펴보고 그 대안을 모색하는 것이 사회교육학 차원에서 중요하다. 그러므로 국내외 사회개발 사업에 대한 사회교육사적 고찰, 효과적인 교육적 대안을 제시하기 위한 다학문적 접근, 국내외 사례를 검토하기 위한 비교교육학적 접근이 요구된다.

지금까지 사회교육의 유형별로 개념, 사례와 현황, 실천원리 및 학문적 과제를 살펴보았다. 그중에서 학문적 차원의 연구과제를 사회교육학의 하위주제별로 종합하여 제시하면 〈표 12-3〉과 같다.

〈표 12-3〉 사회교육의 유형별 학문적 연구과제

학문적 연구과제 \ 유형		기초교육	경제적 자활교육	시민교육	사회개발교육
사회교육의 원리	교육적 가치와 사회적 가치의 통합	사회적 배제 학습자의 자존감 및 사회적응 능력 증진에 관한 사례와 원리	사회적 배제 학습자의 경제적 자립능력 증진에 관한 사례와 원리	학습자중심 시민교육의 사례와 원리 연구	교육적 가치가 존중된 사회개발교육의 역사적, 현실적 사례와 원리
	사회학습과 교육적 개입의 조화	기초교육 과정상의 교육자의 역할과 교육원리	경제적 자활교육 과정상의 사회적 관계의 요건 및 교육자의 역할, 효과 및 원리	시민 소집단활동에서의 시민의식 함양 양상과 교육자의 역할과 효과	사회개발을 위한 공동체의 사회학습 원리와 교육자의 역할
	의식화와 조직화의 조화	기초교육에 효과적인 의식화와 내적 · 외적 조직화의 원리	경제적 자활교육을 위한 의식화와 조직화의 원리	시민교육을 위한 의식화와 조직화의 원리	사회개발교육을 위한 효과적인 조직화의 원리
사회교육의 실천	사회교육 방법	교육대상 및 교육내용별 학습자의 교육요구 심층분석기법 학습자의 긍정적 자기효능감 함양을 위한 교육 및 상담기법	개인의 인격적 성숙과 직업적 역량강화의 조화를 위한 교육방법 학습자 맞춤형 직업기술훈련 강화방안	시민교육유형별 최적의 교육방법 시민교육관련 학습동아리 구성 및 지원 방법	사회개발모델에 따른 최적의 교육방법 공동체의 경제적 발전과 주민의 인격적 가치의 조화 원리

사회교육자	문해교육, 다문화교육, 장애인교육, 교정교육 사회교육자의 특수역량	직업훈련, 직업상담 능력향상 방법	시민교육자의 특수역량에 관한 연구	사회개발교육 전문가 양성을 위한 정책, 제도 발전방안
제도와 정책	기초교육과 교육복지의 활성화를 위한 제도적 개선 방안	경제적 자활교육 활성화를 위한 법, 제도, 정책 발전 방안	워크숍을 통해 사회문제를 해결하기 위한 제도적 방안	교육, 노동, 복지, 문화, 보건 등이 연계된 사회개발교육 모델 개발

이와 같이 사회교육 유형별로 특화된 연구들은 서로 연결되고 통합됨으로써 전체로서의 사회교육학을 형성하게 된다. 각 유형의 특성들은 사회교육의 다양성에 기여할 것이다. 그럼에도 불구하고 사회교육의 기본 개념과 실천원리에 대한 성찰도 동반되어야 한다. 각 유형의 구체적인 교육내용이나 교육방법은 특수한 맥락을 바탕으로 하면서도 사회교육의 본질에 근거해야 하기 때문이다. 점차 복잡해지고 전문화되고 있는 사회교육 유형에 대한 다양한 연구를 동일한 정체성을 가진 사회교육학으로 포괄할 수 있는 것은 사회교육의 본질적인 개념과 실천원리라고 할 수 있다. 따라서 모든 유형을 포괄할 수 있는 사회교육의 개념과 실천원리를 심층적으로 연구하는 것이 사회교육학의 일차적인 과제라고 할 수 있다. 동시에 이러한 개념과 실천원리를 사회교육의 각 유형에서 어떻게 적절하게 실현할 것인가에 대한 구체적 연구도 사회교육학의 과제라고 할 수 있다. 그런 의미에서 사회교육학의 발전을 위해서는 사회교육 유형별 특성에 관한 각론적 연구와 사회교육 실천원리에 관한 총론적 연구가 통합적으로 이루어져야 할 것이다.

참고문헌

강기수(2009). 코메니우스 평화교육사상의 성격. 교육사상연구 23(1). 한국교육사상연구회. 1-25.

강선보(2005). 그룬트비의 성인교육사상. 한국교육학연구 11(1). 한국교육학회. 25-52..

강치봉(1932). 페스타론지 소고. 연희 8. 연희전문학교. 55-68.

고영복(1993). 현대사회문제. 서울: 사회문제연구소출판부.

권복순, 이정희, 남희은(2012). 자활참여자의 자립마인드향상 프로그램 개발 연구. 인적자원관리연구 19(2). 한국인적자원관리학회. 187-205.

권이종(1997). 사회교육개론. 서울: 교육과학사.

권태환 외(1996). 전환기 한국의 사회문제. 서울: 민음사.

금장태(2001). 한국의 선비와 선비정신. 서울대학교 출판부.

금장태(2005). 실천적 이론가 정약용. 파주: 이끌리오.

김경동(1968). 사회병리현상과 사회개발. 도시문제 3(3). 대한지방행정공제회. 20-27.

김경희(2011). 지식사회에서의 평생학습이론의 지향점: 엥스트롬의 확장학습이론을 중심으로. 평생교육학연구 17(4). 한국평생교육학회. 293-321.

김도수(2010). 한국 사회교육의 기저. 서울: 학이시습.

김미라, 이현숙, 이정희(2019). 자활 게이트웨이과정 참여경험에 관한 질적 연구. 공공정책연구 35(2). 동의대학교 지방자치연구소. 145-168.

김미향(2014). 한국 사회교육자 전문성에 관한 제도적 규정의 변천과정 연구. 박사학위논문. 동의대학교.

김상균 외(2013). 사회복지개론. 서울: 나남.

김성은(2009). 사회란 무엇인가. 서울: 책세상.
김승한(1991). 사회교육의 철학과 이념. 사회교육학서설. 한국교육학회 사회교육연구회편. 서울: 교육과학사.
김신일(2020). 학습사회. 서울: 학이시습.
김영모(1982). 현대사회문제론. 서울: 한국복지정책연구소출판부.
김영우(2014). 율곡 사상에 대한 다산의 이해와 비판적 계승. 율곡사상연구 28. 59-86.
김영인, 설규주(2017). 시민교육론. 서울: KNOU Press.
김정원, 백학영, 이문국, 전세나, 조성은(2012). 사회적 경제와 자활기업. 강원: 아르케.
김정환(1977). 페스탈로찌의 사회교육론 연구. 성곡논총 8. 성곡문화재단. 65-101.
김정환(1995). 페스탈로치의 교육철학. 서울: 고려대학교 출판부.
김정환(2007). 한국교육이야기 백 가지. 서울: 박영사.
김종서, 주성민(1990). 지역사회학교의 이론과 실제. 서울: 교육과학사.
김주영(2016). 장애인 평생교육권 증진을 위한 실태조사 연구. 국가인권위원회.
김중섭(2012). 사회운동의 시대. 경기: 북코리아.
김진아(2020). 혁신주의 시기 제인 아담스의 사상과 그 실천으로서의 헐 하우스. 박사학위논문. 이화여자대학교.
김태완, 전지현(2009). 자활 전달체계 개편과 향후 과제. 보건복지포럼 148. 한국보건사회연구원. 76-86.
나인호(2011). 개념사란 무엇인가. 서울: 역사비평사.
나주몽 외(2016). 사회적 경제와 지역혁신. 광주: 전남대학교출판부.
남일재 외(2017). 사회문제론. 경기: 공동체.
박덕병(2002). 지역사회개발과 사회교육의 연구방법으로서 참여연구법. 지역사회개발과 사회교육. 정지웅 편. 서울: 교육과학사.
박병련(1998). 조선조 수기치인론의 사상사적 변용과 실학사상. 한국행정학보 32(4). 한국행정학회. 173-187.
박철현(2018). 사회문제론: 이론, 실태, 지구적 시각. 서울: 박영사.
박형민(2019). 학습이론으로서의 문화역사활동이론의 의미와 '학습' 개념에 대한 비판적 고찰. 학습자중심교과교육연구 19(10). 학습자중심교과교육학회. 113-139.
방정은(2013). 지역재생사업에서의 지역사회교육 현상과 특성에 관한 연구: 부산 산복도로 르네상스 사업을 중심으로. 박사학위논문. 동의대학교.

백승욱, 이지원(2015). 1960년대 발전 담론과 사회개발 정책의 형성. **사회와 역사 107호**. 한국사회사학회. 349-388.

보건복지부(2020). 2020년 자활사업 안내(Ⅰ). 보건복지부.

비고츠키교육학실천연구모임(2015). **관계의 교육학, 비고츠키**. 서울: 살림터.

성기정, 양병찬(2019). 국민임대아파트 지역의 사회교육 실천과 마을공동체의 형성. **평생교육학연구 25**(3). 한국평생교육학회. 97-126.

송위진 외(2018). **사회문제 해결을 위한 과학기술과 사회혁신**. 서울: 한울.

심성보 외(2019). **마을교육공동체운동: 세계적 동향과 전망**. 서울: 살림터.

안인희 편(1997). **서양 교육 고전의 이해**. 서울: 이화여자대학교 출판부.

안창호(2012). **나의 사랑하는 젊은이들에게**. 서울: 지성문화사.

오혁진(2003). 학습동아리의 개념과 성격에 관한 재고찰. **동의논집 38**. 부산: 동의대학교.

오혁진(2005). 학습공동체의 다차원적 성격과 구현원리에 관한 연구. **평생교육학연구 11**(1). 한국평생교육학회. 23-41.

오혁진(2006). **지역공동체와 평생교육**. 경기: 집문당.

오혁진(2007). 일제하 이상촌 운동에 나타난 평생학습도시의 실천원리. **평생교육학연구 13**(2). 한국평생교육학회. 23-47.

오혁진(2008). 그룬트비히 교육사상에 기초한 한국 사회교육의 전개과정과 의의. **평생교육학연구 14**(4). 한국평생교육학회. 1-28.

오혁진(2009). 개념 정의 분석을 통한 평생교육학과 사회교육학의 학문적 정체성 탐색. **평생교육학연구 15**(4). 한국평생교육학회. 275-297.

오혁진(2012). **신 사회교육론**. 서울: 학지사.

오혁진(2013). 허병섭의 사회교육사상에 관한 연구. **평생교육학연구 19**(2). 한국평생교육학회. 71-95.

오혁진(2016). **한국 사회교육사상사**. 서울: 학지사.

오혁진(2017). 한국에서의 페스탈로치 사회교육사상 수용과정 연구. **평생교육학연구 23**(4). 한국평생교육학회. 3-25.

오혁진(2018). 다산 정약용 수기치인론의 사회교육적 의의에 관한 연구. **평생교육학연구 24**(4). 한국평생교육학회. 1-22.

원석조(2018). 사회문제론. 경기: 양서원.

유석춘 외 편역(2003). 사회자본: 이론과 쟁점. 서울: 도서출판 그린.

유주영(2014). 교정시설에서의 인문교육 현황과 과제. 교정복지연구 35. 213-238.

유팔무, 김호기 편(1995). 시민사회와 시민운동. 서울: 한울.

윤기영 편(2008). 유아사회교육. 경기: 양서원.

윤병욱 편(2012). 도산의 향기, 백 년이 지나도 그대로. 서울: 기파랑.

윤창국, 박상옥(2012). 문화역사적 활동이론의 이론적 발전과 평생교육연구에 주는 시사점. 평생교육학연구 18(3). 한국평생교육학회. 293-321.

이돈희(1983). 교육철학개론. 서울: 교육과학사.

이돈희(1992). 교육정의론. 서울: 고려원.

이문국(2002). 자활사업과 자력화 실천: 자활지원사업 활성화를 위한 자력화 실천사례연구. 서울: 나눔의 집.

이미숙(1985). 서설: 현단계 민중교육에 대한 검토. 한국민중교육론 그 이념과 실천전략. 한완상 외. 서울: 학민사.

이미화(1989). 한국민중교육론 정립을 위한 소고: 민중신학적 입장에서. 석사학위논문. 이화여자대학교.

이병준(1998). 사회교육학의 학문적 전문성에 관한 고찰. 평생교육학연구 4(2). 한국평생교육학회. 51-80.

이상오(2000). 평생학습사회론: 교육복지의 차원. 서울: 교육과학사.

이상진(2018). 개정 평생교육법 시행과 장애인복지관의 평생교육 활성화 방안. 장애인평생교육복지연구 4(1). 한국장애인평생교육복지학회. 31-64.

이영환, 상종열(2013). 자활참여자의 경험을 통해 본 인문교육의 의미 연구. 한국사회정책 20(2). 한국사회정책학회. 131-167.

이은지, 조준영(2019). 자활사례관리가 정서적 자활에 미치는 영향: 자활사례관리 수행에 대한 자활참여자의 인식을 중심으로. 디지털융복합연구 17(2). 19-20.

이을호(2015a). 다산경학사상연구. 경기: 한국학술정보.

이을호(2015b). 다산학 강의. 경기: 한국학술정보.

이이 저, 안외순 역(2015). 동호문답. 서울: 책세상.

이정연(2010). 한국 '사회교육'의 기원과 전개. 서울: 학이시습.

이정희(2005). (상담자를 위한) 사이코드라마의 과정과 기법. 서울: 서림출판사.

이종각(2004). 새로운 교육사회학 총론. 서울: 동문사.

이진명, 구혜경(2021). 참여자 관점에서의 자활사업 체계화 및 활성화 방안 제언. 인문사회 21, 12(2). 563-575.

이찬갑(1983). 산 믿음의 새 생활. 홍성: 시골문화사.

이철우(2017). 현대사회문제 이론과 실제. 서울: 학지사.

이황 저, 이광호 역(2021). 성학십도. 서울: 홍익.

임구원(2019). 지역사회교육론. 경기: 공동체.

임연기 외(2013). 교육복지의 이해. 서울: 학지사.

임영식, 정경은(2014). 교정시설/소년원학교 문화예술교육 효과성 연구. 교정 연구 64(64). 한국교정학회. 115-145.

장상호(1993). 교육학탐구영역의 재개념화. 서울: 서울대학교 교육연구소.

장상호(1997). 학문과 교육 상권 하권. 서울: 서울대학교 출판부.

장원동, 최희숙(2008). 현대사회와 교육. 서울: 동문사.

전미진(2018). 한국 평생학습도시정책의 변천과정에 나타난 평생교육복지 특성 연구. 석사학위논문. 동의대학교.

정기섭(2019). 지속가능한 미래를 위한 교육: 지속가능발전교육(ESD)의 이해와 실제. 서울: 강현출판사.

정득진, 황을호(1998). 사회교육과 지역사회개발의 관계성 탐색. 지역사회개발연구 23(2). 한국지역사회개발학회. 83-102.

정민승(2002). 평생학습 패러다임에서의 사회교육자: 위상과 역할. 평생교육학연구 8(2). 한국평생교육학회. 41-59.

정민승(2010). 성인학습의 이해. 서울: 에피스테메.

정봉길(2015). 교정시설 내 인문학 교육의 현재와 발전 방안에 관한 연구. 교정 연구 66(8), 한국교정학회. 197-224.

정약용 저, 이지형 역(1994). 역주 다산 맹자요의. 서울: 현대실학사.

정약용 저, 정태헌 외 역(1996). 국역 다산시문집 7. 서울: 솔출판사.

정약용 저, 다산연구회 편역(2005). 목민심서. 서울: 창비.

정약용 저, 이광호 외 역(2015). 대학공의, 대학강의, 소학지언, 심경밀험. 서울: 사암.

정옥자(2002). 우리가 정말 알아야 할 우리선비. 서울: 현암사.

정우현(1997). 사회교육학의 학문적 발전과정과 미래. 한국사회교육학회 1997년 학술세미나 자료. 한국사회교육학회. 7-40.

정우현(1991). 사회교육학 정립에 대한 소고. 사회교육학서설. 한국교육학회 사회교육연구회 편. 서울: 교육과학사.

정지웅 편(2002). 지역사회개발과 사회교육. 서울: 교육과학사.

정지웅(2012). 평생교육에서의 참여연구의 기원과 발전. 평생교육학연구 18(4). 87-102.

정지웅, 김지자(1986). 사회교육학개론. 서울: 서울대학교출판부.

정지웅, 최상호(1983). 지역사회개발론. 서울: 선일문화사.

정희숙(1990). 정약용의 사회교육사상. 서울: 배영사.

조식 저, 경상대학교남명학연구소 역(2001). 남명집. 서울: 한길사.

조용진(1981). 브라멜드의 교육사상. 서울: 배영사.

조용환(2015). 현장연구와 실행연구. 교육인류학연구 18(4). 한국교육인류학회. 1-49.

주성수(1999). 시민사회와 제3섹터. 서울: 한양대학교출판부.

주성수(2019). 사회적경제: 이론, 제도, 정책. 서울: 한양대학교출판부.

주영흠(2012). 교육정치와 페스탈로치의 인식범주. 총신대논총 32. 총신대학교. 90-112.

주진호(2005). 그람시를 통해 본 지식인과 교육. 교육연구 19. 공주대학교 교육연구소. 45-72.

주형선(2017). 지속가능한 지역사회 만들기의 관점에서 본 청소년 사회참여활동의 의미. 환경교육 30(2). 한국환경교육학회. 156-170.

중앙자활센터(2019). 자활사례관리 안내 매뉴얼. 중앙자활센터.

최상미(2020). 저소득 청년의 자활 경로에 대한 탐구: 정서적 자활, 진로준비행동, 경제적 자활 간의 관계. 사회복지연구 51(1). 한국사회복지연구회. 83-106.

최우혁(2017). 마을만들기사업의 추진주체별 역할 중요도 분석을 통한 수법개발. 박사학위논문. 동의대학교.

최운실 외(1992). 한국사회교육의 과거 · 현재 · 미래탐구. 한국교육개발원.

최일섭 외(2003). 사회문제와 사회복지. 경기: 나남출판.

최정웅(1980). 사회개조를 중심으로 한 페스탈로치의 교육사상. 연구논문집 22(1). 대구효성가톨릭대학교. 621-758.

최현배(1963). 나라건지는 교육 1963년판. 서울: 연세대학교 출판문화원.

최현배(1973). 나의 걸어온 학문의 길. 나라사랑 10. 외솔회. 166-176.

한국지역자활센터협회(2010). 자활사업과 지역화실천. 서울: 나눔의집.

한기언(1975). 교육의 역사철학적 기초: 한국 교육의 세계교육사교육철학적 좌표. 서울: 실학사.

한보라(2018). 사회적경제교육 교재의 내용구성 및 활용실태: 서울시 초등학생용 교재를 중심으로. 석사학위논문. 서울교육대학교.

한상진(1996). 언술검증과 비판이론. 사회비평 제15호. 서울: 나람출판사. 16-45.

한순미(1999). 비고츠키와 교육. 서울: 교육과학사.

한숭희(1998). 성인교육의 비판적 담론과 한국사회교육연구. 평생교육학연구 4(2). 한국평생교육학회. 23-50.

한숭희(2001a). 평생학습과 학습생태계: 평생교육론의 새로운 패러다임. 서울: 학지사.

한숭희(2001b). 민중교육의 형성과 전개. 서울: 교육과학사.

한숭희(2019). 교육이 창조한 세계-학습활동에서 교육체계로의 진화. 서울: 교육과학사.

한완상, 허병섭(1985). 한국 민중교육론: 그 이념과 실천 전략. 서울: 학민사.

함석헌(2009a). 함석헌 저작집 2: 인간혁명. 서울: 한길사.

함석헌(2009b). 함석헌 저작집 3: 새나라 꿈틀거림. 서울: 한길사.

함석헌(2009c). 함석헌 저작집 7: 하나님의 발길에 채여서. 서울: 한길사.

허병섭(1987). 스스로 말하게 하라. 서울: 한길사.

허준(2008). 학습사회론에 비추어 본 문해교육 법제화의 의미. 평생교육학연구 14(4). 한국평생교육학회. 57-81.

홍유희(2013). 린드만 성인교육론의 사회과학 방법적 검토. 평생교육학연구 19(2). 한국평생교육학회. 133-160.

홍은광(2010). 파울로 프레이리, 한국 교육을 만나다. 서울: 학이시습.

황여정, 전현정(2017). 청소년의 지역사회 참여 모형개발 연구. 한국청소년정책연구원 연구보고서.

황주석(2007). 마을이 보인다 사람이 보인다. 서울: 그물코.

大串隆吉(2008). 社會教育入門: Einfuehrung in die Sozialpaedagogik. 有信堂.

小川利夫(1977). 現代社會教育思想の生成-日本社會教育思想史序說-'. 講座現代社會教育 I

現代社會教育의理論. 亞紀書房. 94.

小林文人, 伊藤長和, 양병찬(2010). 일본의 사회교육 · 평생학습-풀뿌리 주민자치와 문화 창조를 향하여. 서울: 학지사.

佐藤三三(2009). 社會教育は、なぜ「社會教育」と命名されたのか(その 1): 明治10年代の社會教育論研究の検討を通して - 弘前大學教育學部紀要 101. 129-138.

松下圭一(1986). 社會教育の終焉. 筑摩書房.

松田武雄(1998). 社會教育史研究先行研究方法論検討. 九州大學大學院教育學研究紀要. 創刊號(通卷第44集). 35-64.

松田武雄(2007). 現代社會教育の課題と可能性-生涯學習と地域社會. 九州大學出版會.

長澤成次(2019). '한일학술교류연구대회 10년을 회고하며'. 사회문제 해결을 향한 사회교육/평생교육전문직의 역할. 제10회 한일학술교류연구대회 자료집. 한국평생교육학회-일본사회교육학회. 11-22.

福原國彦(1984). 社會教育法 解說. 全日本社會教育聯合會.

Apple, M. 저, 강희룡 외 역(2015). 교육은 사회를 바꿀 수 있을까? 서울: 살림터.

Bandura, A. 저, 변창진 외 역(2003). 사회적 학습이론. 경기: 한국학술정보.

Bandura, A. 편저, 윤운성 외 역(2004). 변화하는 사회 속에서의 자기효능감. 서울: 학지사.

Bandura, A. 저, 박영신, 김의철 역(2007). 자기효능감과 삶의 질. 서울: 교육과학사.

Bazalgette, P. 저, 박여진 역(2019). 더 나은 인간 더 좋은 사회를 위한 공감선언. 서울: 예문아카이브.

Benedict, R. 저, 이종인 역(2011). 문화의 패턴. 경기: 연암서가.

Brookfield, S. D. 저, 기영화 외 역(2009). 성인교육과 성인학습을 위한 비판이론. 서울: 학지사.

Brookfield, S. D. 저, 조성란 역(2020). 파워풀한 성인교수기법. 서울: 학지사.

Cervero, R. M. (1991). Changing relationships between theory and practice. *Adult education: Evolution and achievements in a developing field of study*(Peters, J. M. edit.). San Francisco: Jossey-Bass.

Cervero, R. M., & Wilson, A. L. (2001). *Power in practice: adult education and the struggle for knowledge and power in society*. San Francisco : Jossey-Bass.

Cialdini, R. B. 저, 이현우 역(2002). **설득의 심리학**. 서울: 21세기북스.

Choi, Il-Seon(2009). Two perspectives on facilitation in adult education: Learner-centered facilitation versus interventionist facilitation. *Andragogy Today 12*(3). 103-129.

Dewey, J. (1949). *The school and society.* The University of Chicago Press.

Dewey, J. 저, 이홍우 역(2007). **민주주의와 교육**. 서울: 교육과학사.

Eriksson, L. (2014) 'The understandings of social pedagogy from northern European perspectives', *Journal of Social Work 14*(2). 165-182.

Freire, P. 저, 채광석 역(1978). **교육과 의식화**. 서울: 중원문화.

Freire, P. 저, 남경태 역(2009). **페다고지**. 서울: 그린비.

Galbraith, M. W. edit. (1991). *Adult learning method: A guide for effective instruction.* Florida: Krieger Publishing Company.

Gandhi, M. 저, 고병헌 역(2006). **간디. 나의 교육철학**. 서울: 문예출판사.

Gramsci, A. 저, 이상훈 역(2005). **그람시의 옥중수고 1**. 서울: 거름.

Gramsci, A. 저, 이상훈 역(2006). **그람시의 옥중수고 2**. 서울: 거름.

Greenwood, D. J. and Levin, M. 저, 변기용 역(2020). **사회개혁과 교육실천을 위한 실행연구 입문**. 서울: 학지사.

Habermas, J. 저, 장춘익 역(2006). **의사소통행위이론. 1, 2**. 서울: 출판나남.

Hämäläinen, J. (2003). The concept of social pedagogy in the field of social work. *Journal of Social Work 3*(1). 69-80.

Hämäläinen, J. (2015). Defining social pedagogy: Historical, theoretical and practical considerations. *British Journal of Social Work 45*. 1022-1038.

Hatton, K. (2013). *Social pedagogy in UK: Theory and practice*. Russel House Publishing.

Hendricks, H. 저, 정명신 역(2019). **삶을 변화시키는 가르침**. 서울: 생명의 말씀사.

Horton, M., & Freire, P. 저, 프락시스 역(2006). **우리가 걸어가면 길이 됩니다**. 서울: 아침이슬.

Hroncová, J. (2015). The Socio-pedagogical thinking of J.A. Comenius as inspiration for social pedagogy. *The New Educational Review 39*(1). 39-50.

Ilica, A. (2015). Contemporary representations of “Social Pedagogy”. *Journal Plus Education 12*(2). 7-26.

Jarvis, P. (1987). *Twentieth century thinkers in adult education.* London: Croom Helm.

Jarvis, P. (2006). *From adult education to the learning society.* London: Routledge.

Jayapalan, N. (2005). *History of education in India.* New Delhi: Atlantic Publishers and Distributors.

Jensen, N. R. (2013). Social pedagogy in modern times. Social Pedagogy in the 21st Century. *Educational Policy Analysis Archives 21*(43). Arizona State University. 1-11.

Kornbeck, J., & Jensen, N. R. Eds. (2012). *Social pedagogy for the entire lifespan* Ⅰ, Ⅱ. Bremen: EHV.

Lewin, K. 저, 정명진 역(2016). 사회적 갈등 해결하기. 서울: 부글북스.

Lindeman, E. (1933). *Social education: An interpretation of the principles and methods developed by the inquiry during the years 1923-1933.* Literary Licensing, LLC.

Lindeman, E. (1987). *Learning democracy: Eduard Lindeman on adult education and social change.* edited by S. Bookfield. Croom Helm. 113-121.

Lindeman, E. 저, 강대중, 김동진 역(2013). 성인교육의 의미. 서울: 학이시습.

Long, H. B. (1991). *Early innovators in adult education.* London: New Fetter Lane.

Midgley, J., & Conley, A. 저, 김영화 · 박태정 역(2012). 사회사업과 사회개발. 파주: 양서원.

Midgley, J. (1995). *Social development: the developmental perspective in social welfare.* London: Sage.

Midgley, J. (2014). *Social development: theory & practice.* Los Angeles: Sage.

Natorp, P. (1904). *Sozialpädagogik: Theorie der Willenserziehung auf der Grundlage der Gemeinschaft* (Classic Reprint). Stuttgart: Fr. Frommanns Verlag.

Niebuhr, R. 저, 이한우 역(1992). 도덕적 인간과 비도덕적 사회. 서울: 문예출판사.

Palmer, P. J. 저, 이종인 역(2013). 가르칠 수 있는 용기. 서울: 한문화.

Pentland, A. 저, 박세연 역(2015). 창조적인 사람들은 어떻게 행동하는가: 빅데이터와 사회물리학. 서울: 와이즈베리.

Pestalozzi, J. H. 저, 왕학수 역(1960). 숨은 이의 저녁때 외. 세계교육명저총서 1. 세계교육명

저총서간행회.

Pestalozzi, J. H. 저, 김정환, 김선양 역(1980). 페스탈로치. 세계사상문학전집 6권. 서울: 민중도서. 55-185.

Peters, M. 저, 김보미 역(2018). **십대의 손으로 정의로운 사회만들기**. 서울: 우리교육.

Prensky, M. 저, 허성심 역(2018). **미래의 교육을 설계한다**. 서울: 한문화.

Putnam, R. G. 저, 안청시 외 역(2000). **사회적 자본과 민주주의**. 서울: 박영사.

Rao, V. etc. (2004). *Education in India*. New Delhi: Discovery Publishing House.

Rodríguez, J. R. (2013). Politics against social exclusion and their relation with social pedagogy: guaranteed minimum income programs and basic income. *Education Policy Analysis Archives 21*(40).

Schugurensky, D. (2013). Social pedagogy: historical traditions and transnational connections. (Daniel Schugurensky, Michael Silver(2013). *Education Policy Analysis Archives 21*(35). Arizona State University. 1-17.

Schugurensky, D. (2014). A social worker, a community development worker and an adult educator walk into a bar: on strange bedfellows and social pedagogy. *Postcolonial Directions in Education 3*(2). 360-395.

Scott, W. 저, 강선규 역(1989). **사회정의와 세계선교를 향한 제자도**. 서울: 두란노서원.

Stein, D. S. (2002). Creating local knowledge through learning community: a case study. In D. S. Stein(ed.), Adult learning in community. *New Direction for Adult and Continuing Education 95*. San Francisco: Jossey-Bass.

Stephens, P. (2013). *Social pedagogy: Heart and head*. Bremen: Europäischer Hochschulverlag GmbH & Co. KG.

Stewart, D. (1987). *Adult learning in America: Eduard Lindeman and his agenda for lifelong education*. Robert E. Krieger Publishing Company.

Stott, J. 저, 정옥배 역(2012). **현대 사회문제와 그리스도인의 책임**. 서울: IVP.

Ucar, X. (2012). Social pedagogy in Latin America and Europe: looking for new answers to old questions. *Social pedagogy for the entire human lifespan*(Kornbeck, J. and Jensen, N. R. Eds.) Bremen: EHV. 166-201.

Ucar, X. (2013). Exploring different perspectives of Social Pedagogy: towards a complex and integrated approach. *Education Policy Analysis Archives 21*(36). Arizona State University. 1-19.

UN(1959). *Public Administration Aspects of Community Development Programmes*. New York.

Vygotsky, L. 저, 정회욱 역(2009). **마인드 인 소사이어티: 비고츠키의 인간고등심리과정의 형성과 교육**. 서울: 학이시습.

Walch, M. R. (1952). *Pestalozzi and the Pestalozzian theory of education*. Washington D. C.: The Catholic University of American Press.

찾아보기

인명

ㄱ

강치봉 64

공자 145

금장태 301

김도수 61

김민호 352

김신일 130

김용기 113, 312, 317, 362

김정환 65, 66

ㄴ

나가사와 세이지 27

ㅁ

마츠다 타케오 25

맹자 146

ㅂ

배민수 113, 311, 316

ㅅ

사토 산조 25

ㅇ

안창호 113, 199, 211, 217, 263, 311, 316

유중교 303

이상재 311, 316

이승훈 113, 199, 311, 316, 362

이이 146, 220

이정연 58

이찬갑 113, 216, 317

이황 18, 146, 280

이황보 220

ㅈ

장상호 130, 200

정민승 239

정약용 148, 218, 298, 302

정우현 60, 181

정지웅 359

조식 146

주자 145

주희 220

ㅊ

최용신 311, 362

최일선 240

최현배 63

ㅎ

한숭희 62, 202, 230, 253

함석헌 140, 189, 262, 312, 317

허병섭 37, 215, 312, 317, 344

황종건 317

황주석 204, 215, 262, 263, 264, 304, 312, 318

후쿠자와 유키치 25

A
Adams, J. 114
Adorno, T. 136
Allport, G. 304
Althusser, L. 121
Apple, M. 143, 195, 214, 274, 286, 293, 318

B
Bandura, A. 157
Bazalgette, P. 301
Brameld, T. 133
Brookfield, S. 121, 137, 240

C
Cervero, R. 176
Coady, M. 44, 115, 118
Comenius, J. 108, 110
Counts, G. 143, 276

D
Dewey, J. 132, 214, 229
Diesterweg, F. 22
Durkheim, E. 20

E
Engeström, Y. 159
Erikson, L. 205

F
Fichter, J. 109
Foucault, M. 121
Freire, P. 24, 116, 118, 143, 196, 212, 215, 238, 242, 254, 286
Fromm, E. 136

G
Gandhi, M. 114
Gramsci, A. 81, 121, 138, 189
Grundtvig, N. F. S. 24, 112, 306

H
Habermas, J. 121, 136, 304
Hart, J. 112
Hitler, A. 351
Horkheimer, M. 136
Horton, M. 24, 112, 116, 118, 204, 215, 242, 254, 275, 306

J
Jarvis, P. 118
Jensen, N. R. 32, 128, 187, 208, 318, 319

K
Kant, E. 109, 124
King, M. L. 158

L
Lengrand, P. 74
Lewin, K. 234, 243, 246, 253, 266, 350
Lindeman, E. 28, 112, 118, 119, 172, 196, 204, 215, 261, 295

M
Mager, K. 22
Makarenko, A. 113
Mansbridge, A. 118
Marcuse, H. 136
Merton, R. K. 94
Mollenhauer, K. 125

N
Natorp, P. 22, 63, 124, 194
Niebuhr, R. 20

Nisbet, R. 94
Nohl, H. 22, 124

O

Owen, R. 24, 44, 109, 111

P

Palmer, P. 239, 245, 247, 265, 319
Pentland, A. 160, 228, 235, 267
Pestalozzi, J. 24, 29, 44, 63, 107, 108, 110, 235, 328, 339
Pitkin, R. 112
Prensky, M. 19, 53, 236, 284, 321

R

Rousseau, J. 109

S

Schugurensky, D. 194
Scott, W. 133
Spencer, H. 90
Stephens, P. 23, 33, 36, 175, 184, 194, 300, 312, 320

T

Tawdy, H. 118
Thiersch, H. 125
Tönnies, F. 124

U

Ucar, X. 210

V

Vives, J. L. 108
Voltaire, F. A. 109
Vygotsky, L. 155, 248

W

Walch, M. 28
Williams, R. 144

내용

4H 71
5분 개입 301

adult education 30, 37, 117

ICAE 295
Inquiry 28

social education 24, 28, 30
social educator 309
social pedagogue 309
social pedagogy 22
socio-cultural animator 309
Sozialpädagogik 22

TRICK 321
YMCA 70, 311, 316
YMCA 생협 등대모임 269
YWCA 70

ㄱ

가나안농군학교 71, 263, 312
가나안농장 317
가정폭력 97
가족 98
가치갈등론적 관점 90
가치중립적 관점 90
각성 217
갈등주의적 관점 91
갈등주의적 교육사회학 141
감정적 공감 299
강명의숙 316
강제학습 206
개념사 56

개념적 사고 248
개벽 59
개인교육 35
개인성장 215, 221
개인적 성취 53
개인주도적 일반교육 209
개인지향 16
개인학습 40, 237
개조 217
거리의 교육자 314
거창고등학교 53
건축일꾼 두레 71
게임중독 343
격물치지 218
결속적 사회자본 273
겸선 147
겸선천하 147
『경세유표』 152
경세학 152
경의 147
경제개발 356
경제적 자활교육 44, 82, 101, 283, 287, 292, 315, 323, 344
경학 152
경험과 교육 132
경험학습 130, 234, 237, 248
계 45, 69
계속교육 38
고등기술학교 71
고등농사학원 316
공감 206, 289, 297, 299, 320
공감능력 302
공동체 230
공립신보 316
공민학교 71
과학적 접근 174
관점 수용 299
광역자활센터 345
교남교육회 58
교도관 332
교량적 사회자본 273
교육 98
교육경제학 166
교육기법 289
교육도구 289
교육 발전 200
교육방법 289
교육복지 44, 339, 340, 343
교육복지사 330
교육복지우선지원사업 330
교육복지투자우선사업 71
교육 본위의 교육학 200
교육사회학 141, 166, 167
교육상황특화적 사회교육학 172
교육심리학 166
교육원리중심적 사회교육학 172
교육의 상대적 자율성 142
교육인류학 166
교육입국 199
교육적 가치 200
교육적 개입 237
교육적 협상 244
교육정의 207
교육지향적 접근 173
교육학 178
교육행위 16
교정 281, 327
교정교육 44, 341
교제 270
교조화 206
교직학 170
교화위원 332
구성론적 접근 89
구화고등공민학교 317
국가문해교육센터 331
국가사회개발교육 48
국가사회교육 48
국가시민교육 48
국가평생교육진흥원 331

국문강습소 69, 71
국민기초교육 48
국민자활교육 48
국제기초교육 49
국제사회개발교육 49
국제사회교육 49
국제성인교육협회 295
국제시민교육 49
국제자활교육 49
규범적 접근 174
규율적 권력론 121
근접발달영역 155
기능주의적 관점 90
기능주의적 교육사회학 141
기능중심 사회교육 개념 25, 28
기독교농민학원 316
기독교여자농민학원 316
기술관료적 합리성 138
기술학교 71
기초교육 44, 82, 101, 283, 287, 292, 315, 323, 339
기초도야 111, 235
기호학회 58

ㄴ

나치 125
나치정권 22, 213
낙관주의적 관점 90
낙인이론적 관점 90
난민 342
낭만적 낙관론 195
내재성 200
내적 조직화 259, 261
내집단 246
넓은 의미의 평생교육 58
네덜란드 23, 126
네트워크 272
노동 98
노르웨이 23
노인 98
노인돌봄교육 288
노인복지관 335
노인사회교육 51
『논어』 145
농민 59
농민교육 312
농업기술센터 334
농촌계몽운동 70
농촌지도사 310, 311, 334
농촌진흥청 334
뉴라나크 111
뉴하모니 112
느린 학습과정 228
능동적 시민성 351

ㄷ

다문화교육 332
다원적 사회교육학 172
대교수학 110
대리적 경험 158
대면교육 250
대성학교 53, 311, 316
대안교육기관 334
대안적 의식화 140
대위임령 133
『대학』 145
대학공의 149, 218
대학확장운동 206
대한자강회 58, 70
대한학회 58
대한흥학회 58
대화 269
더 나은 세상 만들기 교육 284
덴마크 23, 112, 126
도구적 이성 121
도덕주의적 관점 90
도시빈민운동 312
도시재생사업 206, 333
도야 29, 205
독립협회 70, 311, 316
독선 147
돌봄교육 44

동광 316
동명학원 316
동원 206, 256
동원적 모델 205
동화교육 206
두레 45, 69
등대모임 263

ㄹ

리세움 269
『린하르트와 게르트루트』 111

ㅁ

마을공동체활동 206
마을교육공동체 53, 69, 113
마을기업 43, 360
마을만들기 359
마을활동가 333
만민공동회 70, 316
만연성 200
면대면 인간관계 250
『맹자요의』 149
목민 281
목민지도 152, 327
목민관 152
『목민심서』 149, 152, 326
목민자 152
목적 조직 262
무형식적 사회교육 50
문해교육 44, 70, 206, 339, 340
문해교육기관 335
미국 28
민족학교 311
민주시민교육 21
민주시민교육센터 71
민주적 모델 205
민주주의와 교육 132
민중 80
민중교육 67, 80, 253
민중학교 116

ㅂ

바이마르 공화국 351
박애주의 128
밖으로부터의 관찰 296
반성적 사고 291
반헤게모니 121, 139
발언자의 진정성에 대한 요구 306
범죄 97
벨기에 23, 126
보건교육 44
보건의료 98
보수적 정치이념 213
보편적 사회교육 209
보편적 사회교육학 171
보헤미안 형제단 110
보호관찰관 332
봉안이상촌 317
비계설정 156, 291
비대면 교육 249
비판이론 125, 136
비판적 관점 90
비판적 낙관론 142, 195
비판적 문해교육 286
비판적 비관론 195
비판적 사고 140, 305
비판적 의사소통능력 304
비판적 의사소통법 293
비판적 의사소통 이론 121
비형식교육 23, 56, 126
비형식적 사회교육 50
빅데이터 160
빈곤 97
빈민학교 110

ㅅ

사랑의 Y형제단 318
사상계 317
사회개발 45, 355
사회개발 과정을 통한 사회교육 358

사회개발교육 45, 102, 283, 287, 292, 315, 323, 355
사회개발을 위한 사회교육 357
사회개선주도적 사회교육 199
사회개선협력적 사회교육 198
사회개조 67
사회개혁 67
사회경험 234
사회공동체 128
사회과 교육 21, 34
사회과학 169, 178
사회과학적 안목 321
사회관계망 267
사회교육 15, 31, 73, 120, 308
사회교육가 65
사회교육가치론 179
사회교육개념론 179
사회교육과정을 통한 사회개발 358
사회교육 교육과정 279
사회교육방법 289
사회교육방법론 179
사회교육법 57, 72
사회교육비평론 179
사회교육사 181
『사회교육학』 124
사회교육사회학 181
사회교육실천가론 179
사회교육심리학 181
사회교육연구회 317
사회교육영역론 179
사회교육을 위한 사회개발 358
사회교육의 기초 179
사회교육의 실천 179
사회교육의 원리 179
사회교육자 29, 309
사회교육 전문요원 310, 311
사회교육조직론 179
사회교육철학 181
사회교육학 55, 123, 165
사회구성주의적 관점 90
사회기획모델 364
사회명목론 216
사회문제 21, 33, 85, 232, 287
사회문제 해결형 학습동아리 269
사회문화적 애니메이션 23, 126
사회물리학 160, 166
사회변혁주도적 사회교육 199
사회변혁협력적 사회교육 199
사회변화 136, 141, 193, 215, 221
사회병리학적 관점 90
사회복지관 335
사회복지사 312, 335
사회사업 23, 35, 126
사회실재론 216
사회운동 38, 204, 262
사회인지이론 158
사회자본 273
사회재적응교육 44
사회적 가치 166, 194, 200
사회적 경제 43, 355
사회적 관계 155
사회적 교육학 64
사회적 기능 131
사회적 기술 232
사회적 기업 43, 360
사회적 사실 20
사회적 실현 53
사회적 약자 42, 302
사회적 태도 267
사회적 행동모델 364
사회정의 207

사회지도자 324
사회지향 16
사회지향적 접근 173
사회참여형 학습동아리 활동 298
사회체제 변혁 213
사회체제 비판 213
사회학습 29, 40, 130, 154, 227
사회학습지원론 179
사회해체론적 관점 90
사회화 160
산업체 부설학교 71
살신성인 146
삼각산농장 317
삼애농업기술학원 71, 316
삼청교육대 71, 206
상호작용주의적 관점 91
상황학습 160
새마을 교육 69
새마을지도자 310, 311
생리적 및 정서적 상태 158
생성어 286
생애주기적 관점 128, 349
생활협동조합 71, 360
서북학회 58
서우학회 58
서원 325
선비 303, 324
성격형성학원 111
성공경험 158
성기 219
성리학 146
성매매 97
성물 219
『성인교육의 의미』 119
성서조선 317
성의 219
성인교육 37, 117
성인교육사 310, 311
성인기초교육 340
성인사회교육 51
성차별 97
성폭력 97
성학십도 280
세계시민 45
세계시민의식 352
셉티드교육 288
소집단 264, 266
송산농사학원 317
수기 149
수기치인 145, 153, 218, 280, 282, 324
수단 조직 262
수도권특수지역선교위원회 317
수신 219
수신제가치국평천하 145
수양동우회 316
수양론 147
순응 206
스웨덴 23, 126
스터디서클 206
스터디서클 269
스페인 23
슬로베니아 23, 126
시민 81
시민교육 45, 102, 283, 287, 292, 315, 323, 349
시민단체 69
시민단체 공식적 시민교육 353
시민단체 활동중심 354
시민사회 45, 352
시민성 350
시민적 소양 349
신독 281
신민회 70, 316
신생활교육원 71
신생활지도자 310, 311
신속한 학습과정 228
신한민보 316
신흥무관학교 53
실력 양성 211

실증주의 136
실천 270
실천의 운동성 265
실천조직화 259
실천지향 175
실천학문 169
실천현장형 사회교육 225, 308
실학사상 148
실행연구 286, 295
심도성 200
씨올 189, 262
씨올농장 317
씨올의 소리 317

ㅇ

아동사회교육 51
아슈람 115
아이디어의 흐름 161
안드라고지 23, 126, 238
안으로부터의 관찰 296
안티고니시 115
안티고니시 운동 269
야학 69, 339
약물남용 97
약물중독 343
언어세계 286
언어적 설득 158
언어행위의 규범성에 대한 요구 306
엘리트적 사회교육 209
역량 315
역설적 상호작용 245
연희 64
영국 23
영역중심 사회교육 개념 25, 28
예법 18
예술 303
예악형정 151, 281
오산학교 53, 263, 311, 316
온마을교육 71
외적 조직화 259, 261
용서 150
용인에덴향 317
원인론적 접근 89
원형적 사회교육 32
월곡동 건축일꾼 두레 317
위기지학 220
『우리가 걸어가면 길이 됩니다』 254
유가 146
유교 146
유기적 지식인 139
유네스코 49, 340, 364
유도적 숙련 163
유아학교 112
융복합학문 170
은행저금식교육 206
음악 304
응용학문 168
의리 147
의사소통 289
의사소통 능력 233
의사소통이론 305
의식 270
의식 함양 82
의식화 82, 206, 251, 364
이데올로기 138
이데올로기론 121
이데올로기 비판교육 203
이데올로기 형성교육 202
이론지향 175
이상촌 운동 69, 206, 311, 360
인도 30
인문교육 347
인문학 178
인문학 강좌 206
인본적 인간해방론 141
인의 146
인지적 공감 299
인지행동치료 342
일반 교육 35, 226

일반 교육기관 시민교육 354
일반사회교육 224, 225, 286, 308
일반조직 활동중심 시민교육 354
일반행위 16
일본 24
일제강점기 58

ㅈ
자기주도학습 130
자기효능감 157
자력화 117, 233, 343, 348
자립 206
자립대상자 346
자면회 317
자수 281
자활기업 43
자활대상자 346
자활사례관리사 331
자활사업 347
장애인교육 341
장애인복지관 335
장애인평생교육기관 335
장이론 253
재가돌봄 127
재건국민운동본부 71
재건국민운동요원 310, 311
재건주의 132
재활대상자 346
저항이론 142
적응적 모델 205
전문성 322
전문적 사회교육 224, 225, 308
전인교육 111
점진학교 316
접촉 가설 304
정규화 187, 188
정신장애 97
정심 219
정치 210
정치의 교육화 202
정치적 이념 212
제가 219
제도화 336
조선교육학회 316
조선교육협회 316
조선농민사 69
조직사회교육 47
조직화 82, 233, 251, 364
좁은 의미의 평생교육 58
주장의 진리성에 대한 요구 306
주제적 복합체 286
준토 269
중명 59
지각된 자기효능감 300
지방순회강연 206
지속가능 발전 355
지속가능발전사업 364
지식인 139
지역공동체 336
지역기초교육 48
지역사회개발 23, 126, 355
지역사회개발교육 45, 48, 355
지역사회교육 47
지역사회교육연구소 317
지역사회교육전문가 312
지역성 개발모델 364
지역시민교육 48
지역아동센터 69, 335
지역자활교육 48
지역자활센터 69, 331, 345
지역재생 355
지역재생사업 69
지역학습공동체 360
지역혁신 362
직업상담사 333
진리의 커뮤니티 245, 247
진보적 정치이념 213
진술의 이해가능성에 대한

요 306
진지전 189
집단 간 네트워크 304
집단사고 235
집단지성 232
집단학습 230
집단효능감 158

ㅊ

착취 206
참여 228
참여연구 172, 293, 294
참여연구법 291
참여연구형 284
참획 206
청년학우회 311, 316
청소년문화의집 334
청소년비행 97
청소년사회교육 51
청소년상담복지센터 334
청소년상담사 334
청소년수련원 334
청소년쉼터 334
청소년자립지원관 334
청소년지도사 312, 334
체코슬로바키아 23
촉진 240
촛불대학 263
추서 150, 281, 299
추행 280
축도사회 229
치국 219
치인 149, 151

ㅋ

콜로니 113

ㅌ

탈선행위론적 관점 90
탈중심 연합 274
탈학교론 141
탐험 228
태극서관 316
태극학회 58
토론 307
토의 307
토인비 홀 114
톨스토이 농원 115
팀프로젝트 284, 285, 294, 298

ㅍ

『페다고지』 116
평민대학 112, 119, 307
평생교육 55, 60, 73, 239
평생교육법 57, 72
평생교육사 311, 335
평생학습 77, 78
평생학습관 69, 335
평생학습사회 201
평생학습센터 335
평생학습자 79
평천하 219
포르투갈 126
폴란드 23
풀무학교 53, 206
풀무학원 317
품앗이 45
프락시스 80, 117
프랑크푸르트학파 125
피닉스 농원 115
핀란드 23
필요분석 323

ㅎ

하나님의 선교 133
하이랜더 256, 263, 269
하이랜더 센터 307
학교 32
학교 밖 교육 32
『학교와 사회』 132
학교사회교육 51, 52, 275, 286

학습 270
학습공동체 130, 245, 247, 252
학습권 17, 130, 336, 340
학습권 보장적 일반교육 209
학습동아리 116, 269, 291, 293, 362
학습사회 130
학습자중심 122, 238
학습조직화 259
학습주의 130, 238
학회 58, 70
한국문해교육협회 317, 331
한국사회교육협회 57, 317
한국자활복지개발원 345
한국지역사회학교후원회 71, 317
한국청소년상담복지개발원 334
합리적 의사소통 능력 305
해방적 관심 137
향교 325
향약 45, 69
향토학교운동 71
헐하우스 114
헝가리 23, 126
헤게모니 138
헤게모니론 121
『현가궤범』 304
협동조합 43
협력 161
협상 241, 244
형식적 사회교육 50
호남학회 58
확장학습 159
확장학습이론 78, 162
활동이론 159, 162, 166
활동체계 159
황국신민화 58, 311
회복적 사법 298
효제자 150, 281
『흠흠신서』 152
홍사단 263, 311, 316

저자 소개

오혁진(Oh, Hyuk-Jin)

서울대학교 영어교육과 졸업
서울대학교 대학원 교육학과 석사, 박사(평생교육 전공)

가나안농군학교 교관
한국교육개발원 평생교육센터 연구원
동의대학교 교수학습개발센터 소장
부산광역시 평생교육협의회 위원
부산 YMCA 이사

현 동의대학교 평생교육 · 청소년상담학과 교수
한국평생교육학회 이사
한국사회교육연구회 회원

〈주요 저서〉
평생교육경영론(2판, 학지사, 2021)
평생교육론(2판, 공저, 한국방송통신대학교출판문화원, 2021)
한국사회교육사상사(학지사, 2016)
지역공동체와 평생교육(2판, 집문당, 2014)
신 사회교육론(학지사, 2012)

사회교육학 탐구

-사회문제의 교육적 해결을 지향하는 새로운 교육학의 탐색-

Academic Inquiry for Social Education

2022년 1월 10일 1판 1쇄 인쇄
2022년 1월 20일 1판 1쇄 발행

지은이 • 오혁진
펴낸이 • 김진환
펴낸곳 • (주) 학지사
04031 서울특별시 마포구 양화로 15길 20 마인드월드빌딩
대표전화 • 02)330-5114 팩스 • 02)324-2345
등록번호 • 제313-2006-000265호

홈페이지 • http://www.hakjisa.co.kr
페이스북 • https://www.facebook.com/hakjisa

ISBN 978-89-997-2554-8 93370

정가 20,000원

저자와의 협약으로 인지는 생략합니다.
파본은 구입처에서 교환해 드립니다.

이 책을 무단으로 전재하거나 복제할 경우 저작권법에 따라 처벌을 받게 됩니다.

출판 · 교육 · 미디어기업 **학지사**

간호보건의학출판 **학지사메디컬** www.hakjisamd.co.kr
심리검사연구소 **인싸이트** www.inpsyt.co.kr
학술논문서비스 **뉴논문** www.newnonmun.com
교육연수원 **카운피아** www.counpia.com